山东省Ａ级旅游景区自由行手册

（上）

主　编　于风贵

副主编　王春生　蒋卫东　王晨光

中国财经出版传媒集团

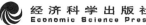

经济科学出版社

Economic Science Press

图书在版编目（CIP）数据

山东省Ａ级旅游景区自由行手册：全3册／于风贵主编 . —北京：经济科学出版社，2017.1

ISBN 978-7-5141-7749-7

Ⅰ.①山… Ⅱ.①于… Ⅲ.①旅游区－旅游指南－山东－手册 Ⅳ.①K928.952-62

中国版本图书馆CIP数据核字（2017）第024909号

责任编辑：于海汛
责任校对：杨　海　杨晓莹
责任印制：李　鹏

山东省Ａ级旅游景区自由行手册
主　编　于风贵
副主编　王春生　蒋卫东　王晨光
经济科学出版社出版、发行　新华书店经销
社址：北京市海淀区阜成路甲28号　邮编：100142
总编部电话：010-88191217　发行部电话：010-88191522
网址：www.esp.com.cn
电子邮件：esp@esp.com.cn
天猫网店：经济科学出版社旗舰店
网址：http://jjkxcbs.tmall.com
北京中科印刷有限公司印装
889×1194　32开　42.25印张　1020000字
2017年1月第1版　2017年1月第1次印刷
ISBN 978-7-5141-7749-7　定价：158.00元
（图书出现印装问题，本社负责调换。电话：010-88191510）
（版权所有　侵权必究　举报电话：010-88191586
电子邮箱：dbts@esp.com.cn）

《山东省Ａ级旅游景区自由行手册》

编 委 会

主　编　于风贵

副主编　王春生　蒋卫东　王晨光

编　委　魏晓林　骆万飞　马高宝　李志宏　陈际锦

　　　　牟　云　邱兆水　张兴春　郑　元　蔡新杰

　　　　张荣英　张明战　陈常密　孙　兵　程会增

　　　　郭洪明　白凤兰　齐云婷

编写说明

　　《山东省 A 级旅游景区自由行手册》由山东省旅游发展委员会发起并编撰而成。本书旨在推动全省 1000 余家 A 级旅游景区适应"大众旅游时代"和全域旅游发展新形势，为广大自由行游客提供专业化、多类别、全要素和高品质的旅游景区服务产品。本书的策划、汇编和发行过程，也是一次由省、市旅游主管部门发起，由全省所有 A 级旅游景区集体参与的品牌营销活动，希望能在新的市场契机下，共同擦亮"A 级旅游景区"这一金字招牌，在全面提升全省旅游景区市场吸引力的同时，为促进山东省全域旅游发展发挥积极作用。

　　为方便游客携带，本书确定了以 AAA 级旅游景区为限，并依照地理位置不同，把山东半岛划分为东中西三部分，形成上中下三册的编撰格式，主要编选了 AAA 级 197 家、AAAA 级 138 家以及 AAAAA 旅游景区 9 家的相关资料。①

------

　　① 本书编选的旅游景区星级确定的截止时间为 2016 年 12 月 31 日。

　　本书由山东省旅游发展委员会主任于风贵同志亲自担任主编，副巡视员王春生同志、规划处长蒋卫东同志、山东大学旅游管理系王晨光教授担任副主编，全省十七市旅游发展委员会分管副主任担任编委。在编撰过程中，得到全省十七市旅游管理部门、域内所有A级旅游景区以及国家级知名出版社——经济科学出版社的大力支持，谨此向上述单位表示衷心感谢！还要说明的是，部分景区因所提供的素材未达要求，本次我们只能忍痛割爱，并期待在后续活动中能展现更多山东优秀旅游景区的风采。

编委会

2017 年 1 月

目录 Contents

青岛市

国家 AAAAA 级旅游景区

国家 AAAA 级旅游景区

国家 AAA 级旅游景区

烟 台 市

国家 AAAAA 级旅游景区

国家 AAAA 级旅游景区

国家 AAA 级旅游景区

威 海 市

国家 AAAAA 级旅游景区

国家 AAAA 级旅游景区

国家 AAA 旅游景区

潍 坊 市

国家 AAAAA 级旅游景区

国家 AAAA 级旅游景区

国家 AAA 级旅游景区

日 照 市

国家 AAAA 级旅游景区

国家 AAA 级旅游景区

青 岛 市

山东省A级旅游景区

自由行手册

崂山风景区

一、景区简介

"三围大海，背负平川"，山海相连，水气岚光，变幻无穷，灵秀清幽。这就是被誉为"海上名山第一"的崂山，以 1132.7 米的海拔高度傲视我国万里海岸线上所有山峰。

海上仙山风景殊，山海奇观天下无。崂山到底名在何方、奇在何处呢？概括地说，崂山名就名在天工造化，神秘虚幻，集山海自然美、形态美、色彩美为一体，既是一方自然瑰宝，又是一座古老的宗教文化宝库。崂山山峰连绵起伏，耸立挺拔，"峻秀横天东，下插沧海高凌空"，山海相依，雄伟壮观。大自然的鬼

海上仙山

灵旗峰

斧神工，造就了崂山奇特的山势。崂山的山体由岩浆岩构成，属于花岗岩地貌景观，山势峭拔雄伟，奇峰、怪石、象形石随处可见，可谓是"天然雕塑公园"。

崂山风景名胜区位于青岛市区以东的黄海之滨，面积为446平方千米，年平均气温为12.6℃，夏季平均气温为24℃，冬季平均气温为−2℃，冬暖夏凉，气候温和宜人，是旅游、疗养、度假的理想之地。崂山特殊的气象环境，造就了奇妙的云气变化，云雾和水气常常形成千姿百态的迷人景观，给人以虚幻神秘的感觉。著名诗人贺敬之曾赋诗赞曰："黄山尽美恐非真，山川各异似才人；崂山逊君云与海，君无崂山海上云。"

崂山植物品种繁多，古树名木葱郁苍劲，更令人称奇的是南北花木盘根共存。据不完全统计，崂山有各种植物1600余种，其中不少亚热带植物长势良好，数百年的耐冬和一两千年的银杏、柏树、黄杨、赤松等枝繁叶茂，挺拔苍翠，为著名的国家森林公园。

崂山还是一座历史文化名山，拥有厚重的历史文化底蕴，颇受历代名道高僧的偏爱。崂山自古就是道家方士修仙炼丹的风水宝地，鼎盛时期曾有"九宫八观七十二庵"之说，为崂山平添了深邃神秘的色彩。著名道士如唐代的李哲玄，宋代的刘若拙，元代的丘处机、刘处玄、刘志坚，明代的张三丰、徐复阳、孙玄清、齐本守等都曾受到过帝王的敕封。崂山的佛教也是历史悠久、文化灿烂，著名的庙殿古刹有法海寺、潮海院、华严寺等，法显、憨山、慈沾、善和等高僧都曾在此弘扬佛法。

崂山上清宫

崂山旅游资源十分丰富，奇特的自然景观和厚重的人文景观相映生辉、绮丽无比，尤其以"明霞散绮"、"棋盘仙弈"、"岩瀑潮音"、"蔚竹鸣泉"、"太清水月"、"海峤仙墩"、"龙潭喷雨"、"华楼叠石"、"巨峰旭照"、"狮岭横云"、"那罗延窟"等崂山著名景点为最。

　　改革开放以来，崂山的旅游业获得了很快发展，已成为"国家重点风景名胜区"、"国家森林公园"，荣获"国家级风景名胜区综合整治优秀单位"、"最佳资源保护的中国十大风景名胜区"、"中国风景名胜区顾客十大满意品牌"、"全国文明风景旅游区"、"国家ＡＡＡＡＡ级旅游景区"等荣誉称号。

二、景区导览

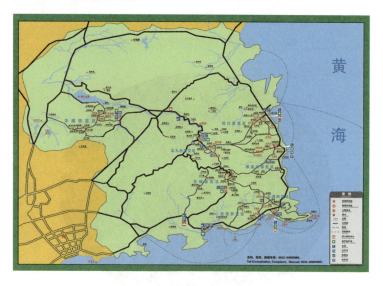

　　崂山风景名胜区共有南线、北线、中线和一条海上观光游览线4条线路，分为巨峰、流清、太清、仰口、棋盘石、北九水、华楼7个风景游览区，共有游览景点200余处。

　　南线可分两条线游览。一条沿着市区海滨，经石老人、沙子口湾，到崂山游客服务中心，经盘山公路到巨峰山门，乘索道至自然碑，沿巨峰游览线路环游巨峰；另一条是自崂山游客服务中心出发，经流清河至太清游览区。游完太清游览区，可乘索道前

崂山巨峰游览图
The Route Map Of Jufeng Scenic Spot

崂山太清游览图
The Route Map Of Taiqing Scenic Spot

崂山仰口游览图
The Route Map Of Yangkou Scenic Spot

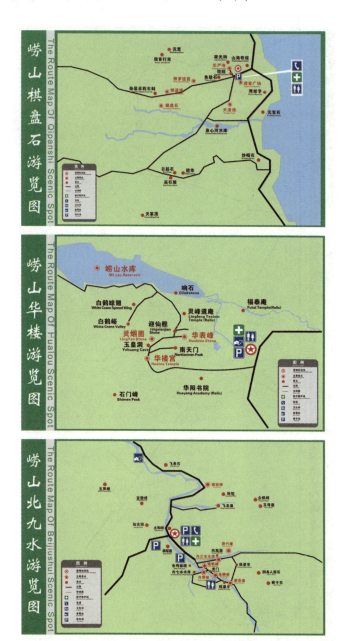

崂山棋盘石游览图　The Route Map Of Qipanshi Scenic Spot

崂山华楼游览图　The Route Map Of Hualou Scenic Spot

崂山北九水游览图　The Route Map Of Beijiushui Scenic Spot

往上清游览区。也可乘车前行至棋盘石游览区，华严寺、那罗延窟坐落于此。继续北行，可至仰口游览区。

北线是从市区沿香港路东行转滨海大道北行，直达仰口游览区。沿仰口景区南行便是棋盘石游览区、太清游览区。

中线可沿滨海大道经北宅街道办事处，直达华楼游览区和北九水游览区。游览结束后可返回滨海大道，继续北行到达仰口游览区。

海上线路以青岛奥帆中心为起点，崂山太清湾码头为终点，途经小麦岛、石老人雕塑园、栲栳岛、老公岛等岛屿，整个航程约1个小时。在太清湾码头还可乘船至崂山头，欣赏八仙墩。海上看崂山，为游客提供了新的观光视角，带来全新的旅游感受。

青岛啤酒博物馆

一、景区简介

　　青岛啤酒博物馆为国家 AAAA 级旅游景点。坐落于青岛啤酒的发祥地——登州路 56 号，于 2003 年 8 月 15 日青啤百年华诞之际正式对外开放。作为世界一流、国内唯一的专业啤酒博物馆，以百年历史为基脉，以啤酒工艺为依托，以中西关系为背景，以城市文化为包容，充分利用百年德国建筑与设备，将百年青啤发展历程、百年青啤酿造工艺与现代化生产作业区相结合，融合东西方文化，开发成为集文化历史、生产工艺流程、啤酒娱乐、购物为一体的多功能旅游景点，被誉为"中国工业旅游旗帜"，成为青岛旅游的必经之地。

二、公共服务信息

景区地址： 中国山东省青岛市登州路 56 号（青岛啤酒厂内）

预约电话： 86-0532-83833437

传真电话： 86-0532-83824915

景区网址： 青岛啤酒博物馆：www.tsingtaomuseum.com

官方微信： 青岛啤酒博物馆，微信号为"qdpjbwg"

停车服务： 景区拥有停车场两处：

一处位于青岛啤酒博物馆接待出口处，约 500 多平方米，可同时容纳 15 辆旅游巴士；

另外一处位于青岛啤酒街（登州路）与宁海路交叉口，距离接待出口约 30 多米，约 2000 平方米，可同时容纳 60 多辆旅游巴士。

停车条件： 凭青岛啤酒博物馆当日有效门票即可免费停车！

参观时间： 淡季：每年的 11 月 1 日至次年的 3 月 31 日；旺季：每年的 4 月 1 日至 10 月 31 日。

具体售票时间： 周一至周日，淡季：8：30~16：30；旺季：8：00~17：00，节假日无休。

具体参观时间： 周一至周日，淡季：8：30~17：30；旺季：8：00~18：00，节假日无休。

全年四季均适合参观，全程参观约 60 分钟。

完善的景区服务： 青啤博物馆备有游客服务中心，有完善的安全设施，可提供无障碍通道、儿童座椅、医疗设施等个性化服务，另有中文、英文、日文、韩文优秀讲解员。

三、交通到达

乘205、217、221、604路到延安一路站下车。

乘15、302、1、4、25、225、307、308、367路十五中站下车。

乘11、104、125、3、30、28路台东站下车。

从飞机场到青啤博物馆约20公里，车程约30分钟。

从火车站到青啤博物馆约5公里，车程约10分钟。

从汽车站到青啤博物馆约5公里，车程约10分钟。

四、住宿服务

青啤博物馆周边配套设施齐全，有宾馆酒店若干，如家登州路店、黄海饭店、瑞庭大酒店、金狮度假酒店、万达艾美大酒店（五星）、台东宾馆、延安宾馆、鱼水情大酒店、北航第二招待所。

五、餐饮服务

临近青啤博物馆有特色酒店——青啤之家以及澳门豆捞及青岛天幕美食城。青啤之家内有刚下线的青岛啤酒及各类档次的啤酒特色菜，物美价廉。青岛天幕美食城利用声光电等不同手段，在室内空间营造出蓝天白云、璀璨星空等室外感觉，有国内外知名特色餐饮、娱乐、休闲类企业进驻经营。天幕美食城是一座集特色餐饮、娱乐、休闲于一体的商业城。

六、活动体验

（1）体验4D"TSINGTAO1903奇幻之旅"。青岛啤酒博物馆4D影院，独有20人VIP包间，时尚、高端、优雅。现场互动、动态座椅、4D荧屏，让人身临其境地感受神奇的啤酒诞生记，在新鲜趣味的4D影片中，带给游客更直观、更快乐的享受。

（2）免费品尝最新下线的原浆啤酒、纯生啤酒，并佐以香醇酥脆的啤酒豆。

（3）景区参观途中利用高科技设计了很多互动游戏，如男女老少乐此不疲的醉酒小屋、乐游青岛（单车骑行）、智力快车（啤酒知识）、青啤梦工厂（动画版的工艺流程），等等，均可免费体验。

（4）此外全年各种节假日，均举办各种特色主题活动，欢迎广大游客随时关注青岛啤酒博物馆官方微信，微信号为"qdpjbwg"。

七、购物指南

多年来，青岛啤酒博物馆致力于以青岛啤酒文化为依托的特色旅游纪念品开发，现拥有"青岛啤酒纪念品商场"，销售千余种特色纪念品，适合不同消费群体，深受游客喜爱，如青啤三宝、啤酒大麦茶、个性啤酒（酒标由游客照片制成）、青岛啤酒风光罐礼盒、五瓶装特色啤酒、啤酒豆，等等。

八、周边可供游客关联消费的旅游项目

以青啤酒吧为龙头的啤酒一条街，是市北区的一大亮点，这里就是一个"永不落幕的啤酒节"，街上酒吧、酒店林立，各具风情。

琅琊台风景名胜区

一、景区简介

　　琅琊台位于山东省青岛市黄岛区海滨，海拔 183.4 米，面积 1.98 平方千米，三面环海，西面接陆，气候温润，冬无严寒，夏无酷暑，自然风光秀丽，历史积淀深厚，自古就是著名的避暑观光胜地。1982 年被国务院列入第一批国家重点风景名胜区，2010 年被国家旅游局评定为 AAAA 级景区，2013 年入选第七批全国重点文物保护单位。

二、公共服务信息

景区地址：山东省青岛市黄岛区琅琊台风景名胜区

联系电话：0532-87111111　84119665

景区网址：WWW.qd-lyt.com

公共邮箱：qdlytfjq@126.com

景区门票：50元/人，无淡旺季价格。（1）中国人民解放军和武警部队现役军人持军官证、文职干部证、士兵证，军队院校学员持学员证，退伍红军老战士持退伍证，残疾军人持残疾军人证，军队离退休干部持军队离退休干部证等有效证件游览景区免门票；（2）60~69周岁老年人持身份证、老年人优待证等有效证件游览景区享受半价优惠，70周岁以上老年人免门票；（3）残疾人凭残疾证游览景区享受半价优惠；（4）儿童：对6周岁以下（含6周岁）或身高1.2米以下（含1.2米）的儿童实行免门票，对6周岁（不含6周岁）~18周岁（含18周岁）未成年人、全日制大学本科及以下学历学生凭学生证实行半票。

营业时间：8：00~17：00

景区最佳旅游时间：四季适宜。

停车服务：景区共设四处停车场，最大的位于景区西售票处，可一次停放车辆800辆。停车费：小型车10元/辆，中型车15元/辆，大型车20元/辆。

三、景区导览

四、交通到达

1. 外部交通。

自驾车：

（1）济南方向出发，走济青高速（或南线）—沈海高速—铁山出口右转—西外环路（204国道）向南直行入青岛滨海公路（293省道），沿导向牌指向到达琅琊台景区。

（2）济宁方向出发，走日东高速—沈海高速—大场出口左转—沿204国道入青岛滨海公路（293省道），沿导向牌指向到达琅琊台景区。

（3）青岛市区出发，走青岛胶州湾大桥、胶州湾隧道、胶州湾高速或乘轮渡到黄岛，沿青岛滨海公路（293 省道）到达琅琊台景区。

（4）日照出发，沿 204 国道直行，在黄岛区泊里镇入青岛滨海公路（293 省道），沿导向牌指向到达琅琊台景区。

公交车：

（1）青岛市区乘坐隧道公交 5、6、7、8 路，在灵山卫公交枢纽站换乘 306 路到西海岸汽车总站，换乘 501 路公交车，琅琊台景区站下车。

（2）在泊里公交枢纽站乘坐 601 路公交车，琅琊台景区站下车。

2.内部 / 附近交通。

景区内部交通：景区内设有旅游观光车，起始站琅琊文化陈列馆，终点站观龙阁，往返运行，车程 10 分钟。单程票价 10 元。

景区到周边主要商业和住宿设施的通行方式：游客在景区西售票处乘坐 501 路公交车去往市区方向，乘坐 2 站到达王家台后渔家，乘坐 3 站到达卧龙山庄，乘坐 5 站到达西桥子站，沿村中心街向北到达龙湾馨苑度假酒店。游客也可以在西售票处乘坐 501 路公交车去往琅琊港方向，乘坐两站到达琅琊港、琅琊大酒店、贵宾楼。

自驾游客可自行开车由西售票处右拐前行 2 公里到达王家台后渔家、卧龙山庄，继续前行入青岛滨海公路（293 省道）右转 2 公里到达龙湾馨苑度假酒店。也可由西售票处左转前行 2 公里到达琅琊港、琅琊大酒店、贵宾楼。

五、住宿服务

常规住宿场所：

卧龙山庄百鸟园

地址：山东省青岛市琅琊台省级旅游度假区海滨

电话：0532-84119377　13685426035

琅琊港金莎商务宾馆

地址：山东省青岛市黄岛区琅琊镇琅琊港

电话：0532-84118666　13668878987

特色住宿场所：

王家台后渔家乐民俗村

地址：山东省青岛市琅琊台省级旅游度假区王家台后村

电话：13969663059

六、餐饮服务

琅琊台游客餐饮服务中心

地址：山东省青岛市黄岛区琅琊台景区西售票处

电话：0532-87111111　0532-84119665

龙湾馨苑生态度假酒店

地址：山东省青岛市琅琊台省级旅游度假区东桥子村鸡冠山

电话：0532-87115656　18661488087

琅琊大酒店

地址：山东省青岛市黄岛区琅琊镇琅琊港

电话：0532-84118837　18300221007

临海听风客栈

地址：山东省青岛市琅琊台省级旅游度假区王家台后村龙湾1号

电话：15554226618

七、活动体验

1.琅琊台祭海祈福法会。

时间：正月十三到十五

地点：龙王殿

主要内容：举行盛大的祭海祈福法会，祈福国泰民安、风调雨顺。

2."琅琊台杯"家庭登山比赛活动。

时间：每年4月举办

八、购物指南

景区现有旅游购物场所四处，一是游客中心商品部；二是琅琊文化陈列馆书报亭；三是位于观龙阁的颜悦道书画屋；四是位于台顶的旅游商店。主要商品有琅琊台系列酒、琅琊台茶、琅琊台海产品、黄岛年画、黄岛剪纸、《琅琊刻石》《登琅琊述》拓片等。

九、周边可供游客关联消费的旅游项目

周边景区主要有龙湾、将军台、鲸馆、古夯土层、琅琊港、斋堂岛。

青岛葡萄酒博物馆

一、景区简介

　　青岛葡萄酒博物馆是国家 AAAA 级旅游景区，位于环境优美、交通便利的延安一路中国（青岛）国际葡萄酒街，毗邻中山公园、动物园和青岛山炮台遗址等岛城知名景点，是国内第一座以葡萄酒为主题的地下博物馆。馆内分别设有天然葡萄园、器皿展馆、流程展馆、商务会馆、历史展馆、国际馆、中国馆等主题展区，和葡萄酒银行、世界酒吧、酒神、酒窖、神泉、休闲茶座区、酒庄大道、互动区。博物馆用文字、图片、影像资料、灯光、实物和雕塑等形式生动展示了葡萄酒的渊源演变和生产工艺，再现了葡萄酒的悠久历史和独特的文化魅力。

二、公共服务信息

景区地址：山东省青岛市市北区延安一路 68 号

联系电话：0532-82718388　82727866

景区门票：50 元（65 周岁以上老人及 1 米 4 以下儿童免票；军官证、老年证、残疾证半票）

最佳游览时间：四季皆宜，青岛葡萄酒博物馆全年开放，节假日不休。开放时间为旺季：8：30~17：00，淡季：9：00~16：30。

三、景区导览

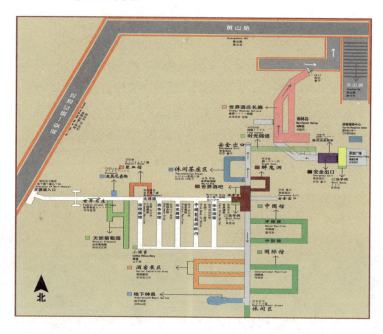

四、交通到达

1. 自驾车：

青银高速—G204—朝流亭机场方向稍向右进入喜盈门立交桥—行驶240米右转进入双流高架路—向青岛市区环湾大道方向进入双埠立交桥—直行进入青兰高速公路—直行进入环湾大道—朝杭鞍高架方向进入杭鞍高架路—朝鞍山路、山东路方向驶入鞍山路后进入山东路—从山东路华宇大厦南门右转进入澳柯玛立交桥—220米右前方转弯进入宁夏路—过海信立交桥直行至延安路—朝大学路/登州路方向右转进入长阳路—行驶170米左转进入登州路—110米左转进入延安路—1040米后右转至延安一路—行驶290米到达。下高速后约1小时车程。

2. 公交车：

（1）乘1、4、25、221、225、307、308、367、368路在十五中站下车，沿延安一路向南行100米左右；

（2）乘15、219、302、604路公交车至动物园站下车；向上清路方向步行100米即是；

（3）乘3、11、36路公交车至明霞路站下车，沿标山路向西行300米左右；

（4）乘1、4、15、25、217、219、212、205、220、302、307、308、367、368路至延安二路站下车，沿延安路向西行300米左右。

五、住宿服务

七天连锁酒店（中山公园）、体育之家大酒店、青岛济南军区招待所。

六、餐饮服务

体育之家大酒店、啤酒街。

七、活动体验

距啤酒街 740 米、距台东步行街 1.7 公里。进入葡萄酒博物馆可免费品尝葡萄酒一杯、小食品一份。9~12 月有自酿葡萄酒大赛。

八、购物指南

台东步行街。

九、周边可供游客关联消费的旅游项目

青岛山炮台、青岛电视塔、动物园（西门）、中山公园（小西湖）、滨海风景区（第一海水浴场）。

少海国际省级旅游度假区

一、景区简介

少海国际省级旅游度假区位于胶州湾和大沽河的交汇处，依托丰富的自然资源和生态景观，在积极融合胶州悠久历史文化和民俗风情的基础上，逐步实现了自然生态、滨水休闲、历史人文、度假旅游等多项功能优势集聚。已建成的南湖休闲广场、滨水观光带、日晷广场、长堤景观带、慈云寺、万佛塔、中国秧歌城、市舶司等景观吸引了众多游客休闲观光。2007 年开工建设的少海国际省级旅游度假区已经成为胶州市的标志性景区和山东省"仙境海岸"旅游度假带最重要节点之一，成为现代化的生活岸线、经济岸线、生态岸线，再现"千年商埠，北国江南"的城市风采。2011 年被评为国家 AAAA 级旅游景区，2013 年被评为少海国际省级旅游度假区。

二、公共服务信息

景区地址：山东省胶州市香港路 1 号
旅游咨询电话：0532-85269933
旅游投诉电话：0532-85269901

景区网址：www.qingdaoshaohai.com

公共邮箱：qdshh0603@163.com

景区游览时间：8：30~12：00　13：30~17：00，四季均适宜游览。

景区门票：免费。

停车服务：景区停车场位于景区各个入口处，面积5000平方米，可容纳500辆车，向游客免费开放使用。

三、景区导览

四、交通到达

1. 外部交通。

青岛方向游客：通过青兰高速营海出口下高速右转经惜苑路进入景区；

城阳方向游客：通过正阳路向胶州方向行驶，过大沽河桥，经惜苑路进入景区；

市内游客：可乘坐 18 路、501 路公交车到少海站下车。

2. 内部交通。

景区内部游览线路：

线路一：南湖广场—游艇码头—休闲大草坪—各类球场—卵石滩—日晷广场—湿地公园—宝龙美术馆

线路二：南湖广场—娱乐岛—碧水桥—明月桥—二十四孝桥—宗教文化岛—清风桥—日晷广场—湿地公园—宝龙美术馆

游览时间：景区内全程游览路程约 7 公里，步行游览时间约 2 小时。景区内可乘坐游船及观光车游览，时间约 40 分钟。

银海国际游艇俱乐部

一、景区简介

青岛银海国际游艇俱乐部为国家 AAAA 级旅游景区。该俱乐部集专业码头、游艇泊位、干船坞、修船坞、帆船训练基地、帆船下水坡道、加油站、运动员公寓、会展中心、俱乐部会所、健康休闲会馆、中西餐厅、标准客房等配套设施于一体。

妈祖文化是沿海地区民众的重要精神信仰，中国水准零点景区结合中国航海日组委会赠送的妈祖像，塑造了一座金属材质的国内最大的妈祖像。景区出口架起了世界第一座可机械开合的海上彩虹桥，游人信步桥上，可以尽赏海湾美景。中国水准零点景区所在的银海大世界园区配套设施齐全，园区内有水疗 SPA、各类特色餐饮、茶楼、宾馆、加油站、加气站、羽毛球场馆等。

二、公共服务信息

景区地址：山东省青岛市南区东海中路 30 号银海大世界院内
联系电话：0532-85885222
景区网址：www.yinhai.com.cn
门票信息：

旺季：60 元；淡季：50 元。儿童 1.3~1.5 米半价，老人

60~69 岁半价；1.2 米以下儿童，以及残疾人、军人、70 岁以上老人持证免费。

停车服务： 景区所在园区内有多处停车场，车位约 300 个，全部提供免费停车。

三、交通到达

1. 自驾车：

（1）从青银高速青岛出口沿深圳路往南到东海路，再向西到银海大世界即是。

（2）从环湾大道瑞昌路出口沿瑞昌路、山东路至东海路向东到银海大世界即是。

2. 公交车：

从火车站乘 26、316 路公交车到市政府站换乘 231、232 路到银海游艇俱乐部站下车即是。

四、住宿服务

景区所在园区有两处住宿酒店：

（1）汉庭连锁酒店（银海店），有 140 张床位；

（2）如家酒店（银海店），有 180 张床位。

五、餐饮服务

景区所在园区有餐饮四处：

（1）以青岛本地海鲜为特色的"靓湾小厨"；

（2）"大宅门"凸显杭帮菜的精致；

（3）"阳光海岸"自助餐厅融汇了中、西、日、韩等多种餐饮美食；

（4）"净雅大酒店"以正宗海鲜鲁菜彰显中式餐饮的博大精深。

六、周边可供游客关联消费的旅游项目

周边景区有五四广场、奥帆中心、极地海洋世界、石老人海水浴场。

奥林匹克雕塑文化园

一、景区简介

青岛奥林匹克雕塑文化园（原青岛城阳世纪公园）是一处供市民休闲、娱乐的观光游憩公园，其主题是生态性和公益性。雕塑文化园的整体布局为：在北大门迎宾花道设置"世界奥林匹克文化大道"，在东大门设置"中国奥运冠军之路"，沿人流集中区域以及一级车行路线两侧相对集中布置了10个分区主题

雕塑群，共有50多组雕塑，涵盖了奥运会28个大项中的绝大部分项目。2005年被评定为"国家AAA级旅游景区（点）"，2008年"五一"开始对外免费开放。

二、公共服务信息

景区地址： 山东省青岛市城阳区兴阳路 318 号

联系电话： 0532-87759871

公共邮箱： qdcygy@163.com

景区价格： 开放式公园，免费对外开放。

开园时间： 春夏季（3 月初至 10 月底）：早 5 点开园晚 9 点清园；秋冬季（11 月初至来年 2 月底）：早 6 点开园晚 8 点清园。

最佳旅游时间： 3 月初至 10 月底。

停车服务： 景区自配三个停车场，分别是北停车场、东停车场和南停车场，共计 191 个停车位，全部为免费开放式停车场。

三、交通到达

1. 外部交通。

景区地理位置优越，交通便利，南距流亭国际机场 2 千米，距青岛市市区 20 千米。

游客乘 306、374、502、906、917、929、933 路等公交车在世纪公园站下车可达。

游客从流亭国际机场到达景区自驾路线全程约 9 分钟，主要沿新郑路行驶 1.1 公里，过左侧的庙头村，左转进入天河路，沿天河路行驶 190 米，右转进入凤岗路沿凤岗路行驶 1.1 公里，右前方转弯进入兴阳路，即可到达景区。

2. 内部 / 附近交通。

景区内部可进行电动车游览。

电动车游览路线：东门→沿一级路→东公仆林→荷湾→珍园→石榴园→雅竹园→南门广场→蔓园→秋色园→松柏园→儿童乐园→沿二级路→休闲园→萃锦园→游船码头→枫岛→桃花岛→三人行→九龙柱→南门广场→沿一级路→返回东门，行程大约 15 分钟。

景区南湖添置环保型游船 80 余只。

四、住宿服务

青岛假日酒店（五星）

地址：山东省青岛市城阳区兴阳路 306 号（青岛奥林匹克雕塑文化园东北角）

电话：4006-994-285

青岛兴阳宜家商务宾馆（二星）

地址：山东省青岛市城阳区兴阳路 257 号

电话：4008-909-352

青岛雍华酒店（四星）

地址：山东省青岛市城阳区文阳路 273 号

电话：4008-909-352

五、餐饮服务

御京府自助海鲜

地址：山东省青岛市宝龙广场 470 号

电话：0532-67760666

味美佳炸鸡啤酒屋

地址：山东省青岛市兴阳路 425 号

电话：0532-87713300

蟹佳源海参馆

地址：山东省青岛市兴阳路 429 号

电话：0532-82029977

多瑙河巴西烤肉概念餐厅

地址：山东省青岛市兴阳路 717 号

电话：0532-66967716

六、周边可供游客关联消费的旅游项目

景区周边有青岛新天地、青岛宝龙城市广场、鲁邦国风情街等旅游景区。

鹤山风景区

一、景区简介

　　鹤山风景区——国家 AAA 级风景区，位于黄海之滨、崂山北麓的即墨市鳌山卫街道西南 4.5 公里处，因北峰有一巨石形似仙鹤而得名。

　　鹤山分北、西、南三峰，面积约 2 平方千米，西峰最高，海拔 220.3 米。山体以石布景，以景称奇，可称为"天然的花岗岩石雕"。山体不大，回环曲折，蔚为壮观，引人入胜，大自然的鬼斧神工造化成鹤山奇景，而千百年来历代名士留下的浩然景观，更为鹤山增添了诸多神秘色彩。

二、公共服务信息

　　景区地址：山东省即墨市鳌山卫街道马山前村

　　联系电话：0532-86555016　86558551

　　景区门票：20 元 / 位，淡旺季门票一样。满 20 人购票享受 8 折优惠，签订协议的旅行社享受半价优惠，60~70 岁老年人持老年证半价，70 岁以上老年人免票，学生持学生证半价，军人持军人证免票，1.2 米儿童以下免票。

　　营业时间：8：00~17：00

景区最佳旅游时间： 4月上旬~6月中旬，9月下旬~11月下旬。

停车服务： 停车场可停500辆车，暂时免收停车费。

三、交通到达

自驾车：

（1）自青岛经啤酒城沿滨海大道过枯桃、北宅、仰口隧道，经蒲里交叉路口向北直行2公里到达。

（2）自青岛沿308国道过原罗圈涧收费口，右转经夏庄、惜福镇、江家土寨入滨海大道左拐2公里即到。

（3）自青岛进入青银高速至烟台路口下，沿烟青一级路前行至即墨立交桥右转下桥，经龙山办事处直行10公里到达。

（4）即青高速至即墨路口下，沿蓝鳌路向东直行20公里到达。

公交车：

（1）自青岛利津路或四方长途站乘即青快客至即墨汽车站，换乘鳌山卫101路公交车至鳌山卫鹤山风景区。

（2）即墨汽车站101路公交车至鳌山卫鹤山风景区。

（3）青岛市内昌乐路371路、团岛312路和李村109路、106路公交车经惜福镇到蒲里村口下，向北2公里到达。

（4）青岛市内乘坐617路公交车到鹤山风景区站下车。

四、住宿服务

钦明大酒店

地址：山东省即墨市鳌山卫街道办事处西里村

电话：0532-86552777

京津宾馆

地址：山东省即墨市鳌山卫街道办事处西里村

电话：0532-86512286

东瑞旅馆

地址：山东省即墨市鳌山卫街道办事处北里村

电话：0532-86555566

居安商务宾馆

地址：山东省即墨市鳌山卫街道办事处南里村

电话：13653255388

滨海之星宾馆

地址：山东省即墨市鳌山卫街道办事处南里村

电话：0532-86558886

五、餐饮服务

鹤山农家宴

地址：鹤山风景区山下停车场

电话：0532-86558188

即东大酒店

地址：山东省即墨市鳌山卫街道南里村

电话：0532-86551298

钦明大酒店

地址：山东省即墨市鳌山卫街道西里村

电话：0532-86552777

黄金海景酒店

地址：山东省即墨市鳌山卫街道于家沟村

电话：0532-86555850

喜来乐大酒店

地址：山东省即墨市鳌山卫街道于家沟村

电话：0532-86555583

三里河公园

一、景区简介

三里河公园景区位于胶州市新城区，东起温州路，西至福州路，南临青岛路，北接上海路，用地呈不规则长方形，总占地面积31.8公顷（主体水面面积为10公顷），是集休闲、娱乐、文化活动、群众健身于一体

的综合性公园。胶州三里河公园得名于当地举世闻名的新石器时代原始氏族社会的"三里河文化"。

二、公共服务信息

景区地址：东起温州路，西至福州路，南临青岛路，北接上海路

联系电话：0532-82212900

公共邮箱：sanlihe572@163.com

停车服务：景区专设停车场约155个，位于三里河公园东部、

西部、南岸、北岸，停车场免费。

　　景区门票：免费。

三、交通到达

　　飞机：乘坐飞机到青岛流亭机场，然后转车到胶州。

　　铁路：乘坐火车到胶州站下车。

　　公交：乘坐 7、18、66、88、201、203、205 路公交车到三里河公园站下车即是。

四、住宿服务

　　胶州宾馆

五、餐饮服务

　　板桥人家

六、购物指南

　　新利群购物商厦

艾山风景区

一、景区简介

　　艾山风景区坐落在胶州市洋河镇境内，距市中心20公里，规划控制面积约为14平方千米，由艾山、东石、西石三个分景区组成。艾山风景区成立于1993年，隶属城乡建设局，是一处青山碧水秀美、怪石突兀高耸、历史古迹众多、文化积淀丰富，融自然景观和人文景观于一体的综合性旅游风景区。艾山风景区现为国家AAA级风景区，省级风景名胜区，省级地质遗迹自然保护区。

二、公共服务信息

景区地址： 山东省胶州市洋河镇

联系电话： 0532-87206735　86200500

景区门票： 艾山15元；东石10元；西石10元。

营业时间：8：00~18：00。

管理机构：艾山风景区建设管理委员会办公室，胶州市湖州路232号

三、景区导览

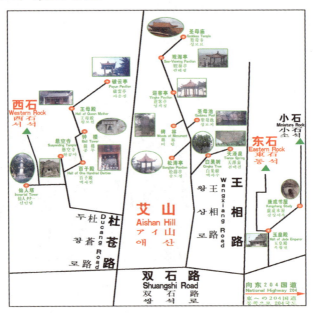

四、交通到达

自驾车：

从胶州湾高速公路营海口下，沿胶州市南外环西行至204国道，南行至建设路口西行按指示牌即可到达景区。

公交车：

从胶州长途车站乘坐507公交车，至东石下车西行500米到达艾山景区。

中共青岛党史纪念馆

一、景区简介

中共青岛党史纪念馆是青岛市唯一一处保留至今的早期党组织机关旧址，是青岛市规模最大、内容最丰富、展示手段最先进的党史纪念馆，是山东省、青岛市两级爱国主义教育基地、党员教育基地和重点文物保护单位。中共青岛党史纪念馆占地面积9500平方米，建筑面积2000平方米。展馆主要由旧址、基本陈列展厅和专题展厅三部分组成。

二、公共服务信息

景区地址： 山东省青岛市市北区海岸路 18 号

联系电话： 0532-83773698

景区网址： http：//dsjng.qingdaoshibei.gov.cn

公共邮箱： dsjng01@163.com

景区门票： 免费。

营业时间： 每周二上午 9：00~11：30，下午 1：30~4：30。

（周六、周日下午至 3：00）；每周一闭馆。

停车服务： 景区有 2 处停车场，占地 400 平方米，共有 30
个车位，可以免费停车。

三、景区导览

四、住宿服务

四方大酒店

地址：山东省青岛市市北区温州路 1 号

电话：0532-85087238

七天连锁酒店海云庵店

地址：山东省青岛市市北区兴隆路 3 号

电话：0532-83766777

五、餐饮服务

老船夫

地址：山东省青岛市市北区尚志路 2 号

电话：0532-83730022，84863355

六、活动体验

重温入党誓词：纪念馆设置了专门的宣誓场地，将党旗和誓词展示在宣誓墙上，组织党员干部在参观结束后重温入党誓词，增强党性、升华情感。

七、购物指南

四方利群购物中心

地址：山东省青岛市市北区重庆南路 1 号

八、周边可供游客关联消费的旅游景区

青岛民俗馆

地址：山东省青岛市市北区兴隆路 1 号

二龙山风景区

一、景区简介

　　青岛崂山二龙山生态旅游区属 AAA 级景区，于 2009 年 4 月 28 日正式对外开放，景区位于崂山仰口风景区北侧，规划面积 12.2 平方千米，由千亩崂山茶园、中国茶文化博物馆、崂山道教文化博物馆和二龙山山谷组成。二龙山是崂山国家森林公园履地，古树参天、奇石林立、流水潺潺、云雾渺渺，林木覆盖率 80% 以上，负氧离子含量 6000 以上。二龙山生态旅游区先后被授予"全国农业旅游示范点"、"全国休闲农业与乡村旅游示范点"、山东省"旅游特色村"、"青岛市廉政文化建设示范点"。

二、公共服务信息

景区地址： 山东省青岛市崂山区王哥庄街道晓望社区

联系电话： 0532-87915366

公共邮箱： lsels87915366@163.com

景区网址： http：//www.erlongshan.com.cn

营业时间： 7：00~18：00，常年不分淡旺季。

景区门票： 成年人门票 50 元 / 人；60~69 岁老年人、全国大、中、小学生持有效证件进入景区游览门票 30 元 / 人，70 岁以上老年人、现役军人、残疾人持有效证件及 1.2 米以下儿童进入景区免费游览。

停车服务： 景区专设停车位 600 个，游客可以享受免费停车。

三、景区导览

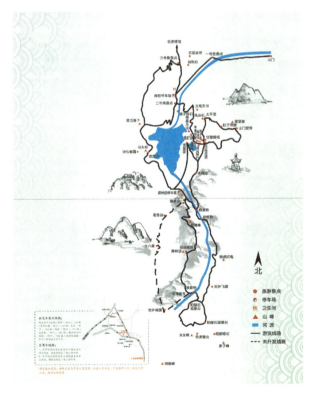

东　　线

南窑停车场→晓望叠库→塘子观庙→鹰石→甘露泉→贵盆石→福地→太平顶→望望固→海门→妃子洞→塘子观→返回停车场。全程约 4000 米，用时约 2 小时。

中　　线

南窑停车场→晓望叠库→塘子观→木栈道→铁索桥→皇陵后→马头岭→黄瓜莞子→水库北坝顶→南窑停车场。全程约 3200 米，用时约 2 小时。

西　　线

南窑停车场→晓望叠库→塘子观→木栈道→铁索桥→爬山河→崂鹰峰→松木窑→横岭岗→白龙潭→桃源子→十八盘→茗香谷→皇陵后→马头岭→黄瓜莞子→水库北坝顶→南窑停车场。全程约 6500 米，用时约 3.5 小时。

四、交通到达

自驾车：

从市区→香港东路→滨海大道→仰口隧道→王哥庄街道→晓望社区→二龙山停车场。

从市区→李村→夏庄→惜福镇→王哥庄街道→晓望社区→二龙山停车场。

公交车：

109 路公交车，李村—仰口，经夏庄，惜福镇，王哥庄街道，到晓望社区站下车。

106 路公交车，李村—垭口，经李村，夏庄，惜福镇，王哥庄街道，到晓望社区站下车。

312路公交车，青岛轮渡—仰口，经栈桥，市政府，南京路，浮山后，东李村，夏庄，惜福镇，王哥庄街道，到晓望社区站下车。

383路公交车，中国海洋大学崂山校区站—仰口，经北宅，仰口隧道，王哥庄街道，到晓望社区站下车。

110路公交车，台东—仰口，经市政府，啤酒城，区政府，滨海大道，北宅，仰口隧道，王哥庄街道，到晓望社区站下车。

371路公交车，昌乐路—仰口，经李村，夏庄，惜福镇，王哥庄街道，到晓望社区站下车。

926路公交车，城阳长城路—仰口，经正阳路，惜福镇，王哥庄街道，到晓望社区站下车。

五、住宿及餐饮服务

特色住宿、餐饮场所：二龙山生态旅游区周围有农家乐数量13家，餐饮接待能力1000余人，住宿能力600余人。主要以提供山珍、野菜为主，如崂山蘑菇、崂山竹笋、崂山拳头菜、崂山蚂蚱菜、荠菜等，更有以崂山茶做的"崂山茶水饺"。

常规住宿、餐饮场所：二龙山生态旅游区周边还拥有海尔国际培训中心、双台度假村、港东渔码头、二月二农场等。

骆驼祥子博物馆

一、景区简介

骆驼祥子博物馆是我国目前唯一一座以现代文学名著命名的专业性博物馆，AAA级旅游景区。它以老舍故居的一楼为主要展馆，分为序厅、版本厅、创作厅、艺术厅和青岛厅，利用复原陈列、实物陈列和电子影像等展陈手段，全面展示了老舍先生在青岛期间的创作和生活情况，特别是《骆驼祥子》这部文学名著的创作、发表、出版、研究等方面的情况。故居二楼及阁楼被辟

为文艺沙龙，拓展了博物馆的活动空间，与一楼的展厅相得益彰，彰显了浓郁的人文意蕴，具有较高的文物价值和文化旅游价值，成为岛城别具特色的文化活动园地，为岛城旅游再添深度。

二、公共服务信息

景区地址：山东省青岛市黄县路 12 号

联系电话：0532-82867580

电子邮箱：ltxzbwg@163.com

开馆时间：每周二至周日 9：00~16：00 免费开放，每周一闭馆。除春节外，其他节假日正常开放。

三、交通到达

骆驼祥子博物馆位于美丽的青岛湾畔，信号山南麓，黄县路 12 号。西侧与龙口路交汇，东侧与大学路接壤，周围有 25 路、367 路、307 路等二十多条公交线路，距离火车站只有 1.8 公里，交通十分便捷。在老舍故居所在的青岛历史城区的街巷中，还分布着万字会旧址、德国总督官邸旧址，以及康有为、萧红、萧军、宋春舫、王统照、洪深、沈从文、梁实秋、闻一多等名人故居。堪称青岛美丽的海岸线上一条光彩夺目的人文走廊。

青岛民超生态游乐园

一、景区简介

　　青岛民超生态游乐园地处青岛高新区正阳路南侧上马街道，中心区域占地 400 亩，是一座与自然环境相结合的生态游乐园。园内开辟了植物园区、户外拓展区、禽类养殖区、农事体验及农作物采摘区、园林宾馆区、海洋教育馆、海洋标本馆、林业科普馆八大功能分区。民超生态游乐园集科普教育、会议、观光、休闲游乐、餐饮、住宿于一体，先后被授予区、市"科普示范基

地"、青岛市未成年人"社会课堂"场馆、第一批市级青少年绿化基地、"青岛市乡村旅游特色点",被山东省旅游局授予"山东省农业旅游示范点"、被青岛市教育局、青岛市科技局、青岛市海洋与渔业局授予首批"青岛市中小学海洋教育社会实践基地"称号。

二、公共服务信息

景区地址：山东省青岛市城阳区上马街道西

联系电话：0532-87811132　87811296

景区网址：www.qdmingchao.com

公共邮箱：minchao@qdminchao.com

景区门票：旺季和平季：30元/人，淡季：15元/人。（1）旅行社团队16人以上（含16人）购买门票享受半价优惠。（2）身高1.2米以下（含1.2米）儿童免费；残疾人凭残疾证免费；军官及新闻工作者凭有效证件免费。（3）老年人凭优待证，购买门票一律半价；70周岁以上老年人持优待证免费。

营业时间：旺季：8：00~18：00；淡季：8：00~17：00。

最佳旅游时间：4月中旬~10月中旬。

停车服务：景区专设停车场3个——宾馆前1个，最大容量50辆；游乐园北门1个，最大容量81辆；游乐园西北角停车场1个，最大容量50辆。以上停车均免费。

三、景区导览

四、交通到达

（1）青岛流亭国际机场位于青岛市城阳区民航路，距离景区最短距离为 19.7 公里，最短时间为 29 分钟。

（2）青岛共有青银高速（青岛段）、流亭机场高速、前湾港 2 号疏港高速、沈海高速、青新高速五条高速公路，其中青银高速公路、济青高速公路、环胶州湾高速公路贯通全区，青兰高速红岛出口距离景区 8.3 公里；河套出口距离景区 8.1 公里。

（3）青岛客运火车站位于青岛市市南区泰安路，市区内有青岛客运火车站、四方站、沧口站共三个站点，青岛客运火车站距离景区约 47.2 公里，青岛客运火车站北站距离景区约 26.1 公里，青岛客运火车四方站距离景区约 37.1 公里，青岛客运火车沧口站距离景区约 26 公里，青岛城阳火车站距离景区 16.4 公里。

（4）青岛港客运站位于青岛市市南区新疆路，距离景区约 33.9 公里。

（5）景区交通便利，有市（镇）内公共交通线可以直接抵达，从城阳区和青岛市区可乘坐：902、901、908、120、118、761、765 等路公交车，地理位置和交通条件十分优越。

五、住宿服务

景区内民超园林宾馆有床位数 400 个，设有商务标间、商务单间、普通单间、学生公寓等四种房型。

民超宾馆周围 5 公里范围内有各种商务标间床位数可达上万个，特色旅游饭店 50 多家，可满足大批量游客食宿。5~11 月可在园内草坪上搭帐篷露营。

六、餐饮服务

景区宾馆餐厅已经取得餐饮服务许可证，有餐位 400 个，可提供上马小海鲜特色小吃、农家宴，周边 5 公里范围内有特色烤羊、鱼宴门店。

七、活动体验

景区除常年对外承接户外拓展外，还开辟了 100 亩农事休验区，常年开展如植树、耕田、播种、田间管理、采摘等活动，游客可以随团参与。

每年 8 月在烧烤广场举办青岛国际啤酒节城阳区"民超"主题会场，以"全民欢动，超爽夏日"为活动主题，充分发挥上马街道小海鲜美食集中的优势，与青岛国际啤酒节形成互动。游客可随时参与，不收门票。

八、周边可供游客关联消费的旅游项目

韩家民俗文化村、方特梦幻王国。

青岛邮电博物馆

一、景区简介

青岛邮电博物馆设立在原胶澳德意志帝国邮局旧址（市南区安徽路 5 号），占地约 2500 平方米，展陈面积约 1700 平方米。1901 年由德国汉堡 FH 施密特公司建造，为德式古典哥特式建筑风格，是青岛优秀历史建筑，也是青岛著名近代工业文化遗产，具有很高的文物价值和建筑艺术价值。青岛邮电博物馆是一个集现代工业文化遗产、德式老建筑、邮电专题博物馆、岛城名

家书画展、科普教育基地和爱国主义教育基地于一体的新型文化旅游场所，同时也是青岛德国研究会指定活动场所、青岛创业咖啡活动地点之一。

二、公共服务信息

景区地址： 山东省青岛市市南区安徽路 5 号（距离栈桥 200 米，在广西路和安徽路交叉口上），位于青岛老城区。

联系电话：

一楼电话：0532-82872386

四层塔楼 1901 电话：0532-66772799

公众微信号： pd-ptm

景区网址： www.qdptm.com

公共邮箱： qd_ptm@163.com

开放时间： 全年开放：5~10 月：9：30~18：00（7~8 月：晚上到 20：00）；11~4 月：10：00~17：00。

景区门票： 10 月 7 日至次年的 6 月 24 日：免费开放。在夏季旅游高峰期间，为控制客流量，保护百年优秀老建筑，实行收费。收费时间为：6 月 25 日 ~10 月 6 日票价 20 元，学生半价，团购网购价 15 元。

停车服务： 门前有收费停车场，可以停大巴车。

景区承载量： 瞬时承载量：240 人；日承载量：1800 人

三、景区导览

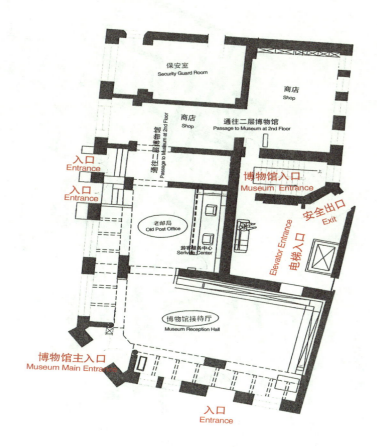

一层平面图
First Floor layout

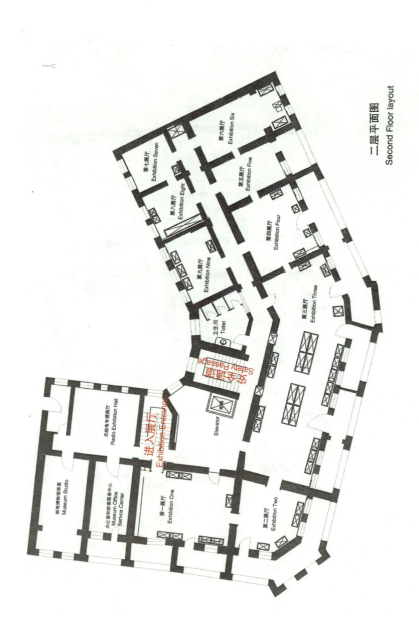

二层平面图
Second Floor layout

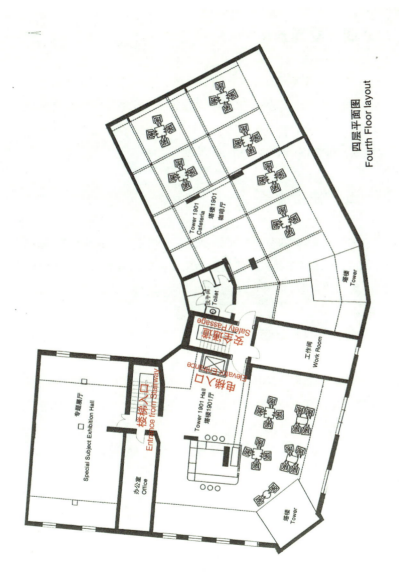

四层平面图
Fourth Floor layout

四、交通到达

青岛邮电博物馆距火车站500米；有以下公交车可到达：1路、6路、25路、26路、202路、217路、220路、223路、228路、231路、304路、307路、311路、312路、316路、321路、367路、501路、502路，隧道2、6路。

五、住宿服务

周围400米内有泛海名人酒店、华能宾馆、栈桥王子酒店、7天连锁、如家连锁、易捷商务酒店、蓝翔海岸宾馆、中天宾馆，以及著名美食街——劈柴院等特色小吃餐饮店。

六、购物指南

周围400米内有中山路商业街，有百盛超市、悦喜客来、华联超市，以及众多的旅游纪念品、海产品商店，方便游客购物。

七、周边可供游客关联消费的旅游项目

博物馆周边聚集了青岛最著名的旅游景点，方便游客自由行游览，如栈桥、天主教堂、基督教堂、总督府、迎宾馆、孔子博物馆、海军博物馆、德国监狱旧址、老舍故居、老舍公园、小青岛公园、鲁迅公园、海底世界等。

青岛新天地

一、景区简介

　　青岛新天地位于青岛市城阳区城中心区南端，北起人民广场，南至青岛奥林匹克雕塑文化园，是一条贯穿城区中心的绿色景观长廊。工程于2004年3月16日开工建设，于2005年9月18日正式对外开放，2008年6月20日青岛新天地被评定为国家AAA级旅游区（点）。全长1.6公里，宽度80~280米，面积16.8公顷。

二、公共服务信息

　　景区地址：山东省青岛市城阳区兴阳路，青岛奥林匹克雕塑文化园北面

联系电话： 0532-87759871

公共邮箱： qdcygy@163.com

景区价格： 24 小时免费对外开放。

最佳旅游时间： 3 月初至 10 月底。

停车服务： 景区自配三个停车场，共计 191 个停车位，全部为免费开放式停车场。

三、景区导览

四、交通到达

1.外部交通。

景区地理位置优越，交通便利，南距流亭国际机场 2 千米，距青岛市市区 20 千米。

游客乘 306、374、502、906、917、929、933 路等公交车在世纪公园站下车可达。

游客从流亭国际机场到达景区自驾路线全程约 9 分钟，主要沿新郑路行驶 1.1 公里，过左侧的庙头村，左转进入天河路，沿天河路行驶 190 米，右转进入凤岗路沿凤岗路行驶 1.1 公里，右前方转弯进入兴阳路，即可到达景区。

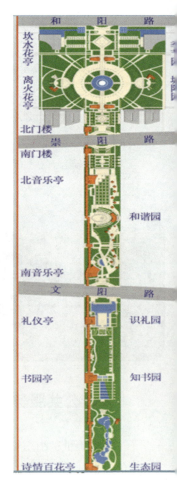

2.内部交通。

其中，景区中一大特色，是一座造型奇特、巧夺天工的廊桥，它作为中轴，贯穿整个新天地的首尾，为游人提供步行观景之用。游人需步行，无车行道，以架空步行道将人流分为上下两层，可疏散人流。

五、住宿服务

锦江之星酒店

地址：山东省青岛市城阳区正阳路 165 号

电话：4006-994-285

青岛花溪花园酒店

地址：山东省青岛市城阳区文阳路 269 号宝龙城市广场澳门风情街内

电话：0532-58711333

青岛鑫复盛星级酒店

地址：山东省青岛市城阳区文阳路 269 号（近宝龙城市广场）

电话：0532-87799999

六、餐饮服务

红屋牛排（城阳店）

地址：山东省青岛市城阳区文阳路 269 号宝龙城市广场

电话：0532-89089688

好客自助餐

地址：山东省青岛市近郊崇阳路 510 号宝龙城市广场

电话：0532-89086158

蟹佳源海参馆

地址：山东省青岛市兴阳路 429 号

电话：0532-82029977

多瑙河巴西烤肉概念餐厅

地址：山东省青岛市兴阳路 717 号

电话：0532-66967716

七、周边可供游客关联消费的旅游项目

景区周围有青岛奥林匹克雕塑文化园、青岛宝龙城市广场、鲁邦国际风情街等旅游景区。

二月二生态观光农场

一、景区简介

二月二生态观光农场位于崂山区王哥庄街道，本着绿色生态、天然纯正的经营理念，二月二生态农场努力打造出崂山二月二大馒头、原味小麦粉、散养鸡、淡水养殖等农业特色产品；另大力开发了旅游、餐饮、观光、体验、科教、节会项目，已成为青岛市近郊休闲游、特色农副产品采购、中小学生科普教育、农家体验的理想之地。

生态观光农场相继取得了"优秀私营企业"、"诚信经营示范单位"、"山东省农业旅游示范点"、"青岛市乡村旅游特色点"、"青岛市科普示范基地"、"农业科技园创业基地"等称号并正式挂牌成为"崂山区中小学生学农实践基地"。

二、公共服务信息

景区地址：山东省青岛市崂山区王哥庄街道常家社区二月二农场（王山口社区对面）

联系电话：0532-88978808　87101212

景区网址：www.eyenc.com

公共邮箱：qderyueer@163.com

营业时间：冬春两季：早8：30~17：00；秋夏两季：早8：30~17：30。

景区门票：景区参观无门票，根据体验项目收费。

最佳旅游时间：4~11月。

停车服务：景区共有停车场2个。

三、景区导览

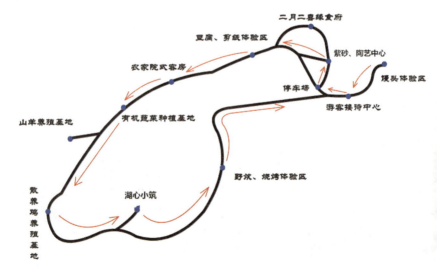

四、交通到达

（1）流亭机场出发：613路（流亭国际机场上，城阳广电中心下，10站），换926路（王山口下，35站），下车向西北440米。

（2）青岛火车站出发：311专/311路（青岛火车站上，海大崂山校区下，42站），换383路（王山口下，14站），下车向西北400米。

（3）青岛四方长途站：126路（四方长途站上，枯桃花卉市场下，33站），换110路（枯桃花卉中心上，王山口下，17站），下车向西北410米。

（4）青岛汽车东站：

公交路线：381路（汽车东站上，海大崂山校区下，8站），换383路（王山口下，14站），下车向西北400米。

自驾路线：辽阳东路—滨海大道（17.8千米）—王沙路（王哥庄方向）。

五、住宿服务

景区内有特色农家小院式住宿。

六、餐饮服务

景区内有农家宴餐厅，二月二喜缘食府，可接待260人同时就餐。菜品主要有：炒山鸡蛋、崂山菇炖鸡、王哥庄一卤鲜、当季山野菜等。

七、活动体验

馒头制作体验；豆腐制作体验；剪纸学习体验；手绘风筝体验；手绘脸谱体验；软陶制作；紫砂茶具制作；电络画；泥塑；民族娃娃制作。

八、购物指南

景区内销售山鸡蛋、王哥庄大馒头、自磨面粉；王哥庄街道为崂山茶主产区，附近有正宗崂山茶可供购买。

九、周边可供游客关联消费的旅游项目

周边景区主要有仰口风景区、二龙山风景区等。

青岛国学公园

一、景区简介

　　国学公园是青岛市首座以"国学"命名的古建园林公园，运用江南园林造园手法建造，采用明清建筑风格。以书法、石刻、地雕、浮雕、照壁、雕塑、图案拼铺等形式展示中华五千年的文化、历史、哲学、科技等，是一处集游览、休闲、学习、教育、培训于一体的国学特色公园。2014年6月国学公园被授予青岛市青少年教育基地。整个园区分为六大园林景区、十大文化主题景区。六大园林景区包括牡丹园、茶花园、桂花园、百花园、百草园及松竹园。文化主题景区包括论语景区、道德经景区、成人励志景区、清廉苑景区、经典文学景区、二十四孝景区、二十四节气与养生文化景区、四大发明景区、琴棋书画景区及启蒙宝训景区。

二、公共服务信息

景区地址：山东省青岛市城阳区正阳路1号

联系方式：0532-66738626

公共邮箱：qdcygy@163.com

景区门票：开放式公园，免费对外开放。

开园时间：春秋季（3月初至5月底，9月初至11月底）：早5点30开园晚9点清园；夏季（6月初至来年8月底）：早5点开园晚10点清园；冬季（12月初至来年2月底）：早6点开园晚8点清园。

最佳旅游时间：3月初至10月底。

停车服务：国学公园自配一个免费停车场，有98个停车位。

三、交通到达

1.外部交通。景区位于城阳区中心区域、繁华地段，南距流亭国际机场6千米，距青岛市市区20千米。游客乘901、902、903、926路等公交车在国学公园站下车可达。

2.游客自驾从流亭国际机场到达景区约需14分钟，从机场出发进入迎宾路，沿迎宾路行驶1.1公里，左转进入重庆北路，沿重庆北路行驶80米，稍向左转上匝道，沿匝道行驶350米，直行进入双流高架路，沿双流高架路行驶650米，从烟台/G20/济南/G204出口离开稍向右转，沿G204行驶5.0公里，左后方转弯进入正阳中路，沿正阳中路行驶210米，到达终点。

四、住宿服务

青岛凯莱大酒店（城阳店）

地址：山东省青岛市城阳区正阳中路 27 号

联系电话：0532-58658855

南山宾馆

地址：山东省青岛市城阳区玉皇岭工业区

联系电话：0532-80962888

青岛海雅阁精品酒店

地址：山东省青岛市城阳区瑞阳路 307 号

联系电话：0532-55550606

青岛爱客 100 连锁酒店

地址：山东省青岛市城阳区西田社区东门北 100 米

联系电话：0532-87791133

五、餐饮服务

双合园饺子新概念菜馆正阳路店

地址：山东省青岛市城阳区正阳中路 9-1 号

电话：0532-58711717

三宝粥店城阳店

地址：山东省青岛市正阳路 150 号（家佳源购物中心对面）

电话：0532-89080588

贤京

地址：山东省青岛市城阳区圣富花苑 5 号楼 3 单元 102 室

电话：13668869876　0532-87965996

小土屋涮毛肚

地址：山东省青岛市城阳区德阳路231号（近康城路）

电话：15066862600

六、周边可供游客关联消费的旅游项目

景区周围有家佳源购物中心、青岛利群购物中心、青岛宝龙城市广场、鲁邦国际风情街等旅游景区。

创意 100 文化产业园

一、景区简介

创意 100 产业园是在 2006 年原青岛刺绣厂的老厂房基础上改建而成，占地面积约 15 亩，作为山东省第一家创意产业园，创意 100 自开园以来一直致力于文化创意产业集聚平台的打造，在文化环境和创意产业链服务方面狠下功夫，逐渐形成了山东创意产业的行业"高地"，成为名符其实的领军企业。

二、公共服务信息

景区地址：山东省青岛市市南区南京路 100 号

联系电话：032-80970556

景区网址：www.c100.cc

公共邮箱：creative100@126.com

景区门票：免费。

营业时间：9：00~17：00。

停车服务：景区各类停车场面积总和在 2000 平方米以上。

三、景区导览

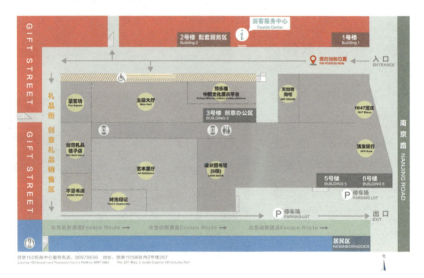

四、交通到达

景区有市（镇）内多条公共交通线抵达：604 路；12 路；12 支；26 路；32 路环线；33 路；125 路；202 路环线；210 路环线；218 路空调；220 路空调；222 路；312 路；312 路区间；319 路环线；322 路环线；370 路；701 路机场巴士。

抵达公路或客运航道（干线）等级：可抵达重庆路、308 国道等一级公路及轮渡。

五、住宿服务

锦江之星和 798 迷你酒店。

六、活动体验

活字印刷、陶艺、各类艺术展。

高氏庄园

一、景区简介

青岛高氏庄园坐落在大泽山最好的中心地理位置——泽山湖菩山，是一家集山、水、园、林、花、果为一体的绿色生态旅游观光园。景区获得的荣誉："农家乐"、"青岛市旅游定点单位"、"青岛市乡村旅游特色点"、"青岛市集团消费阳光食品工程单位"、"山东省农业旅游示范点"、"全国休闲农业与乡村旅游示范点"、"青岛市著名商标"、"AAA级景区"等荣誉。

二、公共服务信息

景区地址：山东省青岛市大泽山镇西崖村

联系电话：0532-85371196

公共邮箱：info@qd-zeyu.com

景区门票：观光门票为 10 元。司机以及导游免门票；1.2 米以下的儿童、军官、残疾人、60 岁以上老人免门票。

最佳旅游时间：每年 9 月、10 月为旺季。

营业时间：7：30~18：00。

停车服务：门前的停车场可以同时容纳 300 多辆车免费停车。

三、景区导览

四、交通到达

（1）青岛流亭国际机场在青岛市城阳区内，距离平度市区80公里，距离高氏庄园景区98公里。兰村火车汽车站距离平度市区40公里，距离高氏庄园58公里，机场与平度汽车站、兰村火车站至平度市区由往返青岛的公交专车全线贯通。也有出租车昼夜运营，交通十分便利。

（2）济青高速公路是平度快速通达青岛、济南、北京等城市的一条高速通道，在平度市区以南，距离平度市区35公里，距离高氏庄园景区55公里。

（3）大泽山由此往北10公里左右是沙河高速路口，由此往南30公里是青新高速路口。

（4）有平度兰村进出口。潍莱高速是潍坊连接莱阳的高速通道，在平度以北距离平度5公里，距离高氏庄园景区15公里，有3个进出口——崔召进出口，平度西进出口，云山进出口。连接线均为省一级公路，交通十分通畅。

（5）青岛高氏庄园风景区距离青岛机场、青岛港码头距离100公里，距离莱州三山岛码头25公里，交通比较便利。

五、住宿服务

景区内部有8间客房，有空调、电视、独立卫生间等，设施非常齐全完善，还可以领略到庄园的美丽景色。

六、餐饮服务

（1）高氏庄园食府里面有单间可以供游人点餐。

（2）高氏庄园三楼的宴会大厅，可以容纳 1000 多人同时就餐，并观看公司文化视频等。

（3）葡萄架下的自助餐：有许多农家小菜，如大丰收、槐花饼子等，也可以同时容纳 500 多人。

七、活动体验

在高氏庄园葡萄架下还有吃葡萄比赛、喝葡萄酒比赛的活动，人们可以自愿免费参加，赢得第一名的人员都有大礼包相送。

八、购物指南

（1）葡萄酒、特色农产品（地瓜、玉米面、山鸡蛋、花生、大豆、有机蔬菜、有机面粉）、特色工艺品。

（2）高氏庄园风景区购物市场设有高氏庄园土特产旅游纪念品专柜，如有机蔬菜、花生、地瓜、玉米面、大豆、山鸡蛋、编织手工艺品、葡萄酒等。

九、周边可供游客关联消费的旅游项目

茶山风景区距离本景区 15 公里，里面有寺庙和状元井，还可以爬山。

高凤翰纪念馆

一、景区简介

高凤翰纪念馆是一座集纪念、研究、展示高凤翰生平及其艺术成就于一体的专题性名人纪念馆。纪念馆整体布局分为故居、陵园、附属设施三大部分。故居部分有石鳌馆、春草堂、竹西亭、北堂、南斋、南斋池等。陵园部分位于纪念馆北侧，碑文由郑板桥为之题写，松柏环绕，庄重典雅。附设部分有展厅五处，泉亭一座，雕像一尊。泉亭，展出有胶州出土的北宋铁钱，重约16吨。高凤翰雕像矗立于院中正门迎门处，还建有长廊、水榭、方亭、假山等。

高凤翰纪念馆现为山东省花园式单位、青岛市优秀爱国主义教育基地、青岛市精神文明单位、青岛市青少年道德实践示范基地等，是青岛市对外展示地方文化，宣传精神文明的重要窗口。

二、公共服务信息

景区地址：山东省胶州市澳门路西段（澳门路与广州南路交汇处西100米）

联系电话：0532-82211192

景区门票：免费。

营业时间：

5~9月：上午 8：30~11：30

下午 13：30~17：00

10月至次年 4月：上午 8：30~11：30

下午 13：30~17：30

停车服务： 纪念馆门前及馆院后均设有停车场，面积达 3000 余平方米，有 40 余个停车位。

景区最大日承载量： 7000 人。

三、景区导览

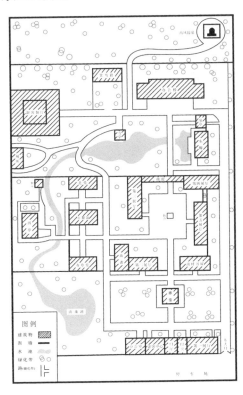

四、交通到达

与青岛流亭机场距离约为 42.9 公里，车程时间约为 42 分钟；与胶州汽车总站距离约为 6.7 公里，车程时间约为 14 分钟；与胶州北火车站距离约为 19.7 公里，车程时间约为 36 分钟；与胶州市中心距离约为 2.9 公里，车程时间约为 7 分钟。

自驾车：

（1）青银高速胶州收费站向南—沿胶州立交桥行驶 200 米—左转进入 S219 行驶 10.1 公里—直行进入广州路行驶 6.7 公里—左转进入澳门路行驶 90 米即到

（2）青兰高速收费站向北—进入 S397 行驶 810 米—进入海尔大道行驶 3 公里—左前方转弯进入香港路行驶 3.4 公里—右转进入常州路行驶 460 米—左转进入澳门路行驶 820 米即到

（3）沈海高速九龙立交向东—沿九赵路行驶 2.3 公里—左转进入营里路 9 公里—右转进入香港路 1.5 公里—左转进入广州南路行驶 430 米—右转澳门路行驶 90 米即到。

公交车：

乘坐 77 路、17 路、507 路公交车到皇骐河滨华庭站下车，向南走到澳门路，向西 820 米处即到；乘坐 203 路、16 路、206 路、209 路、88 路、5 路、25 路、26 路到佳乐家车站下车，换乘 3 路到高凤翰纪念馆站，下车即到。

枯桃花艺生态园

一、景区简介

2014 年青岛世界园艺博览会崂山区分会场——枯桃花艺生态园位于枯桃将军山范围内，北邻中国海洋大学崂山校区，西邻高新区软件园，占地面积 45.2 公顷。

生态园以 2014 年世园会为契机，依托枯桃历史悠久的花卉产业和自然资源，带动枯桃花卉经济产业链的发展，促进高质量苗圃和景观设施建设，提升枯桃花卉经济旅游品牌的知名度。枯桃花艺生态园共分为四个功能区，分别为花卉产业综合服务区、山体观赏旅游区、花卉展示区、果园休闲区。2014 年被评为国家级 AAA 旅游景区。

二、公共服务信息

景区地址： 山东省青岛市崂山区中韩街道枯桃社区（北邻中

国海洋大学崂山校区，西邻高新区软件园）

景区网址： www.kutaohauhui.com。

景区门票： 20元／人，同时可办理家庭年卡（三人）300元／张及市民个人年卡160元／张。身高不足1.2米的儿童、60周岁以上老年人及现役军官持有效证件可享受免票，学生持学生证享受半价。

营业时间： 8：30~16：30。

最佳旅游时间： 4~10月。

停车服务： 景区设有绿化停车位150个。

三、交通到达

1. 外部交通。

枯桃花艺生态园紧邻滨海公路，是青岛至北九水风景区的必经之路，道路宽敞，公路属一级标准，黑化路面，车速60~80千米／小时，并设有旅游专线汽车。

距离石老人直升机场、国际会展中心、市体育场、国际啤酒城、国际高尔夫球场不过5千米。有着便捷的对外交通，具有良好的交通及区位优势。

旅游专线车有：381、382、110、114、119、619、125路，距离码头、流亭机场、济青高速、汽车东站、青岛火车站等，车程均在30分钟之内，并在滨海公路、204国道、青银高速、济青高速、青莱高速、胶州湾高速、同三高速等多处设立了专用外部交通标识。

直达流亭国际机场至景区距离17.2千米（直达机场系指直达依托城市、镇的民用机场，包括军民两用机场，但不包括可提供包机服务的机场）。

青银高速进出口距枯桃花艺生态园直达距离为 3.0 千米，客运火车站距枯桃花艺生态园直达距离 17.1 千米。现已基本形成航空、铁路、高速公路等功能齐全，四通八达，便捷顺畅的立体旅游交通网络。

2. 内部 / 附近交通。

景区内部配有电瓶车及专业导游，电瓶车票 10 元 / 人。

四、住宿服务

景区内部有世缘情假日大酒店可提供食宿。世缘情酒店拥有四层宴会大厅，可同时容纳 100 桌（1000 位）同时用餐，拥有大小各异的特色客房 50 间，联系电话：0532-55670666，周边有铭家小院紧邻景区可提供食宿，联系电话：0532-68721919。

五、餐饮服务

凤凤生态美食苑

地址：山东省青岛市崂山区滨海大道枯桃花卉市场南（株洲路与滨海大道（松岭路）交叉口南 150 米）

订餐电话：0532-88611986

六、活动体验

景区每年都举办全民健身登山节活动，活动期间登山免票；每年 4 月 28 日举办枯桃花会。

七、购物指南

紧邻景区以北 200 米有枯桃花卉交易中心,花卉市场占地 6000 平方米,3000 余种盆栽花卉供游客选购。

八、周边可供游客关联消费的旅游项目

周边景区主要有崂山风景区、青岛海昌极地海洋世界、青岛海底世界、二龙山景区、崂山北九水风景区、2014 年世界园艺博览会主会场。

烟 台 市

山东省A级旅游景区
自由行手册

蓬 莱 阁

一、景区简介

　　蓬莱阁是国家首批 AAAAA 级景区，中国四大名楼之一，全国重点文物保护单位，素以"人间仙境"著称于世。蓬莱阁已发展成为以蓬莱阁古建筑群为中轴，蓬莱水城和田横山为两翼，以四种文化（神仙文化、精武文化、港口文化、海洋民俗文化）为底蕴，山（丹崖山）、海（黄渤二海）、城（蓬莱水城）、阁（蓬莱阁）为格局，登州博物馆、蓬莱古船博物馆、海滨和平广场等20 余处景点为点缀的综合风景名胜区、休闲度假胜地。

　　景区在山东省旅游行业中率先通过了 ISO9001 国际质量管理体系和 ISO14001 国际环境管理体系的双认证，取得了国际旅游市场的通行证，先后荣获"全国旅游行业最佳诚信单位"、"全国文明单位"、"中国驰名商标"、"全国巾帼文明岗"等荣誉。

蓬莱阁

二、公共服务信息

景区地址：山东省蓬莱市迎宾路 59 号

景区网址：www.plg.com.cn

景区邮箱：plgbgs@163.com

景区门票：

1.门票种类：140 元的全票（包括蓬莱阁景区各个景点）、70 元优惠票。

2.景区优惠价格及条件：

（1）现役军人持本人有效证件可免票；

（2）1.2 米以下的儿童在大人的陪同下可以免票；

（3）1.2 米以上儿童及全日制大学生持本人学生证可购优惠票。

提示服务：景区与汽车站隔街相望，勿被"旅游托儿"误导。

最佳旅游时间：春、夏、秋、冬。

特色景观：春夏秋温度适中，适宜旅游，春夏、夏秋之交，是海市多发季节；冬季温度相对较低，偶尔可观赏到冰浪奇观。

三、交通到达

1.外部交通

自驾车：

（1）北京方向：京福、京沪高速→济青高速→潍莱高速→威乌高速→蓬莱出口下→向北直行至蓬莱长途汽车站→景区，下高速后约 15 分钟可到达景区。

（2）上海方向：沪宁高速→宁连高速→同三高速→威乌高速→蓬莱出口下→向北直行至蓬莱长途汽车站→景区，下高速后约 15 分钟可到达景区。

2. 内部 / 附近交通

汽车总站联系电话：0535-564201，景区位于汽车总站西北方 100 米处，市内各路公交均可直达景区；景区离市中心 1 公里左右，周围商业购物、住宿餐饮、休闲娱乐场所遍布，交通便利，设施齐全，车程一般在 10 分钟以内。

四、活动体验

正月十六庙会：

时间：每年正月十六

地点：蓬莱阁景区

活动主题：相传正月十六是天后 (海神娘娘) 的生辰，蓬莱人民有正月十六去蓬莱阁景区赶庙会的习俗；游客自愿参与，需购蓬莱阁门票。

五、购物指南

具有本旅游区特色的八仙挂件、八仙葫芦、戚继光宝刀等 12 种纪念品，具有地区特色的手工艺包、民间剪纸等 5 种纪念品。

蓬莱三仙山风景区

一、景区简介

蓬莱三仙山风景区为国家 AAAAA 级景区，既有北方皇家园林之雄，又有南方私家园林之秀，集中国古典园林之大成，荣获"国家文化产业示范基地"等荣誉称号。

人间仙境——三仙山风景区的文化定位是崇尚正、清、和，弘扬真善美，传承优秀民族文化艺术；以中国的传统文化为灵魂，以蓬莱的地域文化为主题，突出人间仙境的创意，展示山海名邦神韵。景区由三和大殿、蓬莱仙岛、方壶胜境、瀛洲仙境、瀛洲书院、珍宝馆、蓬莱历史文化集锦、玉佛寺、万方安和、海市蜃楼大剧院等景观组成。亭台楼阁和古宅深院的建筑格局以明清皇家风格为参照，古朴自然，错落有致。

二、公共服务信息

景区地址： 蓬莱市海滨路 9 号

联系电话： 0535-5602288

景区网址： http://www.baxian.cn

景区微博： 新浪微博搜索"蓬莱三仙山风景区"即可，已认证加 V。

景区微信： 搜索"蓬莱八仙过海"即可，已认证加 V。

景区门票： 120 元 / 位，符合以下条件可购买优惠票 70 元 / 位：

（1）身高 1.2~1.4 米的儿童；

（2）65 周岁以上的老年人持老年证或身份证；

（3）持军官证或士兵证的现役军人。

备注：身高 1.2 米以下儿童免票。

三、交通到达

1.公共交通指南

蓬莱景区与国家一级开放口岸蓬莱港毗邻，距威乌高速公路入口25公里，距烟台蓬莱国际机场26公里，东距烟台港、火车站60公里。

乘飞机到达后可转乘机场大巴或出租车抵达景区。建议乘坐周五末班飞机抵达，周日末班飞机离开，周末飞机班次多，价格低，约3~5折。

乘火车、轮船到烟台，到烟台长途汽车站转乘烟蓬快车直达蓬莱市长途汽车站，转乘景区旅游观光车抵达景区。

旅游专线车：在蓬莱长途汽车站十字路口北侧，有景区旅游观光车，购票游览景区的乘客免费乘坐，不购景区门票的乘客2元/人。

2.自驾车指南

省外路线：

（1）北京方向：京福、京沪高速→青银高速→潍莱高速→荣乌高速→蓬莱出口下→沿景区交通指示牌行驶，约20分钟可到达景区。

（2）上海方向：沪宁高速→宁连高速→沈海高速→荣乌高速→蓬莱出口下→沿景区交通指示牌行驶，下高速后约20分钟可到达景区。

（3）陕西、河南方向：霍连高速→日东高速→沈海高速→荣乌高速→蓬莱出口下→沿景区交通指示牌行驶，下高速后约20分钟可到达景区。

（4）山西、河北方向：石太高速→青银高速→潍莱高速→荣乌高速→蓬莱出口下→沿景区交通指示牌行驶，下高速后约20分钟可到达景区。

省内路线：

（1）济南：青银高速→荣潍高速→荣乌高速→蓬莱出口下→向北直行至海边→向西直行抵达景区。

（2）青岛：青银高速→沈海高速→栖霞北出口→沿省道211向北直行抵达蓬莱。

（3）威海：烟威一级路→烟台绕城高速→荣乌高速→蓬莱出口下→向北直行至海边→向西直行抵达景区。

（4）烟台：烟台发电厂向西，沿烟蓬一级路西行直达蓬莱。

蓬莱市区路线：

蓬莱长途汽车站→向北（直行）至八仙雕塑→向东（右转）至海水浴场→八仙过海旅游景区→三仙山风景区、三仙山温泉。

四、住宿餐饮服务

三仙山大酒店

地址：山东省蓬莱市海滨路9号三仙山风景区东侧

电话：0535-5959777 5602288

三仙山温泉

地址：山东省蓬莱市三仙山风景区西50米，蓬莱八仙过海景区东200米

电话：0535-5910007

蓬莱八仙过海景区

一、景区简介

　　蓬莱八仙过海景区如同横卧海上的宝葫芦，游览面积5.5万平方米，主要景点有八仙坊、八仙桥、望瀛楼、拜仙台、八仙诸亭、妈祖殿等近40处，还有滨海平台、观景长廊、奇石林、海豹岛等环区景观和快艇游览项目。

　　景区拥有我国最大的海上园林、最大的海上奇石林、最长的海上长廊、最高的海上楼阁，以八仙为主题的玉器、瓷器、漆雕、木雕、石雕处处可见，被评为国家AAAAA级景区。八仙过海景区以道教文化和蓬莱神话为背景，以八仙传说为主题，突出了大海仙山的创意，集古典建筑与艺术园林于一体。

二、公共服务信息

景区地址：蓬莱市海滨路 8 号

联系电话：0535-5602288　5601688

景区网址：http://www.baxian.cn

景区微博：新浪微博搜索"蓬莱八仙过海景区"即可，已认证加 V。

景区微信：搜索"蓬莱八仙过海"即可，已认证加 V。

景区门票：正价 80 元 / 人，优惠票价 40 元 / 位。

三、交通到达

1. 公共交通

蓬莱景区与国家一级开放口岸蓬莱港毗邻，距威乌高速公路入口25公里，距烟台蓬莱国际机场26公里，东距烟台港、火车站60公里。

乘飞机到达后可转乘机场大巴或出租车抵达景区。建议乘坐周五末班飞机抵达，周日末班飞机离开，周末飞机班次多，价格低，约3~5折。

乘火车、轮船到烟台，到烟台长途汽车站转乘烟蓬快车直达蓬莱市长途汽车站，转乘景区旅游观光车抵达景区。

旅游专线车：在蓬莱长途汽车站十字路口北侧，有景区旅游观光车，购票游览景区的乘客免费乘坐，不购景区门票的乘客2元/人。

2.自驾车

省外路线：

（1）北京方向：京福、京沪高速→青银高速→潍莱高速→荣乌高速→蓬莱出口下→沿景区交通指示牌行驶，约20分钟可到达景区。

（2）上海方向：沪宁高速→宁连高速→沈海高速→荣乌高速→蓬莱出口下→沿景区交通指示牌行驶至景区，下高速后约20分钟可到达景区。

（3）陕西、河南方向：霍连高速→日东高速→沈海高速→荣乌高速→蓬莱出口下→沿景区交通指示牌行驶至景区，下高速后约20分钟可到达景区。

（4）山西、河北方向：石太高速→青银高速→潍莱高速→荣乌高速→蓬莱出口下→沿景区交通指示牌行驶至景区，下高速后约20分钟可到达景区。

省内路线：

（1）济南：青银高速→荣潍高速→荣乌高速→蓬莱出口下→

向北直行至海边→向西直行抵达景区。

（2）青岛：青银高速→沈海高速→栖霞北出口→沿省道211向北直行抵达蓬莱。

（3）威海：烟威一级路→烟台绕城高速→荣乌高速→蓬莱出口下→向北直行至海边→向西直行抵达景区。

（4）烟台：烟台发电厂向西，沿烟蓬一级路西行直达蓬莱。

蓬莱市区路线：

蓬莱长途汽车站→向北（直行）至八仙雕塑→向东（右转）至海水浴场→八仙过海旅游景区→三仙山风景区、三仙山温泉。

四、住宿餐饮服务

三仙山大酒店

地址：中国山东省蓬莱市海滨路9号三仙山风景区东侧

电话：0535-5959777　5602288

三仙山温泉

地址：山东省蓬莱市三仙山风景区西50米，蓬莱八仙过海景区东200米

电话：0535-5910007

五、购物指南

八仙海鲜城、天天渔港，海产品批发零售，蓬莱土特产品，旅游纪念品商店。

南山旅游景区

一、景区简介

南山旅游景区为国家 AAAAA 级旅游景区，分为宗教历史文化园、主题公园——欢乐峡谷和东海旅游度假区三大部分。南山宗教历史文化园山水绮丽、人杰地灵，自然与人文巧妙融合；园区内两大亮点：世界最大的锡青铜坐佛——南山大佛和国内最大的室内玉佛——南山药师玉佛。南山主题公园——欢乐峡谷的南山大院、马术俱乐部、宠物园、欢乐岛、热带植物园等，将文化性与娱乐性、知识性与挑战性完美结合。南山东海旅游度假区拥有 20 公里黄金海岸线、烟台市首家标准化的游艇俱乐部，无限海滨风光尽收眼底。

景区先后被授予全国农业旅游示范点、全国工业旅游示范点、全省工业旅游示范点、国家级森林公园等荣誉。

景区牌坊

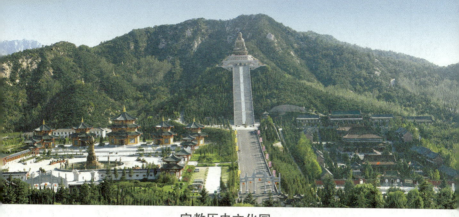

宗教历史文化园

二、公共服务信息

景区地址： 山东省烟台市龙口南山集团旅游区

联系电话： 0535-8616866　8615090

景区网址： www.nanshanlvyou.com

公共邮箱： panguiqin@nanshan.com.cn

景区门票： 120 元／张

营业时间： 淡季：7：30~17：00，旺季：7：30~18：00。

最佳旅游时间： 春、夏、秋。

景区优惠价格及条件： 现役军人持军官证或士兵证、军校学生持学员证、残疾军人持残疾军人证、记者持记者证、70 周岁（含）以上老人持有效证件（身份证或老年证）免门票；学生持学生证（须当年学期注册盖章）、离退休干部持离退休证、残疾人持残疾证、居士持皈依证、60~70 岁老人持有效证件，门票 5 折优惠。

停车服务： 主题公园停车场、景区售票口停车场、景区旅游学校停车场，总容量为 2000 辆。停车场收费标准：轿车、面包车（7 座以下含 7 座）、中巴车（19 座以下含 19 座）：10 元／辆；大巴车（19 座以上）：20 元／辆。

三、景区导览

四、交通到达

1.外部交通

北京方向：京津高速→京台高速→荣乌高速→长深高速→荣乌高速。

上海方向：沪嘉高速→沈海高速→青新高速→荣乌高速。

西安、郑州方向：连霍高速→日兰高速→济广高速→青银高速→潍莱高速→荣乌高速。

太原、石家庄方向：青银高速→京昆高速→青银高速→潍莱高速→荣乌高速。

青岛方向：青银高速→荣乌高速。

以上方向从黄城收费站（龙口、南山、莱西出口）下高速，再沿路标行驶3分钟可到景区。

2. 内部 / 附近交通

在龙口市东城区汽车站附近可乘坐 5 路、10 路公交车，到"南山博商"站下车，再从南山博商乘坐景区游览车可直接到景区检票口。

景区内可乘坐旅游观光车，游览景区。

五、住宿服务及餐饮服务

南山国际会议中心：五星级酒店，位于南山旅游区内，餐饮方面以高档菜系为主，辅以时令特色菜品。首打高档鲁菜，增加了粤菜与西式菜品。

南山宾馆：三星级酒店，位于南山旅游区内，餐饮方面以鲁菜为主打菜系，辅以川菜、湘菜热销特色菜品。

月亮湾海景酒店：五星级酒店，位于东海旅游度假区内，餐饮选材以海鲜类为重，辅以日、韩料理。精选鲜活类海产品为原材，口味以鲜为主。

南山文化中心：位于南山旅游区内，是集餐饮、洗浴、休闲、娱乐、健身为一体的大型综合性现代室内康乐场所。餐饮方面主推家常菜和便捷快餐、百味粥，辅以野菜、野味特色小吃，如烤乳鸽、烧烤、全羊宴等。

南山国际高尔夫球会：风格各异的国际锦标级球场，是国家体育总局小球运动管理中心、中高协指定中国高尔夫球国家队训练基地。

东海月亮湾海水浴场：位于东海旅游度假区，拥有 20 公里的海岸线，沙质绵软，海水清澈，是消暑度假的首选之地。

游艇俱乐部：位于东海旅游度假区，是烟台市首家标准化游艇俱乐部，也是山东省内目前标准最高、设施最完善的游艇俱乐部之一，提供商务交流、亲友聚会、休闲度假、婚宴庆典、蜜月旅行、海上垂钓的专属空间。

南山国际休养疗养中心：为全国乃至世界各地的老年人朋友提供医疗护理、营养饮食、休闲运动、学习交流等居家养老式服务。

六、活动体验

南山国际长寿文化节：每年重阳节期间举办，充分利用"福如东海，寿比南山"的吉祥含义。

南山大佛／玉佛开光周年庆典（春／秋季庙会）：每年 4 月 18 日大佛开光周年庆典和 9 月 29 日南山药师玉佛开光周年庆典期间各举办一次。活动期间举行祈福法会、书法绘画展、吕剧表演、小商品交易等。

七、购物指南

南山景区购物商店、南山博商；商品有龙口粉丝、苹果、草莓、长把梨、大樱桃、海参、鲍鱼、螃蟹。

八、周边可供游客关联消费的旅游项目

周边景区主要有蓬莱阁、蓬莱海洋极地世界。

蓬莱海洋极地世界

一、景区简介

蓬莱海洋极地世界为 AAAA 级旅游景区，汇集了北极熊、白鲸、企鹅、海象、海狮、海豚等世界各地近百种的海洋生物，集观赏性、娱乐性、趣味性、惊险刺激和反映海洋文化、海洋科技为一体，是目前亚洲规模最大、展示内容最全最丰富的海洋世界，被山东省科协授予"全省科普教育基地"、被中国海洋学会授予"全国科普教育基地"。景区主要景观：热带雨林馆、极地馆、鲸鱼湾、海底隧道、水下剧场、大圆缸、鲨鱼馆、4D 影院、科普馆、海洋剧场等。

二、公共服务信息

景区地址：山东省蓬莱市海港路 88 号

联系电话：0535-5927999　5602288

景区网址：http://www.baxian.cn

景区微博：新浪微博搜索"蓬莱海洋极地世界"即可，已认证加 V。

景区微信：搜索"蓬莱欧乐堡"即可，已认证加 V。

景区门票：150 元 / 位，优惠票价为 100 元 / 位。

备注：每位持全票的成人可免费带领一名 1.2 米以下的儿童，多带儿童一名需补票 70 元。

三、交通到达

蓬莱景区与国家一级开放口岸蓬莱港毗邻，距威乌高速公路入口 25 公里，距烟台蓬莱国际机场 26 公里，东距烟台港、火车站 60 公里。

1.公共交通指南

乘飞机到达后可转乘机场大巴或出租车抵达景区。建议乘坐周五末班飞机抵达，周日末班飞机离开，周末飞机班次多，价格低，约3~5折。

乘火车、轮船到烟台，到烟台长途汽车站转乘烟蓬快车直达蓬莱市长途汽车站，转乘景区旅游观光车抵达景区。

旅游专线车：在蓬莱长途汽车站十字路口北侧，有景区旅游观光车，购票游览景区的乘客免费乘坐，不购景区门票的乘客2元／人。

2.自驾车指南

省外路线：

（1）北京方向：京福、京沪高速→青银高速→潍莱高速→荣乌高速→蓬莱出口下→沿景区交通指示牌行驶，约20分钟可到达景区。

（2）上海方向：沪宁高速→宁连高速→沈海高速→荣乌高速→蓬莱出口下→沿景区交通指示牌行驶，下高速后约20分钟可到达景区。

（3）陕西、河南方向：霍连高速→日东高速→沈海高速→荣乌高速→蓬莱出口下→沿景区交通指示牌行驶，下高速后约20分钟可到达景区。

（4）山西、河北方向：石太高速→青银高速→潍莱高速→荣乌高速→蓬莱出口下→沿景区交通指示牌行驶，下高速后约20分钟可到达景区。

省内路线：

（1）济南：青银高速→荣潍高速→荣乌高速→蓬莱出口下→向北直行至海边→向西直行抵达景区。

（2）青岛：青银高速→沈海高速→栖霞北出口→沿省道211向北直行抵达蓬莱。

（3）威海：烟威一级路→烟台绕城高速→荣乌高速→蓬莱出口下→向北直行至海边→向西直行抵达景区。

（4）烟台：烟台发电厂向西，沿烟蓬一级路西行直达蓬莱。

蓬莱市区路线：

蓬莱长途汽车站→向北（直行）至八仙雕塑→向东（右转）至海水浴场→八仙过海旅游景区→三仙山风景区、三仙山温泉。

四、住宿餐饮服务

三仙山大酒店

地址：中国山东省蓬莱市海滨路9号三仙山风景区东侧

电话：0535-5959777　0535-5602288

三仙山温泉

地址：山东省蓬莱市三仙山风景区西50米，蓬莱八仙过海景区东200米

电话：0535-5910007

五、购物指南

八仙海鲜城、天天渔港，海产品批发零售，蓬莱土特产品，旅游纪念品商店。

君顶酒庄

一、景区简介

中粮君顶酒庄为 AAAA 级旅游景区，坐落于蓬莱南王山谷凤凰湖畔，以华夏文明"天人合一"理念，融合旧世界葡萄酒传统文化和新世界葡萄酒现代意识，是最具创新意义与东方神韵的个性化葡萄酒庄。君顶酒庄开创性地将酿酒葡萄种植、葡萄酒生产、美食美酒品鉴以及葡萄酒文化推广等与人们旅游休闲需求相结合，为游客提供全方位的东方葡萄酒文化体验休闲之旅。

中粮君顶酒庄获得的荣誉：山东省精品采摘园、仙境蓬莱不得不去的十个地方、食品工业 30 年企业、仙境蓬莱不可不买的十种旅游商品、山东省服务名牌、食品工业 30 年十佳葡萄酒企业、

酒庄全景

山东省文化产业示范基地、酒庄酒在历届葡萄酒品评大赛多次获得金、银奖。

二、公共服务信息

景区地址： 山东省蓬莱市君顶大道1号

联系电话： 0535-5759999　0535-5959869

景区网址： www.nava.cn

景区门票：

（1）酒庄观光之旅，60元/人，观光＋品酒，品君顶T99两款。

（2）酒庄体验之旅，100元/人，观光＋品酒，品君顶东方两款。

（3）酒庄品味之旅，198元/人，观光＋品鉴东方系列2款＋尊悦1款。

（4）酒庄深度之旅，298元/人，观光＋东方2款＋尊悦2款＋天悦干红。

优惠条件及价格：60~70岁持老年证的老人，身高1.2~1.4米的儿童享受观光门票半价优惠；70岁以上持老年证的老人，身高1.2米以下儿童的免票；现役军人凭有效证件免票。

营业时间： 旺季：5~10月，营业时间8：30~17：00。

　　　　　　淡季：11~4月，营业时间8：30~17：00。

最佳旅游时间： 4~11月。

停车服务： 在酒庄主体建筑两侧、葡园酒店门前、西侧共有4个停车场，最大容量是停放200辆车，停车免费。

三、景区导览

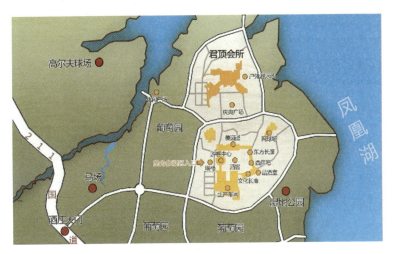

四、交通到达

1.外部交通

从蓬莱汽车站、码头前往酒庄可以乘坐蓬莱至大辛店的客车直达酒庄大门。自驾车则沿着海滨路往东行至大转盘向南行驶10公里至酒庄，沿途有路标；行驶时间为20分钟左右，距离为13公里；

烟台方向：走206国道，过了刘沟后有立交桥标志，从立交桥下来往南走大约3公里，沿途有路标，酒庄就在行驶方向的左侧；如果走同三高速，沿莱州东营方向走，在蓬莱/长岛/栖霞口出高速往北走12公里就到酒庄了，沿途有路标。

青岛方向：走烟青一级路，在栖霞北出高速，走大辛店、龙山店，在大辛店十字路口往北走12公里就到了，沿途有路标。

济南方向：走济青高速至潍坊，在潍坊换潍莱高速，在蓬莱口出高速，向北走 12 公里就到了，沿途有路标。

2. 内部交通

步行或自驾车，酒庄至葡园酒店 2 分钟，至高尔夫球场 5 分钟路程。景区至市区行驶时间 20 分钟。

五、住宿服务

酒庄共有客房 91 间，154 个床位。参考价格如下：

豪华单人间	24 间	1280 元 / 间
豪华双人间	60 间	1280 元 / 间
行政间	3 间	1780 元 / 间
东方套房	1 间	3080 元 / 间
尊悦套房	2 间	5880 元 / 间
天悦套房	1 间	9880 元 / 间

六、会议及餐饮服务

酒庄共有大小会议室 5 个。参考价格如下：

东方厅	500 平方米	360 人	15000 元 / 天	9000 元 / 半天	3000 元 / 时
第一会议室	120 平方米	40~80 人	6000 元 / 天	3600 元 / 半天	1000 元 / 时
第二会议室	60 平方米	18~40 人	3000 元 / 天	1800 元 / 半天	500 元 / 时
第三会议室	60 平方米	18~40 人	3000 元 / 天	1800 元 / 半天	500 元 / 时
贵宾厅	60 平方米	12 人	3000 元 / 天	1800 元 / 半天	500 元 / 时

餐饮分为禾悦轩中餐厅与蓝色海岸西餐厅。

（1）禾悦轩中餐厅包括禾悦轩零点大厅与10个包间。

（2）蓝色海岸西餐厅：西餐零点大厅可容纳80人；VIP包间长台可容纳20人；露天阳台可容纳40人。

（3）会所用餐标准（**参考**）：中餐桌餐80元/位起；西餐238元/位起；中式自助80元/位起（40人起）；西式自助120元/位起；自助烧烤晚宴120元/位起（30人起）；冷餐会120元/位起（30人起）。

特色用餐可选：蓝色海岸西餐厅露天阳台，东方长廊、地下酒窖、会所后庭院。

七、活动体验

每年9月下旬至10月下旬举办采摘节，游客亲手体验采摘并酿酒的全过程：

收费标准：

（1）参观+采摘+品酒套票：散客价169元/人。费用包括：酒庄参观门票、品鉴（东方干红、干白）、草帽、自酿酒用的广口瓶及1.5公斤葡萄。

（2）参观+采摘套票：120元/人。费用包括：草帽、自酿酒用的广口瓶及1.5公斤葡萄。不含品鉴。

八、购物指南

君顶酒庄内有各种系列葡萄酒、葡萄酒具及关联品等供游客选购。

张裕酒文化博物馆

一、景区简介

张裕酒文化博物馆

"百岁桶王"

张裕酒文化博物馆为 AAAA 级旅游景区，是中国第一座专业化葡萄酒博物馆，也是全球为数不多的世界级葡萄酒专业博物馆。景区由酒文化广场、120 年历史的地下大酒窖、六大展厅、中国国际葡萄酒博物馆、市民 DIY 制作中心等部分组成。

馆内庄重优雅，文化气息浓郁，主要以张裕 110 多年历史为主线，介绍中国葡萄酒业以及中国民族工业走过的艰辛与辉煌。景区为国家二级博物馆，全国首批工业旅游示范点，先后获得中国侨联爱国主义教育基地、全国工人先锋号、第七批全国重点文物保护单位等国家级荣誉称号、山东省企业文化建设示范单位、全国博物馆系统最受观众欢迎奖、山东省旅游休闲购物十佳品牌等荣誉。

二、公共服务信息

景区地址：山东省烟台市芝罘区大马路 56 号

联系电话：0535-6632890　6632892

景区网址：http://www.changyu.com.cn/explore/whbwg.html

公共邮箱：ytchangyu@163.com

景区门票：有 50 元 / 人、80 元 / 人、150 元 / 人三种门票。三类门票均含九大景点：包括酒文化广场、六大展厅、国际葡萄酒博物馆、地下大酒窖、市民 DIY 制作中心。50 元门票（免费品两款酒，送纪念品）、80 元门票（免费品三款酒加配餐，送纪念品）、120 元门票（免费品五款酒，送纪念品）。

持高校学生证的学生享受半价。

以下任一情况均可免票：（1）持国家旅游局颁发的本人有效导游证（带团）；（2）60 岁以上老人持本人有效身份证；（3）1.2 米以下的儿童在大人的陪同下可以免票；（4）持本人军官证或者士兵证的现役军人；（5）持团级以上介绍信的现役军人团体；（6）持本人有效残疾军人证；（7）持本人有效残疾证的人员；（8）陪同重度残疾或盲人的 1 名陪护人员免费；（9）持本人有效的国家、省市级媒体记者证的人员。

最佳旅游时间：四季皆宜

停车服务：景区专设停车场，共有车位 80 个，免费停车。

三、景区导览

四、交通到达

1. 外部交通

省内自驾车经济青、潍莱、同三高速直达市区，以济南为起点路程约 5 小时。

2. 内部／附近交通

景区内部的交通方式：步行。

五、住宿服务

金海湾大酒店

地址：山东省烟台市芝罘区海岸路 34 号

电话：0535-6636999

百纳瑞汀酒店

地址：山东省烟台市芝罘区大马路3-1-2号（工人疗养院西侧）

电话：0535-6862885

六、餐饮服务

蓝白快餐

地址：山东省烟台市市府街20号

电话：0535-6617843

荣祥海鲜馆

地址：山东省烟台市芝罘区阜民街25号

电话：0535-6067165

喜乐酒店

地址：山东省烟台市东太平街35号（烟台山下）

电话：0535-6222255

七、活动体验

每年五一、十一在张裕酒文化广场举办大型主题活动，年度市民DIY开放日，市民可以免费参观。参观品鉴葡萄酒（免费）、DIY自助酿酒坊（制作需付费）、张裕酿酒课堂（免费）、小演艺项目（免费）、真人秀节目（免费）。

八、购物指南

博物馆景区内有上百种旅游特色纪念品，包括张裕馆藏葡萄酒，橡木桶工艺品；葡萄酒专业器具（如开瓶器、醒酒器、保鲜器、瓶塞、酒杯等），酒文化书籍；以乐器（如萨克斯、大提琴、二胡）、十二生肖、葡萄果实、葡萄藤蔓为造型的纪念品；以人生系列（如宝宝百岁、毕业留念）、企事业单位用酒系列、旅游纪念酒系列为主题的个性化照片酒，具有浓郁的张裕历史文化和烟台地域文化，深受广大海内外游客的喜爱。

九、周边可供游客关联消费的旅游项目

周边旅游区点：烟台山景区、东炮台景区、滨海观光广场、月亮湾景区、烟台市博物馆。

周边重要旅游服务设施：中国银行、交通银行、招商银行、工商银行、中国农业银行；星光大道KTV、名门润秀理发店、中国邮政等。

张裕国际葡萄酒城

一、景区简介

　　张裕国际葡萄酒城是国家 AAAA 旅游景区，1892 年，著名爱国华侨张弼士先生为实现"实业兴邦"梦想，在烟台创办"张裕酿酒公司"，拉开了中国葡萄酒工业化酿造的序幕。经过一百多年的发展，张裕公司已经成为中国乃至亚洲最大的葡萄酒生产经营企业。1987 年，烟台成为亚洲唯一的"国际葡萄·葡萄酒城"。2008 年，展示"国际葡萄酒城烟台"葡萄酒风情的标志性景观——张裕国际葡萄酒城落成并开放。

　　张裕国际葡萄酒城由中国第一座专业化酒庄——张裕卡斯特酒庄、葡萄公园、亚洲最大的葡萄酒文化体验中心——酒城之窗等部分组成。作为亚洲首座葡萄酒主题乐园，张裕国际葡萄酒城

张裕卡斯特酒庄

欧式地下大酒窖

是中国首批工业旅游示范点，也是张裕公司工业旅游产业中独具特色的体验式旅游景区。

二、公共服务信息

景区地址： 山东省烟台开发区北京北路56号（206国道古现段）

联系电话： 0535-6952000　6952929

景区网址： www.changyu.com.cn

景区门票： 旺季门票80元/张、150元/张（每年5月1日~10月31日）；淡季门票50元/张、80元/张、150元/张（每年11月1日~4月30日）。

营业时间： 8：00~16：30。

最佳旅游时间： 4~11月。

建议游览时长： 40~60分钟。

停车服务： 内设免费停车场。

三、交通到达

自驾车：

游客由沈海高速、绕城高速、威乌高速、福山或古现收费站出口下转开发区北京北路56号（206国道古现段），按路标提示可达景区。

公交车：

市内乘坐21、28路公交车直达旅游景区。

四、住宿服务

喜来登大酒店

五、餐饮服务

张裕希塔餐厅：推出主题套餐三款，及多款特色茶歇糕点，定期推出时尚的庄园 BBQ，餐厅专业侍酒师为您做正确的餐酒搭配推荐，让您在用餐的同时了解到更多的葡萄酒知识。

产品优惠：凭门票可享受部分产品 8 折优惠，每人限购 4 瓶。

六、活动体验

4 月　　　　　张裕酒城踏青游

5~6 月　　　　张裕酒城葡萄小公主 show

9~10 月　　　张裕酒城风情采摘节

圣诞节 ~ 春节　张裕酒城体验购物节暨好客山东贺年会

七、周边可供游客关联消费的旅游项目

周边景区主要有磁山温泉、蓬莱阁、37 度梦幻海、金沙滩海滨公园。

金沙滩海滨公园

一、景区简介

　　烟台金沙滩海滨公园是国家 AAAA 级旅游景区，于 2000 年通过国家 ISO14001 环境管理体系认证，是山东省第一家达标的区域，素有"中国北方第一海滩"的美誉。

　　碧波万顷的景区大海，碧水湛蓝纯净，清澈见底。春日海似锦缎，夏时风平浪静，秋到波涌浪翻，冬季激浪排空。夏季最适宜的游泳水温一般为 25℃左右，是国内最优良的天然海水浴场之一。景区南部的防风林带，面积 6 平方公里，为天然的休闲公园。主要有万米金沙滩，天街广场、休闲广场、音乐广场、科普运动广场等景点。

二、公共服务信息

景区地址：山东省烟台市开发区海滨路 40 号
联系电话：0535-6381108
客服：0535-6396995

公共邮箱：yt6381108@163.com

营业时间： 全年。

最佳旅游时间： 5~10 月。

停车服务： 景区在海滨路道路北边、海边酒店门前和景区入口两侧等设有停车场，有停车位 5000 个左右，均为免费。

三、交通到达

自驾车：

游客由沈海高速、绕城高速、威乌高速、206 国道任选一处出口都可以到达金沙滩公园景区；

公交车：

游客选乘 21 路、23 路、26 路公交车在长江路德胜等多个站点下车北行 800 米即达；选乘 28 路、208 路在黄河路阳光花园等多个站点下车北行 400 米即达。

四、住宿服务

烟台金沙滩喜来登度假酒店

地址：山东省烟台市开发区海滨路 88 号

电话：0535-6119999

烟台金沙滩大酒店

地址：山东省烟台市开发区黄河路 88 号

电话：0535-2169999

烟台静海大酒店

地址：山东省烟台市开发区泰山路 16 号

电话：0535-6931777

烟台澜庭国际商务酒店

地址：山东省烟台市开发区珠江路40号

电话：0535-6119977

烟台金阳光商务酒店

地址：山东省烟台市开发区泰山路128号

电话：0535-6378599

烟台庆洲宾馆

地址：山东省烟台市开发区长江路40号

电话：0535-6110888

烟台新时代大厦

地址：山东省烟台市开发区黄河路86号

电话：0535-6372388

烟台昆仑国际大酒店

地址：山东省烟台市开发区长江路218号

电话：0535-6106666

烟台华安国际大酒店

地址：山东省烟台市开发区海滨路1号

电话：0535-2166666

五、餐饮服务

夏夷岛豆捞　　0535-6950206

观澜　　　　　0535-6102777

锦绣江南　　　0535-6531666

金枪鱼酒店　　0535-3975188

骄龙豆捞　　0535-6101666

六、活动体验

景区提供海上游艇、摩托艇、帆板运动及沙滩摩托等活动项目。

七、购物指南

振华商厦、家家悦、振华超市、彩云城。

八、周边可供游客关联消费的旅游项目

周边景区主要有张裕国际葡萄酒城之窗、磁山地质公园、磁山温泉、夹河湿地公园、37°梦幻海。

烟台山景区

一、景区简介

烟台山景区是国家 AAAA 级旅游景区，是集海滨自然风光、开埠文化、文物遗址、人文自然景观和异国风情于一体的全国重点文物保护单位，山、海、城、港连为一体的特色景观唯此独有。

烟台山建于明洪武三十一年（公元 1398 年）。明朝开国皇帝朱元璋"马上得天下"后，在沿海地区修建烽火台等防御体系，当时所用生烟燃料为狼粪，因此，烽火台被称作"狼烟墩台"，简称烟台，烟台城市由此得名；而修建狼烟台的小山烟台山，是烟台的母亲山。先后有英国、美国、法国、德国等 17 国在烟台山及其周围建立领事馆、洋行等办事机构及别墅，烟台山形成了亚洲唯一保存最完整、最密集的近代外国领事馆群。

烟台山景区

烟台山——景区入口

二、公共服务信息

景区地址：山东省烟台市芝罘区历新路 7 号

联系电话：0535-6209520

景区网址：www.yantaihill.com

官方微信号：yts1861yantaihill

景区门票：景区一年四季景色不同，分为淡旺季，淡季时间从 11 月 1 日~4 月 30 日。旺季时间从 5 月 1 日~10 月 30 日。淡季营业时间早 7：15~17：30，旺季营业时间早 7：00~18：30，门票淡季为 40 元，旺季为 55 元。

最佳旅游时间：一年四季，各有千秋。春之花香，夏之绿荫、秋之枫叶、冬之积雪，美不胜收。

三、交通到达

1. 外部交通

自驾车：

从威海到烟台山景区。沿荣乌高速行驶，经双岛收费站，从烟台、海阳、牟平出口离开，朝烟台方向进入烟海高速行驶，从烟台出口离开，进入成龙线行驶 100 米进入观海路，行驶 10 公里经金沟寨立交桥进入二马路，过虹口大厦后向右转进入虹口路再转大马路，过张裕酒博物馆进入海岸路行驶 200 米左右，然后右转至烟台山景区。

从济南到烟台山景区：进入济青高速后行驶 200 公里进入潍莱高速，沿潍莱高速行驶 100 公里进入同三高速（沈海高速），行驶 112 公里进入 G206 后，行驶至南大街，过昌隆商务约 300 米右转至解放路，行驶 300 米进入海岸路，过海岸路喜乐酒店左转海岸街行驶 200 米右转至烟台山景区。

可进入性：距离莱山机场约 18.9 公里，车程约 30 分钟；距离烟台长途汽车站约 3.2 公里，时间约 7 分钟左右；距离火车站约 3 公里，时间约为 5 分钟。

公交车：

在市区内乘坐 3、6、8、17、18、28、43、45、46、50 路公交车到烟台日报社下车，沿朝阳街步行 500 米左右可到达景区。

2. 内部游览路线

"烟台山"刻石—美国领事馆官邸旧址（烟台开埠陈列馆）—联合教堂—冰心纪念馆—东海关副税务司官邸旧址（中国京剧艺术馆）—英国领事馆的附属建筑—烟台山灯塔—抗日烈士纪念碑—古栾树—旗语杆—忠烈祠—燕台石—烽火台—龙王庙—丹麦领事馆复原陈列—观海坪—射鱼台—连心桥—惹浪亭—冬青长廊—英国领事馆主体建筑旧址—领事署路—美国领事馆旧址—游览结束。

四、住宿服务

金海湾大酒店、虹口大酒店、滨海假日国际酒店、百纳瑞汀、香水海悦海酒店、凯琳海景酒店、国际青年旅舍、馨凯越酒店等。

五、餐饮服务

金海湾大酒店、虹口大酒店、百纳瑞汀四季餐饮、观澜、荷苑、荣祥海鲜等。

六、活动体验

烟台山万人相亲大会、烟台山五一踏青文化旅游节、烟台山十一金秋文化旅游节（举办时间：每年5月1日~5月3日，10月1日~10月7日）。

七、购物指南

大悦城、世茂、振华商厦等。

八、周边可供游客关联消费的旅游项目

周边景区主要有海昌渔人码头、滨海景区、海水浴场。

养 马 岛

一、景区简介

养马岛旅游资源得天独厚，自然风光秀丽，地理位置优越，气候宜人，物产丰富。岛上丘陵起伏、草木葱茏；岛前海域开阔、风平浪静；岛后悬崖峭壁、群礁嶙峋，风逐浪涌、惊涛拍岸。"一岛三滩"自然地貌堪称奇观，盛产海参、扇贝、鲍鱼、牡蛎、天鹅蛋等海产品，拥有全国首家深海温泉和海岛高尔夫球场。

养马岛的名字神奇迷人，她依山傍海，烟波浩淼。相传公元前219年，秦始皇东巡，途经此地，见岛上水草茂盛，群马奔腾，视为宝地，便指令在此养马，专供皇家御用，"养马岛"由此得名。景区通过 ISO14001 环境管理体系认证；先后荣获山东省旅游开发区、省级旅游度假区、优秀旅游度假区、十佳旅游景区、山东省旅游强乡镇等荣誉称号。

二、公共服务信息

景区地址：山东省烟台市牟平区养马岛旅游度假区天马路99号

联系电话：0535-4763712 4763763

景区网址：www.yangmadao.com

景区门票：本景区属开放性景区，无门票，全天开放。淡季11~4月，旺季5~10月。

最佳旅游季节：6月、7月、8月、9月的酷暑季节。

停车服务：本景区设置停车场8个，分布于岛内中、东端，主要是天马广场和礁石滩公园，总面积6000平方米，总数量1000个车位。

景区核心吸引物：礁石滩公园、秦皇体育娱乐中心、东方（烟台）乡村体育俱乐部。

三、景区导览

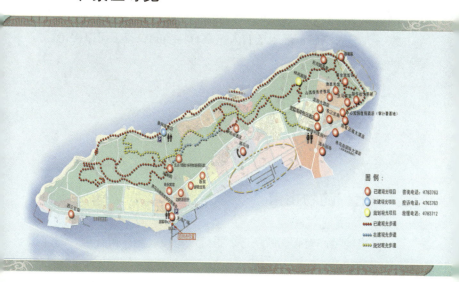

四、交通到达

1.外部交通

养马岛海、陆、空交通方便，地理位置优越，距烟台火车站、港口30公里，距烟台机场22公里，烟威高速公路养马岛路口距景区仅5分钟车程，并与滨海路相接。到养马岛景区可选择任何方式到达，游客到达烟台后，可顺烟台滨海旅游观光路直达，车程20公里，时间30分钟。

2.内部/附近交通

岛上环岛前路、环岛后路横贯全岛东西，8条纵路贯穿南北。游客可选择自驾或租骑自行车自助游览，所需时间约2~3小时。

五、住宿餐饮服务

安德利度假村、黄金宫饭店、将军云海酒店、龙海大酒店、养马岛大酒店、天马宾馆、中盛国际酒店、中心家园酒店畅逸渔家、大海居酒店；岛上还有大量富有特色的农家乐可以接待远方的游客。

六、活动体验

"五一"、"十一"的节庆活动。

七、购物指南

当地特产有碳烤鱿鱼仔、香辣金枪鱼、鲍汁黄花鱼、海鲜礼包、蛤肉海带、海苔芝麻脆片、鱼板烧、海蜇丝、老醋海蜇头、紫菜、海参虾子酱、鲍汁虾子酱、金钩海米、烧烤马步鱼、马步鱼生鱼片、香酥小黄花、烤鱼片、帝王蟹酱、金枪鱼子酱、蚝子虾酱、大马哈鱼子酱、海带丝、虾皮和小丁鱼等。

八、周边可供游客关联消费的旅游项目

周边景区主要有昆嵛山景区、塔山风景区。

长岛旅游景区

一、景区简介

望夫礁

长岛旅游景区是国家AAAA级旅游景区，有"海上仙山"的美誉，以海蚀地貌和海积地貌为主的海岛自然景观和以海豹、候鸟等为主的海岛生物景观，具有极高的观赏价值和科学价值，先后被评为国家级风景名胜

九丈崖

区、国家级自然保护区、国家森林公园、国家地质公园和国家海洋公园。

长岛旅游景区崖、礁、滩、洞、台等海蚀地貌和海积地貌十分齐全，其中尤以九丈崖、九叠石、望夫礁等最为著名。林海、烽山森林覆盖率达90%以上，负氧离子含量达每立方厘米5万个，被誉为"天然氧吧"，是我国开展鸟类研究的重要基地。

二、公共服务信息

景区地址：烟台市长岛县南北长山岛

联系电话：400-6182-088　0535-3216568

景区网址：www.sdcd.gov.cn

公共邮箱：cdly3099789@163.com

开放时间：旺季：4月1日~10月31日，营业时间：8：00~17：00；淡季：11月1日~3月31日，营业时间：7：00~18：00。淡季景区门票8折优惠。

景区门票：全线（九丈崖、月牙湾、望夫礁、仙境源、林海、烽山）180元／人；北线（九丈崖、月牙湾、望夫礁、仙境源）120元／人；南线（林海、烽山、望夫礁、仙境源）120元／人；九丈崖月牙湾80元／人；林海、烽山80元／人；望夫礁45元／人；仙境源45元／人。

最佳旅游时间：4月上旬至10月下旬。

停车服务：各景点均有停车场，共计495个；大客车15元，中巴车10元，小型车5元，不分时长，各景点只收取一次。

三、景区导览

长岛旅游景区游览线路图

四、交通到达

1. 外部交通

乘坐火车进岛路线：

从当地火车站提前订购火车票（最好订往返票）到烟台，到了烟台下火车后，可以到烟台长途汽车站乘车到蓬莱，到蓬莱汽车站下车后，再到蓬莱码头坐船来长岛。

乘车进岛路线：

到当地长途汽车站乘坐公共汽车至蓬莱（蓬莱长途客车站问询处电话：0535-5642018）。济南、青岛、淄博等省内游客最好通过当地长途汽车站了解一下到蓬莱的班次。

自驾游进岛路线：

北京（南三环）分钟寺→京沪高速→黄石高速（黄骅方向）→荣乌高速→威乌高速→蓬莱西→蓬莱港→长岛（乘船）。

太原→青银高速→济南→济青高速→潍莱高速→荣乌高速→蓬莱西→蓬莱港→长岛（乘船）。

洛阳→郑州→途径菏泽→济南→济青高速→潍莱高速→荣乌高速→蓬莱西→蓬莱港→长岛（乘船）。

上海→途径江阴、江都→淮安→灌云北→日照→沈海高速（栖霞北下高速）→蓬莱→蓬莱港→长岛（乘船）。

哈尔滨→长春→沈阳→大连→烟台（轮渡6小时）→烟台→蓬莱→蓬莱港→长岛（乘船）。

天津→京沪高速→黄石高速（黄骅方向）→荣乌高速→蓬莱西→蓬莱港→长岛（乘船）。

济南→潍坊→途径潍莱高速→荣乌高速→蓬莱西→蓬莱港→

长岛（乘船）。

2.内部交通

景区内各景点有旅游公交可以到达，亦可乘坐出租车、租赁自行车。南北长山岛两个岛屿面积不大，共计22.62平方公里，无论选择何种出游方式，都很经济便捷。

五、住宿餐饮服务

岛内有渔家乐（食宿）700余户，还有世纪假日酒店、长园宾馆、万辉酒店、蓬达假日酒店、逸景轩假日酒店等星级酒店，麦德隆、家家悦等购物超市。

罗山黄金文化旅游度假区

一、景区简介

　　招远罗山黄金文化旅游度假区是中国规模最大、文化底蕴最深、档次最高的黄金旅游项目，已建成中国黄金实景博览苑、淘金小镇、罗山国家级森林公园等重点项目。黄金博览苑被誉为"中国黄金第一

黄金博览苑全景图

游"；淘金小镇是国内首家场景互动体验式景区，包括综合服务区、黄金主题体验区、休闲娱乐区和财神广场；罗山国家森林公园拥有亚洲最大金矿田——玲珑金矿田，罗山又称毛公山，是"亚洲第一金山"。

淘金小镇全景图

景区先后获得国土资源部紫金苑科普教育基地、来山东不可不去的 100 个旅游景点、中国传统文化体验基地、国土科普教育基地、山东旅游最受欢迎自驾游景区、山东省最具人气休闲景区等荣誉。

二、公共服务信息

景区地址: 山东省招远市玲珑镇罗山黄金文化旅游度假区

联系电话: 0535-8399899

传真: 0535-8399899

淘金小镇景区网址: www.taojinxiaozhen.cn

罗山国家森林公园景区网址: www.luoshan.cn

公共邮箱: zylsgwh@163.com

景区门票: 淘金小镇景区,旺季:80 元 / 人;淡季:50 元 / 人。黄金博览苑景区,旺季:80 元 / 人;淡季:50 元 / 人。罗山国家森林公园,旺季:50 元 / 人;淡季:40 元 / 人。淡季时间:11 月 1 日 ~ 下年度 2 月 28 日(淡季价格不能与自由行 8 折优惠同时使用);旺季时间:3 月 1 日 ~10 月 31 日。

营业时间: 5 月 1 日 ~9 月 30 日(8:00~17:00);10 月 1 日 ~4 月 30 日(8:00~16:30)。

最佳旅游时间: 全年(主推春节期间及 4~11 月)。

停车服务: 景区专设停车位 1500 个,主要分布于黄金博览苑、淘金小镇、游客服务中心、罗山国家森林公园,免费停车。

三、景区导览

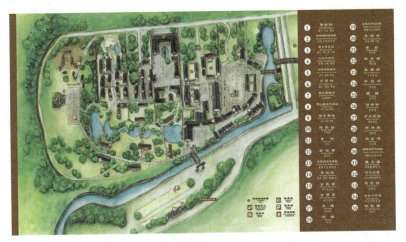

淘金小镇导览图

博览苑导览图

罗山导览图

四、交通到达

1.外部交通（以烟台自驾车为例，附其他线路）

烟台市区到罗山黄金文化旅游度假区，全程97公里，其中高速55.6公里，约1.5小时。

（1）烟台、威海方向：

G15沈海高速（原同三高速）栖霞/招远口下→S304省道（27公里）→右转温泉东路（2公里）→招远大秦家转盘→右转进入S215省道（2公里）→至玲珑轮胎厂红绿灯→右转沿S215省道直行（5公里）→至罗山路高炮广告→左转前往罗山路（3.2公里）到达罗山黄金文化旅游度假区。

（2）青岛方向：

G15 沈海高速（原同三高速）莱阳＼莱州出口下→右转行驶至省道 S307（约 5 公里）→右转沿 S215 行驶（约 38.7 公里）→大秦家转盘→继续沿 S215 行驶（约 2 公里）→至玲珑轮胎厂红绿灯→右转沿 S215 省道直行（5 公里）→至罗山路高炮广告→左转前往罗山路（3.2 公里）到达罗山黄金文化旅游度假区。

（3）济南、淄博、潍坊方向：

G18 荣乌高速→S304/ 招远 / 三山岛出口下→前往 S304 省道(11.5 公里)→左转至市区温泉路（6.7 公里）→招远大秦家转盘→向左转进入 S215 省道（2 公里）→至玲珑轮胎厂红绿灯→右转沿 S215 省道直行（5 公里）→至罗山路高炮广告→左转前往罗山路（3.2 公里）到达罗山黄金文化旅游度假区。

2. 内部 / 附近交通

景区内部的交通方式：步行或摆渡车或旅游专线公交车。

景区距离市中心仅需要 15 分钟的车程，旅游公交车每 2 小时一趟。发车时间：6：00~17：00。

五、住宿服务

1. 高端住宿场所

招金舜和国际饭店（准五星）

地址：山东省招远市玲珑镇罗山黄金文化旅游度假区

电话：0535-809700　18553528183

2. 常规住宿场所

博览苑大酒店（三星级）

地址：山东省招远市玲珑镇罗山黄金文化旅游度假区

电话：0535-8398209　8390399　8391799

罗山旅游度假村

地址：山东省招远市玲珑镇罗山黄金文化旅游度假区

电话：0535-8360086

3. 特色住宿场所

淘金小镇罗山驿站

地址：山东省招远市玲珑镇罗山黄金文化旅游度假区

电话：0535-8398209　8390399　8391799

六、餐饮服务

招金舜和国际饭店

地址：山东省招远市玲珑镇罗山黄金文化旅游度假区

电话：0535-809700　18553528183

博览苑大酒店

地址：山东省招远市玲珑镇罗山黄金文化旅游度假区

电话：0535-8398209

罗山旅游度假村

地址：山东省招远市玲珑镇罗山黄金文化旅游度假区

电话：0535-8360086

罗山人民公社大食堂

地址：山东省招远市玲珑镇罗山黄金文化旅游度假区

电话：0535-8367405

七、活动体验

活动内容及主题	活动时间	活动地点
黄金民俗庙会	春节期间	黄金博览苑、淘金小镇
华夏金财神赵公明诞辰	正月初五	淘金小镇财神金殿广场
春游欢乐月活动	春季	黄金博览苑、淘金小镇
欢乐淘金月活动	夏季	黄金博览苑、淘金小镇
黄金果采摘月活动	秋季	黄金博览苑、淘金小镇
暖冬幸福月活动	冬季	黄金博览苑、淘金小镇
黄金节旅游盛会	8月28日	黄金博览苑、淘金小镇
槐花节	5月底	罗山国家森林公园
板栗节	10月	罗山国家森林公园

友情提示：三八妇女节、母亲节、父亲节、劳动节、七夕节、端午节、教师节、国庆节将推出特殊政策，提前一个月公布。此外，景区常态活动有"矿井寻宝"、抓鬼子赢金条、争当武状元、黄金运动会等活动
详情请关注：
景区官网：www.taojinxiaozhen.cn
景区微信平台：taojinxiaozhen

八、购物指南

当地特产有金箔酒；黄金饰品；龙口粉丝、干粉丝、鲜粉丝。

九、周边可供游客关联消费的旅游项目

周边景区主要是架旗山游乐园。

塔山旅游风景区

一、景区简介

塔山旅游风景区是国家首批AAAA级旅游区，是一处集观光游览、现代娱乐及宗教活动为一体的综合性城市中心风景区。景区包括太平庵游览区和现代娱乐区两大部分。以太平庵为中心景点的太平庵游览区，包括三和塔、龙王殿、太平晨钟钟楼、观音阁等景观近20处。现代娱乐区内主要包括皇冠艺术馆、实弹射击馆、游乐大世界、热带雨林馆、奇观瀑布等景点。

景区获得烟台市"十佳旅游景点"、烟台市"旅游质量信得过单位"、山东省"旅游消费信得过单位"、省市两级"科普教育基地"及省市两级"青年文明号"等光荣称号。

二、公共服务信息

景区地址：山东省烟台市芝罘区塔山路 36 号

联系电话：0535-6082117　6081182

景区网址：http：//www.yttsjq.com

微信号：tashanjingqu

景区门票：

50 元门票：全园游览、小动物村、竹苑、瀑布、山门、七真人雕像、猴园、太平庵、观音峰、蚁王府、临时性表演。

80 元票：全园游览、小动物村、竹苑、瀑布、山门、七真人雕像、猴园、太平庵、观音峰、蚁王府、4D 影院、射击馆（5 发子弹）、地震体验馆、临时性表演。

100 元票：可乘坐以下游乐设施：弹跳机 20 元、世纪飞碟 20 元、跳跃云霄 20 元、激战鲨鱼岛 15 元、华夏飞碟 15 元、皇家转马 15 元、荡龟 15 元、太空漫步 15 元、摩天环车 15 元、迪斯科转盘 15 元、碰碰车 10 元、海豚戏水 10 元、炮弹飞车 10 元、小火车 10 元。合计：205 元（14 项）。

150 元票：可乘坐以下游乐设施：过山车 50 元、弹跳机 20 元、滑道 20 元、世纪飞碟 20 元、4D 影院 30 元（含地震馆）、跳跃云霄 20 元、华夏飞碟 15 元、皇家转马 15 元、荡龟 15 元、太空漫步 15 元、激战鲨鱼岛 15 元、摩天环车 15 元、迪斯科转盘 15 元、碰碰车 10 元、海豚戏水 10 元、炮弹飞车 10 元、小火车 10 元。合计：305 元（17 项）。

注：

（1）70 周岁以上老人持有效证件、现役军人、残疾人持有效证件及 1.1 米以下儿童免门票；

60~69 周岁老人持有效证件、1.1~1.4 米以下儿童门票半价。

（2）因天气原因、设备故障检修等暂停部分设施、表演，景区无须事先告知，不予退换票，因设备检修可调换票面同等价位游乐设备。

（3）咨询电话：0535-6082117　6081182

（4）投诉电话：0535-6082117 游客中心

以上最终解释权归烟台塔山旅游风景区有限公司所有。

三、交通到达

1.外部交通

塔山旅游风景区位于烟台市中心区——芝罘区东南端，地处市区范围之内。距机场不足 30 公里，20 分钟车程即可到达，距高速公路、汽车站、火车站、客用航运码头均在 10 公里范围以内，有多条高速公路及一级公路可进入烟台市区，市内通往景区有 6 条直达公交线路、8 条就近公交线路，乘车 15 分钟左右就可到达长途汽车站、火车站、轮渡码头，交通极为便利。

（1）距莱山机场距离约 17.5 公里，时间约 30 分钟；

（2）距北马路汽车站距离约 6.5 公里，时间约 20 分钟；

（3）距烟台火车站距离约 6.5 公里，时间约 20 分钟；

（4）距烟台市中心距离约 6 公里，时间约 15 分钟；

（5）距烟台渡口距离约 7.5 公里，时间约 25 分钟。

2. 附近市内公交情况

（1）北马路汽车站、火车站乘坐 6 路车到达终点站（奇山西小区）下车，向南 200 米到达塔山旅游风景区西门。

（2）北马路汽车站、火车站乘坐 21、22 路车到达终点站（塔山旅游风景区）下车，向南 500 米到达塔山旅游风景区中门。

（3）渤海轮渡客运站、北马路汽车站、火车站乘坐 42 路车到达终点站（塔山旅游风景区）下车，向南 500 米到达塔山旅游风景区中门。

（4）北马路汽车站、火车站乘坐 47 路车到达终点站（塔山旅游风景区）下车，向南 50 米到达塔山旅游风景区东门。

（5）烟台汽车总站、北马路汽车站、火车站北广场乘坐 58 路车到达塔山旅游风景区站下车，向南 50 米到达塔山旅游风景区东门。

（6）火车站北广场乘坐 86 路车到达塔山旅游风景区站下车，向南 50 米到达塔山旅游风景区东门。

3. 自驾车

（1）同三高速→福山收费站口下高速→沿前往芝罘区的路行驶（沿途有指示牌），下高速后约 20 分钟到达。

（2）烟威高速→烟台出口下高速→沿前往芝罘区的路行驶（沿途有指示牌），下高速后约 20 分钟到达。

四、活动体验

1. 塔山迎春灯会

时间：正月初一至正月十八

活动主题：千灯万灯塔山看灯，醉美塔山灯彩秀。

收费：40元／人。

2. 塔山三月三山会

时间：农历三月三（惯例为3天）

三月三当天免收景区大门票。

3. 消夏活动

时间：7~8月

活动期间免收景区大门票。

磁山温泉小镇

一、景区简介

磁山温泉小镇以"磁山瀑布"、"福塔迎日"、"磁山三泉"等108景闻名，2004年被命名为山东省地质公园。四季分明，夏无酷暑，冬无严寒，高度、温度、湿度适宜，景色优美，处于烟台滨海黄金旅游养生带的中心节点，是独具特色的度假疗养胜地。

磁山温泉小镇包括温泉度假区、颐生养老区、御水雅都区、半山观海区、阴主文化区、风景名胜区六大板块，旨在打造一个以温泉为特色，集养生、养老、旅游、度假、商务、会务为一体的原生态、公园化养生大社区，以环境、文化、服务为三大战略目标，以"山水林海净、古文亲孝爱、安康特护乐"为十五大品牌特色，打造中国养生养老产业的样板。

二、公共服务信息

景区地址： 山东省烟台开发区长江路西首磁山温泉小镇

联系电话： 400-637-0535

景区门票： 168元/人；门市价138元/人；老年票69元/人。

营业时间： 全年。

停车服务： 免费。

三、景区导览

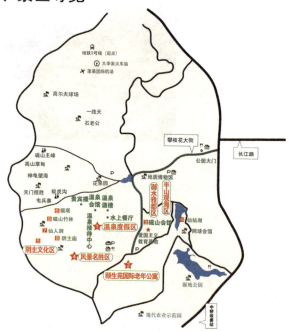

四、交通到达

公交：选乘211路、23路公交车在磁山公园站下车即达。

自驾：荣乌高速古现收费站出，仅 10 分钟车程。

铁路：距正在建设中的龙烟铁路仅 15 分钟车程。

飞机：烟台蓬莱国际机场与 2014 年 10 试飞首架飞机，该机场距磁山温泉小镇仅 15 分钟的车程。

五、住宿服务

温泉客房：有 260 余间房间，装修古朴高雅，简洁明快，温馨舒适。8 套总统套房按五星级酒店标准建造和装修，配有独立浴池和健身房等设施，彰显尊贵。

六、餐饮服务

温泉酒楼：以海派鲁菜为特色，以海鲜著称，兼收其他菜系精华，选料鲜活。

水上餐厅：餐饮为泡温泉的客人提供方便快捷的营养配餐。

七、活动体验

景区提供的活动主要有网球、温泉、会议、商务、爬山等。

八、购物指南

磁山温泉超市、新海海产品超市、振华超市、家家悦等。

九、周边可供游客关联消费的旅游项目

周边景区主要有张裕国际葡萄酒城之窗、烟台金沙滩海滨公园、磁山地质博物馆、夹河湿地公园、37° 梦幻海、蓬莱阁、牟氏庄园等。

招虎山国家森林公园

一、景区简介

招虎山国家森林公园全景图

　　招虎山国家森林公园是国家 AAAA 级旅游景区，为 2012 年第三届亚洲沙滩运动会龙舟、滑水项目举办地，是海阳市集生态游、宗教游、古迹游、民俗游为一体的龙头景区。"真山、真水、真自然"是招虎山国家森林公园的形象招牌，这里，初春山花烂漫，盛夏林海蔽日，金秋枫叶染红，深冬青松傲雪，一年四季物换景移。

二、公共信息服务

景区地址：山东省海阳市山海路北首

联系电话：0535-3638000

景区网站：http://www.zhaohushan.com

景区门票：80 元 / 人。

营业时间：8：00~17：00。

最佳旅游时间： 5~11 月。

停车服务： 位于景区门前九龙湖边，拥有停车位 1200 个。

三、景区导览

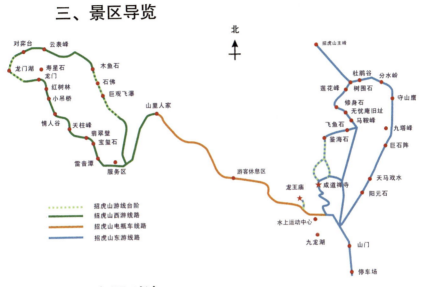

四、交通到达

景区距青岛流亭国际机场和烟台蓬莱国际机场都不足 100 公里，有高速公路可以通达；距海阳长途汽车站 10 公里，时间 15分钟；距海阳火车站 40 公里，时间 40 分钟。

自驾车：

济青高速→威青高速→海阳口下收费站→北走第二个红绿灯右转→按路标指示即可到达。

景区附近市内公交情况：

（1）从市里乘 4 路公交车至招虎山景区，每 20 分钟一班，票价 2.5~3.00 元；

（2）从市里乘海阳至盘石的中巴车招虎山下车，每 20 分钟一班，票价 3.00 元。

五、住宿服务

方圆大酒店

电话：0535-3237777

六、餐饮服务

松林居

电话：0535-3630299

瑞兰居

电话：13336382289

七、活动体验

景区提供活动主要有龙门峡谷山水漂流项目、丛林探险项目、激情滑索项目、天鹅戏水项目。

八、购物指南

景区商品部设有众多摊位，所有商品明码标价，充分满足消费者购物需求。

九、周边可供游客关联消费的旅游项目

周边景区主要有海阳博物馆、丛麻院、云顶竹林、沙雕公园。

莱州大基山景区

一、景区简介

　　莱州大基山景区为国家 AAAA 级旅游景区，方圆 5 公里，群山环列，白云缭绕，紫气升腾，呈现一派清幽深邃、超凡脱俗的自然景色。走临山口，仙风扑面之感便油然而生。山中最有名的景观是"道士谷"，酷似道家的太极图，古有"太极山"一说。

　　大基山古有"郡之甲胜"之誉，其神奇的原始地貌，异殊的险峰峻岭，繁茂的森林植被，宜人的气候和独特的人文景观等，构成"中国第五名山"无与伦比的"天姿灵秀"；现被评为省级生态自然保护区，天然森林氧吧、道教文化发祥地等称号。

大基山景区全景图

二、公共服务信息

联系电话：0535-2549787

景区网址：www.dajishan.cn

营业时间：旺季：4~11月，营业时间：8：00~18：00；淡季：12月到翌年3月，营业时间：8：00~17：00。

景区门票：旺季：80元/人；淡季：60元/人。70周岁以上的老年人凭有效证件免票，60周岁以上老年人凭有效证件五折优惠；1.2~1.4米儿童五折优惠。

停车服务：大基山景区停车场内设有停车线，实行停车分区。车场内有方向引导指示，分设出入口并有专人值管。

三、交通到达

景区入口位于S107山东省道107（一级公路）公里路程碑处。自驾游游客由此向西北2公里可上国道"威海—乌海"高速公路，同方向6公里即是莱州市区。济南、烟台、青岛、淄博、东营等地游客乘坐客车即可到达，市区有长途汽车站、大骑汽车站、个体汽车站，其中大骑汽车站有专线121路公交车；个体汽车站有14路公交车均可到达景区。距青岛机场130公里，距崂山155公里，距蓬莱120公里。

海阳旅游度假区

一、景区简介

海阳旅游度假区位于青岛、烟台、日照、威海四大优秀旅游城市黄金节点，"仙境海岸"核心地段。度假区拥有亚洲唯一苏格兰风格的旭宝高尔夫球场；国内唯一亚沙体育文化遗产群、全国县级市单位面积最大滨海度假酒店群；国家级城市湿地公园、全国餐饮百千万示范街、中国北方最大的城市沙雕组群、江北最大的亚沙水生植物园等旅游资源。

沙雕

青山、绿水、碧海、金沙、民俗、运动共同缔造了以文化主题、度假休闲、康体运动、养生理疗"四位一体"为主线的海阳旅游度假模式。景区先后荣获全国最佳滨海旅游度假目的地、中国最美休闲度假旅游目的地、好客山东十佳主题旅游度假区等荣誉。

亚沙水生植物园

二、公共服务信息

景区地址：山东省海阳市黄海大道南路 66 号

联系电话：0535-3311666　3313277

景区网址：http：//www.hydjq.gov.cn

景区门票：海阳旅游度假区门票免费，可 24 小时游览。

最佳旅游时间：5~10 月。

咨询预订：海水浴场旅游咨询服务中心、观海平台游客服务中心和沙雕展览馆服务中心三处综合服务中心，并开通 400 旅游服务热线。

基础配套：旅游集散中心 1 处、游客咨询中心 3 处、免费停车场 21 个、公共厕所 8 个、滨海木栈道 19000 余米。

医疗救护：度假区建有青医附院南院、海阳市凤城医院以及游客医务室。

三、景区导览

四、交通到达

1. 外部交通

海阳旅游度假区与青威、同三、烟海、烟威等多条高速公路相连接，到青岛、烟台、威海三市车程均在 1 小时以内。多条旅游专线将度假区与招虎山国家森林公园、云顶自然风景区、地雷战红色文化景区等景区（点）连为一体，构建起四通八达的旅游交通网络格局。

自驾游可走青威高速或烟海高速，从海阳出口到度假区方向下，前行 7 公里到达度假区；或到海阳市区后，沿海阳路东行，按道路指示牌南行 10 公里到达度假区。

2. 内部交通

市区 1、2、5、6、10 路旅游专线直通度假区，全市 400 多辆出租车随时进出旅游度假区，丽达购物广场配备班车接送购物游客；另外设置了出租车调度服务平台，广大游客、市民可拨打 24 小时出租车服务热线：0535-3311611，随叫随到。

五、住宿服务

五星级酒店：盛龙建国饭店（0535-3507888）、最佳西方望海温泉大酒店（0535-2739995）等；

四星级酒店：海怡大酒店（0535-3310888）；

三星级酒店：国宾海景酒店（0535-3319888）、黄金海岸酒店（0535-3311888）、观海大酒店（0535-3303000）等；

自主品牌酒店：雅乐轩酒店（0535-3106666）、曦岛假日湾大酒店（0535-3319900）等。

六、餐饮服务

星级酒店：盛龙建国饭店（0535-3507888）、最佳西方望海温泉酒店（0535-2739995）、海怡大酒店（0535-3310888）、国宾海景酒店（0535-3319888）、黄金海岸酒店（0535-3311888）、观海大酒店（0535-3303000）等；

主题餐厅：小天鹅主题火锅、恋香牛排、KFC 欢乐餐厅、格林威治西餐厅、老船长海鲜城等；

高尔夫会所：旭宝高尔夫会所；

风味餐馆：喜相酌海鲜城、海润快餐、王府涮羊羔、帝味一锅、老滋味海鲜坊、龙悦私家菜馆等。

七、购物指南

以黄金海岸、国宾海景、盛龙建国等酒店的精品店为中心，丽达购物广场、建盛购物街、集雅斋特许商品旗舰店等购物场所分布其间。为游客提供亚沙会纪念品、微型沙雕作品、贝壳艺术品、毛衫针织工艺品等旅游纪念品；海阳各种时令海鲜、白黄瓜、网纹瓜、樱桃、红富士苹果、绿茶等特色旅游产品；沙雕艺术展览馆、亚沙展览馆免费为游客提供微型沙雕展览、亚沙文化展览。

八、活动体验

景区活动主要有海阳国际沙滩体育艺术节、海阳国际沙雕艺术展、攀岩世界杯、金沙乐园激情大闯关等。

烽台胜境景区

一、景区简介

烽台胜境景区是国家AAA级旅游景区，景区内的主体建筑为碧霞元君行宫。景区亭台楼阁共计一百零八楹，内栽植有迎春花、报春花、玉兰花、樱花、丁香花、珍珠梅等大量观赏性花卉、植物，您可以夏赏芍药百合、秋观月桂芙蓉、冬至踏雪寻梅。

赏烽台胜境，品神仙文化。景区作为道教文化圣地，供奉有近百尊道家神祇。碧霞元君可以保佑您的家人健康、平安；财神保佑您财源滚滚，生意兴隆；月老保佑单身男女缔结好姻缘，一生幸福；子孙娘娘庇佑人们多子多福；文昌帝君保佑学子能够金榜题名。

二、公共服务信息

景区地址：山东省蓬莱市沟镇峰台山中路 8 路公交车终点站
联系电话：0535-5918888

景区网址： www.fengtaishengjing.com

公共邮箱： fengtaishengjing@163.com

景区门票： 60 元 / 人次。60 周岁（含）~70 周岁（含）的老人半价；70 周岁以上的老人免收门票。6 周岁（不含）~18 周岁（含）未成年人、全日制大学本科以下学历学生享受半价；6 周岁（含）以下或身高 1.2 米（含）以下儿童免收门票。现役军人、残疾人、军队离（退）休干部、士官免收门票。

最佳旅游时间： 3 月上旬 ~10 月上旬。

营业时间： 8：00~17：00。

停车服务： 景区停车场位于景区门口东，停车位 150 个，可免费使用。

三、交通到达

公共交通：

在市内乘坐 8 路公交车到北沟终点站即到。

自驾车：

（1）北京方向：京福、京沪高速→济青高速→潍莱高速→威乌高速→蓬莱西出口下→向北直行至 G206 →前行至蓬莱市北沟镇境蔚阳加油站（约 G206-77 公里处）→右转进入烽台山东路→沿烽台山东路继续前行 2.3 公里进入烽台胜境停车场。

（2）上海方向：沪宁高速→宁连高速→同三高速→威乌高速→蓬莱出口下→向北直行至 G206 →前行至蓬莱市北沟镇境蔚阳加油站（约 G206-77 公里处）→右转进入烽台山东路→沿烽台山东路继续前行 2.3 公里进入烽台胜境停车场。

四、住宿及餐饮服务

华玺大酒店、蓬莱阁宾馆、渤海大酒店、南海宾馆。

五、活动体验

1.清明节踏青

活动时间：每年农历清明节前后。

2.庙会赏民俗

活动时间：每年农历4月15~19日。

3.七夕拜月老

活动时间：每年阴历7月初7。

4.高考祈福季

活动时间：每年6月高考季以及7月录取通知书发放之后的还愿。

六、购物指南

利群购物广场、家家悦超市、振华商厦。

七、周边可供游客关联消费的项目

周边景区主要有蓬莱阁、戚继光故里、八仙渡海口景区、海洋极地世界、三仙山风景区、欧乐堡梦幻世界。

国宾酒庄

一、景区简介

国宾酒庄，是世界上第一座中式唐风酒庄，享有"中国葡萄酒名城"和"世界七大葡萄海岸之一"的美誉。国宾酒庄主体建筑占地 50 余亩，拥有 2000 余亩优质样板葡萄园，建有 5000 平方米地下酒窖，珍藏"盛唐"美酒和世界领袖产区的名庄葡萄酒。酒庄内建有国内首家葡萄酒主题酒店，集美酒、美食、休闲、娱乐为一体引领以葡萄酒为主题的高品质生活方式。

二、公共服务信息

景区地址：山东省蓬莱市国宾路 1 号

联系电话：0535-2706988　2706997

景区网址：www.stateguest.com

公共邮箱：1721632956@qq.com

景区门票：60 元 / 人；无淡旺季价格区分。半价票为 30

元/人，适用对象：残疾人（凭伤残证）；现役军人（凭军官证或士兵证）；1.2~1.4 米（含 1.4 米）儿童。免票适用对象：身高 1.2 米及以下的儿童；65 周岁及以上的持有老年证（身份证）的中国老年人；旅行社团队的司陪人员、导游（凭从业资格证）；记者（凭记者证）。

最佳旅游时间：4~11 月。

停车服务：景区拥有 2 个停车场，位于门口和园内，最大容量 90 辆，可免费停放。

三、景区导览

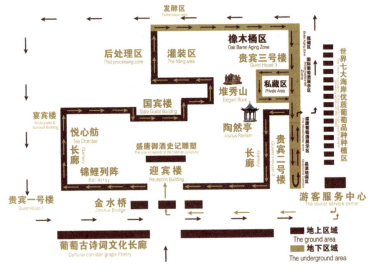

四、交通到达

1.外部交通

自驾车：

从荣乌高速蓬莱西（于庄）出口下高速→向北行驶至 206 国

道与 213 省道交汇处→向东行驶 2 公里路北即到。

2. 内部交通

景区游览线路（注：这里是指当前旅游区点内的游览线路）：铜雕→酒庄主体建筑→生产车间→地下酒窖→藏酒区→国际展区→蓬莱所有葡萄酒展区。

五、住宿服务

国宾酒庄客房贵宾 1、2、3 号楼和国宾楼提供住宿服务。

订房热线：0535-2706988　2706998

六、餐饮服务

国宾酒庄宴宾楼可接待大型宴会会议，提供渤海湾特产海鲜及烤全羊等酒庄特色菜，以及酒庄特产盛唐葡萄酒。

美食热线：0535-2706997

七、活动体验

9 月中旬~10 月中下旬，景区举办葡萄采摘节，游客可以亲身体验自采、自酿乐趣，适宜 15~70 岁人群。

八、购物指南

当地特产有酒庄酒、旅游纪念品、酒庄自主研发品。

九、周边可供游客关联消费的旅游项目

周边景区主要有蓬莱阁景区、三仙山。

马 家 沟

一、景区简介

　　马家沟是抗日英雄郝斌的故里，现已发展成为融酒庄观赏、有机果蔬采摘、休闲垂钓、亲子游乐、特色民居体验、农家乐休闲养生于一体的生态旅游度假胜地，享有"中国最有魅力休闲乡村"、"国家级生态村"、"逍遥游——好客山东最美村镇"、"烟台市美丽乡村"等美誉。温泉酒庄、幽篁里、童真园、梦家园木屋、山里人家食苑等园林景观建设项目相继落成。景区以风情木屋住宿、八大碗餐饮、天然温泉以及可以饱览自然风光的游乐场为主要卖点。

二、公共服务信息

景区地址：山东省蓬莱市刘家沟镇马家沟村

联系电话：13625358168　0535-5875877

景区微信公众平台： penglaimajiagou

景区咨询微信账号： 957700245

景区门票： 游乐场成人通票 120 元，儿童（1.1~1.4 米）通票 100 元；温泉成人室内票 60 元，儿童（1.2~1.4 米）室内票 30 元，温泉成人室内外通票 128 元，儿童室内外通票 64 元。景区票价不分淡旺季。

营业时间： 全年营业，8：00~17：00。

最佳旅游时间： 4~11 月。

停车服务： 景区停车场共 6 处，分别位于木屋、宴会大厅、八大碗饭店、温泉酒庄、游客接待中心以及童真园西侧。最大容量为 400 辆。童真园西侧停车场定位为收费停车场（费用待定），其他停车场免费。

三、景区导览

四、交通到达

1. 外部交通

东行路线：沿 206 国道潮水收费站西行 7.5 公里至文成城堡，路南马家沟村碑，南行 2.2 公里即达马家沟生态旅游度假区。西行路线：从蓬莱城里出发，沿 206 国道东行至刘家沟镇政府驻地东 4.5 公里，至文成城堡，路南马家沟村碑，南行 2.2 公里即达。

2. 内部 / 附近交通

内部交通方式以自驾或步行为主，各个景点之间通行时间都在 10 分钟之内。

景区到周边最近超市（位于刘家沟村）需要 10 分钟车程，到蓬莱需要 30 分钟车程。

五、住宿服务

梦家园木屋

电话：0535-5875877

温泉酒庄

电话：0535-5836588

仙人居

电话：0535-5836588

六、餐饮服务

八大碗饭店

电话：0535-5875677

宴会大厅

电话：0535-5875677

温泉酒庄

电话：0535-5836588

七、活动体验

（1）游乐场，包含海盗船、滑索、滑草坡等9个项目。

（2）篝火晚会。

地点：梦家园木屋篝火场地

时间：5~10月每周六。景区会自发组织，游客可免费参与。

客人也可以预定：1000元/场。

八、周边可供游客关联消费的项目

周边景区主要有文成城堡、和圣马场、君顶酒庄、苏格兰酒堡。

天籁大峡谷旅游风景区

一、景区简介

　　天籁大峡谷旅游风景区是海阳唯一一家将生态度假与休闲运动融为一体的综合性 AAA 级景区。景区三面环山，山势呈葫芦状，入口狭窄稍行几步便豁然开朗，仿佛亲临陶渊明笔下的"世外桃源"，故又称为"桃源谷"。景区由旅游接待区、山地观光区、休闲运动区、度假生态区、佛教文化区组成。

　　景区规划建设了绿色生态餐厅、浪漫烧烤园、天籁农场、度假木屋、商务休闲中心，开发了江北最大的山地漂流（有着"江北第一漂"之美誉）、真人 CS 野战、草上飞、皮划艇、急速飞车、拓展训练等参与互动性的娱乐项目。

二、公共服务信息

　　景区地址：山东省海阳市天籁大峡谷景区位于海阳市盛竹林

楼庵村北

联系电话：4001882771

景区网址：http：//www.tianlaidaxiagu.cn/

景区门票：通票分为 A、B 两种。A 票 158 元，包括景区皮划艇、草上飞、真人 CS、碰碰车、极速飞车、漂流六个项目。B票 108 元，包括皮划艇、草上飞、真人 CS、碰碰车、极速飞车五个项目。

60~70 岁的老人需购买门票，价格为 30 元 / 人。70 岁以上老人、残疾人、现役军人、记者免门票，但不能游玩景区内任何项目。

营业时间：8：00~17：00，不分淡旺季。

最佳旅游时间：5~10 月。

停车服务：景区设有专用停车场，收费标准为每个停车位 10 元 / 辆。

三、景区导览

四、交通到达

1. 外部交通

自驾车：

青岛、威海方向：青威（威青）高速海阳市区出口下高速，向北走，第 4 个红绿灯右转，然后第 1 个红绿灯即盛竹路左转，再直行 10 分钟至楼庵村碑（即景区入景路），直行再右拐至天籁大峡谷景区。

济南方向：济青高速转至青威（威青）高速，再按青岛方向路线行驶即可。

2. 内部／附近交通

景区内有参观游览电瓶车，从景区入口处到漂流上客站途经景区全部游玩项目，全程大概需要 30 分钟。

景区周边主要商业包括尚悦百货及振华商场，住宿设施的出行方式为小公交或出租车。

五、住宿服务

景区周边 5 公里没有大型的住宿酒店。

六、餐饮服务

景区内设有特色生态园餐厅，提供绿色无污染山野菜、农家菜。

七、活动体验

每年端午节在天籁大峡谷景区内举行"漂流节"，游客购买景区通票即可参与漂流节的各项活动。

八、购物指南

景区内设有购物中心，主要经营食品、饮料、服装、海阳当地特产。

九、周边可供游客关联消费的旅游项目

周边景区主要有招虎山、丛麻禅院、云顶等。

地雷战旅游区

一、景区简介

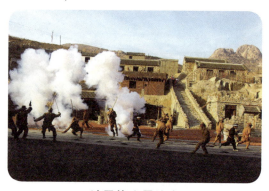

地雷战实景演出

地雷战景区为国家 AAA 级景区，开发其独有的红色旅游资源，并结合现代休闲娱乐元素，全面打造集大型实景演出、自然名胜、休闲度假、游乐探险、红色教育于一体的大型综合性旅游胜地。

影视展览馆收藏了抗日战争时期，参战民兵的生活、生产用具以及民兵发明的石雷原型。展览馆采用声光、电感应方式，全面立体感应讲解，运用图片、仿真、蜡像等手法重现海阳地雷战的英勇事迹。景区先后被授予红色旅游景点、1962 年电影《地雷战》拍摄基地、山东省旅游摄影协会、旅游摄影创作基地、"爱国教育基地"等荣誉称号。

二、公共服务信息

景区地址： 山东省海阳市朱吴镇

联系电话： 0535-3763588　3763000　3763111

景区网址： http://www.dlzlyq.com/

公共邮箱： dileizhan3763588@126.com

景区门票： 旺季：3~11 月，价格为 120 元（包含商业演出），营业时间：8：00~17：30。淡季：12 月到翌年 2 月，票价为 60 元（不包含商业演出），营业时间：8：30~16：30。景区对 1.2 米以下儿童实行免费，老年人、残疾人、学生、军人持相应的证件可享受 80 元的优惠门票。

最佳旅游时间： 4~11 月。

停车服务： 景区门口拥有两个专门的旅游车辆停车场，可停放各类旅游车辆 1000 多辆，停车场内设有停车线，实行停车分区，车辆按次分类收费。

三、交通到达

1. 外部交通

海阳地雷战旅游区位于烟台、青岛、威海三个旅游城市的节点，距三个城市均为 1 小时车程，距海阳城区仅为 9 公里，与烟凤一级路、309 国道相连接，距离兰烟铁路海阳站 30 公里。

自驾车：

烟台方向：烟青一级路在桃村左转，进入烟凤路约 15 分钟到达地雷战景区（后山中涧村碑）。

青岛、威海方向：走青威高速在海阳市区出口下高速，直走过3个红绿灯（烟凤公路）进入烟凤公路，走大约10分钟，就到达野人谷景区（乐畎），之后到达地雷战景区（后山中涧村）。

公共交通：在长途汽车站乘坐前往徐家店或郭城方向的车。

2. 内部交通

景区内一条线路贯穿景区，东方红大舞台、镇妖石、畅游乐园、地雷战实景演出、民俗展览馆、影视展览馆，一线相连，并且提供旅游观光车服务。

四、购物指南

景区内有旅游纪念品商店，出售与地雷战主题有关的纪念品。

五、周边可供游客关联消费的旅游项目

景区对面有以自然风光为主的旅游景区——天门山·唐王城景区。

莱阳梨乡风情旅游区

一、景区简介

　　莱阳梨乡风情旅游区为国家 AAA 级景区，是中国莱阳梨的正宗产地。内有树龄达 300 年以上的"梨树王"、贡梨树等古梨树活化石群 42400 余株，著名的"丹崖春雪"、"五龙汇涨"、"文峰倒照"即在其境。

　　景区以万亩生态梨源为载体，精心打造了梨树王、梨乡民俗馆、四季园、农事园和古梨树活化石群等近 20 处宜人景点。景区先后被评为"国家级、省级农业旅游示范点"、"山东省特色旅

游景观名镇"、"中国果菜无公害高科技示范镇"和"好客山东休闲汇最佳乡镇"。

二、公共服务信息

景区地址： 山东省莱阳市照旺庄镇西陶漳村

联系电话： 13854522866

景区门票： 30 元 / 人；带烟台市民休闲护照优惠价 10 元。

最佳旅游时间： 春季、秋季。

停车服务： 景区设停车场 1 个，总面积 6000 平方米，停车位 310 个。

三、交通到达

1. 外部交通

烟青一级路→蚬河路→丹崖路→莱羊路→梨乡风情旅游区。

2. 内部 / 附近交通

2 路车直达市区。

四、餐饮服务

景区内有闫大嫂农家乐等农家乐，开发了独具梨乡特色的农家菜肴，有昌山鸡炖蘑菇、五龙鹅、莱阳梨焖五龙鲤鱼、五龙河鹅蛋、鸭蛋、莱阳梨益年粥等，还备有农家大饽饽、玉米面饼子、豇豆面汤等农家特色面食。

电话：13356991198

五、活动体验

（1）每年 4 月中旬的"千树梨花千树雪，一溪杨柳一溪烟"的莱阳梨花节；

（2）每年 10 月的"千树慈梨千树金，万亩梨园万亩情"梨文化节。

六、购物指南

当地特产主要有莱阳梨、梨膏、无公害蔬菜、草莓、莱阳芋头。

毓璜顶公园

一、景区简介

公园南大门

毓璜顶公园为国家 AAA 级旅游景区，因山顶有始建于元代的玉皇庙而得名"玉皇顶"，也因玉皇庙之故而为烟台百姓神事活动的主要场所。为

玉皇庙

避玉皇大帝名讳，"玉皇顶"改为"毓璜顶"。

毓璜顶公园，以"月月有主题，周周有活动，天天有群众参与"为目标，打造胶东民俗文化品牌，组织了大量的文艺演出、民俗文化展览、主题活动等，成为市区独一的精品公园。"烟台毓璜顶庙会"被列为烟台市非物质文化遗产项目，山东省"十大庙会"之一。景区特色：景区内的玉皇庙是集儒、释、道三教合一的庙宇，是胶东民俗圣地、传统文化交流中心。

二、公共服务信息

景区地址：山东省烟台市芝罘区焕新路付 2 号

联系电话：0535-6648194

景区网址：www.yhdpark.net

公共邮箱：yhdpark@163.com

景区门票：景区大门免费，玉皇庙 10 元 / 人。60 周岁以上老年人持老年人优待证可免费进入景点；身高不满 1.2 米的儿童可免费进入景点；残疾人持残疾证可免费进入景点；现役军人（军官、士官除外）可免费进入景点。

游览时间：5：00~22：00（夏季），6：00~21：00（冬季）。

最佳旅游时间：4~5 月上旬。

停车服务：公园东大门设有停车场，收费情况：

白天（7：00~20：00）

2 小时内——小型车：1 元 / 半小时

2 小时后——小型车：2 元 / 半小时

夜间（20：00~ 次日 7：00）

小型车：1 元 / 小时（累计不超过 3 元）

三、景区导览

四、交通到达

自驾车：

游客自驾车可采取以下几条道路到达毓璜顶公园：

（1）走同三高速在福山收费站下，进芝罘区至毓璜顶公园；

（2）走烟威高速在轸格庄收费站下，沿观海路进芝罘区至毓璜顶公园；

（3）204国道，经黄务、机场路进芝罘区至毓璜顶公园；

（4）206国道，经开发区进芝罘区至毓璜顶公园。

公交车：

市内乘坐7路、23路、58路、82路公交车，毓璜顶公园站点下车即达；

市内乘坐21路、22路、42路、43路、44路、45路、46路、62路公交车，毓璜顶医院站点下车，西行400米即达。

五、住宿服务

毓璜顶宾馆

地址：山东省烟台市芝罘区毓璜顶西路 17-3

电话：4007-889-889

前卫大酒店

地址：山东省烟台市芝罘区毓璜顶西路青翠里 1 号

电话：0535-6688118

中心大酒店

地址：山东省烟台市南大街 81 号

电话：0535-6589666

亚细亚大酒店

地址：山东省烟台市南大街 116 号

电话：400-755-8888

六、餐饮服务

毓璜顶宾馆

地址：山东省烟台市芝罘区毓璜顶西路 17-3

电话：4007-889-889

前卫大酒店

地址：山东省烟台市芝罘区毓璜顶西路青翠里 1 号

电话：0535-6688118

中心大酒店

地址：山东省烟台市南大街 81 号

电话：0535-6589666

亚细亚大酒店

地址：山东省烟台市南大街 116 号

电话：400-755-8888

回味香酒店

地址：山东省烟台市芝罘区毓西路 25 号

电话：0535-6251156

七、活动体验

毓璜顶庙会。

时间：每年农历正月初五至初十

地点：毓璜顶公园内

活动主题：弘扬传统民俗文化，打造精神文明品牌。

收费情况：大门入场券 20 元 / 人次，正月初九当天古建通票 20 元 / 人次。

八、购物指南

景区内销售剪纸、紫砂工艺品、古玩。

九、周边可供游客关联消费的旅游项目

周边景区主要是南山公园。

烟台农博园旅游景区

一、景区简介

烟台农博园是国家 AAA 级农业观光旅游景区，园区以"农业科技旅游"为主线，以瓜果花菜为载体，充分展示现代高科技农业的风采与魅力，是一处集农业科技推广、科普教育、生态旅游和休闲娱乐于一体的农业科技

珍奇瓜果园：太空育种特大南瓜

观光旅游景区。农博园已建成家庭园艺园、珍奇瓜果园、立体无土栽培园、世界国花园等绿色景点。

农博园先后被授予"全国首批农业旅游示范点"、"全国农村科普示范基地"、"全国首批休闲农业与乡村旅游示范点"、"山东省公众最喜爱的十佳乡村游景区"等 20 多项荣誉称号。

二、公共服务信息

景区地址：山东省烟台市福山区港城西大街 26 号（烟台农科院）

联系电话： 0535-6352001　6352002

景区网址： www.ytnby.com

公共邮箱： ytnby@126.com

景区门票： 旺季（4~11月）40元/人，营业时间：8：00~17：30；淡季（12月到翌年3月）30元/人，营业时间：8：00~17：00。

景区门票优惠价格及条件：①免费：60周岁以上（含60周岁）老年人凭老年优待证免费；6周岁（含）或身高1.2米（含）以下儿童免费，但需有成人带领方可进入景区，一个成人仅限带一名儿童；现役军人、残疾人凭证免费。②半价：6周岁（不含）~18周岁（含）未成年人、全日制大学本科及以下学历学生凭居民身份证或学生证等有效证件半价。

最佳旅游时间： 4~10月。

停车服务： 景区专设大、小两个停车场，位于景区内，最大容量为500个停车位，收费2元/辆。

三、景区导览

四、交通到达

1. 外部交通

烟台农博园位于烟台市西郊，内外夹河之间。204国道（港城西大街）从门前经过，同三高速路、绕城高速路、机场高速路均直通农博园。距烟台机场、烟台火车站、烟台港口码头均只有12公里的路程。

自驾车：

济南方向： 济青高速（G20）→莱威高速→同三高速（G010）→福山收费站出口下直奔农博园。

青岛方向： 烟青一级路（204国道）→黄务立交桥（走福山方向）→农博园。

威海方向： 烟威高速（G18）→轸格庄收费站（走烟台方向）→见农博园指向牌左转西行至农博园（港城西大街）。

2. 内部/附近交通

景区内部步行游览，禁止开车，游览时间大约为半天。景区到周边商圈及旅店可乘坐36路、37路公交车或出租车，需5~10分钟的车程。

五、住宿服务

福山宾馆

地址：山东省烟台市福山区英特尔大道99号

电话：400-755-8888

六、餐饮服务

农博园餐饮中心

电话：0535-6352625

七、活动体验

（1）浪漫樱花节。

地点：农博园景区内，凭游览门票即可参观。

时间：4月下旬~5月上旬。

（2）南瓜观赏节。

地点：农博园珍奇瓜果园；凭游览门票即可参观。

时间：5~10月。

（3）无公害蔬菜采摘活动。

地点：农博园无公害蔬菜园；收费按时令价格。

时间：8~11月。

八、购物指南

景区内有自产的瓜果、蔬菜及旅游纪念品等可供游客选购。

九、周边可供游客关联消费的旅游项目

周边景区主要有烟台山景区、张裕酒文化博物馆。

广仁路开埠文化旅游区

一、景区简介

广仁路开埠文化旅游区为国家 AAA 级旅游景区，被称为烟台近代建筑的"活化石"。景区位于烟台市芝罘区解放路与大马路围合的三角形地区，北面临海，

烟台广仁路开埠旅游区广场全景

西面是烟台山景区，东面为烟台第一海滨浴场。街区由广仁路、十字街、共和里以及春德胡同四部分组成，现存 30 余座 2 万平方米的历史建筑。烟台开埠在我国近代对外开放史上有着重要的地位，至今已有 150 余年，是当时中国北方 3 个对外开放口岸之一，在 1898 年前是山东唯一的对外开放口岸。

二、公共服务信息

景区地址： 山东省烟台市芝罘区滨海景区

客服电话： 0535-6216088

停车服务： 景区共322个停车位，其中，门口有70个，院内有252个。

三、交通到达

1. 外部交通

自驾车：

京沪高速→荣乌高速→八角立交桥→绕城高速公路。

2. 内部/附近交通

乘坐46路、43路至烟台山医院下车往北50米；18路、28路、K61路至张裕酒文化博物馆下车即到。

旅游专线车：游1路、游2路旅游观光巴士途经广仁路开埠旅游区。

四、住宿服务

百纳、虹口大酒店、太平洋大酒店、香悦四季酒店、金海湾大酒店。

五、餐饮服务

观澜、9号院、惠泽园、清水金海岸、平壤馆、英爱咖啡、西班牙酒吧餐厅。

六、购物指南

世贸百货、万达广场、大悦城、大润发、百盛。

七、周边可供游客关联消费的旅游项目

周边景区主要有张裕酒文化博物馆、北极星钟表博物馆、烟台山景区。

国露（峆崌）寺佛教文化旅游区

一、景区简介

佛陀文化圣莲广场

国露（峆崌）寺为国家AAA级旅游景区，始建于唐开元年间，距今已有1300多年的历史。国露（峆崌）寺曾是胶东地区香火延续和法脉传承最久的古寺，被称为"胶东第一古刹"。国露（峆崌）寺景区核心景点有：圆仁和尚求法桥、东方佛国圣莲广场、千年银杏古树。2015年，国露寺荣膺最具影响力中华寺院，是烟台五区中唯一一座正规寺院，也是胶东地区一所重要的佛教文化圣地。

景区核心景点

二、公共服务信息

景区地址：烟台市福山区张格庄镇烟凤线通慧路 1 号

景区网址：www.zgfshls.org/

联系电话：0535-6311277

公共邮箱：helusi000@163.com

营业时间：9：00~16：30。

三、景区导览

四、交通到达

自驾车:

(1)外地游客在福山区崇义收费站下高速沿烟凤线(S210福桃路)南行14公里,看见国露(岠嵎)寺路标左拐。此段路程自驾车需要15~20分钟。

(2)本地游客自驾车沿港城东大街至港城西大街再至福桃路(S210)南行16公里,看见国露(岠嵎)寺路标左拐。此段路程自驾车大约需要15~20分钟。

公共交通:

(1)烟台市青年路汽车站购车家的票至国露(岠嵎)寺,此段路程大约需要1小时。

(2)开发区汽车站乘桃村的车至国露(岠嵎)寺,此段路程大约需要45分钟。

公交车:

(1)乘坐福山302路公交车至门楼,在门楼转乘311路公交车至国露(岠嵎)寺,全程大约55分钟。

(2)乘坐30/36路芝阳站点再转到张格庄镇的小巴车,至国露(岠嵎)寺,全程大约25分钟。

(3)游2路公交旅游专线。线路设置宫家岛、银河小区、老干部局、芝阳、英山公墓、门楼公交场站、国露(岠嵎)寺站点,全程票价2元,全程大约45分钟左右。

从宫家岛到国露(岠嵎)寺的发车时间为7:20、9:00、13:30、15:30;

从国露(岠嵎)寺到宫家岛的发车时间为8:10、10:30、14:30、17:00。

五、住宿服务

银湖生态酒店

地址：山东省烟台市福山区门楼水库内岛

电话：0535-6465222

六、餐饮服务

国露（岶垆）寺宏缘素食馆

地址：国露（岶垆）寺景区佛陀文化传媒中心一楼

电话：0535-6311277

银湖生态酒店

地址：山东省烟台市福山区门楼水库内岛

电话：0535-6465222

银湖酒店

地址：山东省烟台市福山门楼水库

电话：0535-6472888

蓝湾晴朗农家乐

地址：山东省烟台市门楼水库附近

电话：13791201156

齐和樱园美食

地址：国露（岶垆）寺向西 20 米路南

电话：13562537985

七、活动体验

（1）活动主题：国露（峆垆）寺新春祈福文化节

活动时间：每年农历正月初一至十五

活动地点：国露（峆垆）寺景区内

收费情况：免费参与

（2）活动主题：国露（峆垆）寺福寿文化周

活动时间：根据景区安排，每年时间不固定

活动地点：国露（峆垆）寺景区内

收费情况：免费参与

（3）游客日常游览可体验的活动：上香、撞钟、供灯、放生、系祈福飘带、免费品尝斋饭。

八、购物指南

法务流通处是目前景区内唯一的购物场所，位于内山门区天王殿北侧。法务流通处内主要出售茶具、香具、香烛、佛珠、佛像、供台、佛经和音像制品等各具特色的佛教结缘品。游客可在此通过正规渠道礼请到经国露（峆垆）寺僧人祈福过的开光法物，一些高僧佛学作品元素的纪念品也能买到。

九、周边可供游客关联消费的旅游项目

大樱桃博物馆： 大樱桃博物馆位于山东省烟台市福山区张格庄镇龙泉路北侧。

中国大樱桃第一镇——张格庄镇：张格庄镇位于福山区西南端，地处烟台市最大的水源地门楼水库的上游和南岸。

蓝湾生态蔬菜园：位于福山区张格庄镇。

双龙潭：双龙潭即门楼水库，位于内夹河下游，距福山城区11km。

银湖生态园：位于胶东半岛最大湖泊之一的银湖（门楼水库内岛）。

烟台农博园。

青龙山美食街。

福山文博苑：位于烟台市福山区青龙山南侧。

推荐旅游线路：国露（岾岻）寺景区→大樱桃博物馆→张格庄镇→蓝湾生态蔬菜园→双龙潭→银湖生态园→烟台农博园→青龙山美食街→福山文博苑。

烟台体育公园旅游景区

一、景区简介

 烟台体育公园是 AAA 级国家旅游景区，是全市政治、经济、商贸、文化、体育活动中心。2000 年开工建设，规划建设为四区一中心，即场馆竞赛区、运动训练区、商业开发区、健身休闲区、海上运动中心。烟台体育公园不仅承办全国城市运动会、山东省省运会，而且每个单体场馆均承办单项国际体育赛事。体育公园先后被国家体育总局命名为田径、摔跤、游泳、射击、网球、自行车、击剑十三个项目训练基地，三个场馆评为国家高水平后备人才基地；并被列为全国十大优秀体育公园，成为烟台市的标志性建筑。

二、公共服务信息

景区地址：山东省烟台市莱山区观海路 288 号

联系电话：0535-6708652

停车服务： 总车位数 2000 个。

三、景区导览

四、交通到达

自驾车：

沿烟台枢纽立交行驶 740 米，过烟台枢纽立交约 930 米后直行进入烟海高速公路，沿烟海高速公路行驶 140 米，朝烟台方向，稍向左转上匝道，沿匝道行驶 590 米，直行进入成龙线，沿成龙线行驶 100 米，直行进入观海路，沿观海路行驶 24 公里，右转 410 米到达。

公交车：

乘 7 路、10 路、17 路、23 路、52 路、61 路、62 路等多条公交车均可到达。

威 海 市

山东省 A 级旅游景区
自由行手册

刘公岛景区

一、景区简介

刘公岛是国家 5A 级旅游景区，位于山东半岛最东端的威海湾内，面积 3.15 平方公里，最高点旗顶山海拔 153.5 米。刘公岛地势北高南低，北部直立陡峭，南部平缓绵延，因其地势扼海防之要，素有"东隅屏藩"和"不沉的战舰"之称。

刘公岛自然风光优美，森林覆盖率高达 87%，有植物 100 多种、动物 20 多种。受海洋调节作用，岛内气候冬暖夏凉，全年平均气温在 12℃左右，享有"海上仙山"和"世外桃源"的美誉。人文景观丰富独特，既有上溯千年的战国遗址、汉代刘公刘母的美丽传说，又有清朝北洋海军提督署、水师学堂、古炮台等甲午战争遗址。

二、公共服务信息

订票热线：0631-5167896

旅游咨询：0631-5287807

旅游投诉：0631-5324482

紧急救援：0631-5322110

游船调度：0631-5287681

导游讲解： 0631-5302015

餐饮住宿： 0631-5339600

举报电话： 0631-5217608

景区网址： http://www.liugongdao.com.cn

景区门票： 刘公岛普通票：138元/人；海上环岛游：60元/人；刘公岛索道：单程30元/人，往返60元/人；环岛游览车：20元/人。身高1.2米（含1.2米）以下儿童免景点门票和船票；身高1.2~1.4米（含1.4米）儿童景点门票和船票69元/人次；60周岁以上老年人（凭身份证、老年证）、残疾人（凭残疾证），船票31元/人次，免景点门票；残疾军人（凭残疾军人证），船票半价15元/人次，免景点门票；现役军人（凭现役军官、士兵证）、1.4米以上18周岁以下（含18周岁）未成年人（凭身份证、学生证）、全日制大学本科及以下学历学生（凭学生证）、本市民政部门颁发的《最低生活保障证》的低保人员（凭低保证），景点门票和船票85元/人次。

营业时间： 淡季：8：00~14：30；旺季：7：00~16：00。

最佳旅游时间： 一年四季。

停车服务： 景区停车场占地面积为11033平方米，设置大型停车位86个，中型停车位47个，小型停车位235个。

三、交通到达

1.外部交通

公路方面： 进入威海市区主要有三条主通道：一是威石线（省道S201）大水泊至温泉段，全长23.7公路；二是威烟高速公路，全长 79.11 公里；三是威青高速公路，全长 220 公里。

水路方面：从威海港经海滨路到达旅游码头。

铁路方面：威海火车站和高铁北站分别通过青岛路和世昌大道到达旅游码头。

机场方面：从威海大水泊机场通过威石线进入市区，经疏港路和海滨路到达旅游码头。

在通往市区旅游码头的海滨路、青岛路、世昌大道等主干路上分别设置了专用交通标识。

2. 内部交通

乘坐刘公岛森林公园索道，游客可以便捷地到达全岛最高峰，欣赏松涛阵阵、野鹿成群的美景。

旅游区设有环岛观光游项目，观光路线全长 5 公里，现有电瓶车 30 余辆，负责环岛游客营运。

四、住宿、餐饮服务

刘公岛宾馆、刘公岛人家

电话：0631-5339600

金海湾国际饭店

地址：山东省威海市火炬高技术产业开发区北环海路 128 号

电话：0631-5688777

威海海悦建国饭店

地址：山东省威海市文化西路 177 号海悦国际大厦

电话：0631-5676888

威海中心大酒店

地址：山东省威海市环翠区新威路 58 号

电话：0631-5222888

抱海大酒店

地址：山东省威海市环翠区海滨中路 29 号

电话：0631-3688888

大乳山滨海旅游度假区

一、景区简介

　　大乳山滨海旅游度假区现为国家 AAAA 级旅游景区。位于山东黄金海岸线和威海市千公里幸福海岸线上的旅游亮点——乳山市海阳所镇。景区总面积 60 平方公里，其中陆地面积 23 平方公里，海洋面积 37 平方公里。景区海岸线长达 38 公里，区内山、海、滩、湾、岛、湖旅游资源丰富，拥有大小 9 个海湾、4 个岛屿、3 个海水浴场、3 个富集热水温泉带及众多的自然鱼礁，具有显著的滨海特色。大乳山景区以"母爱温情•福地养生"为文化主线。总体规划为乳山湾旅游

风情镇、母爱文化片区、福地养生片区、幸福休闲片区、海洋公园片区五大片区，是一处集观光旅游、休闲度假、文化娱乐、养生康体、会议会展在内的综合性大型滨海旅游度假景区。

二、公共服务信息

景区地址：山东省乳山市海阳所镇

服务热线：4006581339

景区网址：www.darushan.cn

公共邮箱：darushanjingqu@126.com

景区门票：100元。大乳山景区最适宜游览的时间为每年5月至10月，其中每年11月底至翌年3月底为半价50元，其他时间执行100元门票价格。景区签订合作协议的旅行社6人以上团队为半价票；1.3～1.4米儿童执行半价票，1.3米以下免票，1.4米以上全价票；残疾人、记者、学生持相关证明证件免票入园；现役军人、居士执行半价，居士在景区参加佛事活动免票；女性60～65周岁半价票、65周岁以上免票；男性60～69周岁半价票，70周岁以上免费入园。

停车服务：景区设有停车场5处，东大门、北大门、大坝各1个，和合双福2个，均为收费停车场，小型车5元，中巴车以上等大车10元。以上停车场可容纳车辆千余辆。

三、景区导览

四、交通到达

1.外部交通

济南方向： 沿济青高速过蓝村后转青威高速（威海海阳方向），在乳山银滩口（76号高速口）驶出，然后驶向大乳山方向（约20公里）。

青岛方向： 沿青威高速（威海海阳方向）至乳山银滩口（76号高速口）驶出，然后驶向大乳山方向（约20公里）。

威海机场： 从机场出发至309国道转秀山路，再转青威高速，至乳山银滩口（76号高速口）驶出，然后驶向大乳山方向（约20公里）。

烟台方向： 烟台莱山机场→绕城高速公路→烟海高速

公路→G309国道→青山北路→世纪大道→金银大道→大乳山景区。

2. 内部交通

景区内部交通方式主要以小火车和电瓶车运营。

五、住宿服务

耕渔会馆

电话：13562177792

耕渔酒店

电话：13863058389

东海会馆

电话：18669365866

蒙古包

电话：13869005300

草海驿站及欢乐木屋

电话：13563179717

六、餐饮服务

耕渔酒店

电话：13863058389

国际会议中心

电话：13869086377

红磨房

电话：13573709339

蒙古包

电话：13869005300

东海酒家

电话：18263165444

七、活动体验

大乳山景区每年 5 月举行母爱文化节，7~9 月举行东方欢乐节，其中东方欢乐节时间跨度长，文化娱乐节目也较多。两大节庆每年均推出不同形式的旅游活动，主要包括赏花、文艺演出、户外拓展、垂钓、登山、露营帐篷和沙滩排球、足球体育健身赛等活动。

八、购物指南

当地商品主要为当地农渔产品和贝类饰品及景区特色旅游纪念品，其他为域外纪念品和即食品。

九、周边可供游客关联消费的旅游项目

大乳山景区周边 10 公里内有银滩旅游度假区、福如东海文化园、多福山景区，20 公里内有岠嵎山国家森林公园等旅游景区。

威海汤泊温泉度假区

一、景区简介

威海汤泊温泉度假区为国家 AAAA 级旅游景区，位于威海市文登经济开发区，总规划用地 6000 余亩，分三期进行开发建设。目前已建成大型温泉度假酒店、温泉主题乐园、国际会议中心、高级餐饮会所、湖景别墅、KTV 休闲娱乐会馆、医疗社区和员工公寓等。未来将建成首家原生态综合性的国际温泉养生、休闲娱乐、医疗康复的旅游度假基地。

二、公共服务信息

景区地址：山东省威海市文登经济开发区大连路 2 号

客服电话：0631－8660888

预订传真：0631－8660688

预订电话：0631－8660999

投诉电话：0631－3677851

景区网址：www.tangpo.cn

公共邮箱：tangpohotel@126.com

游览时间：9：00~24：00。

营业时间：24 小时制。

景区门票：158 元 / 人（温泉门票 + 鱼疗 + 休息大厅）。

三、交通到达

（1）距威海国际机场距离约 54.8 公里，车程时间约 113 分钟；

（2）距文登汽车站距离约 10 公里，车程时间约 5 分钟；

（3）距文登火车站距离约 53.4 公里，车程时间约 98 分钟；

（4）距文登市中心距离约 11.6 公里，车程时间约 15 分钟。

自驾车：

蓬莱、烟台、牟平方向： 自烟威高速公路北海收费站下，转初张公路行车 25 分钟左右，抵初张公路与青威高速公路交汇处后（初张公路在青威高速桥下）前行 20 米左右，左转上 S202 省道威海方向直行 4 分钟左右（路右侧）即到。

青岛、即墨、乳山方向： 自青威高速公路文登北收费站下，选威海市区方向路口，右转青威高速公路桥下，直行 20 米左右，左转上 S202 省道威海方向直行 4 分钟左右（路右侧）即到。

威海市区方向： 自江家寨立交桥上青威高速，经 3 个红绿灯后右侧下至威海草庙子镇，在草庙子镇第一个红绿灯处向南即 S202 省道，顺主路方向行驶 7 分钟左右（路左侧）即到。

四、住宿服务

汤泊温泉度假区拥有 28 栋湖景别墅，拥有独立的客厅、厨房以及温泉泡池，为您提供自然雅致的私密空间。198 间特色度假客房，其中豪华双人房147间，豪华单人房21间和贵宾单人房21间，贵宾套房9套，客房最小面积达42平方米，拥有独立的观景阳台，天然温泉水和矿泉水直接接入客房，高贵雅致、温馨舒适。

五、餐饮服务

"全聚德"零点厅能容纳450人同时就餐，并拥有18间独具特色的餐饮包房，不同情调和风味的餐厅可以提供时尚而又周到的饮食服务。在这您可以品尝正宗的全聚德烤鸭、名厨主理的鲁菜、川菜、粤菜等经典菜系的代表佳肴。

六、活动体验

冬季温泉游：10月1日~2月28日
初春踏青郊游：3月1日~5月31日
夏季温泉养生游：6月1日~9月30日

威海天沐温泉度假区

一、景区简介

威海天沐温泉度假区是由珠海天沐集团在威海文登张家产镇鼍山湖畔投资建设的国家 AAAA 级旅游景区，以"浴森林温泉、住亲水客房、吃绿色食品、吸清新空气"为主要特色，让游客体验真山、真水、真温泉。度假区依鼍山傍鼍山湖而建，山上苍松翠绿，鸟语花香；湖面碧波荡漾，水鸟飞翔；岸边湖滨栈道、奇花异草；构成"金龟探海"、"娇龙腾飞"之壮阔景观。

二、公共服务信息

景区地址：山东省威海市文登区张家产镇邹家床村

联系电话：0631-8739999　8966666

景区微信号：whtm-hotspring

公共邮箱：2280096225@qq.com

景区门票：158 元 / 人·次。1.2 米 (不含 1.2 米) 以下儿童免费；1.2 米(含 1.2 米)~1.5 米(不含 1.5 米) 儿童 60 元 / 人 / 次；1.5 米 (含 1.5 米) 儿童按照成人价计算。60 周岁至 69 周岁老年人：98 元 / 人；70 周岁 (含) 以上老年人：78 元 / 人；残疾人 (包括残疾军人)、现役军人：118 元 / 人；以上优惠价格需持相关证件才可享受。

营业时间：平日 9：00~23：00；周五 ~ 周日 8：00~23：00 (特殊情况除外)。

最佳旅游时间：全年。

停车服务：景区设停车场 1 个，可容纳 300 辆车，可享受免费停车。

三、景区导览

四、交通到达

1.外部交通

最近的机场：威海机场，距离：25公里，大约30分钟。

最近的火车站：文登火车站，距离：10公里，大约15分钟。

威海：青威高速→文登北出口→新汽车站义乌中间世纪大道直行至初张路→张家产政府→威海天沐温泉。

威海机场：309国道→新汽车站义乌中间世纪大道直行初张路→张家产政府→威海天沐温泉。

烟台：烟威高速→文登北出口→新汽车站义乌中间世纪大道直行至初张路→张家产政府→威海天沐温泉。

青岛：青威高速→文登出口直行→309国道→红绿灯（注意公路右方5米处有天沐温泉指示牌）→右转进入圣海路（3公里）→威海天沐温泉。

2.内部/附近交通

景区内步行，温泉、客房和餐厅之间5分钟路程。

五、住宿服务

度假区内有配套的客房"天沐阁"（不含温泉）。

六、餐饮服务

真味堂

地址：山东省威海市天沐温泉度假区内

电话：0631-8739999 8966666

七、活动体验

夜泡温泉：每年 4~9 月价格优惠。

店庆活动：9 月 26 日店内会组织各类活动。

八、购物指南

当地特产有张家产西洋参、草莓、桃子、苹果。

九、周边可供游客关联消费的旅游项目

周边景区主要有山泰生态园、昆嵛山、圣经山、南海、赤山、天鹅湖、西霞口野生动物园。

银滩旅游度假区

一、景区简介

银滩旅游度假区为国家 AAAA 级旅游区。度假区规划面积 65 平方公里，已建成区面积是 25 平方公里。银滩以拥有长达 20 多公里的洁白沙滩和可同时容纳 10 万人的海水浴场而得名，被誉为"天下第一滩"，先后荣获"山东最具竞争力旅游景区"、"山东省十佳旅游景区"、"中国最美海岸线"、"中国低碳旅游示范区"等荣誉称号。银滩旅游度假区规划控制面积 65 平方公里，海岸线长是 21.7 公里，区内林秀海碧、礁奇滩曲，集山、海、林、湖、滩、岛于一体，保持了纯天然、无污染的自然生态环境，有三个大型海水浴场，可供 10 万人沐浴畅游。

二、公共服务信息

景区地址：山东省乳山市银滩旅游度假区

官方网站：http：//www.yintan.gov.cn

联系电话：0631-6723231

家在银滩公益网站：http://jzyt.net/

银滩人网站：http://www.yintanren.net/

景区门票：免费开放式景区。

营业时间：24 小时开放。

最佳旅游时间：5 月上旬至 10 月下旬。

停车服务：银滩规划机动停车场（库）13 处，规划用地面积 6.49 公顷，规划总车位 2160 个。另外，区内还有多处小型停车场，面积累计达 1 万多平方米。

三、交通到达

1. 外部交通

银滩滨海路和市区、绕城高速之间开通了两条 6 车道的"银金大道"和"金银大道"，银滩与市区实现了 15 分钟车程的近距离接触，境内交通目前形成了"三纵四横"的交通网络。三纵：省道 206（牟平—白沙滩）、省道 207（牟平—乳山口）、省道 208 自南向北与烟台方向相联系；四横：桃威铁路、国道 309、省道 202、青威高速公路，自东向西与青岛方向相联系。距青岛、烟台、威海机场的距离分别为 190 公里、105 公里、90 公里，与周围地区如台北、首尔、东京等地航程均在 2 小时以内。

2. 内部 / 附近交通

内部 201~207 路公交可以到达银滩各个地方，不过银滩推荐进行自驾游。其道路宽敞，交通秩序良好，以大拇指广场为中心，驾车到达多福山需 5 分钟，福如东海文化园 5 分钟，到大乳山需要 20 分钟，到乳山市中心需 20 分钟。

四、住宿及餐饮服务

银滩大酒店

地址：山东省乳山市银滩旅游度假区中心

电话：0631-6778888

金海假日酒店

地址：山东省乳山市银滩旅游开发区滨海路繁华地段

电话：0631-3603999

党校宾馆

地址：山东省乳山市银滩旅游度假区中心腹地

电话：0631-6739777

五、活动体验

银滩 5~10 月会开放海滩，可以坐海上游艇等进行水上活动，夏季会举办消暑晚会。

每年的阴历四月十五～十七是多福山（堕崮山）庙会。

六、购物指南

本地特产有珍珠、贝壳、贝雕等手工艺品，土特产品如姜片、姜糖、胶东大花生、樱桃、蓝莓、无花果、苹果、葡萄汁、葡萄酒等，海珍产品如即食海参、鲍鱼、大虾、瑶柱、腌渍海蜇头、鱼片、虾酱、虾皮、海米、马步鱼干等特色旅游商品共计 20 种以上。

华夏城景区

一、景区简介

华夏城景区是国家 AAAA 级旅游景区，内含文化谷，胶东特色民俗文化馆——夏园，禹王宫，国家人民防空教育基地——威海人民防空教育馆，太平禅寺，三面圣水观音等十多处景点，以及杂技、马术等丰富多彩的文艺演出。其中，华夏第一牌楼气势恢宏，是我国目前跨度最大的牌楼；太平禅寺具有 1300 多年的历史，是胶东最大寺庙；三面圣水观音以动感音乐喷泉的形式彰显佛教文化；胶东特色民俗文化馆——夏园展现了胶东半岛独特的风土人情；禹王宫着重展示了尧舜禹时期的历史文化精髓。

二、公共服务信息

景区地址：山东省威海市环翠区华夏路一号

联系电话：0631-5906488　5999990

景区网址：www.whhuaxiacheng.cn

公共邮箱：wh5906488@163.com

景区门票：98 元 / 人。70 周岁（含）以上老人凭有效证件给予免票优惠，60~69 周岁老人凭有效证件享受 50 元 / 人的优惠价格；现役军人、残疾人凭有效证件享受 50 元 / 人的优惠价格；

1.2 米（含）以下儿童免票；1.2~1.4 米（含）儿童享受 50 元 /
人的优惠价格；1.4 米以上儿童须购成人门票；免票人员须购
买 5 元 / 人的保险费。

备注：外籍游客不享受老人、儿童、残疾人等门票优惠政策。

淡季时间为每年 11 月 ~ 第二年 3 月，价格为 80 元（2014
年淡季价格），其他优惠政策不变，具体淡季时间、淡季价格以
景区的实际通告为准。

营业时间：旺季：7：30~17：00，16：30 停止检票；淡季：
8：00~17：00，16：30 停止检票（具体营业时间以景区公示为准）。

三、景区导览

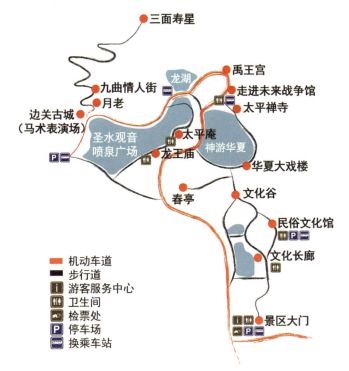

四、交通到达

1. 外部交通

景区距威海文登大水泊机场约30公里,自威石路至景区东面嵩山路可直达,约30分钟车程。

威海华夏城旅游风景区距离青威高速出入口约15公里,自青威高速出口经青岛南路,沿嵩山路可直达景区;距烟威高速出入口约20公里,自烟威高速出口经沈阳南路,沿环山路可直达景区。

威海华夏城景区距离威海火车站仅5分钟车程,从车站青岛中路北行至华夏路路口西行直达景区。

威海华夏城旅游风景区距威海港国际客运中心约9公里。

威海华夏城旅游风景区距离威海市区大约10公里,沿威海市南北大动脉青岛路直达威海市中心,车程约20分钟。

2. 内部交通

旅游区内设置有三类游道,中轴线上的主游道,环绕旅游区的电瓶车道,穿于旅游区内各景点的特色生态游步道,形成环线的游览线路,有利于游客全面观赏旅游区各景点。景区内车行道和游步道分离,实行人车分流,方便游客游览。景区内游览线路设置为环形路线,使游客充分领略到华夏城旅游风景区的精华。区内设置有三类游道:中轴线上的主游道,环绕旅游区的游览车道,穿插于景区各景点内的特色生态游步道。游览线路形成环线,有利于游客全面观赏景区各景点。

五、住宿及餐饮服务

威海华夏会馆

六、活动体验

春季清明小长假——华夏城踏青赏花活动：一年伊始，春风拂面；万物复苏，大地回春。春天的华夏城，绿草茵茵，山花烂漫，万紫千红斗芳菲，把景区装扮得五彩缤纷。久经了城市的喧嚣和污染，在这个春天，何不回归自然，品味绿色。威海华夏城优惠馈赠，参与方法可详询景区或关注"威海华夏城旅游风景区"微信号。

七、购物指南

渔副海洋食品超市有特色食品——威海海参、威海大虾仁等可供游客购买。

八、周围可供游客关联消费的旅游项目

周边景区有仙姑顶旅游风景区。

林海湾旅游区

一、景区简介

"林海湾旅游区"是国家 AAAA 级旅游景区，位于威海火炬高技术产业开发区北海岸。景区陆地总面积 80.7 万平方米，海域 3000 亩，由国际海水浴场、林海公园和国际休闲帆船基地三部分组成。

二、公共服务信息

景区地址： 山东省威海市高区北环海路 178 号

监督服务电话： 0631-5623885

景区网址： whlinhaiwan.com

公共邮箱： gqyc885@163.com

开放时间： 7 月 1 日 ~9 月 25 日

三、景区导览

1.南入口	10.园口	19.景观亭	28.门球场	37.五环沙坑
2.北入口	11.木屋合所	20.中心水池	29.荷花池	38.迷宫
3.幸福园	12.香董亭	21.教堂	30.健身广场	39.儿童娱乐设施
4.空中缆车	13.怡心亭	22.咖啡屋	31.精品区	40.曲艺廊
5.对景亭	14.涵育台	23.观鱼池	32.荷香水榭	41.景观廊架
6.伴松亭	15.涵育台	24.书吧	33.海洋生物雕塑	42.瑜伽平台
7.森林氧吧	16.管理房	25.景观亭	34.画框	43.林间健身娱乐
8.翼然亭	17.玩偶屋	26.南雾区入口假山	35.东入口	44.雕塑小品
9.休闲平台	18.儿童乐园	27.爽亭	36.饮水处	45.电子触摸屏

四、交通到达

旅游区交通便捷，东邻市中心区，西接烟威高速公路，距威海机场 48 公里、威海港 23 公里、威海火车站 16 公里。环海旅游路浴场景区与刘公岛国家 AAAAA 级风景区、中央电视台威海影视城连在一起，形成一道独特的滨海风光。市内 7 路、12路、19 路公交车可直达景区。

五、住宿及餐饮服务

景区内有五星级酒店 1 家（金海湾国际饭店），三星级酒店2 家（九九大厦、山东大学学术交流中心），周边 1000 米范围内有三星级酒店 4 家（长威酒店、海关培训中心、组织干部培训中心、海悦建国饭店)。

六、活动体验

景区娱乐项目分为海上娱乐、陆地娱乐、沙滩休闲三大类。其中海上娱乐项目包括快艇、摩托艇、脚踏船、帆船、手划船等。陆地娱乐项目包括游乐场(海盗船、旋转360°、旋转木马、旋转飞椅、炮弹飞车等),咖啡厅,更衣淋浴室等。沙滩休闲项目包括太阳伞、遮阳棚、休闲椅及泳装、冷饮销售、物品寄存等。这里还是中国双体帆船训练基地、HOBIE(霍比)国际帆船联合会赛事与培训中心。

"侨乡号"游轮

一、景区简介

"侨乡号"游轮由山东侨乡国际旅游有限公司倾力打造，2014 年被评为国家 AAAA 级旅游景区。游轮长 95.8 米，宽 15.8 米，分上下 4 层，专设 500 位贵宾专席。外观时尚大气，造型考究，内设豪华海景客房、特色海洋餐厅、贵宾接待厅、海景酒吧、娱乐休闲室、多功能演艺大厅等，汇集了海上观光、娱乐休闲、游轮婚礼、迎日祈福等多种元素，尽显海上娱乐之城的内涵与尊贵。

二、公共服务信息

景区地址：山东省威海市环翠区海滨北路 39 号海港大院内侨乡号游轮

联系电话：0631-5851666　5200666

景区网址：www.qiaoxianghao.com

公共邮箱： qxhyl888@163.com

景区门票： 开航期间门票价格：128 元 / 人，开航时间：5 月 1 日~10 月 1 日；靠港经营期间上船消费（餐饮、住宿、娱乐）不收取船票。

营业时间： 10：00~22：00，具体航班时刻表请电话咨询。

优惠政策： 现役军人持有效证件享受半价优惠；伤残军人持有效证件享受半价优惠；儿童：1.2 米以下免票，1.2~1.5 米半票。

最佳旅游时间： 5 月 1 日~10 月 1 日。

停车服务： 景区停车场位于海港大院内，可同时容纳 500 辆车，收费标准是每两小时 5 元，购买侨乡号船票或上船消费，免费停车。

三、景区导览

四、交通到达

1. 外部交通

威海交通发达，游客可乘坐飞机、火车、高铁、汽车或驾驶私家车来威。私家车在 G18 荣乌高速威海收费站下高速后，沿世昌大道行驶至幸福门，左转进入海滨北路，第二个红绿灯处右转进入海港大院，沿导引牌行至侨乡号游轮即可。自下高速到登上侨乡号游轮全程 30 分钟。

2. 内部 / 附近交通

进入海港大院即可看到"侨乡号"游轮，步行 3 分钟即可登船。游轮设有步梯和 VIP 专属电梯，可直达 2、3、4 层。

五、住宿服务

侨乡号游轮即可提供住宿服务，游轮一层就是客房甲板，设有商务客房、浪漫婚房、豪华海景房等各色主题客房 33 间，房间内所有生活设施均按五星级酒店标准配备。

六、餐饮服务

侨乡号即可提供餐饮服务，游轮二层就是餐饮甲板，设有主题不同、风格各异的包间 9 个，餐厅主打胶东海鲜，兼顾蔬菜养生粥煲、粗粮新吃等特色。

七、活动体验

现侨乡号游轮正推出泰国风情演艺活动，客人可以在就餐的同时欣赏表演，参与互动，抽奖等；开放船长室和船尾体验区，现场教游客制作贝雕，亲手制作纪念品带给亲朋好友。

八、购物指南

景区周边有韩国服装城、韩货批发城、华联商厦、威高购物广场、家家悦、大润发以及优购世界——威海名优产品展销中心。

九、周边可供游客关联消费的旅游项目

周边景区主要有刘公岛及海滨公园。

威海·多福山国际养生旅游度假区

一、景区简介

威海·多福山国际养生旅游度假区为国家 AAA 旅游景区，坐落于山东省著名的"长寿之乡"——乳山市，景区内的多福山距离"天下第一滩"银滩仅 2000 米，自古以"古刹"、"庙会"、"圣水"、"奇石"而闻名，素有"小泰山"的美誉。景区内有碧霞元君祠和霄龙禅寺，还建有卢塞恩养生小镇休闲广场、拓展训练基地等特色旅游项目，是中国养生文化名山和集观光旅游、养生度假、休闲娱乐、宗教朝圣、温泉疗养于一体的大型综合性养生度假胜地。

二、公共服务信息

景区地址：山东省乳山市滨海新区（银滩）多福山旅游度假区营销中心

联系电话：0631-6779277

景区网址：http://www.duofushanjingqu.com/

公共邮箱：duofushan@126.com

景区门票：68元/人。①儿童身高1.2米（含）以下的实行免票政策；1.2米~1.4米（含）实行半价优惠政策；1.4米以上按成年人标准执行。②年龄在60周岁（含）~69周岁（含）的老年人持本人老年优待证或身份证，实行半价优惠政策；年龄在70周岁（含）以上持本人老年优待证或身份证实行免票政策。③导游、记者、残疾人持本人相关证件可享受免票政策。④现役军人持军官证、士兵证可享受免票政策。⑤僧侣、居士、道士等佛道教人士持正规佛道家皈依证、道士证可享受免票政策。

营业时间：旺季为3月1日~10月31日，7：30~17：00；淡季为11月1日~2月28日，8：00~17：30。

最佳旅游时间：4月中旬~10月下旬

停车服务：景区设有停车场2个，一个位于景区天鹅湖公园外；另一个位于景区卢塞恩养生小镇东侧；最大容量约700辆车；停车场免费。

三、景区导览

四、交通到达

1.外部交通

公交车：

多福山景区位于乳山市滨海新区（银滩）偏北位置，区内道路宽阔，有从乳山新汽车站直达景区的 207 路公交车，景区外 100 米处就是横贯东西的银金大道，交通十分便利。

自驾车：

线路一：从乳山市青威高速路段 76 号口（乳山高速东）出高速，然后向南方向有多福山景区路牌指示，沿指示方向直走，然后绕转银金大道向东直走可达。

线路二：从青威高速路南黄段路口出高速，然后向南直走，路边有多福山景区路牌指示，沿指示方向直走可达。

2.内部 / 附近交通

景区内设有两处停车场，游客需把车停放在场内，步行进入景区。主要游览线路为：

第一，隋嵧山石牌坊—长寿泉、长寿亭—碧霞元君祠—龙母庙—百福图—玄武献寿—伯牙忆琴—金蟾戏凤—钟馗醉酒—神仙顶—寿星石。时长：1.5~2 小时。

第二，卢塞恩养生小镇休闲广场—霄龙禅寺—万佛宝殿—拓展基地—福泉—杜鹃谷—碧霞元君祠旧址—百福图—玄武献寿—伯牙忆琴—金蟾戏凤—钟馗醉酒—神仙顶—寿星石。时长：2.5~3 小时。

第三，卢塞恩养生小镇休闲广场—木质景观桥—"福"字石刻景观—水墨山水—龙母庙—碧霞元君祠—百福图—玄武献寿—伯牙忆琴—金蟾戏凤—钟馗醉酒—神仙顶—寿星石。时长：2~2.5 小时。

五、住宿及餐饮服务

银滩大酒店

地址：山东省乳山市滨海新区（银滩）

电话：0631-6778888

福缇滴水湾温泉度假酒店

地址：山东省乳山市滨海新区（银滩）

电话：0631-6959999

六、活动体验

多福山庙会

活动时间：农历四月十五

地点：威海·多福山国际养生旅游度假区

活动主题：多福山（嶞崮山）传统庙会

霄龙禅寺法会

霄龙禅寺在每年的农历二月十九（观世音菩萨圣诞）、四月初八（释迦牟尼佛圣诞）、六月十九（观世音菩萨得道）、七月十五（佛欢喜日）、七月二十九（地藏菩萨圣诞）及九月十九（观世音菩萨出家日）六个日子举办大蒙山施食法会，授三皈五戒，引领信众皈依地藏王菩萨。届时，景区一般会推出门票优惠或免票等相关政策。

七、购物指南

景区临近中飞商城（超市），步行约 10 分钟到达。内供当地特色海鲜干货食品及乳山绿茶等商品。

八、周边可供游客关联消费的旅游项目

周边著名景点 / 旅游项目：银滩旅游度假区、大乳山滨海旅游度假区、岠嵎山国家森林公园、圣水宫景区、正华石佛山景区。

周边重要旅游服务设施等：银滩游客接待中心、乳山市新汽车站、中飞商城、家家悦超市、福缇滴水湾温泉度假酒店、银滩海水浴场。

福如东海文化园

一、景区简介

福如东海文化园为国家 AAA 级旅游景区，位于山东省乳山银滩旅游度假区，总占地面积 1700 亩，海域使用面积 1500 亩，是以"福文化"、"东渡文化"及"东夷文化"为主题而打造的大型文化旅游综合开发景区，主要包括：一轴——"福如东海"文化旅游主轴；二带——滨海景观带和沿着长江路的绿化景观带；四区——"福如东海"书画院区、"福如东海"度假酒店区、"福如东海"游艇俱乐部区和"福如东海"旅游商业区。

整体园区鸟瞰发展

二、公共服务信息

景区地址： 山东省乳山市滨海新区长江路 863 号

联系电话： 0631-3609889　6389999

景区网址： www.furudonghai.net

公共邮箱： zhengtian_118@163.com

景区门票： 暂不收门票。

营业时间： 7：00~18：30。

最佳旅游时间： 4 月 1 日 ~11 月 1 日。

停车服务： 景区内建有专用停车场 8 个，总面积 15788 平方米，设各类别停车位 873 个，设置在出入口和景区内，停车场暂不收费。

三、交通到达

1. 外部交通

（1）乳山汽车站（自驾车）：从起点出发，朝北沿世纪大道行驶 398 米，右转进入 S208/ 金银大道；沿 S208/ 金银大道行驶 6.6 公里，稍向左转进入台湾路；沿台湾路行驶 4.0 公里，右转进入银金大道；沿银金大道行驶 5.2 公里，稍向右转进入镜泊湖路；沿镜泊湖路行驶 1.8 公里，左转进入 S206/S704/ 长江路；沿 S206/S704/ 长江路行驶 1.7 公里，到达景区。全程 19.6 公里。

（2）乳山火车站（自驾车）：从起点出发，朝东北行驶 127 米；调头行驶 1.0 公里，左转进入 S207；沿 S207 行驶 7.5 公里，左转进入北环路；沿北环路行驶 4.3 公里，稍向右转进入 X23/ 长庆路；沿 X23/ 长庆路行驶 52 米，右转进入 X23/ 长庆路；沿 X23/ 长庆路行驶 1.1 公里，左转进入 S202/ 胜利东街；沿胜利东街 /S202 一直向前行驶 15.6 公里，稍向右转进入镜泊湖路；沿镜泊湖路行驶 1.8 公里，左转进入 S206/S704/ 长江路；沿 S206/S704/ 长江路行驶 1.7 公里，到达景区。全程 33.2 公里。

（3）青威高速乳山市区出口（自驾车）：从起点出发，沿乳山市城区世纪大道向南行驶 0.9 公里，左转进入 S208/ 金银大道；沿 S208/ 金银大道行驶 6.6 公里，稍向左转进入台湾路；沿台湾路行驶 4.0 公里，右转进入银金大道；沿银金大道行驶 5.2 公里，稍向右转进入镜泊湖路；沿镜泊湖路行驶 1.8 公里，左转进入 S206/S704/ 长江路；沿 S206/S704/ 长江路行驶 1.7 公里，到达景区。全程 20.1 公里。

2. 内部 / 附近交通

景区内部交通方式为电瓶车或步行。游览景区大约需半天时间，路线如下：主入口→十二生肖牌楼→福音大道→凤鼓广场→福海楼→大如意广场和蟠桃园→摩崖石刻→四海升平广场→山海经神兽雕塑→定海神针→禹铸九鼎→"福文化"、"禄文化"和"寿文化"主题园路→东海龙宫→海神娘娘宫→福星雕塑→东渡文化宫→东夷文化宫→芈兮城→古战船雕→福如东海书画院。

四、住宿及餐饮服务

福如东海书画院酒店

地址：山东省乳山市滨海新区长江路 863 号山东福如东海

文化园

　　电话：0631-6389999

五、购物指南

　　景区建有福如东海（银滩）皮草城、海土特产超市。

六、周边可供游客关联消费的旅游项目

　　周边景区主要有银滩旅游度假区、大乳山滨海旅游度假区、多福山风景区、岠嵎山国家森林公园。

金牛谷生态农业观光园

一、景区简介

    金牛谷生态农业观光园为国家 AAA 级旅游景区。位于乳山市午极镇午极村,占地 3000 余亩,以打造"胶东蓝莓第一园"定位,以发展休闲旅游、现代农业为重点,着力建设集农业生产、科技示范、休闲娱乐、旅游度假、环境保护于一体的综合开发项目。项目分为生态农业示范区、观光娱乐区、休闲度假区、公共服务区四大片区。其中生态农业示范区重点发展蓝莓、板栗、樱桃、苹果等特色果品种植,观光娱乐区重点打造漂流、水上运动乐园、烧烤广场、滑草场、拓展训练中心、垂钓等休闲旅游产品,休闲度假区主要建设木制别墅、四合院、宾馆、酒店、餐厅等设施,公共服务区配套建设生态餐厅、综合会所、茶艺馆等项目。

二、公共服务信息

景区地址: 山东省乳山市午极镇午极村北郊

联系电话: 0631-6502109　6500000

景区网址: www.rishengjituan.com

公共邮箱: rishengtouzi@163.com

景区门票： 60元/张

营业时间： 旺季7：30~11：30、13：30~17：30；淡季7：30~11：30、12：30~16：30

停车服务： 景区专设停车场11处，入口2处、四合院3处、小木屋5处、烧烤广场1处；最大容量约1200辆。停车场对买票游客免费。

三、景区导览

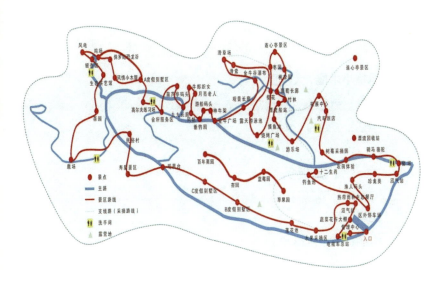

四、交通到达

1. 外部交通

威海自驾车线路： 威青一级路→S68→乳山市青山北路→S207→乳山市午极镇。

烟台自驾车线路：烟海高速→S304→S207→乳山市午极镇。

青岛自驾车线路：青银高速→青新高速→S68→乳山市青山北路→S207→乳山市午极镇。

2. 内部交通

景区内部的交通工具为观光车，从入口大门出发，依次经过景点为：花林（3分钟）、鸡场（1分钟）、恐龙谷（1分钟）、久久长廊（1分钟）、水上乐园（1分钟）、滑草、滑索（5分钟）、烧烤广场（1分钟）、生态养殖场（2分钟）、采摘园（1分钟）。

五、住宿服务

风情小木屋／大木屋

地址：景区内，乘坐观光车8分钟即到

电话：18669333959

六、餐饮服务

烧烤广场

电话：18669333959

七、活动体验

1. 食用菌

7月底，室内第一批采摘木耳；

9月底，室外采摘木耳；

9月底，室外采摘香菇；

6月底,室内第一批采摘杏鲍菇;

9月15日至12月底,室内第二批采摘木耳;

10月底至第二年春季,室内第二批采摘杏鲍菇;

室内全年可采摘项目:香菇、金针菇、平菇。

2. 果蔬

1月,温室大棚内可采摘草莓。

2月,温室大棚内可采摘草莓和香蕉。

3~4月,采摘茶叶。

5~6月,采摘蓝莓、草莓、桃子、树莓、樱桃。

7~8月,采摘杏、苹果、连翘、油菜花。

9~10月,采摘梨、连翘、油菜花、红豆杉、猕猴桃、莲子、莲藕。

11~12月,温室大棚采摘有机蔬菜。

3. 赏花

1~2月,观赏迎春花。

3~4月,观赏杏花、蓝莓花、连翘、树莓花。

4~5月,观赏梨花、油菜花、樱花。

5~6月,观赏苹果花、红豆杉、猕猴桃。

6~8月,观赏薰衣草、荷花、睡莲。

9月,观赏菊花。

10月,观赏芙蓉、月季。

11月,观赏山茶花。

12月,观赏梅花。

温室大棚内可全年观赏南方花卉,如郁金香、杜鹃等。

八、周边可供游客关联消费的旅游项目

（1）台依湖国际酒庄生态文化庄，距园区 14.3 公里。

（2）正华山庄，距园区 32.8 公里。

（3）多福山风景区，距园区 43.6 公里。

（4）大乳山滨海旅游度假区，距园区 48.8 公里。

毛泽东像章博物馆

一、景区简介

威海毛泽东像章博物馆（原名威海毛泽东像章珍藏馆）为国家 AAA 级旅游景区，位于山东省威海市临港经济技术开发区韶山路，占地面积 2.5 万平方米，建筑面积 48000 平方米。馆内珍藏于国杰先生 30 多年收藏的毛泽东主席各个时期及中国各个历史时期的像章奖章、功章、徽章 150 万余枚，总重量达 120 吨，铭记着毛主席一生的丰功伟绩和中国共产党的光辉革命历程。是目前全国最大、藏品品种最全、馆藏数量最多的像章馆，堪称"世界之最，中华一绝"。是集参观旅游、教育展览、学习研讨为一体的大型现代化爱国主义教育基地，2012 年 8 月被授予国家 AAA 级旅游景区。

二、公共服务信息

景区地址： 山东省威海市临港经济技术开发区江苏东路管

委西侧。

    联系电话： 0631-5557555

    传真： 0631-5557556

    景区网址： http://chinamaozedong.net

    公共邮箱： wanfahouse@126.com

    营业时间： 旺季：8：00~16：00；淡季：8：30~17：00。

    景区门票： 威海毛泽东像章博物馆景区全年免费向公众开放，无须购买门票。

    最佳旅游时间： 全年。

    停车服务： 景区拥有3处停车场：地上停车场、馆舍周边停车场和地下停车场。最大容量400辆，地上免费，地下停车场按时计费。

三、景区导览

    参观路线： 一层大厅，观看音乐电影《章魂》→二层展厅：金太阳厅→起义厅→合作厅→长征厅→摇篮厅→三层展厅：建国厅→军章厅→文化厅→文艺厅→伟人厅→英雄厅→精品厅→四层多功能演艺大厅→五层百名将军书画厅→一层购物商场→咖啡厅、休息大厅→室外照相留影平台

四、交通到达

    （1）距威海机场距离约30公里，车程时间约30分钟。

    （2）距临港经济技术开发区汽车站距离约2公里，车程时间约5分钟。

（3）距威海火车站距离约 12 公里，车程时间约 15 分钟。

（4）距威海市中心距离约 15 公里，车程时间约 20 分钟。

（5）距威海码头距离约 15 公里，车程时间约 20 分钟。

（6）附近市内公交情况：市内可乘 110 路公交车抵达。

（7）出租车情况（起步价、公里数、以火车站或者汽车站为出发点到景区花费多少）：威海出租车起步价为 6 元（2 公里），2~8 公里，每公里加价 1.5 元，8 公里以上（含 8 公里）单程车每公里加价 2.0 元，双程公里加价 1.5 元。22 时（含 22 时）至次日 5 时（不含 5 时）为夜间租车，夜间租车的起码租价为 7 元，车公里租价为 2 元，不分单双程。

（8）旅游专线车：馆内参观专线车 6：30 从文登市中心发车直达，下午 5：30 从像章馆发车，6：10 到达文登市区。免费乘坐。

五、住宿服务

附近有观澜国际商务酒店可供入住。

六、餐饮服务

观澜国际商务酒店中西餐配套，可同时容纳 500 人就餐。

七、活动体验

位于四楼的综合演艺大厅，可容纳 800 人，配备 20 米宽宽银幕影视系统，每天定时循环播放红色经典影片，常年定期进行红色经典文艺演出，阵容恢宏，游客可免费观看。

八、购物指南

旅游纪念品商店位于博物馆一层，有毛泽东像章，毛主席坐、立铜像，毛主席语录等红色书籍、报刊复制，珠宝首饰，玉石配饰、挂件，玉璧等，以及本地特产干海产品、钓鱼竿、抽纱刺绣品等，价格适中，可供游客选择购买。

景区最大卖点是独具特色的旅游纪念品毛泽东像章和各种玉石首饰、摆件等。

九、周边可供游客关联消费的旅游项目

附近有威海汤泊温泉度假区、威海公园、欢乐华夏大型游乐主题公园、威海影视文化城、仙姑顶景区以及刘公岛景区、环翠楼公园，农家院，草莓采摘园，樱桃采摘园、葡萄采摘园等。

青龙生态旅游度假村

一、景区简介

威海青龙生态旅游度假村为国家 AAA 级旅游景区，景区坐落于风景秀美的文登区西郊，占地 3000 多亩。2008 年被国家旅游局评为国家 AAA 级旅游景区，2009 年被山东省旅游行业协会评为"好客山东"十佳工农业旅游示范点。青龙度假村按功能划分为纯自然山水观光区、果蔬种植区、休闲娱乐区、奇峰异石区。主要景点有农业生态园、奇峰异石、游乐城、水上乐园、罗曼园、罗汉岛、动物园、恐龙园、生态观光园等。

二、公共服务信息

景区地址：山东省威海市文登区环山街道办事处麦疃后村东

联系电话： 0631-8263799

公共邮箱： wdqldjc@163.com

景区门票： 10 元 / 人。

最佳旅游时间：全年。

停车服务：景区在民俗婚庆广场西面和北面设有停车场 2 处，可免费提供停车位 600 余个。

三、交通到达

1. 外部交通

景区位于文登市区西郊麦疃后村东山谷中，北靠 309 国道和青威高速路入口，北与威海接壤，西邻青岛、烟台两市，距青威一级高速公路文登南站出口 1 公里，离文登火车站 3 公里，距威海机场 20 公里，到威海码头只需 30 分钟车程，西线短途客车都路经此处，水、陆、空交通便捷。

自驾车游客可从青威高速公路文登南站出口下，往南行驶 2 公里，按指示牌可到达青龙度假村售票处。

2. 内部 / 附近交通

景区内有 4 辆电瓶跑车，为老幼病残游客提供免费的接送等服务。

四、住宿服务

恒润商务酒店

地址：山东省威海市文登区豹山路雁鸣艺术馆北

电话：0631-8182988

五、餐饮服务

小科自助烧肉

地址：山东省威海市文登区环山路 62 号楼 2 楼

电话：0631-8189779

六、活动体验

文登青少年校外活动基地，门票享受团体优惠价格。

威海晚报小记者团活动基地，门票享受团体优惠价格。

七、购物指南

青龙商店位于售票亭东，商店里的商品琳琅满目，其中景区特色商品达十余种。由度假村自行生产的绿色食品青龙水果蔬菜系列、跑山鸡蛋、无公害猪肉等农产品深受游客青睐。水果、蔬菜、禽蛋肉类价格随市场价格变动。

八、周边可供游客关联消费的旅游项目

景区周边旅游基础良好，游览景点丰富，比较著名的有刘公岛甲午海战纪念馆、定远舰、华夏城、荣成天无尽头西霞口、赤山法华院、文登昆嵛山、天沐温泉、汤泊温泉等众多景点。

圣经山风景名胜区

一、景区简介

圣经山风景名胜区为国家 AAA 级旅游景区，位于中国长寿之乡山东省威海市文登区西北 20 公里处，昆嵛山前怀，方圆近 8 平方公里。北魏大史学家崔鸿在《十六国春秋》里称昆嵛山为"海上仙山之祖"。昆嵛之精髓在圣经山。道家老祖老子容的传世著作《太上老子道德经》被道家奉为圣经，全文上下两卷五千余字凿刻在圣经山山顶巨石之上，此摩崖石刻为国家级重点文物，同时还是世上最大的道教石刻，距今已有近千年历史，"圣经山"因此得名。

二、公共服务信息

景区地址：山东省威海市文登区葛家镇

联系电话：0631-8881707

景区网址：www.shengjingshanjingqu.com

公共邮箱：2045004376@qq.com

景区门票：100 元 / 位（现试营业为 70 元）。景区门票为 100 元 / 人次，现景区试营业，优惠价为 70 元 / 人次；60~69 周岁的老年人（持老年人优待证）半价优惠；70 周岁以上的老年人（持老年人优待证）免票；6 周岁或身高 1.2 米以下的儿童免票，1.2~1.4 米的儿童半价优惠；学生（全日制大学本科及以下学历）半价优惠；残疾人半价优惠；现役军人、伤残军人（持革命伤残军人证）免票。

营业时间：夏季 8：00~17：00，冬季 8：00~16：30。

停车服务：景区有停车场 4 个，总面积 15000 平方米，主停车场面积 10000 平方米，景区停车场免费停车。

三、交通到达

威海高区：烟威高速→北海收费站→初张路→汪疃镇→界石镇→葛家镇→圣经山

威海经区：青威高速→文登南收费站→309 国道→米山镇→葛家镇→圣经山

烟台：烟威高速→北海收费站→初张路→汪疃镇→界石镇→葛家镇→圣经山

青岛：青威高速→泽头收费站→上泽线→葛家镇→圣经山

四、住宿服务

景区东华宫内有客房 40 间，可接待体验道家生活的团队。

五、餐饮服务

景区东华宫有斋堂、餐厅、高标准雅间，团队单次可接待200 人。

六、活动体验

圣经山全真教道文化旅游区还注重其他专项旅游活动的开发

和组织，每年会举办诸多祈福法会、群众性山会庙会、大型学术交流等活动。

七、购物指南

景区内有商品部、请香处、法物流通处、商业街，有多种旅游纪念品、开光法物、食品等出售。

八、周边可供游客关联消费的旅游项目

周边旅游景点有昆嵛山、山泰生态园、汤泊温泉、天沐温泉、南海。

西港小石岛景区

一、景区简介

西港小石岛景区是集垂钓、海上观光、赶海、游艇租赁、海上烧烤、篝火晚会、海上婚礼等多项休闲娱乐活动于一体的综合性渔业基地，先后被评为"国家级休闲渔业旅游示范点"、"省级休闲垂钓协会示范单位"。2012 年成功取得国家 AAA 级景区称号。

二、公共服务信息

景区地址：山东省威海高技术产业开发区大连路小石岛 -2-8 号

联系电话：0631-3631566　5621888　5629666

景区网址：http：//www.xgxsdly.com

公共邮箱：1506258331@qq.com

景区门票：海上观光门票价格为 100 元 / 人（含往返船票、意外险、讲解费、景区管理费）；赶海门票价格为 30 元 / 人；潜水门票价格普通潜水为 660 元 / 人、深潜为 860 元 / 人（限 aow 以上级别潜水员含潜导费用）、会员水肺潜水 -Fun Dive 为 400 元 / 人（含潜导费用）、专业潜水为 460 元 / 人（含潜导费用）、浮潜为 360 元 / 人、帆板为 200 元 / 人、水下照相为

180 元 / 人。

船舶租赁价格：

普通船 （可乘 12 人以内 垂钓）		豪华客船 （可乘 15 人以内 垂钓）		大双体客船 （可乘 25 人 以内垂钓）		豪华游艇 （可乘 8 人以 内垂钓）
时间	指导价	时间	指导价	时间	指导价	指导价
2 小时	1600 元	2 小时	3000 元	2 小时	4000 元	起步价 15000 元 （含 1 小时）
4 小时	2400 元	4 小时	4500 元	4 小时	6000 元	每增加 1 小时加 收 2000 元
8 小时	4000 元	8 小时	8000 元	8 小时	10000 元	以此类推

营业时间：淡季 8：00~16：30，旺季 7：00~18：00。

最佳旅游时间：4~10 月底。

停车服务：景区内配有大型停车场 1 个，占地面积 10000 余平方米，水泥路面平坦，可停靠 30 辆大型车、50 辆小型车，有专人管理。按景区停车场收费标准每次 5 元。

三、交通到达

（1）自东向西经过国际海水浴场进入大连路向西，或经火炬大厦向西至小石岛灯岗右拐，进入大连路，向北直行至小石岛酒店，向西直行。

（2）自西向东由烟威高速公路经影视城至世昌大道，转文化西路至小石岛灯岗左拐，进入大连路，向北直行至小石岛酒店向，西直行。

（3）可乘坐 34 路公交车直达小石岛景区，每 1 小时一班。

四、住宿服务

景区内有"新升海上世界"可提供住宿。

五、餐饮服务

新升海上世界

地址：山东省威海高科技区小石岛大连路 -2-8 号

六、活动体验

拥有大型停车场，晚上可作为晚会场所，提供休息的凉亭，景区内设有免费 Wi-Fi 供游客使用。

乳山小汤温泉度假村

一、景区简介

　　乳山小汤温泉度假村是国家 AAA 级旅游景区，延续距今约 1400 余年的唐代老汤原址而建，属纯天然温泉，占地 30000 平方米。小汤温泉度假村是乳山市小汤温泉度假村有限公司为配合建设胶东半岛蓝色经济区的大战略规划，紧扣乳山市继续建设国家生态市，积极推进绿色发展，打造生态乳山的宗旨，更好地开发乳山本地资源，填补了乳山冬季无旅游产品的空缺，以温泉度假功能为核心，以热带雨林景观和运动休闲功能为特色，现已发展成集旅游度假、热带园林温泉、餐饮、住宿、团队训练拓展基地、真人 CS、有机果蔬采摘、垂钓，为一体的综合性旅游度假村。

二、公共服务信息

景区地址：山东省威海乳山市冯家镇汤上村

联系电话：0631-6567888

景区微信公众平台：xiaotangwenquan

公共邮箱：527659505@qq.com

景区门票：正常温泉洗浴 79 元 / 人（门票包含热带雨林区

20 余温泉池、干蒸房、SPA 水疗区、室内泳池等），温泉住宿 178/ 间（标准间）。

停车服务： 度假村有大型停车场 3 个，最多容纳停车数量可达 300 余辆，停车场免费使用。

三、交通到达

以小汤温泉为原点，2 小时飞行半径内，涵盖北京、上海、哈尔滨、成都等省会城市，韩国、日本等亚洲经济强国。1 小时车程直达 5 个港口，2 个国际机场和 3 个中心车站及青威烟荣城际铁路停靠站。

自驾车：

由市区出发：威青一级路→威青高速公路→乳山市→南黄立交左转→ S206 →行驶 5.9 公里直行进入湾头大桥→过湾头大桥直→ S206 →行驶 4.5 公里右转→行驶 220 米右转→汤上村→小汤温泉；开车从乳山市区到达小汤车程仅需 20 分钟即可到达。

由乳山银滩出发： 银滩海边公路 S206 文登方向→ S206 → 10 分钟车程→南黄方向→ S206 →冯家方向→ 8 分钟车程即到。

公共车：

从市区义乌商品城乘坐 312 路公交车直达景区门口（旅游专线）；乘坐 309 从银滩即可直达小汤泉（旅游专线）。

四、住宿及餐饮服务

小汤温泉内建有酒店、宾馆，其中宾馆设标准间 160 余间，大床房 60 余间，套房、豪华套房 20 余间，其中标准间 178/ 间，豪华套房 358/ 间，可同时容纳游客入住 1000 余人；酒店内分别设有婚宴厅 2 个，会议厅 3 个，包间 10 余间，可同时容纳游客就餐 800 余人，更有原汁原味的农家乐、海鲜大餐等多种美食供游客选择。

五、活动体验

小汤温泉内设有真人 CS、团队训练拓展基地、有机果蔬采摘、垂钓等丰富的户外活动项目。其中真人 CS，98 元 / 人（半天）；垂钓，10 元 / 人；有机果蔬采摘根据时令市价而定，草莓采摘 20 元 / 人；套餐：拓展训练或 CS+ 午餐 + 温泉 =168 元 / 人；拓展 +CS+ 午餐（40 元 / 人标准）+ 温泉 + 晚餐 + 温泉 + 住宿 + 早餐 =318 元 / 人。

六、周边可供游客关联消费的旅游项目

周边有大乳山滨海旅游度假区、正华山庄、银滩旅游度假区等多个国家级旅游景点。

石佛山休闲观光景区

一、景区简介

威海市石佛山休闲观光景区是国家 AAA 级旅游景区，位于山东省乳山市乳山寨镇赤家口村，地处国家级森林公园岠嵎山北麓，湖光山色，风光秀美。石佛山景区是汇集特色植物园观光、采摘（有机茶叶、绿色草莓等）滑草、漂流、摸鱼、天然波罗迷宫、垂钓、爬山、动物园观光为一体的综合娱乐景区。石佛山景区方圆面积 3000 余亩，因区内主峰远观如一弥勒佛仰卧观紫微星而得名。石佛山园区内的自然景观以"古树"、"奇石"、"秀水"、"峻峰"而闻名，据统计目前区内共有百年以上古树 200 余棵，并有胶东地区唯一的映山红林带及百亩樱花林位于园区腹地。

二、公共服务信息

景区地址：山东省乳山市乳山寨镇赤家口村
联系电话：18663166856　13455866076
公共邮箱：zhnlkj@126.com

景区门票：旺季：4月1日~10月31日，滑草场20元/人，漂流谷40元/人，植物观光园20元/人，动物园免费；淡季：11月1日~3月31日，滑草场20元/人，草莓采摘40元/人，植物观光园20元/人，动物园免费。

营业时间：旺季8：00~17：00；淡季8：00~16：00。

景区优惠：60周岁以上老年人持有效证件（老年证，身份证）免景区大门票，娱乐、采摘项目自费；残疾人（包含残疾军人）现役军人持有效证件免景区大门票，娱乐，采摘项目自费；1.2米以下儿童娱乐，采摘项目半价，免大门票。

停车服务：景区内现已修建大型停车场两座，最多可同时容纳50座以上大型巴士30辆，轿车60辆，景区内所有停车均免费。

三、交通到达

（1）走青威高速在乳山寨藤河收费站下，右转再右转进入202省道，直行5公里左转进入208省道，然后直行3公里，看见左边正华石佛山景区大广告牌左转，然后顺着路边正华山庄的牌子进入景区。

（2）自驾游烟台方向进入景区要经过309国道，转到208省道。青岛方向要经过202省道、208省道。主要的指示牌是路边正华石佛山景区的大广告牌；路标就是道路两边正华山庄的指示牌。

（3）景区内部交通方式主要是导游步行带路，边走边介绍景区的景点，需1~2小时。

四、住宿及餐饮服务

景区内建有一座三星级酒店——正华山庄。山庄拥有高档客房近 30 间，普通客房 50 间，可同时供 200 余人住宿。同时，山庄拥有雅座 10 间，用餐大厅 1 座，同时可容纳 500 人用餐。

槎山风景名胜区

一、景区简介

　　荣成槎山风景名胜区是国家 AAA 级旅游景区，槎山历史上被称为"大东胜景"。槎山有中外驰名的云光洞，且槎山的千真洞是中国海岸第一石窟寺。槎山岩体南侧是荣成片麻岩，此岩体形成于新元古代南华纪（距今 7.3 亿~7.6 亿年），在距今 2.3 亿~2.7 亿年前，遭到超高温高压变质作用，是扬子板块俯冲到华北板块下部形成的。而槎山岩体为一套中粗粒正长花岗岩，形成年龄 2.05 亿年，是苏鲁造山带重要的地质遗迹。由于地壳的演化，形成了花岗岩山岳地貌景观、奇石地貌景观、奇洞地貌景观、海蚀地质地貌景观、海积地貌景观，造就了千姿百态的险峰、奇石、幽洞等，是集山、林、海、岛于一体的花岗岩地貌景观区。

二、公共服务信息

　　景区地址：山东省荣成市人和镇

联系电话： 0631-7456789

景区网址： www.sdchasha.cn

公共邮箱： cslyyxgs@126.com

景区门票： 52元/人（含2元/人保险）。

营业时间： 旺季：7：30~17：30；淡季：7：30~16：30。

最佳旅游时间： 3~11月。

景区优惠： 现役军人，军残免票；70周岁以上老人免票；1.2米以下儿童免票。免票人群需购买2元/人保险；60~69周岁的老人及残疾人享受6折优惠。

三、景区导览

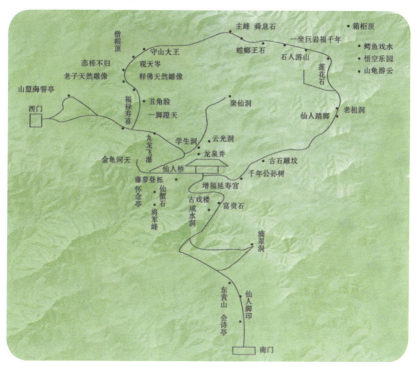

四、交通到达

（1）济南、淄博、潍坊→青银高速（原济青高速）→威青高速（原青威高速）→泽头路口下右转305省道（石泽线）→上庄转盘右转（威石公路）→槎山景区。

（2）东营→荣乌高速→威青高速→泽头路口下右转305省道（石泽线）→上庄转盘右转（威石公路）→槎山景区。

（3）济宁、临沂→日兰高速（原日东高速）→沈海高速（原同三高速）→青银高速（原济青高速）→威青高速（原青威高速）→泽头路口下右转305省道（石泽线）→上庄转盘右转（威石公路）→槎山景区。

（4）泰安→莱泰高速（原泰莱高速）→滨莱高速（原博莱高速）→青银高速（原济青高速）→威青高速（原青威高速）→泽头路口下右转305省道（石泽线）→上庄转盘右转（威石公路）→槎山景区。

（5）青岛→威青高速（原青威高速）→泽头路口下右转305省道（石泽线）→上庄转盘右转（威石公路）→槎山景区。

（6）烟台→荣乌高速（原烟威高速）→北海路口下右转204省道（初张线）→上庄转盘右转（威石公路）→槎山景区。

（7）威海→威石公路（机场路）→上庄转盘右转（威石公路）→槎山景区。

五、住宿服务及餐饮服务

槎山茶苑

地址：槎山脚下

电话：0631-3696666

人和宾馆

地址：山东省荣成市人和镇中心

电话：0631-7951919

六、活动体验

开洋谢洋节（谷雨节）；槎山元宵节庙会；槎山登山节。

七、周边可供游客关联消费的旅游项目

周边景区主要有赤山法华院、成山头、汤泊温泉、天沐温泉等。

定 远 舰

一、景区简介

  定远舰为国家 AAA 级旅游景区。"定远"号纪念舰全长 94.5 米，宽 18 米，满载排水量 7670 吨，外观与历史原舰完全相同。甲板上的建筑、设施、武器一应俱全，直观再现了当年北洋海军战舰的风采，也真实反映了 19 世纪中后期工业化时代具有代表性的蒸汽军舰的特点。全舰可供参观的地方分为上下五层，其中甲板上三层为武器装备，舱内两层为历史展厅。百年名舰已成为威海这座海滨城市的标志性景观。

二、公共服务信息

  景区地址：山东省威海市海滨北路 53 号，海港大厦南首

联系电话：0631-5232718　5280718　5207806

传真：0631-5280718

景区网址：www.dy1881.com

景区门票：75 元 / 人

景区优惠：1.2~1.4 米儿童、60~69 周岁老人、军人、残疾人优惠价格 37 元；在校学生 50 元；1.2 米以下儿童、70 周岁以上老人、军残人士免票。

三、交通到达

自驾车：

烟台方向进入，可在世昌大道与文化路交汇路口，进入文化路，沿文化路直走至威海港公园，即可到达景区；青岛方向进入，可沿疏港路，经大庆路或滨海大道，进入海滨路，沿海滨路直走至威海港公园，即可到达景区。

公交车：

定远舰景区周边公交站点主要有三角花园站和实验中学站。途径三角花园站的公交线路有：1 路、7 路、9 路、13 路、17 路、22 路、24 路、26 路；途径实验中学站的公交线路有：1 路、4 路、5 路、10 路、19 路、20 路、23 路、24 路、26 路、32 路。

圣水观风景区

一、景区简介

圣水观是国家级森林公园，国家 AAA 级旅游景区，系道教全真派发祥地之一。它位于威海市桥头堡东南 6 公里处，因观内有一泓圣水而得名，此水偏硅酸含量高，具有消炎化瘀、明目祛病之神奇功效。圣水观山势坐北朝南，宛如一把太师交椅，被古风水学称为"五虎圈阳"之宝地。30 多处自然景观鬼斧神工——通天门、龙角树、阳刚石、情侣树、万象壁、天宫、仙桃石、龟驮天书、神羊石、千年龙凤胎银杏树、王玉阳的打坐石屋、天然石洞的玉清宫、一步登天的飞仙石、自然造化的太极图、清澈映影的圣水湖、域广天然的百花园等，还有气势磅礴的荣成伟德将军碑廊。

二、公共服务信息

景区地址：山东省荣成市崖西镇朱埠村

联系电话：0631-7636666

景区网址：http//www.shengshuiguan.com

公共邮箱：shengshuiguan163@.com

景区门票：50元/人，旺季和淡季价格不变。

营业时间：7：30~16：00。

最佳旅游时间：5月1日~11月30日。

停车服务：景区专设停车场3个，检票处大门外免费停车场1处，最大容量110辆；进入景区停车场1处，需收车辆进区费20元/辆，可容纳150辆；索道停车场需收车辆进区费20元/辆，可容纳60辆。

三、交通到达

1.外部交通

（1）青岛→(S24)青威高速终点（圣水观、俚岛出口右转）(S303)→桥头→圣水观。

（2）烟台→荣乌高速(G18)（北海出口右转下路）→初张一级路（S204）→汪疃镇右转（俚岛方向）(S303)→桥头→圣水观。

（3）威海→火车站、汽车站、码头→江家寨立交(S301)→温泉镇(S301)→桥头→圣水观。

（4）潍坊→莱阳(G309)→文登→(G309)荣成→(S908)崖西镇→圣水观。

（5）威海机场→（S201）圣水观出口(S303)→桥头→圣水观。

2. 内部交通

进入圣水观大门往左是沥青硬化车道，往右直达水泥硬化3250平方米的停车场，下车进入百岛园，经过戏楼、玉虚殿、老子殿、玉皇殿为石板硬化路，自玉皇殿拾阶而上，经过圣水、将军碑廊、万寿塔为石材硬化路，自万寿塔往下经过金鼎九龙亭至索道站为石材硬化路，乘坐完空中索道，经过滑道坐滑车直达停车场。自圣水观大门左侧沥青硬化车道而上，可直达玉皇殿、圣水观滑道、索道、圣水饭庄。进入圣水观停车场，下车后自左而上游览自右而下围绕一周。

四、住宿服务

老兵山庄

地址：距圣水观风景区4公里，接待能力100人

电话：0631-7631666

五、餐饮服务

昱辰酒店

地址：山东省荣成市崖西镇驻地，距圣水观风景区4公里。

电话：0631-7636188

六、活动体验

伟德休闲山庄：真人CS野战、骑马、射箭、垂钓。

天鹅湖生态旅游度假区

一、景区简介

　　威海天鹅湖生态旅游区位于山东半岛最东端好运角旅游度假区，是通往中国好运角成山头和神雕山野生动物园的必经之地，是国家级自然保护区、国家 AAA 级旅游景区、国家休闲渔业示范基地、国家认证有机海产品示范基地、省级休闲业与园区、省级休闲海钓基地。这里山清水秀，冬无严寒，夏无酷暑，年平均气温 12℃左右，属暖温带湿润季风气候，空气质量优良天数百分之百，近海海域水体质量达到国家标准一类以上，是中国空气质量和海水质量最好的地区之一，独特的沿海地貌，自然环境和海洋资源，使得这里成为大天鹅及其他候鸟的理想生存之地。这里也是亚洲最大的天鹅冬季栖息地，具有东方大天鹅王国的美称。

二、公共服务信息

景区门票： 20元/人，CS真人野战和赶海均为60元/人。

营业时间： 景区全年开放，每年的5~10月为赶海游玩的最佳季节；每年的11月到翌年的3月为观赏天鹅的最佳季节。

停车服务： 天鹅湖生态旅游区共有2个停车场，其中景区内一个、景区外一个，总面积5000余平方米。

三、景区导览

真人CS野战基地→万人金字塔→赶海园→自助烧烤→沙滩排球、足球→亲海游乐园。

四、交通到达

威海方向： 自驾沿S302向东至荣成市工商行政管理局成山工商所右转，沿天鹅湖路向南直走即可到达天鹅湖生态旅游区。或乘坐威海—成山头巴士到出口加工区（约50分钟），向南直行大约15分钟即可到达。

荣成方向： 自驾沿S301向北至荣成六中红绿灯，向东2公里，道路右侧提示"天鹅湖"，向右转直走，即可到达。或乘坐荣成—龙须巴士到出口加工区（约40分钟），向南直行大约15分钟即可到达。

五、住宿及餐饮服务

福源庄园养生公寓：每间房 70~80 平方米，内部设有电视、冰箱、免费无线 Wi-Fi、一张双人床和两张单人床，并且带有淋浴以及独立卫生间；庄园最多可同时接纳入住客户 200 人左右。另外，福源庄园可提供每日三餐，需要按人数收取一定费用。

六、活动体验

目前海豹野战真人 CS 力求通过多种活动，满足不同类型会员的要求，采用目前最先进的雷战装备，是将战斗任务和体能闯关、智力拓展相结合的真人实战场地。

潍坊市

山东省 A 级旅游景区

自由行手册

沂蒙山旅游区沂山景区

一、景区简介

　　沂蒙山旅游区沂山景区位于潍坊市临朐县城南 45 公里，沂蒙山主脉，属泰沂山脉。境内山岳景观、水文景观、人文景观相映成辉，资源实体丰富，自然风光奇绝，历史文化悠久。沂蒙山旅游区包含沂山景区、龟蒙景区、云蒙景区三个景区，核心景区面积 69 平方公里，是中国著名革命圣地，中国镇山文化发祥地，著名祈福养生长寿圣地，世界文化遗产齐长城所在地，现为国家 AAAAA 级旅游景区、国家森林公园、国家地质公园、国家水利风景区。

二、公共服务信息

景区地址：山东省潍坊市临朐县沂山镇沂山风景区

联系电话：0536-3487017

景区网址：www.chinayishan.cn

公共邮箱：yishan5a@163.com

景区门票：门票90元/人，景交车30元/人；60~70周岁老年人，凭老年证或身份证门票5折，70周岁以上老年人，凭老年证或身份证免门票，现役军人、残疾人凭有效证件可免门票，1.2米以下儿童不收费。

停车服务：景区停车场位于东大门综合服务区，占地面积1.5万平方米，可停放大小车辆3000辆；7座以下小车10元/车，7座以上大车20元/车。

三、景区导览

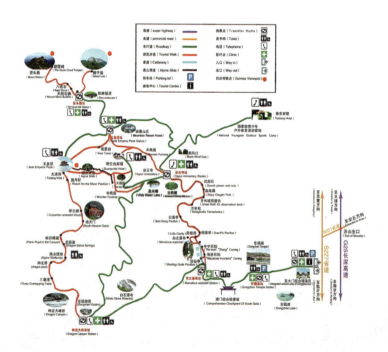

四、交通到达

1. 外部交通

行车路线 1：青银高速（G20）、青兰高速（G22）、日东高速（G1511）→长深高速（G25）→沂山出口左拐（1.2公里）→227省道左拐（4.8公里）→沂山风景区东大门。

行车路线 2：各国道、省道转 227 省道至沂山风景区东大门。

2. 内部交通

景区内部有景区观光车，每个景点都有乘车点。

五、住宿服务

观云台宾馆

地址：沂山风景区内景点法云寺后

沂盛山庄

地址：东镇湖西

森林餐厅

地址：景区内玉皇顶站点北边

松林饭庄

地址：景区内歪头崮站点东边

六、活动体验

沂山滑道：玉皇顶，可滑至天衢园，30 元 / 人。

杨 家 埠

一、景区简介

这里是中国"风筝王"杨同科的诞生地,"世界之最"风筝——龙头蜈蚣,从这里腾飞;这里是"年画唐伯虎"的故里,年画"天下第一版"就收藏在这里;这里是民俗文化胜地,"中国民间艺术之乡"在这里崛起。这里有天下最大的"年画博物馆",向您展示六百载年画艺术神韵;这里有天下最大的"福禄寿"三星,向您赐福未来展示神奇;这里有天下最大的"年画牌楼",向您诉说古村杨家埠的珍闻轶事。

二、公共服务信息

景区地址:山东省潍坊市杨家埠村(渤海路与富亭街交叉口西 50 米)。

联系电话:0536-2927300

景区门票:成人 60 元 / 人;学生及儿童 30 元 / 人。

营业时间:8:00~17:00。

最佳旅游时间:四季皆宜。

停车场容量:200 辆。

三、交通到达

公交车：

火车站乘 5 路公交车转 4 路公交车，终点站即到（全程 1 小时 15 分钟）。

自驾车：

潍坊高速口下向东至渤海路至富亭街即到（全程 15 分钟）。

四、住宿及餐饮服务

金麒麟大酒店

地址：景区沿渤海路向北至民主街，左转 100 米路北

五、活动体验

游客在景区内可以参与制作风筝、年画、剪纸、面塑、泥塑、烙画活动，每项活动收费为 40 元。

六、购物指南

景区内可以购买风筝、年画。

七、周边可供游客关联消费的旅游项目

周边景区主要有富华游乐园等。

金宝乐园

一、景区简介

潍坊金宝乐园是国家ＡＡＡＡ级旅游景区，总面积60万平方米，是全国农业旅游示范点、山东省自驾游示范点。有娱乐项目200多个，集娱乐、休闲、知识、参与性和趣味性于一体，以独具匠心的设计和巧妙合理的布局，构成了韵味独特、民俗风情浓郁、田园风光独具的观光旅游最佳景地。乐园按照"新、奇、特"的娱乐要求进行了全新的规划和扩建，形成了既相互关联又自成一体的七大游览区：情缘园、潍坊动物园、大熊猫馆、地震科普馆、综合娱乐区、天然氧吧休闲区和潍坊金泉寺。

二、公共服务信息

景区地址： 山东省潍坊市潍州路438号

景区电话：0536-2608986　2608169

景区网址：www.wfjinbao.com

公共邮箱：wfjbly@126.com

景区门票：60/位。现役军人凭士兵证或军官或军残证免票；儿童身高1.3米以下免票；老年人60周岁以上凭老年证享受半价优惠；老年人70周岁以上凭身份证或老年证免票。

营业时间：旺季：6：30~18：00；淡季：7：00~17：00。

最佳旅游时间：国家法定节假日、五一及十一黄金周、清明节假期、春节假期、周六周日。

停车服务：景区专设停车场位于金宝乐园正门口以北，最大容量为100个停车位；免费使用。

三、交通到达

1.外部交通

自驾车：

（1）自济南方向来，从青银高速13号路口下，南行18公里到景区。

（2）自青岛方向来，在青银高速涌泉段转潍莱高速至终点下，北行3公里到景区。

公交车：

景区位于潍州路与宝通街交叉路口南3公里路西，市内乘2路、15路、35路、60路公交车可到达。

2.内部交通

乐园提供供游客乘坐的观光游览车。

四、餐饮及住宿服务

金宝宾馆

地址：山东省潍坊市奎文区潍州路438号（金宝乐园北邻）

总机：0536-8806288

营销部电话：0536-8804096

五、活动体验

金宝乐园内8D电影为游客提供立体视觉感受，实行全天免费开放模式。另外，景区内定期开展丰富多彩的娱乐活动，如春季的相亲大会。

六、购物指南

乐园内有本地特色的风筝和年画大观园出售。景区内大熊猫纪念馆还有熊猫纪念玩具出售。

七、周边可供游客关联消费的旅游项目

金宝乐园周边有金宝车展，每年春秋两季开展车品展示会；此外还有金宝汽车城、金宝超市等场所可为游客提供多样化的服务。

金 泉 寺

一、景区简介

潍坊金泉寺为国家 AAAA 级旅游景区，总占地面积 10 万平方米，已成为潍坊市佛教活动和信众交流的主要场所。金泉寺建有山门、天王殿、大雄宝殿、观音殿、藏经楼、禅堂、万佛殿、玉佛阁、财宝大殿等 20 余座殿宇，建造了世界上唯一的带有宝顶华盖、飞天云柱的释迦牟尼大佛，巍峨凌空、法像庄严。在建造过程中所有佛像的须弥座在全国第一家采用墨玉打造，金泉大佛、十八罗汉、百子戏弥勒分别获得了国家专利保护，已成为江北最为精美的寺院之一。

二、公共服务信息

景区地址：山东省潍坊市奎文区潍州路 519 号（金宝乐

园北邻）

　　联系电话： 0536-2608696　2608220

　　景区网址： www.wfjqs.com

　　景区门票： 买金宝乐园的门票可以进金泉寺；景区单独售票 20 元 / 位。

三、交通到达

自驾车：

自济南方向来，从青银高速 13 号路口下，南行 18 公里到景区。

自青岛方向来，在青银高速涌泉段转潍莱高速至终点下，北行 3 公里到景区。

公交车：

市公交车 2 路、15 路、35 路、51 路、60 路金泉寺站下车即到。

四、餐饮及住宿服务

金宝宾馆

地址：山东省潍坊市奎文区潍州路 438 号（金宝乐园北邻）

总机：0536-8806288

营销部电话：0536-8804096

五、活动体验

金泉寺于 2015 年 5 月 18 日至 5 月 24 日（农历四月初一至初七）隆重举行护国报恩祈福水陆普度法会。

六、周边可供游客关联消费的旅游项目

周边景区主要有金宝乐园等。

白浪绿洲湿地公园

一、景区简介

　　白浪绿洲湿地公园是国家 AAAA 级旅游景区，位于潍坊市区西南部，是江北最具规模的，集自然景观、人文景观、森林保健功能于一体的城市湿地公园。生态湿地公园遵循生态性、艺术性、多样性、社会性、可持续发展的设计理念，将白浪河岸线空间与水体有机融合，充分体现自然特性、创造充满生态情趣的滨水环境。在沿河岸线种植乔木、水生植物、草坪，打造花岸、绿岸。设计景观小品，修复文化遗迹，着力打造一个集水生植物观赏、生态科普、候鸟栖息、步道游览等旅游项目为主的生态主题公园。目前，湿地公园已吸引了白鹭、苍鹭、天鹅、野鸡、野鸭、斑鸠、啄木鸟等百余种野生鸟类，仅鹭鸟就有万余只在此繁衍生息。

二、公共服务信息

景区地址：山东省潍坊市宝通街与机场路交叉口往南 200 米

联系电话：0536-6106689

景区网址：www.bailanghe.org

公共邮箱：wfsd6106689@163.com

景区门票：免费。

营业时间：旺季：4月1日~11月1日，淡季：11月2日~3月31日，营业时间：0点至24点。

最佳旅游时间：4月1日~6月1日。

停车服务：景区设停车场4处，分别位于宝通街与机场路交叉口西南角、河西8号口北、河东6号口、河西5号口，最大容量约为300个停车位，暂不收费。

三、景区导览

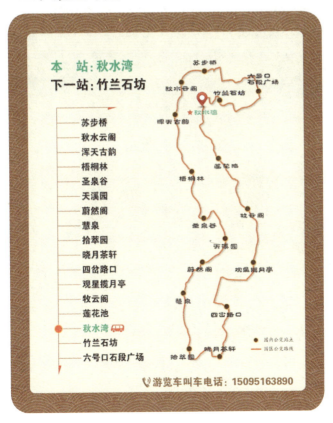

四、交通到达

1. 外部交通

从潍坊市飞机场沿机场路到宝通街白浪河桥附近；也可从潍坊市汽车站沿新青年路向南至宝通街，左拐东至机场路，沿机场路向南200米路西。

2. 内部交通

湿地入口→秋水云阁→浑天古韵→梧桐林→圣泉谷→天溪园→蔚然阁→慧泉→拾萃园→漫水桥→小木屋→观鸟塔→牧云阁→莲花池→秋水湾→竹兰石坊→10段广场→苏步桥→湿地出口。电瓶车观光1次约45分钟，也可骑自行车浏览。

云 门 山

一、景区简介

云门山 2007 年被评为国家 AAAA 级风景名胜区，位于古城青州南部，泰沂山脉北端，其山势高峻、古迹众多，自古为鲁中名山。主峰大云顶海拔 421 米，东西走向，绝壁高耸。云门洞南北贯通，如玉璧嵌崖，逢夏秋之际，云雾缭绕，穿洞而过，谓之"云门"。山顶庙宇若隐若现，宛如仙境，被誉为"云门仙境"。明代"寿"字摩崖石刻堪称当世之巨作，冠天下寿文化之最，故云门山被誉为"中华古寿文化第一山"。

二、公共信息服务

景区地址： 山东省潍坊市青州古城南 2.5 公里

联系电话： 0536-3322111

传真： 0536-3278561

景区网址： http：//www.yunmenshan.net

公共邮箱： SDQZYMS@163.com

景区门票： 80 元 / 人；网上预定价格：72 元 / 人。对革命伤残军人、军队离退休干部、残疾人、6 周岁（含 6 周岁）以下或身高1.2米（含1.2米）以下儿童、70周岁（含70周岁）以上老年人凭有效证件实行免票；对现役军人、6周岁（不含6周岁）至18周岁（含18周岁）未成年人、全日制大学本科及以下学历学生、60周岁（含60周岁）以上70周岁（不含70周岁）以下老年人凭有效证件实行半票。

营业时间： 5：30~18：00。

最佳旅游时间： 春季、夏季、秋季。

停车服务： 景区共有7个停车场；山门一公里半径：第一、第二、第三停车场；进山入口处：第四、第五、第六、第七停车场。最大容量：3000辆。第一、第二停车场收费；第三、第四、第五、第六、第七停车场免费。

三、景区导览

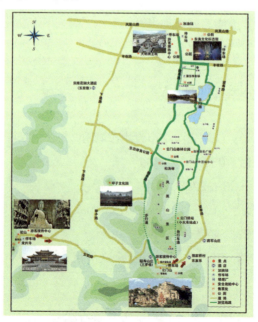

四、交通到达

　　青州交通发达，西距济南机场约 120 公里，车程时间约 100 分钟；东距潍坊机场约 50 公里，车程时间约 40 分钟。铁路方面，有胶济铁路和新建的胶济客运专线横贯东西，在胶济客运专线上新建的青州北站有旅客列车 29 对之多，其中济南到青岛的动车组有 8 对，是全国动车经停最多的县级车站之一。另有地方铁路益羊铁路和青临铁路连接渤海与鲁中山区。公路方面，有青银高速公路（原济青高速）、东青高速和长深高速。另有 309 国道、济青公路和羊临公路等。

五、住宿服务

将军山花园酒店
地址：云门山风景区内望寿路中段
电话：0536-3857111

颐寿山庄

地址：云门山售票处北 100 米

电话：0536-3276797

云青客栈

地址：云门山风景区大明衡王城内南侧

电话：0536-3278087

仙客来国际酒店

地址：山东省青州市新南环路 18688 号

电话：0536-3892888

六、餐饮服务

忆农农家乐

地址：云门山风景区内郭家桥村

电话：15054449355

山里人家农家乐

地址：云门山风景区内郭家桥村

电话：0536-3279088

福记羊肉汤

地址：青州古城中段

电话：13705368016

七、购物指南

当地特产主要有青州红丝石、青州蜜桃、青州柿饼、弥河银瓜、山楂制品系列、花边大套、青州剪刀、清真食品。

八、活动体验

（1）CF 野战基地；（2）体验式培训。

九、周边可供游客关联消费的旅游项目

（1）东夷游乐场；（2）青州古城。

仰 天 山

一、景区简介

仰天山为国家 AAAA 级旅游景区，位于青州西南 46 公里处，海拔 834 米，公园森林覆盖率 97%，有华东最好的天然林，木本有 137 种，草本有 600 多种，是森林发育的顶级群落。仰天山同时也是国家森林公园、国家地质公园。因"一窍仰穿，天光下射"而得名的仰天山是鲁中山区一颗闪亮的明珠。区内地质地貌奇特，有江北地区发育最好的垂直溶洞群和众多的天然洞穴，有全长 1500 余米的地下大峡谷——灵泽洞；景区重新整修了千佛洞，洞体宽阔，洞内 1040 尊佛像造型精美，观赏价值非常高。仰天山有着悠久的历史，始建于北宋初期的文殊寺是国内三大文殊寺院之一，传说这座文殊寺还与北宋开国皇帝赵匡胤有关。文殊寺后佛光崖和北侧山崖连成一体，被专家认为是世界上最长的天然回音壁。

二、公共服务信息

景区地址：山东省青州市王坟镇仰天山森林公园

联系电话： 0536-3738399

景区网址： yangtianmt.com

公共邮箱： yangtianshan@126.com

景区门票： 进山门票：80 元 / 人；溶洞门票：60 元 / 人。半价票优惠条件：学生证半价、1.2~1.5 米儿童、60~70 岁老年人凭老年证或身份证。免票优惠条件：1.2 米以下儿童、70 岁以上老人凭老年证或身份证、现役军人或持军官证者、残疾证、摄影证、记者证。

营业时间： 24 小时营业。

最佳旅游时间： 4 月初 ~11 月底。

停车服务： 景区内共有 7 个停车场，可容纳 4000 辆私家车或 1800 辆大客车停放；7 座以下车辆按 10 元 / 辆收取停车费，7 座以上车辆按 20 元 / 辆收取停车费，所有停车费仅收取一次，不重复收费。

三、景区导览

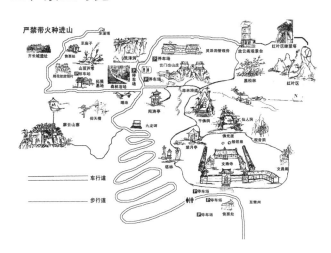

四、交通到达

1.外部交通

济南市→济青高速青州高柳口（南行）→青州北环路→西环路→五里（镇）→石虎隧道→王坟（镇）（南行）→仰天山。

青岛市→济青高速青州口埠口→青州东环路（南行）→石河（西行）→王坟（镇）（南行）→仰天山。

潍坊市→309国道→青州北环路（南行）→东环路南行→石河（西行）→王坟（镇）（南行）→仰天山。

2.内部（附近）交通

景区分步游道和车游道两种游览线路，步游道为步行爬山游览，车游道为自驾进行游览，驾车游览时间为2小时，步行游览时间为4小时。

五、住宿服务

桃花坡度假村

地址：山东省青州市王坟镇仰天山山顶南部（南槽）

电话：0536-3327088

云门春山庄

地址：山东省青州市王坟镇仰天山山顶

电话：0536-3738390

六、餐饮服务

桃花坡度假村

地址：山东省青州市王坟镇仰天山山顶南部（南槽）

电话：0536-3327088

七、活动体验

黄花春会

举办时间：4月初~5月初

地点：仰天山景区内部

高山槐花节

举办时间：5月初中旬~6月底

地点：仰天山景区山顶

五彩秋会

举办时间：10月中旬~11月底

地点：仰天山景区山顶红叶林

高山帐篷节

举办时间：7月中旬~8月底

地点：仰天山景区山顶

八、购物指南

当地特产有柿饼、山果酒、野蘑菇、黑枣、野菜、桑葚、蜂蜜。

九、周边可供游客关联消费的旅游项目

仰天山景区内部有高山滑道和正在建设的高空索道，游客可根据自身旅游需求自由选择。

泰和山景区

一、景区简介

　　泰和山景区为国家 AAAA 级旅游景区。位于潍坊青州市西南部的连绵群山之中，景区总面积 20 平方公里，是一处集自然景观、森林景观、地貌景观、融历史文化、宗教文化、红色文化、与会议、休闲、文娱为一体的综合性旅游度假区。已打造了黄花溪旅游区、天缘谷旅游区、泰和国际饭店等国内一流的旅游景观和服务接待设施，形成了山、湖、泉、林、瀑、栈、溪、洞、花、岩为特色的大型国家森林公园和国家地质公园。

二、公共服务信息

　　景区地址： 山东省青州市庙子镇

　　联系电话： 0536-3786178　3780111

　　酒店预订： 0536-3570222　3786876

　　景区网址： http：//www.thsfjq.com

　　公共邮箱： uptaihe@163.com

　　景区门票： 泰和山黄花溪景区 100 元 / 人；泰和山天缘谷景区门票 50 元 / 人；泰和山黄花溪、天缘谷景区通票 110 元 / 人。中国籍 70 周岁以上老人、残疾军人凭有效证件享受免票优惠；中国籍 60~69 周岁的老年人、残疾人、现役军人凭有效证件享受门票半价优惠；身高 1.2 米（含 1.2 米）以下儿童免票，但必须有成年人陪同；身高在 1.2~1.4 米的儿童及学生凭有效证件，享受门票半价优惠。

营业时间： 8：00~17：00。

最佳旅游时间： 春夏秋季。

停车服务： 景区设停车场 4 处，分别为黄花溪 1 号停车场、黄花溪 2 号停车场、天缘谷停车场、游客中心停车场等。停车场收费标准：小型车收费 10 元／辆；中巴车收费 15 元／辆。

三、交通到达

潍坊至景区：潍坊→宝通街→青州海岱路→泰和山景区。

济南至景区：经十东路→309 国道→章丘→王村→淄川→黑旺→青州庙子镇→泰和山景区。

淄博至景区：309 国道→淄川→黑旺→青州庙子镇→泰和山景区。

东营至景区：东青高速→长深高速→青州南（出口下）→石河→王坟→泰和山景区。

青岛至景区：济青高速→东青出口→长深高速→青州南（出口下）→石河→王坟→泰和山景区。

四、住宿及餐饮服务

泰和国际饭店

地址：山东省青州市庙子镇泰和山景区

电话：0536-3570222

五、活动体验

（1）森林滑道、峡谷漂流：省事省力，惊险刺激。（2）民族歌舞、吐火表演：雅俗共赏，欢乐无限。

六、购物指南

泰和山泰和街位于黄花溪景区入口处，以销售山东特色商品及特色餐饮为主，满足游客购物餐饮需求。

林海生态博览园

一、景区简介

寿光林海生态博览园

山东寿光林海生态博览园，现为国家AAAA级景区、滨海国家湿地公园、国家级休闲渔业园区、全国农业旅游示范点。景区分为生态保育区、科普宣教区、合理利用区和管理服务区四大功能区，是滨海盐田湿地、芦苇沼泽湿地和人工水塘湿地等多种湿地类型组成的复合人工湿地。它承载着海水侵浸盐碱地改造成林海绿洲的历史记忆，创造了"盐碱变绿洲"的奇迹，具有较高的保护价值、科普价值和深厚的文化底蕴。

二、公共服务信息

景区地址：山东省寿光市双王城生态经济园区

联系电话：0536-5561508

景区网址：www.sdlinhai.cn

公共邮箱：sglinhai2006@126.com

景区门票：旺季（4月1日~10月31日）：每人60元，淡季（11月1日~3月31日）：每人40元。现役军人、残疾人凭有效证件免费入园，60~70岁老人半价，70岁以上老人免费入园。

最佳旅游时间：5~10月。

停车服务：景区共有停车场4个，位于景区东西大门广场及园内。最多可提供1000个车位，暂不收费。

三、景区导览

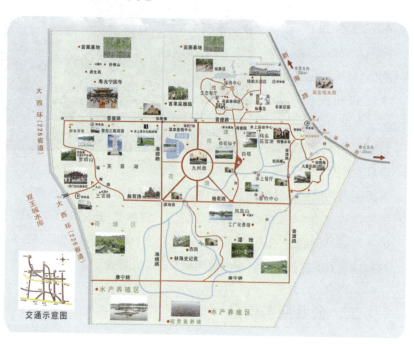

四、交通到达

1.外部交通

荣乌高速寿光西口下，左行 6 公里，至景区门口。济青高速寿光站（10 或 11 号口）下，沿羊临路至营里，改新海路 10 公里至景区。

2.内部（附近）交通

景区内部的交通方式分为陆路和水路两种，陆路方式为景区小交通，一般在一个半小时左右，水路为快艇或竹筏船，环全园水道一圈，时间大约 30 分钟。

五、住宿服务

林海锦都大酒店

地址：景区内

电话：0536-5561516

六、餐饮服务

林海锦都大酒店

地址：景区内

电话：0536-5561516

枣园人家

地址：景区内

电话：13562689565

七、活动体验

绿茵寻宝：全年均可参与，凭门票参与。

不沉湖漂浮大赛：暑假期间，持门票进入景区后需购买30元不沉湖漂浮票。

林海新年祈福庙会：正月初一～正月三十如期举办，前三届免费。

传统文化培训班：一年五期，网上报名，食宿门票等全免。

孝亲尊师主题报告会：每月一期，网上报名，食宿门票等全免。

科普宣教体验游：4~10月定期举办。

八、购物指南

当地特产有蜂蜜、原盐、沐浴盐、洗菜盐、足浴盐、虾酱油、羊口老咸菜，另外还有景区自产的鱼、无公害果蔬等产品。

九、周边可供游客关联消费的旅游项目

周边景区主要有浔淀湖风景区（ＡＡＡＡ）、蔬菜高科技示范园（ＡＡＡＡ）、三元朱村（ＡＡＡＡ）。

寿光生态农业观光园

一、景区简介

寿光生态农业观光园是国家 AAAA 级旅游景区，位于寿光市新城区，南起张建桥大桥，北至寒桥大桥，东西两向各至弥河防护堤，总占地面积370公顷，是一处集休闲、娱乐、旅游观光、科普教育于一体的综合性开放式游园。现已荣获"国家级水利风景区"、"中国人居环境范例奖"、"优秀园林绿化工程金奖"称号。

夏日弥水

二、公共服务信息

景区地址：山东省寿光市新城区，南起张建桥大桥，北到寒桥大桥

联系电话：0536-5565377

景区门票：免费。

营业时间：全天。

最佳旅游时间：4~10月。

停车服务：景区配有5处停车场，共450个停车位，暂不收费。

三、交通到达

1.外部交通

（1）青银高速（寿光口）下高速→寿尧路北行→金海南路北行→圣城街东行→生态农业观光园。

（2）荣乌高速（寿光口）→羊田路南行→潍高路西行→生态农业观光园。

2.内部交通

景区内配备有电瓶车、双人自行车等特色交通工具供游人选择。

四、餐饮服务

澄观楼生态餐厅

地址：山东省寿光市弥河生态农业观光园东岸南端

电话：159563613539

五、活动体验

垂钓

六、周边可供游客关联消费的旅游项目

周边景区有蔬菜高科技示范园（国家 AAAA 级旅游景区）、中华牡丹园（国家 AA 级旅游景区）。

三元朱村

一、景区简介

寿光市三元朱村为国家 AAAA 级旅游景区。三元朱村位于寿光市南端，以蔬菜种植产业为主，年产值达 4970 万元，已成为集生态农业观光旅游、休闲、娱乐、科普教育为一体的旅游景区。三元朱村先后被评为"中国特色经济村"、"全国文明村"、"全国生态文化村"、"全国小康示范村"、"中国幸福村"、"山东省农业旅游示范点"、"山东省旅游特色村"。

二、公共服务信息

景区地址：山东省寿光市孙家集街道三元朱村

联系电话： 0536-5489339

公共邮箱： leyishucai@163.com

景区门票： 旺季（4~10月）：30元/人；淡季（11~3月）：20元/人。

营业时间： 8：00~17：00。

最佳旅游时间： 3~6月，10~12月。

停车服务： 景区设有专用车位500个，分别位于培训基地（200个），德育宫广场（200个），超市广场（100个）；并设有临时停车位800个，满足驾车游客停车需要，并且所有车位全部免费开放。

三、交通到达

景区地理位置优越，交通便利，距离潍坊机场40公里，济南、青岛机场160公里；距离潍坊火车站30公里，青州火车站20公里，并有城市公交直达景区。

以自驾车为例，游客可沿G20青银高速行驶至青州东出口，沿羊临路向北行驶5公里至寿光市孙家集街办驻地向南沿银杏路行驶5公里即达景区。

四、住宿服务

景区内建有可同时容纳150人住宿的培训基地，并有农家乐供游客自主选择。

地址：山东省寿光市孙家集街道三元朱村委院内

电话：0536-5499188

五、餐饮服务

景区建有可同时容纳300人就餐的餐厅。

地址：山东省寿光市孙家集街道三元朱村委院内

电话：0536-5499188

六、活动体验

5月10日~6月10日为景区的樱桃采摘节，采摘节期间游客可亲自参与到樱桃采摘过程中，在享受美味的同时体验劳动的乐趣。

时间：5月10日~6月10日

地点：三元朱村樱桃采摘果园

七、购物指南

景区内书籍、光盘按定价销售，种子及生产物资按市场价销售，另外还有果蔬脆等当地特产。

八、周边可供游客关联消费的旅游项目

周边景区主要有陈少敏纪念馆等。

寿光市蔬菜高科技示范园

一、景区简介

寿光市蔬菜高科技示范园，是国家 AAAA 级旅游景区。自 2000 年起，每年一届，共成功举办了十五届中国（寿光）国际蔬菜科技博览会。菜博会由农业部、商务部、科技部等 11 部委和中国农业大学、山东省人民政府联合主办，是商务部正式批准的年度例会，是中国五大农业会展之一。党和国家领导人习近平、江泽民、胡锦涛、李源潮等亲临园区视察，并给予高度评价。

二、公共服务信息

景区地址： 山东省潍坊市寿光市洛城镇政府驻地

联系电话： 0536-5678212　5668919

景区网址： www.sgcbh.com

公共邮箱： sfyjdb@163.com　scblhzwh@163.com

景区门票： 40 元 / 人。

营业时间： 7：30~17：30。

最佳旅游时间： 4~6 月。

停车服务： 景区配有多处大型停车场，设标准停车位 3000

多个，临时停车位若干，暂不收取任何费用。

三、景区导览

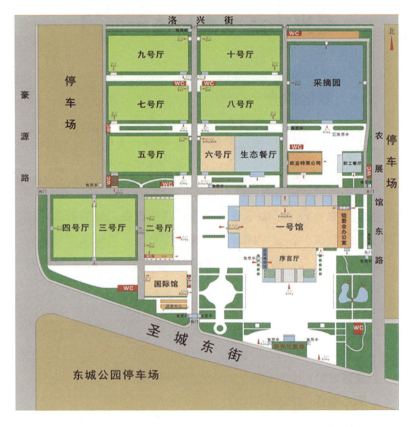

四、交通到达

1. 外部交通

自驾车：

（1）青银高速（寿光口）下高速→寿尧路北行→金海南路北

行→圣城街东行→蔬菜高科技示范园。

（2）荣乌高速（寿光口）→羊田路南行→潍高路西行→蔬菜高科技示范园。

高铁：

（1）潍坊火车站→潍高路西行→蔬菜高科技示范园。

（2）青州火车站→海岱北路南行→纽约路东行→羊临路北行→农圣街东行→金海路北行→圣城街东行→蔬菜高科技示范园。

2.内部交通

景区内配备有电瓶车、双人自行车等特色交通工具供游人选择。

五、住宿服务

晨鸣国际大酒店

地址：山东省寿光市农圣街弥河桥以东路南

电话：0536-2231808

金航大酒店

地址：山东省寿光市圣城东街与尧河路交叉路口

六、餐饮服务

澄观楼生态餐厅

地址：山东省寿光市弥河生态农业观光园东岸南端

电话：159563613539

锦华生态美食苑

地址：山东省寿光市蔬菜高科技示范园园内六号厅东侧。

电话：0536-5668666

七、活动体验

节庆活动：中国（寿光）国际蔬菜科技博览会

举办时间：每年的4月20日~5月30日

主题：绿色、科技、未来

八、周边可供游客关联消费的旅游项目

周边景区有生态农业观光园（国家AAAA级旅游景区）、中华牡丹园（国家AA级旅游景区）。

洰淀湖风景区

一、景区简介

洰淀湖风景区 2014 年被国家旅游局评定为 AAAA 级景区、国家水利风景区。景区位于寿光市西北部双王城生态经济区，湖区面积 2.5 万亩，是潍坊最大的天然湿地，寿光唯一的天然湖泊，自然面貌保持

度完好。洰淀湖风景区是中国北方单体湿地面积最大的景区、中国单体木栈道最宽、最长的景区、中国深生态实验景区、中国沿海内地面积最大的环渤海湖泊湿地。

二、公共服务信息

景区地址：山东省寿光市双王城生态经济区双桥路 88 号

联系电话：18853653535　18853653536

公共邮箱：swcjdh001@sina.com

景区门票：门票 80 元／人，套票 120 元／人（含门票、游船、观光车、游乐场项目）。

营业时间：夏季：7：30~17：30；冬季：8：00~17：00。

最佳旅游时间：4~11 月。

三、景区导览

四、交通到达

景区距离荣乌高速寿光西出口仅 2 公里，游客驾车至此，南行 2 公里便到景区。

五、餐饮服务

泜淀湖铁锅鱼

电话：0536-5837999

诸城常山文博苑景区

一、景区简介

诸城常山文博苑景区是国家ＡＡＡＡ旅游景区。常山，原名卧虎山，位于山东省诸城市南湖之滨。一代文豪苏轼知密州时，为解百姓干旱之苦，常率僚属到此山祈雨，且常祈常应，故更名常山。

景区内还有碧霞元君的一处行宫。常山文博苑坐落在常山北麓，占地1500亩，由万佛寺、大荣博物馆、石雕艺术馆、窦府、民间艺术品研究院组成，是集鉴赏和休闲娱乐为一体的大型旅游度假圣地。

二、公共服务信息

景区地址： 山东省诸城市皇华镇

联系电话： 0536-6213175

景区网址： http://www.sdsida.com

公共邮箱： sdsida2010@126.com

景区门票： 60 元 / 人。

营业时间： 8：30~17：30。

三、交通到达

乘车路线：乘坐景区旅游专线。

四、餐饮服务

常山食府、常山珍味馆。

五、周边可供游客关联消费的旅游项目

周边景区主要有诸城潍河公园等。

大源生态游乐园

一、景区简介

　　大源生态游乐园获国家ＡＡＡＡ级旅游景区。园区以"改善地区生态环境、打造新的旅游景区、开创农户增收途径"为目标，以现代生态观光农业为主导，以旅游、观赏奇花异草等相配套，集生态建设、种质保护、良种引进繁育、花卉、苗木生产示范、科学研究、科普宣传、旅游观光、休闲度假、高档会议接待于一体，形成独特的珍稀花卉、苗木景观，特色种植、养殖，打造出新的生态文化旅游品牌，建成特色鲜明、造景新颖、寓教于乐的郊野休闲度假区和文化主题公园。园区分为生态园林区、设施农业区、五谷园区、休闲观光区、采摘园区和养殖园区六大板块，现为山东省农业旅游示范点。

二、公共服务信息

景区地址： 山东省诸城市龙都街道大源社区

联系电话： 0536-6067138

景区门票： 30元/人。

营业时间： 旺季：7：00~19：00；淡季：8：00~18：00。

停车服务： 景区停车场分为常用停车场和应急停车场两部分，总面积达10000平方米，能够满足游客高峰期停车所需，暂不收费。

三、交通到达

大源生态游乐园坐落于206国道与旅游路交叉口以西，诸城市龙都街道大源社区。位于市中心西南方10公里处，距离本市汽车站和火车站15公里，诸城机场20公里。北距国际风筝都潍坊市100公里，东距依托城市青岛市95公里，距青岛港100公里，青岛流亭机场90公里，西距济南机场300公里，南距日照港60公里，与省内各主要城市和旅游目的地的交通都在1~5小时之内。

大源生态娱乐园还为广大游客配有观光车等交通工具供游客乘坐。

四、住宿服务

如家快捷酒店

地址：山东省潍坊市诸城市人民东路

中粮宾馆

地址：山东省诸城市兴华东路 21 号

五、餐饮服务

华洋大酒店

地址：山东省潍坊市诸城市和平街 7 号

电话：0536-6164413

六、活动体验

植树节活动，每年 3 月举行。

采摘节，每年 4~8 月举行。

七、购物指南

景区主要出售生态粮、生态蔬菜、生态猪肉、生态鸡蛋等。

八、周边可供游客关联消费的旅游项目

周边景区有马耳山风景区、常山风景区、恐龙博物馆、暴龙管、龙立方、潍河公园、刘墉板栗园。

诸城恐龙博物馆

一、景区简介

诸城恐龙博物馆为国家 AAAA 级旅游景区，是一座集收藏、陈列、研究恐龙和其他古生物于一体的专业博物馆。它建筑风格独特，俯视似八条巨龙相抱互拥，给人以腾飞的动感，平视似古埃及金字塔。博物馆主要由"一龙一骨一世界"等七区组成。目前世界上最大的鸭嘴龙化石"巨大诸城龙"（高 9.1 米，长 16.6 米）就陈列于馆内。展馆通过复原中生代白垩纪时期诸城恐龙的生存环境，为人们还原、再现了诸城地区恐龙生长、消亡的全过程，被专家形象地成为"恐龙生态世界"，是广大青少年认知恐龙、普及科普知识的科学殿堂。

二、公共服务信息

景区地址：山东省诸城市密州路西首恐龙公园园内

联系电话：0536-621513

景区网址：http：//www.cnkonglong.com/main.html

公共邮箱：dizhigongyuan@163.com

营业时间：8：30~17：30。

景区门票：80元/人。（1）免票人群：1.3米（含1.3米）以下儿童；70周岁以上老人（持老年证）；现役士兵（持有效证件）；残疾人（持有效残疾证）。（2）半价人群：1.3米以上学生（凭有效证件）；60~69周岁老人（持身份证）；现役军官（持有效证件）。

停车服务：景区设停车场两处，总面积共计10000平方米。

三、景区导览

四、交通到达

以济南为起点，沿济南绕城高速行驶转至 G22 青兰高速上海方向（250 公里）；在青兰高速诸城安丘口下，沿龙都街南行 8.7 公里左转至诸城恐龙博物馆。

五、住宿服务

诸城密州宾馆

地址：山东省诸城市府前街 1 号

电话：0536-6567127

杨春国际酒店

地址：山东省诸城市繁荣路西首 145 号

电话：0536-6177111

华玺大酒店

地址：山东省诸城市密州路 39 号酒店

电话：0536-6048989

六、餐饮场所

诸城密州宾馆

地址：山东省诸城市府前街 1 号

电话：0536-6567127

杨春国际酒店

地址：山东省诸城市繁荣路西首 145 号

电话：0536-6177111

七、活动体验

安康幸福游——拜龙头摸龙骨祈安康保幸福。

八、购物指南

当地特产有烤鸡背、密州凤翅、密州烤鸭、诸城辣丝子、诸城板栗、诸城黄樱桃。

九、周边可供游客关联消费的旅游项目

周边景区有潍河公园、诸城名人馆、诸城博物馆，距离 1 公里；超然台，距离 3 公里；大源园林，距离 12 公里；常山，距离 6 公里。

诸城恐龙国家地质公园

一、景区简介

　　山东诸城恐龙国家地质公园为国家 AAAA 级旅游景区。公园位于诸城龙都接街道库沟，距市区 10 公里。拥有恐龙化石长廊和化石隆起带等极具代表性的世界规模最大恐龙化石群，被恐龙专家形象誉为"恐龙集会世界"，被联合国教科文组织世界地质公园执行局专家誉为无与伦比的世界地质奇观。

二、公共服务信息

　　景区地址：山东省诸城市龙都接街道库沟村

　　联系电话：0536-6155678

　　景区网址：http：//www.cnkonglong.com/main.html

　　公共邮箱：dizhigongyuan@163.com

　　营业时间：8：30~17：30。

　　景区门票：120 元／人。（1）免票人群：1.3 米（含 1.3 米）以下儿童；70 周岁以上老人（持老年证）；现役士兵（持有效证件）；残疾人（持有效残疾证）。（2）半价人群：1.3 米以上学生（凭有效证件）；60~69 周岁老人（持身份证）；现役军官（持有效证件）。

停车服务： 景区设停车场两处，总面积共计 10000 平方米。

三、景区导览

四、交通到达

以济南为起点，沿济南绕城高速行驶转至 G22 青兰高速上海方向（250 公里）；在青兰高速诸城安丘口下，沿龙都街南行 8.7 公里右转至密州西路；沿密州西路西行 1.6 公里左转至西环路；沿西环路南行 7.2 公里至聚福园环保设备有限公司（昊宝工业园）右转；继续西行 4 公里抵达诸城中国暴龙馆；参观完后西行 200 米左转，继续南行 3 公里至山东诸城恐龙国家地质公园。

五、住宿及餐饮服务

诸城密州宾馆、杨春国际酒店、华玺大酒店、诸城中粮宾馆、龙韵假日酒店、嘉豪国际大酒店在市中心，相距 10 公里内。

六、活动体验

景区体验活动主要有恐龙化石模拟发掘体验活动、儿童"智慧拼图"、3D 恐龙画展。

潍 河 公 园

一、景区简介

潍河公园为国家ＡＡＡＡ级旅游景区。公园融水生态、水文化、水景观于一体，沿河两岸分为入口广场、观光平台、凤凰广场、金谷平原、休闲演艺广场、音乐喷泉广场六大景区，栽植南北方名优苗木100多个品种10万棵，设立独具诸城特色的潍水之灵、阳光灯塔、音乐喷泉、景观灯群、亲水平台、中华湖、木栈道等景点。公园两岸全长5公里，总面积2030亩，其中陆域面积800亩、水域面积1230亩，形成一个具有蓄水、防洪、交通、生态、景观、休闲、娱乐、文化、旅游等多种功能的生态风景区、水利风景区、旅游风景区、文化风景区。

二、公共服务信息

景区地址： 山东省诸城市和平街北首
联系电话： 0536-6438268
景区门票： 免费。

三、交通到达

从市区乘坐8路、11路公交车可抵达景区。

四、住宿服务

密州宾馆

地址：山东省诸城市府前街1号

电话：0536-6212281

五、餐饮服务

威尼斯酒店

地址：山东省诸城市北环路与和平北街交叉路口东200米路北

电话：0536-6178608

六、周边可供游客关联消费的旅游项目

周边景区有诸城恐龙博物馆、诸城常山文化博物苑。

景芝酒之城景区

一、景区简介

景芝酒之城景区为国家 AAAA 级旅游景区，位于安丘市景芝镇。该景区全方位、立体化展示了中国源远流长的酒文化，是一处集包装、仓储、物流、酒窖和文化展示、工业旅游等多项功能于一体的综合性酒文化旅游景区。景芝酒之城景区包括酒文化展览中心和酒之城广场两大板块。其中，酒文化展览中心由序厅、历史酒源、酿制酒艺、人物酒杰、文化酒韵、誉名酒扬和品酒区七大部分组成，全景式展现景芝 5000 年酒文化的历史。酒之城广场由酒之源广场、酒祖大殿、酒祖广场、酒道苑、游客中心和曲水流觞广场等六大部分组成。

二、公共服务信息

景区地址： 山东省安丘市景芝镇景酒大道 010 号

联系电话： 18764650136

景区网址： www.jingyangchun.com

景区门票： 全价 50 元 / 人。

营业时间： 5~9月：8：00~18：00；10月至翌年4月：8：00~17：00。

三、交通到达

（1）潍坊→北海路→G206→行驶16.7公里→直行进入S325→行驶进入潍徐北路→行驶4.4公里→潍安路→行驶440米→终点。

（2）从S16荣潍高速西口下，沿G206南行至安丘市景芝镇景酒大道010号即到。

景区：距潍坊火车站70公里，车程约70分钟；距潍坊市长途汽车站70公里，车程约70分钟；距安丘汽车站27公里，车程约30分钟。

四、住宿服务

景芝宾馆

地址：山东省潍坊市安丘市景酒大道与景中路相交处

电话：0536-4611246

五、餐饮服务

常规餐饮场所主要有景芝宾馆、游客休息区、东海渔村，等等。

六、活动体验

品尝美酒。

七、购物指南

可在景区定制酒中心购买四大系列的景芝美酒，也可根据自己的需求特殊定制，低中高价位的一应俱全，游客可随自己喜好随意购买。

八、周边可供游客关联消费的旅游项目

周边景区有安丘青云山民俗游乐园，距离 24 公里；安丘青云湖景区，距离 27 公里；齐鲁酒地景区，距离 35 公里。

齐鲁酒地景区

一、景区简介

　　齐鲁酒地为国家 AAAA 级旅游景区，位于山东省安丘市城北青龙山，由景芝酒业投资建设，总规划面积 8000 亩，拥有陶瓷艺术小镇、月亮湾·梦想城影视基地情迷酒地许愿林、酒文化博览中心、地下酒窖、梦幻香海、东篱菊园等景点，是集文化创意旅游、现代仓储物流、生态农业示范、酒洞藏于一体国内规模最大、功能最全、档次最高的文化产业综合园区。

二、公共服务信息

　　景区地址：山东省安丘市经济开发区齐鲁酒地文化创意产业园（新安路与齐鲁酒地大道交汇处）

　　联系电话：0536-8025977

　　景区网址：www.qilujiudi.com

　　公共邮箱：qilujiudi@126.com

　　营业时间：10~12月，8：00~17：00；1~4月，8：00~17：00；5~9月，8：00~18：00。

　　景区门票：50 元／人；凭老年证，60 岁以上半价优惠，70

岁以上免费；身高 1.2~1.4 米儿童半票优惠，1.2 米以下儿童免票；凭军人证现役军人购半票。

最佳旅游时间： 3~11 月。

停车服务： 景区多处设有免费停车场，可同时容纳 300 辆车停放。

三、景区导览

四、交通到达

安丘区位优势明显，安丘区位优越，东距青岛 110 公里，西距济南 200 公里，北距潍坊 25 公里。国道 206、省道下小路、央赣路等多条主要干线交汇于境内，胶济铁路和济青、潍莱高速临境而过，规划建设的潍日高速横贯市境南北，交通十分便利。距青岛机场、青岛港均为 90 分钟的车程，距潍坊港 40 分钟的车程。距潍坊机场、火车站 25 分钟的车程，设立安丘市公交车 7 路站点，交通非常便捷。景区内有大型停车场，完全能够满足景区高峰期车辆的停放需求。

五、住宿及餐饮服务

齐鲁酒地裕景大酒店

电话：0536-8155000

六、活动体验

中国生态酒文化节。

七、周边可供游客关联消费的旅游项目

周边景区主要有国家 AAAA 级旅游景区青云山、景芝酒之城，还有潍坊金宝乐园、昌乐宝石城、诸城恐龙博物馆等。

青云山民俗游乐园

一、景区简介

　　安丘青云山民俗游乐园占地5000亩，国家AAAA级旅游景区，是一处以民俗文化为主题，集旅游观光、休闲、娱乐、度假、购物于一体的大型综合性旅游景区。它依托青云山自然地貌，建有江南秀色、民族风情、野生动物、休闲娱乐、齐鲁民俗、桃花源、国际汽车营地和青云庄园等功能区，有着"齐鲁民俗第一园"的美誉。

二、公共服务信息

景区地址：山东省安丘市青云山路东首

联系电话：0536-4322883　0536-4321090

景区网址：www.pbqy.con

公共邮箱：sdaqqys@126.com

景区门票：旺季75元/人，淡季30元/人。（1）儿童价：身高1.2米以下免票，1.2~1.4米购儿童票37元。（2）老年票：70岁以上的免票，60~70岁半价37元。（3）其他（如军官票，学生优惠等）：军官和军人凭证半价（37元）；学生凭证半价（37元）。

营业时间：7：30~17：30。

最佳旅游时间：每年正月和3~11月。

停车服务：景区西边外围专设免费停车场5处，能同时容纳300辆汽车停放，最大容量400辆。

三、交通到达

西线：济青高速潍坊口下→宝通街东行→潍安路南行→206国道→贾戈立交桥→青云山路→到达景区（全程约60分钟）。

东线：济青高速潍坊口下→北海路南行→206国道→贾戈立交桥→青云山路→到达景区（全程约60分钟）。

南线：206国道直达青云山广场→景区门口（诸城到达景区约50分钟）。

四、住宿服务

潍安宾馆

地址：山东省安丘市潍安路与商场路交叉口西50米路北

电话：0536-4221802

云湖假日酒店

地址：山东省安丘市云湖路与206国道交叉口

电话：0536-4898777

五、餐饮服务

蒙古包餐厅

地址：景区中路

电话：15169497666

六、活动体验

潍坊青云山泼水狂欢节从6月14日持续至7月10日；青云山12月底至正月期间，会举行一年一度的滑雪节以及冰雪运动会。

七、购物指南

景区有木版年画、三绝字画、泥塑、剪纸、青云山绿茶等产品。

八、周边可供游客关联消费的旅游项目

周边著名景点及旅游项目有青云湖景区，水上项目、娱乐设施；青龙湖景区，休闲、观赏；齐鲁酒地，餐饮、地下藏酒、婚庆等。

昌邑绿博园

一、景区简介

昌邑绿博园为国家ＡＡＡＡ级旅游景区。该园是昌邑苗木产业发展的核心区，也是历届"中国北方绿化苗木博览会"的举办地。绿博园主要景点有绿博会展中心、基督教堂、民俗古典园、四合院、艺术馆、崇圣塔、天音阁、伽蓝殿、青铜博物馆、华情园、桩景园、常青园、游乐园、动物园、热带植物馆等。常年设有戏曲表演、茶艺表演、评书表演等文化活动。

二、公共服务信息

景区地址：山东省昌邑市围子街办绿博园

联系电话：0536-7710960

公共邮箱：sdcylby@163.com

营业时间：8：00~18：00。

景区门票：通票：20元／人。学龄前儿童、现役军人、年逾七十的老人、残疾人免票，学生票半价。动物园和游乐设施需另付费。

三、交通到达

绿博园周边环境优美，交通便捷。由济青高速公路饮马路口北行 15 公里、潍莱高速公路石埠路口北行 5 公里、309 国道石埠路口北行 5 公里、206 国道与省道 221 交汇处南行 1 公里即达。昌邑市 6 路公交车每 10 分钟一次直达。

四、住宿及餐饮服务

昌邑宾馆
地址：山东省昌邑市天水路 42 号

五、活动体验

中国（昌邑）北方绿化苗木博览会。

中国宝石城

一、景区简介

    中国宝石城是国家工商总局批准命名的、国内唯一冠"中国"名称的、大型珠宝玉石首饰专业批发市场，2010年被评为国家ＡＡＡＡ级旅游景区。现有珠宝首饰加工、经营企业1200多家，年加工宝石数千万克拉、饰品数亿枚、黄金上百吨，是江北最大的珠宝玉石首饰、旅游纪念品集散地，全国最大的蓝宝石、黄金交易中心。先后获得了"全国竞争力百强市场"、"山东省规范化文明诚信市场"、"山东省旅游服务名牌"等荣誉称号，昌乐也因此获得"中国蓝宝石之都"、"中国珠宝玉石首饰特色产业基地"等荣誉称号。

二、公共服务信息

景区地址： 山东省潍坊市昌乐新城街903号

联系电话： 0536-6285001

景区网址： www.clzgbsc.com

公共邮箱： clgzbsc@163.com

景区门票： 免费，开放式景区。

营业时间： 8：00~17：00。

停车服务： 景区设有免费停车场，共有停车位 2000 个。

三、景区导览

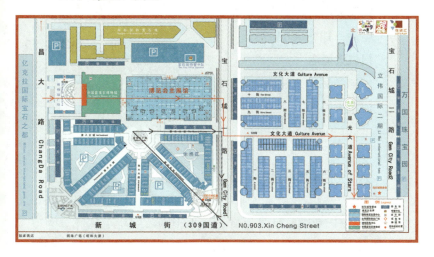

四、交通到达

1. 外部交通

（1）从青银高速昌乐路口下，向南直行 3 公里即到中国宝石城。

（2）从昌乐火车站下车，距离宝石城 2.5 公里，打的 5 分钟即到中国宝石城。

（3）从昌乐汽车站下车，距离宝石城 2.5 公里，打的 5 分钟即到中国宝石城，也可以坐 2 路公交车到中国宝石城。

2. 内部交通

中国宝石城景区为免费开放式景区，景区内部交通四通八达，各个方位都出进出口。

五、住宿及餐饮服务

鸢飞大酒店

电话：13465684673

昌城大酒店

电话：0536-6802888

温泉大酒店

电话：0536-6259566

六、活动体验

（1）中国蓝宝石博物馆。（2）中国（昌乐）国际宝石博览会。

七、购物指南

景区销售蓝宝石、钻石、玉石、黄金、白银、玉器、翡翠、水晶、珍珠、玛瑙、碧玺、欧珀等上百种珠宝产品。

八、周边可供游客关联消费的旅游项目

周边景区有昌乐火山国家地质公园、方山、西湖公园。

潍坊世界风筝博物馆

一、景区简介

　　潍坊世界风筝博物馆为国家 AAA 级旅游景区，是我国第一座大型风筝博物馆，建筑面积 8100 平方米，建筑造型选取了潍坊龙头蜈蚣风筝的特点，屋脊是一条完整的组合巨龙，似蛟龙遨游长空伏而又起，设计风格在国内独树一帜，是"世界风筝都"的标志性建筑。潍坊世界风筝博物馆旨在收藏、陈列古今中外的风筝珍品及风筝的相关资料。该馆共设有七个展厅和一个多功能厅。展区内的现场制作会让你更加直观的了解潍坊风筝及潍坊工艺品的制作过程；多功能大厅内设有展现古老潍坊场景的全息投影；介绍潍坊现代文化及风筝会的巨幕投影、互动游戏等，带给你与众不同的视觉盛宴。

二、公共服务信息

景区地址：山东省潍坊市奎文区行政街 66 号

联系电话： 0536-8251752　8237313

传真： 0536-8227009

景区网址： www.wfkitemuseum.cn

公共邮箱： wfwkm@sina.com

景区门票： 参观门票30元/人次；导游讲解费50元/次。1.2米以下（含1.2米）儿童参观实行免费；学生持《学生证》实行半价优惠；60岁以上老年人持有效证件实行半价优惠；70岁以上老年人持有效证件实行免费参观；残疾人持《残疾证》实行免费参观（馆内暂无残疾人专用通道）；现役军人、革命伤残军人、军队离休干部凭有效证件免费参观。

营业时间： 全年开放，节假日不休息。10月至翌年4月，8：00~17：00；5~9月，8：00~18：00。

三、景区导览

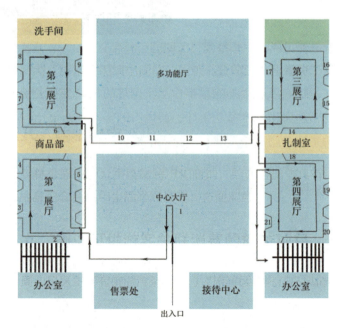

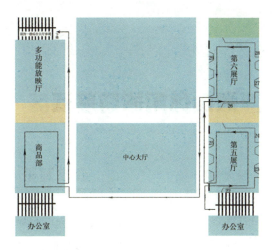

四、交通到达

自驾车从青银高速潍城收费站下，沿安顺路直行到达东风街，沿东风街向东行驶，经永安路、月河路、向阳路、和平路到达四平路口，右拐向南行驶经胜利街路口再向南行驶 200 米到达行政街路口，右拐到达风筝博物馆。

五、活动体验

景区提供风筝制作的颜料、画笔、竹骨架、画片以及放飞线，学生可自选图案或自主设计图案，在工作人员的指导下完成风筝绘画作品并自存留念。

体验地点：馆内多功能厅体验区。

时间：4~10 月。

六、购物指南

风博佳艺苑对外出售、批发高、中档礼品风筝、红木嵌银制品、民间布玩具、仿古铜、纪念币等特色工艺品。

浮烟山休闲旅游度假区

一、景区简介

浮烟山为国家 AAA 级旅游景区，位于潍坊市西南 12 公里处，面积 11.4 平方公里，海拔 159 米，森林覆盖率达 86% 以上，有多种珍奇植物，山内幽雅静谧、空气清新、水流清澈，是潍坊近郊唯一一处历史名胜风景山。山上历史遗迹众多，燕太子慕容超、汉丞相公孙弘、明代兵部尚书刘应节、扬州八怪之一郑板桥皆在山上留下足迹。山上已逐步建成中国风筝放飞基地、浮烟山森林公园、朝阳观、洪福寺、麓台书院、鲁能银杏园等多处景观。其中风筝放飞基地是经国家体育总局批准的国内唯一的大型基地，历届国际风筝放飞比赛在这里成功举办。

二、公共服务信息

景区地址： 山东省潍坊市潍城区浮烟山综合开发区

联系电话： 0563-8139889

公共邮箱： fysslgy@163.com

景区门票： 浮烟山森林公园：成人票 20 元 / 人，儿童票 10 元 / 人，50 人以上团体票 8 折，全年价格不变；洪福寺：票价 5 元 / 人；朝阳观：票价 3 元 / 人。

营业时间：8：00~18：00

最佳旅游时间：春分至立冬

停车服务：景区设有停车场 4 处，具体位置如下：（1）鲁能银杏园停车场，位于浮烟山景区大门内北侧，停车位 160 个，免费停车。（2）浮烟山森林公园停车场。位于浮烟山森林公园大门外两侧，停车位 400 个，免费停车。（3）风筝放飞场停车场。位于观礼台北侧，停车位 100 个，免费停车。（4）朝阳观停车场。位于朝阳观门前，停车位 100 个，免费停车。

三、交通到达

1. 外部交通

景区位于 S223 省道（潍九路）距潍坊市区西南 10 公里处，距潍坊火车站 12 公里，距潍坊机场 13 公里，距济青高速潍坊西口 12 公里，市内乘坐 19 路公交车直达。

2. 内部（附近）交通

景区内游览以步行为主、没有游览观光车。景区距商业购物街"大学城汇金街"3 公里，驾车 5 分钟可到达。

四、住宿服务

天悦山庄

电话：0536-2229966

五、餐饮服务

大洋生态村
电话：13806468061
青山庄园
电话：13127178823
乡村庄园
电话：13854492161
陶然园
电话：13506466671

六、活动体验

景区内的活动体验主要是风筝放飞：每年4月的第三个双休日，在景区内举办潍坊国际风筝会。游客可以免费参观。

七、购物指南

当地特产主要有风筝、槐花蜜、志科全驴。

八、周边可供游客关联消费的旅游项目

景区大门对面有潍坊军分区国防训练基地，可参与实弹射击体验。

富华游乐园景区

一、景区简介

潍坊富华游乐园为国家AAA级旅游景区，位于潍坊高新技术开发区，是集"旅游、娱乐、美食、住宿、购物"于一体的现代化大型主题游乐园。目前，富华游乐园拥有"双环过山车"、"太空飞梭"、"超级大摆锤"、"5D环幕影院"等游乐设施。富华游乐园举办的"俄罗斯风情文化周"、"巴西狂欢节"、"爱尔兰风情节"、"土著风情节"等主题活动，使游客们仿佛置身于欢乐的海洋，体验到别样的异域风情。

二、公共服务信息

景区地址：山东省潍坊市东风东街 6611 号

联系电话： 富华游乐园总机：0536-8880088

水上皇宫：0536-8788811

主题乐园咨询电话：0536-8788168　8788159

景区网址： www.fuwahpark.com

公共邮箱： fuhuapark@sina.com

微信二维码：

营业时间：

淡季：每年的11月初至次年3月初，9：00~17：00（具体营业时间以富华游乐园公示为准）；旺季：每年的3月初至10月底，9：00~17：30（具体营业时间以富华游乐园公示为准）。

景区门票： 30元/人（适用于身高1.2米以上人群）。

套票： 70元儿童游乘券：含门票及14个项目，仅限1.2~1.4米儿童；100元成人游乘券：包含门票及18个游乐设施（适用于身高1.4米以上人群）；120元成人游乘券：包含门票及20个游乐设施（适用于身高1.4米以上人群）；180元家庭亲子套票（仅限一家三口2名成人和1名儿童使用，儿童身高为1.05米）。

最佳旅游时间：

富华主题乐园：一年均可游玩。

富华水上皇宫：6~9月。

富华冰雪欢乐世界：12月至翌年2月。

停车服务：景区停车场面积总计1000平方米以上，最大容量750辆左右。

三、景区导览

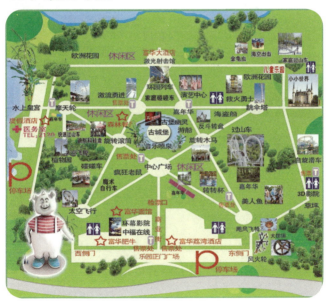

四、交通到达

富华游乐园景区位于潍坊市高新技术开发区，距青银高速潍坊出口5分钟车程：青银高速潍坊出口下，沿北海路南行至东风街大转盘左转即可到达富华游乐园；同时，通过潍莱高速、206

国道也可方便进入，位置十分优越，交通便利，为游客快速抵达景区提供了极大的方便。

从潍坊火车站乘坐 20 路公交车，潍坊长途汽车站乘坐 52 路公交车可直达乐园。乐园距离市中心只有 10 分钟车程。

五、住宿服务

水上皇宫（除节假日外，入住期间凭房卡免费 2 人进富华游乐园）

地址：山东省潍坊市高新区东风东街 6611 号

电话：0536-8788811　8800888

六、餐饮服务

水上皇宫

地址：山东省潍坊市高新区东风东街 6611 号

电话：0536-8788811　8800888

森林烤吧

地址：山东省潍坊市高新区东风东街 6611 号

电话：0536-8788811　8800888 转 8038

七、活动体验

富华游乐园八大主题活动，具体为：

活动一：亲子冰雪欢乐季（1 月 1 日~2 月 17 日）

活动二：新春阖家游园季（2 月 18 日~3 月 31 日）

活动三：极限青春炫酷季（4月1~30日）

活动四：粉丝派对疯狂季（5月1~3日）

活动五：暑期冰爽狂欢季（6月1日~8月31日）

活动六：富华欢乐梦想季（10月1~7日）

活动七：惊悚心跳万圣季（10月18日~11月9日）

活动八：双节跨年迎新季（12月24日至翌年1月3日）

八、购物指南

富华游乐园商业区位于游乐园两侧商业街，它与游乐园浑然一体，欧式的建筑风格处处洋溢着欢乐的气氛，商业街占地面积1000余平方米，分为9个展区，经营商品种类1200余种。

潍坊欢乐海沙滩景区

一、景区简介

　　潍坊欢乐海沙滩景区为省级旅游度假区，国家 AAA 级旅游景区，沙滩岸线东西长 1600 米，南北宽 300 米。欢乐海沙滩配有豪华观光游艇、海上快艇、水上自行车、沙滩摩托车等水上游乐设施，设有沙滩椅、遮阳伞等服务设施。海边的马来西亚馆设有马来西亚风格的展厅和旅游纪念品销售大厅，使游客不出沙滩就能领略原汁原味的马来西亚异国风情。馆内的 6D 影院，使游客身临大海，体验惊险刺激的海洋之旅。沙滩区域设有各色帐篷、太阳伞及配套桌椅，供游客在这里与朋友、家人共享海景。

二、公共服务信息

景区地址：山东省潍坊滨海旅游度假区马来西亚馆

联系电话：0536-3083299

景区网址：http：//www.wfbhly.com/

公共邮箱：wfhlhst@163.com

景区门票：免费。

停车服务：景区设有停车场两处，分别位于景区南侧与东侧，最大停车数量为 1700 辆；大型车辆为 20 元 / 次，七座及以下小型车辆 10 元 / 次。

三、交通到达

1. 外部交通
自驾车：
北海路→蓝色畅想→情人湾→疏港通关中心→北海路与海景路路口→二期大坝（海岸大闸）→马来西亚馆。
公交车：
由潍坊滨海经济开发区央子街乘坐 83 路免费公交可直达沙滩景区；由滨海经济开发区大家洼街乘坐 12 路免费公交可直达沙滩景区。

2. 内部交通
欢乐海沙滩东坝至马来西亚馆有免费摆渡车，9：00~16：30，10 分钟一次。

四、住宿及餐饮服务

欢乐海商务酒店
地址：山东省潍坊市滨海开发区旅游度假区海景路 666 号
电话：0536-3080066

五、活动体验

景区有豪华商务游艇、大游艇、豪华小型观光游艇，水上脚踏车、水上自行车、冲锋舟和水上蹾跷板等水上游乐活动；风筝广场演艺活动；马来西亚馆一楼有6D动感影院，马来西亚馆二楼有海洋科普馆及书画艺术区；风筝冲浪演艺广场周边有电动观光摆渡车、三人自行车、四轮自行车、豪华的皇家级马车。

六、购物指南

马来西亚馆工艺品超市。

七、周边可供游客关联消费的旅游项目

周边景区有龙王庙、情人湾。

潍河水上乐园

一、景区简介

　　潍河水上乐园为国家 AAA 级旅游景区，是以潍河为依托，集旅游、餐饮、住宿、休闲、会议、度假等功能于一体的水生态旅游开发风景区。景区现有大小游船 32 艘，其中，30 座豪华大船 1 艘，16 座空调船 1 艘，20 座舒适游船 5 艘，4 人座家庭自驾游小船 24 艘，冲锋舟及橡皮艇各一艘。潍河水上乐园内设停车场，可以满足景区高峰期车辆的停放需求。

二、公共服务信息

　　景区地址：山东省潍坊市潍峡路与潍胶路交叉路口以南大约 2200 米处

　　公共邮箱：wfxslygs@163.com

　　景区门票：无门票；船票：30 元 / 人（大）、50 元 / 艘（小）、60 元 / 人（冲锋舟）。

　　营业时间：旺季：8：00~18：00；淡季：8：00~17：00。

　　最佳旅游时间：5 月 1 日~10 月 10 日。

停车服务：景区专设停车场，容量 40~50 辆车，免费开放。

三、交通到达

乘坐 68 路公交车于潍河橡胶坝站下车，在潍峡路与潍胶路交叉路口以南大约 2200 米处。

青州市双贝生态体育公园

一、景区简介

青州市双贝生态体育公园是国家 AAA 级旅游景区。公园占地 450 亩，紧邻甲子文化园，是青州最大的大型户外运动健身场所。公园包括高尔夫练习球场、篮球场、羽毛球场、网球场、游泳池、户外拓展训练基地、室内钓鱼场等健身场所，辅设的商务会馆内设有咖啡厅、大小会议室、商务中心等，是集运动、娱乐、休闲、商务洽谈等于一体的多功能服务场所。景区已成为全国青少年训练基地、潍坊市全民健身先进单位。

二、公共服务信息

景区地址：山东省青州市云驼风景区沿西上路 1.5 公里处路西
联系电话：0536-3786666
公共邮箱：qzshaungbei@126.com

传真：0536-3887006

营业时间：8：00~12：00，13：30~17：30。

景区门票：无统一门票，实行单项收费。

停车服务：门口有车位 50 个；院内有车位 100 个；立体车库有车位 12 个；路边有车位 50 个。

三、交通到达

景区距济南机场约 147 公里，车程约 1 小时 50 分钟；距青州汽车站约 9.2 公里，车程约 20 分钟；距青州市火车站约 16.9 公里，车程约 26 分钟；距青州市中心约 5.6 公里，车程约 11 分钟。

出租车起步价 5 元，每公里收费 1.6 元，以汽车站为出发点到景区花费 12 元；以火车站为出发点到景区需要 39 元。

四、住宿服务

周边住宿设施有贝隆花园酒店、颐寿山庄、尊泽商务酒店。

五、餐饮服务

周边餐饮设施有双贝西餐厅、尊泽自助。

六、周边可供游客关联消费的旅游项目

周边景区主要有青州云门山景区、甲子文化园；还有附属设施，如运动公寓、西餐酒吧、棋牌室等。

青州南阳河景区

一、景区简介

青州南阳河景区为国家
AAA 级旅游景区。由"一湖、
一馆、一城、两园、两带、三
区"八大景区联珠而成。一期
西起南阳桥，东至政法桥，长
2.15公里，是以范公亭公园、
衡王古街、万年桥、宋城、荷
花湾景区为主要景点的系列生

态景观。二期为北起铁路桥，南至青云桥，设计"一轴两带三
区"。三期西起铁路桥，东至弥河流域。景区定位为"古、青、
幽"的中国传统园林基调，即体现悠久的历史，营造良好的绿色
生态环境，展示深厚的文化，致力于打造具有青州历史风貌特征
和历史文化内涵的具有古典园林韵味的滨河绿地。

二、公共服务信息

景区地址：山东省青州市南阳河畔

联系电话：0536-309060

公共邮箱： qzyhglj@126.com

景区门票： 为开放式景区，不设门票。

停车服务： 景区内自配停车场4处，分别位于万年桥下以东、万年桥以南、青云桥下以西、南阳桥以北，总面积8000平方，免费停车。

三、交通到达

1.外部交通

南阳河景区位于青州市城区，地理位置优越，交通条件便利，景区距机场60公里，距高速公路和客运火车站约10公里、距汽车站约3.5公里、距市中心约1公里，有市内公交线路直达。

游客自驾车，从济青高速青州西口下向东南方向出发，沿匝道行驶860米，左转进入S230，行驶6.4公里直行进入玲珑山北路，行驶5.0公里直行进入玲珑山中路，行驶1.6公里过左侧的兴隆大厦，左转进入尧王山东路，行驶240米过左侧的中百大厦约90米后，右转进入云门山北路，行驶830米直行进入云门山南路，沿云门山南路行驶250米，到达景区。车程约需30分钟。

2.内部（附近）交通

游客可以通过乘坐旅游观光车、骑乘公共自行车等方式畅游景区。

四、住宿服务

青都国际大饭店

地址：山东省青州市驼山中路3888号

电话：0536-3887399

格林豪泰快捷酒店

地址：山东省青州市云门山路 2408 号

电话：0536-3327555

米兰风尚精品酒店

地址：山东省青州市泰丰购物广场东门（范公亭东路旁）

电话：0536-3789111

五、餐饮服务

青都国际大饭店

地址：山东省青州市驼山中路 3888 号

电话：0536-3887399

捞福来宋城店

地址：山东省青州市南阳河北岸、万年桥北首东 66 米

千岛湖鱼馆

地址：山东省青州市南阳河北岸、万年桥北首东 200 米

六、活动体验

景区内常设项目有宋城喷泉、万年桥处喷泉、南阳河金沙滩、宋城大舞台、非物质文化遗产展演等，内容丰富、形式多样。游客可免费观看。

除夕至正月十五举行古城过大年活动。

七、购物指南

景区内主要经营字画古玩、奇石根雕等。从万年桥南首直通青州古街，经营青州土特产，有青州银瓜、柿饼、蜜桃、隆盛糕点等。

八、周边可供游客关联消费的旅游项目

景区临近青州玲珑山、井塘古村、驼山、王府游乐园、南阳湖公园、范公亭公园、青州博物馆、龙兴寺遗址、万年桥、偕园、弥河文化旅游度假区等青州市优质旅游项目。

弥河文化旅游度假区

一、景区简介

弥河文化旅游度假区为国家 AAA 级旅游景区，弥河是青州的母亲河。弥河文化旅游度假区以弥河原生态为基底，做活"水"文章，融合水文化、佛文化、花卉文化、状元文化等独具特色的青州文化元素。度假区由南向北依次分为：山水相依的"花都湖"、银瓜飘香的"巨弥滩"、荷塘清趣的"黄楼湾"、海岱云影的"弥水园"四大片区。

二、公共服务信息

景区地址：山东省青州市凤凰山东路 17 号
联系电话：0536-3533056

景区网址：www.mhwhly.com

公共邮箱：mhstlc@163.com

景区门票：40元／人

营业时间：旺季：4月1日~10月30日，8：30~12：00，13：30~17：30；淡季：11月1日~3月30日，8：30～12：00，13：30~17：30。

停车服务：景区自配停车场3处，分别位于游客接待中心、三区管理房前、一区管理房前，总面积10800平方米，停车免费。

三、交通到达

1.外部交通

弥河文化旅游度假区距机场60公里，距高速公路和客运火车站10公里，有市内公交线路直达，公路为一级公路。

青州汽车站有途经弥河生态文化风景区的公交车。

2.内部交通

景区游览线路设置合理，设生态观光游和公共自行车游、步行生态览线路；游步道设计有古城特色，开通红色沥青自行车道6.6公里；游客休息设施完备，景区内沿道路每隔50米设置一个石质或木质休息长凳。

四、住宿服务

银座佳悦酒店

地址：距景区5公里

五、餐饮服务

水云间水上餐厅
电话：0536-3958777

六、购物指南

景区提供带有古城特色的旅游纪念物。

七、周边可供游客关联消费的旅游项目

弥河文化旅游度假区东 3 公里左右为黄楼万红花卉大厅。

青州花好月圆景区

一、景区简介

　　青州花好月圆景区是国家 AAA 级旅游景区，是一处独具特色的花卉旅游度假区。花好月圆景区游览全程包括四个环节：看花（坐花车游览十里七色花街，体验花卉种植乐趣），学花（参观万亩省级花卉高科技园内的花卉龙头企业，听专家讲解花卉养护知识），买花（畅游江北最大的室内花卉批发交易市场——中国北方花卉苗木交易中心），戏水品瓜（每年 5~7 月，到弥河沿岸瓜棚亲手摘取品尝御用贡品——正宗的弥河银瓜，亦可游览欣赏弥河美景，乘船、垂钓）。

二、公共服务信息

景区地址：山东省青州市黄楼街道办事处
联系电话：18765710008
公共邮箱：13280180101@163.com

景区门票： 全年除 9 月 26 日 ~ 10 月 5 日花卉博览交易会期间之外，其余时间免费参观。花卉博览交易会期间，票价由青州市委市政府制定。

营业时间： 景区除正月初一至正月十五之外，全年开放。

最佳旅游时间： 全年适宜旅游，无淡季。

停车服务： 景区内有停车位 5000 个，免费停车，贵重财产请自行保管。

三、交通到达

1. 外部交通

自驾车：

（1）济青高速→青州东口下高速→向南至仙客来路（新东环）→继续南行至南环路东转→东行 7 公里路北，即花好月圆景区中国北方花卉苗木交易中心（新花厅），下高速后约 30 分钟车程。

（2）长深高速公路青州南口→向西 500 米路北，即花好月圆景区中国北方花卉苗木交易中心，下高速后 1 分钟车程。

2. 内部（附近）交通

建议自驾车或乘坐旅游车。

四、住宿服务

银座佳悦酒店

电话：18765710008

五、餐饮服务

绿源农庄

电话：18765710008

六、活动体验

赏花购花体验：中国北方花卉苗木交易中心。

七、购物指南

中国北方花卉苗木交易中心，盆栽花卉满足各个消费阶层。

八、周边可供游客关联消费的旅游项目

周边景区主要是弥河生态旅游度假区。

滨河湿地公园景区

一、景区简介

滨河湿地公园景区为国家 AAA 级旅游风景区。位于寿光市境内弥河西岸，建于 2009 年，全长 4 公里，总面积 71 万平方米。滨河湿地公园景区的建设以流动的弥河水系为依托，以展示植物特色和湿地风貌为核心内容，以"花田绿洲、弥河情韵"为主题，以自然、生态、野趣为主要风格，最大限度地利用了弥河西岸的河滩地形，将原有废弃的鱼塘、河滩改建成了荷花池、亭、台、楼、廊、桥、岛、广场等 63 个景点，栽植了 200 多个品种，20 多万株花木，30 多种水生植物，形成了柳风荷韵、秋色云水、苇中语蝶三大景区。

二、公共服务信息

景区地址：山东省寿光市金海南路

联系电话：0536-5221325

营业时间：景区为开放式公园，全天开放。

最佳旅游时间：4~10 月。

停车服务：景区专设停车场 3 处，分别位于景区北侧、中间、南侧，有停车位 150 个，停车免费。

三、交通到达

景区距寿光汽车站 11 公里，距潍坊市客运火车站 30 公里，全是一级公路直接通达，从景区乘车半个小时之内可达潍坊飞机场、火车站，20 分钟即可到达青银高速、荣乌高速出入口，并有市内 9 路公交车到达景区。

四、活动体验

垂钓。

五、周边可供游客关联的旅游项目

周边景区主要有蔬菜高科技示范园（国家 AAAA 级旅游景区）、生态农业观光园（国家 AAAA 级旅游景区）、中华牡丹园（国家 AA 级旅游景区）。

宏源酒文化博物馆

一、景区简介

山东寿光宏源酒文化博物馆是国家 AAA 级旅游景区，是山东省著名的酿酒古镇，酿酒历史源远流长。山东寿光宏源酒文化博物馆依托于侯镇悠久的酿酒历史和浓郁的酿酒文化兴建而成。景区采用民族特色建筑风格，再现了酿酒古镇的历史风貌，形成了浓厚的文化氛围和鲜明的人文景观。博物馆内部主要由贾思勰馆、刘子厚馆、酒器收藏馆、古镇展馆、宏源白酒酿造技艺馆、荣誉展厅、制曲蒸馏技艺馆等七大展厅和两大酒文化长廊、宏源老酒坊、神曲生态园等组成，是山东省首家白酒文化博物馆，填补了全省酒文化的一项空白。

二、公共服务信息

景区地址： 山东省寿光市侯镇岳庄村西

联系电话：0536-5361562

景区网址：www.hongyuan9.com.cn

公共邮箱：hongyuan.jy@163.com

景区门票：景区不设立门票，免费参观。

营业时间：旺季：7：00~11：30，13：00~18：30；淡季：7：30~11：30，13：30~17：30。

最佳旅游时间：每年的3月、4月、5月、8月

停车服务：景区有两处停车场，1号位于景区南侧老酒坊附近，10个车位，2号位于宏源书画院北面，35个车位，停车免费。

三、交通到达

1.外部交通

（1）从潍坊机场至宏源酒文化博物馆：

自驾车：机场路→宝通西街→潍州路→北宫东街→通亭街→S222→潍坊北公交→荣乌高速→寿光东立交→滨海、昌乐出口下高速→左行进入S224，直行1000米路东即到，全程约1.5小时。

乘车：潍坊机场→潍坊小商品城→乘坐"潍坊—侯镇"或者"潍坊—滨海"的公共汽车→宏源酒文化博物馆即到，全程约2.5小时。

（2）潍坊火车站：乘坐"潍坊—侯镇"或者"潍坊—滨海"的公共汽车→宏源酒文化博物馆即到，全程约1.5小时。

（3）寿光汽车站：乘坐城乡公交"101"到"宏源酒业"站牌下车即到，全程1个小时。

2.内部交通

景区距离住宿点较近，步行即可。

四、住宿服务

鲁丽宾馆、龙凤宾馆。

五、餐饮服务

鲁丽宾馆、舌尖印象、黄焖鸡米饭。

六、活动体验

每年的 8 月，恰逢宏源神曲制作的季节，在神曲生态园里，游客可以亲身体验一下神曲的整个制作流程，同时伴随着踩曲女工们"踩踩踩、翻翻翻"的吆喝声，亲身感受一下悠久的传统古法制曲文化。

七、购物指南

当地特产主要是侯镇宏源系列酒。

八、周边可供游客关联消费的旅游项目

周边景区主要有国家 AAAA 级旅游区，林海生态博览园、寿光蔬菜高科技示范园。

百尺河景区

一、景区简介

诸城百尺河景区为国家 AAA 级旅游景区。核心景区整体分为密州书画院、演艺广场、曲院荷风、帅水之滨、林间圣地等五大景区。景区已形成生态和人文和谐搭配，天人合一，相映成趣的完美组合。政府投资河道治理，广搭石壁，广植水草，放养鱼苗 50 余万尾，建设龙兴路大桥、百兴桥、拦河闸、石拱桥、百兴亭、沿河路，并对两岸进行高标准绿化；密州书画院共 5 层，建筑面积 6000 平方米，购置奇石、字画、瓷器、古木家具等收藏品，另建有文体活动广场、观景台、曲院回廊等人文景观。

二、公共服务信息

景区地址：山东省诸城市百尺河镇

联系电话：15065612274

公共邮箱：baichihe1139@126.com

景区门票：开放式。

营业时间：旺季：4 月 1 日~10 月 31 日；淡季：11 月 1 日~3 月 31 日。

刘墉板栗园

一、景区简介

刘墉板栗园为 AAA 级旅游景区。因曾是清代体仁阁大学士——刘墉的私家园林而得名，是一处集森林景观、地貌景观和人文景观于一体、富有地方特色的大型园林。刘墉板栗园北依风光秀丽的巴山，西临碧波荡漾的潍河，涵盖潍东村、芦河村、张家沙窝村等十几个自然村，是江北最大的板栗生产集散地。板栗园不仅创造着经济效益，还具有防风固沙、涵养水源、改善气候的生态效益和社会效益，因富含氧离子，候鸟云集，被誉为"古树王国、天然氧吧、鸟类天堂"美誉。

二、公共服务信息

景区地址： 山东省诸城市滨河东路 188 号

联系电话： 0536-6337511

公共邮箱： lybly126.com

景区价格： 淡季 15 元，旺季 20 元。

营业时间： 淡季：8：00~17：00；旺季：8：00~18：00。

最佳旅游时间： 每年的 5 月初~10 月末。

停车服务： 景区专设停车场 3 处：景区南大门口东 2 处、西门口北 2 处，可同时容纳 20 辆大巴，停车场全部免费。

三、交通到达

1. 外部交通

园区于诸城市昌城镇西北 3 公里处，西靠 206 国道 2.5 公里，南距济青高速 3 公里，南临日照 50 分钟路程，北通潍坊 1 个多小时，东距青岛流亭机场 50 分钟路程，北距济南 2.5 小时路程，距诸城市区 13 公里。

2. 内部（附近）交通

景区内部有观光车 6 部，可同时乘坐 9 人。乘坐观光车在栗园内各景点游园需要 1 个小时。

四、住宿及餐饮服务

栗园酒店
地址：景区内部

五、购物指南

当地特产主要是板栗产品。

六、周边可供游客关联消费的旅游项目

游完刘墉板栗园，可以顺着沿河往西南方向走 12 公里到恐龙博物院、恐龙地质博物馆。往南可以参观常山大佛、马耳山 AAA 级景区。

马耳山景区

一、景区简介

　　马耳山风景区为国家 AAA 级旅游景区。马耳山，海拔 717.8 米，面积 40 平方公里，因主峰双石并举，状如马耳，故名。山中森林茂密、山花烂漫、奇峰突兀、怪石嶙峋，各种动、植物 1000 多个品种，名胜古迹二十多处。山上有齐长城遗址。景区现已形成四山、五泉、六洞、七湖、八亭、二十八峰、一百二十八景有名景观，号称神山圣水、天然氧吧。马耳山风景区自 2002 年 6 月投资开发以来，被评为国家 AAA 级风景区、国家森林公园、山东省十大著名山峰、山东省著名商标、好客山东金榜品牌、山东省自驾游示范点、好客人家三星级农家乐、山东非去不可的景区。

二、公共服务信息

景区地址：山东省诸城市皇华镇桥上村

联系电话：0536-6090166　6590310

公共邮箱：sdjhwjz@163.com

景区门票：成人票 30 元 / 人；儿童身高 1.1 米以下免票，1.1~ 1.5 米购儿童票半价优惠；老人票 60 岁以上持老年证购老人票半价优惠；其他如军官、教师等，持相应证件半价优惠。

最佳旅游时间：3~11 月。

停车服务：景区自配停车场，即景区停车场与山庄停车场，总面积约在 6000 平方米以上，其中景区停车场为砂砾地面，山庄停车场为用花岗岩铺设的地面。停车收费标准：小车 10 元，客车 20 元。

三、交通到达

景区距潍坊南苑机场约有 100 公里；景区所依托的高速公路为诸城市正在修建的高速公路，距景区 30 公里左右；同时，依托的客运火车站是诸城市客运火车站，位于诸城市繁华路段，距景区约有 30 公里的路程。

四、住宿及餐饮服务

马耳山庄大酒店。

诸城市博物馆

一、景区简介

诸城市博物馆景区为国家 AAA 级旅游景区。包含诸城市博物馆、名人馆两个景点。诸城市博物馆系地志性综合博物馆，建筑面积 2.2 万平方米，占地 88 亩，是目前国内单体建筑面积最大的县级博物馆。

二、公共服务信息

景区地址： 山东省诸城市和平北街 125 号

联系电话： 0536-6062562

公共邮箱： zcbwg2562@163.com

景区门票： 全年免费开放。

停车服务： 景区停车场位于博物馆北门和名人馆北门处，总面积达 10000 平方米。

三、交通到达

景区距诸城市中心 0.5 公里，离本市汽车站 4 公里，火车站 4 公里，诸城机场 6 公里。北距国际风筝都——潍坊市 90 公里，东距青岛 90 公里，距青岛港 100 公里，青岛流亭机场不足 90 公里，西距济南机场 300 公里，南距日照港 60 公里。

市内乘坐 11 路、12 路及旅游专线车可直达景区。

四、住宿服务

密州宾馆
地址：山东省诸城市府前街 1 号

中粮宾馆
地址：山东省诸城市兴华东路 31 号

如家快捷酒店人民东路店
地址：山东省诸城市人民东路与东关大街交叉口

速 8 酒店蓝天店
地址：山东省诸城市和平街 171 号

五、餐饮服务

密州宾馆
山东省诸城市府前街 1 号

中粮宾馆
山东省诸城市兴华东路 31 号

老潍县朝天锅
山东省诸城市非物质文化遗产保护中心西

六、购物指南

当地特产主要有铜獬豸复制品、《刘诸城家书真迹》复制品、《清明上河图》册页、《孙过庭书谱》复制品等。

七、周边可供游客关联消费的旅游项目

周边著名景点主要有诸城恐龙博物馆、诸城潍河公园。

城顶山生态旅游区

一、景区简介

　　城顶山生态旅游区，是一处突出人文历史特色，集旅游、休闲、娱乐、购物于一体的国家 AAA 级旅游景区。城顶山海拔429 米，丛山环抱，群树波涌，为省级森林公园。其地处古齐鲁交界处，东瞰潍河平原，南瞻老子炼丹处的摘药山，北依有子隐居地有子山，不仅文化遗迹众多，历来还是兵家必争的军事要塞。因齐长城遗址横亘其上，而得名城顶山，又因孔子的高徒、佳婿公冶长曾在此读书讲学，亦称书院山。

二、公共服务信息

景区地址：山东省安丘市石埠子镇

联系电话：0536-4696777

公共邮箱：wfshuyuan@sina.com

景区门票：30 元／人。

营业时间：旺季：3 月 1 日～10 月 31 日；淡季：11 月 1 日～2 月 28 日。

三、交通到达

　　安丘→上株梧→景区；安丘→辉渠镇→景区。

辉渠百泉旅游区

一、景区简介

辉渠百泉旅游区为国家 AAA 级旅游景区。辉渠镇地处泰沂山脉东麓的延伸部分，辖 40 个行政村，119 个自然村，人口 6.7 万人，耕地 8.8 万亩，总面积 206 平方公里。境内山清水秀，原生态植被保护良好，泉水众多，被誉为"百泉之乡"。

二、公共服务信息

景区地址：山东省安丘市辉渠镇

联系电话：0536-4821001

景区网址：www.aqhqdw.gov.cn

公共邮箱：hqzlybgs@163.com

景区门票：珍珠泉景区10元/人、白山头景区10元/人。10人以上团体8折优惠，无淡旺季价格差异。

营业时间：8：00~17：00。

最佳旅游时间：4~10月。

停车服务：景区有停车场28处，游客接待中心2个，镇区2个，留山景区2个，白山头景区2个，歌尔庄园2个，珍珠泉景区2个，乡村博物馆2个，落鸦石采摘基地4个，小麦峪农家乐2个，小寿山采摘基地2个，其他旅游村庄6个。最大容量为小车3000辆，大客100辆。免费停车。

三、交通到达

1.外部交通

自驾车：

沿济青高速公路或潍莱高速到潍坊市，沿206国道至安丘市，沿西环路直到s211省道，西行至凌河镇王家营路口，南行8公里即到。

2.内部（附近）交通

景区内以驾车行驶为主要交通方式，以辉渠镇区和雹泉社区驻地为主要节点，各景区相隔距离均在车程20分钟内。

景区到周边主要商业和住宿设施以驾车行驶为主要通行方式，相隔距离均在车程20分钟内。

四、住宿服务

百泉度假村

地址：山东省安丘市辉渠镇政府斜对面

电话：0536-4821888

小麦峪村"望海山居"农家乐

地址：山东省安丘市辉渠镇小麦峪村

电话：13562643158

五、餐饮服务

宏顺商务食府

地址：山东省安丘市霉泉社区珍珠泉景区。

电话：0536-661666

落鸦石村"桃花人家"农家乐

地址：山东省安丘市辉渠镇落鸦石村

电话：13964705838

百泉度假村

地址：山东省安丘市辉渠镇驻地

电话：0536-4821888

六、活动体验

每年阳历4月举办桃花节；阴历三月十六是"有子"文化节；阳历5月是樱桃采摘节；每年阴历三月初三是留山庙会；阴历六月十三日是宋武帝刘裕诞辰纪念（留山爷爷生日）；霉泉庙会，

一年之中春、夏、秋各有一次，每次连续六天。

七、购物指南

当地特产主要有红冠蜜桃、小米、草莓、樱桃、核桃、栗子、蝎子等。

八、周边可供游客关联消费的旅游项目

周边著名景点有城顶山旅游区、五龙山景区；周边重要旅游服务设施主要有百泉度假村游客中心。

青云湖休闲度假乐园

一、景区简介

青云湖休闲度假乐园为国家 AAA 级旅游景区。它依托大汶河国家城市湿地公园和青云湖景区的基础设施，充分利用水面、沙滩、岛屿等良好的旅游环境资源，因地制宜，建设了水上欢乐世界、黄金游乐场、水上运动区和湖心岛动物王国等景点。

二、公共服务信息

景区地址： 山东省安丘市市北区 206 国道汶河大桥东侧

联系电话： 0536-4752999

公共邮箱： Weixngongzhongpingtai

微信公众平台： 安丘青云湖游乐园

景区门票： 10 元／人。园内项目有 40 元、50 元、60 元、70 元、80 元、100 元不等的通票；买项目通票，免门票；10 人以上团队 8 折优惠。

营业时间： 7：30~17：30。

最佳旅游时间： 3~10 月。

停车服务： 景区设停车场 3 处，景区门外 2 个，景区内 1 个，可停车 300 辆，收费标准：轿车 5 元，大车 10 元。

三、景区导览

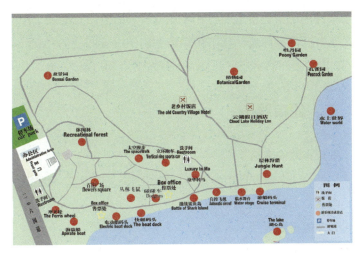

四、交通到达

1.外部交通

济南、淄博方向：青银高速→潍坊西站→安顺路→右转进入长松路→左转进入宝通街→右转进入潍州路→安丘收费站→沿左前方道路直行2公里直达。

烟台方向：同三高速→潍莱高速→坊子→G206 南行→安丘收费站→沿左前方道路直行2公里直达。

青岛方向：线路1：青银高速→荣潍高速→潍州路（G206）→南行 15 公里→安丘收费站→沿左前方道路直行2公里直达；线路2：青岛→胶州市香港路→进入 325 省道→柴沟镇→注沟镇→右转进入 206 国道→景芝镇→贾戈立交桥直达。

日照方向：日照→五莲→右转进入 222 省道→官庄镇→石泉

路口→右转进入 221 省道→206 国道→贾戈立交桥直达。

2.内部交通

景区内部游览分为步行和坐船两种方式。游览时间 2 小时。景区离市区各大商场、超市和宾馆酒店 15 分钟左右的车程，景区门口有公交车直达市区，交通十分方便。

五、住宿服务

安丘市潍安宾馆

地址：山东省安丘市潍安路与商场路交叉口西 50 米路北

电话：0536-4221802

云湖假日酒店

地址：山东省安丘市云湖路与 206 国道交叉口

电话：0536-4898777

五龙山景区

一、景区简介

安丘市五龙山景区是国家 AAA 级旅游景区，总面积 31000 多亩，森林覆盖率 80% 以上。五龙山由五座山峰组成，山峰紧紧相连，绵延弯曲，犹如五条昂首腾飞的巨龙，因此得名"五龙山"。五龙山自然风景优美，有奇松秀石、澄泉幽洞的四大特点，赢得了"小泰山"、"北五莲"等美誉。人文景观丰富，齐长城遗址从山顶蜿蜒而过，还有猿人洞、麒麟洞等古人猿遗迹，以及佛教殿堂观音寺、三圣殿等掩映在青山绿树中。

二、公共服务信息

景区地址：山东省安丘市吾山镇

联系电话：0536-4965696

公共邮箱：caoshuxian15@126.com

景区门票：60 元 / 人次。

营业时间：6：00~18：00。

最佳旅游时间：2月下旬至6月上旬；8月上旬至10月下旬；11月上旬至12月中旬。

停车服务：景区专设停车场，共有300个停车位。

三、交通到达

景区距潍坊机场约65公里，约需90分钟；距安丘汽车站约50公里，约需60分钟；距潍坊火车站约65公里，约需90分钟；距安丘市中心约50公里，约需60分钟。

四、住宿及餐饮服务

安丘市政府招待所、新东方大酒店。

五、活动体验

（1）清明踏青游：每年的清明节黄金周，踏青，老少皆宜。

（2）阴历四月初八：庙会，礼佛朝拜，赏红花槐，赏樱花，老少皆宜。

（3）五一黄金周：攀岩、探幽洞、登长城，老少皆宜。

（4）十一黄金周：采摘、捕捉、赏红叶，老少皆宜。

（5）十二月中旬：赏雪景。

六、购物指南

当地特产主要有山核桃、蜂蜜、樱桃、西瓜、蜜桃、草莓、花生、大姜、大蒜。

拥翠湖国家湿地公园

一、景区简介

拥翠湖国家湿地公园包括牟山水库、汶河以及红河部分河道、牟山、中山路以南的部分人工池塘，被誉为"田园大湿地、清新拥翠湖"。总面积5万亩，其中湿地面积3万亩，包括人工库塘湿地、河流湿地和滩涂湿地三种类型，是山东省重要的湿地区域。公园于2006年被水利部评为国家级水利风景区；2011年被国家林业局命名为国家级湿地公园；2012年11月被评为国家AAA级旅游景区。

二、公共服务信息

景区地址：山东省安丘市凌河镇境内

联系电话：0536-4641001

最佳旅游时间：5~10月。

三、交通到达

1. 外部交通

游客可从安丘出发，沿221省道到达凌河镇区后，在拥翠园社区路口转北，到达拥翠园社区后，继续向东，到达景区。也可在安丘汽车站乘坐 2 路公交车到达拥翠园社区，继续游览景区景观。

2. 内部交通

游客可沿盘山路一直蜿蜒向上，到达拥翠山顶，沿环库路向下，游览湿地景观。游客可在拥翠园社区食宿，购买商品。

四、住宿服务

游客可到凌河镇区住宿，镇区内有舒君宾馆等。

五、餐饮服务

景区内有拥翠园度假山庄等酒店，可以满足游客餐饮服务需要。

六、活动体验

景区内活动主要以登山、垂钓、慢走等为主，现全部免费。

七、购物指南

景区内提供活鱼、农家大馒头等特色商品。

博陆山风景区

一、景区简介

博陆山风景区为国家 AAA 级旅游景区，位于山东省昌邑市饮马镇山阳村，占地面积 10000 余亩，景区现有千年梨园观光园、霍光冢、山阳战役纪念馆、商周遗址、晓月亭公园、望陆台、赵家古井等十余个景点，景区资源丰富，文化底蕴深厚，是一处重要的乡村民俗生态旅游区。

二、公共服务信息

景区地址： 山东省昌邑市饮马镇山阳村。

联系电话： 0536-7722001

公共邮箱： 381770161@qq.com

景区门票： 20 元 / 人。

营业时间： 景区全天向公众开放。

最佳旅游时间： 4~6 月；7~9 月。

停车服务： 景区共计 2 处停车场，最大可容纳约 800 辆车停放，无收费。

三、交通到达

景区处于青岛"一小时经济圈"和潍坊市"半小时经济圈"。青银高速饮马出口北行再西行6公里、荣威高速石埠出口南行再西行10公里、309国道石埠路口南行再西行8公里、221省道饮马路口西行5公里即可到达。

四、餐饮服务

天海大酒店、梨园大酒店。

五、活动体验

山阳梨花节：每年4月中旬举行，根据梨花开放程度而定。

六、购物指南

当地特产有潍河银鱼、四孔潍鲤、昌邑大对虾、昌邑丝绸、斜子萝卜等。

七、周边可供游客关联消费的旅游项目

周边景区主要有绿博园等。

潍水风情湿地公园

一、景区简介

潍水风情湿地公园为国家 AAA 级旅游景点，总面积 1 万余亩，其中水域面积 6000 亩，湿地及园林面积 4000 多亩。景区最大特色是自然湿地景观、广场音乐喷泉、二月兰种植基地等。2010 年 12 月 20 日被国家住建部批准为"国家城市湿地公园"，同时还是"全国科普教育基地"、"国家级户外运动基地"、"中华建筑报社联络站"、"山东文学创作基地"和"潍坊市青年摄影家创作基地"。

二、公共服务信息

景区地址： 山东省昌邑市城区东部

联系电话： 0536-7218697

景区网址： www.cysylj.com

公共邮箱： cysylj@163.com

景区门票： 所有景点全年免费向公众开放，无门票。

最佳旅游时间： 4~6 月；7~9 月。

停车服务： 景区共计 9 处停车场，西岸停车场 4 处，东岸停车场 5 处，最大可容纳约 1400 辆车停放，免费。

三、交通到达

游客可从昌邑汽车站打车到本景区，经过潍河特大桥，约 3.8 公里，费用约 10 元。

游客可从济青高速自驾车，途经 221 省道、206 国道，共计 26.1 公里，约 33 分钟到达景区。

景区内设有观光游览车，乘坐观光车游览全部景观约 60 分钟。

四、住宿及餐饮服务

翰林酒店

地址：山东省昌邑市烟汕路 158 号

电话：0536-7123456

五、购物指南

当地特产有潍河银鱼、四孔潍鲤、昌邑大对虾、昌邑丝绸、斜子萝卜等。

六、周边可供游客关联消费的旅游项目

周边景区主要有绿博园等。

高密市文体公园

一、景区简介

高密市文体公园为国家 AAA 级旅游景区，是一处集文化、体育、科技、会展、健身、休闲、娱乐等多功能于一体的大型群众活动场所，有体育场、体育馆、体校楼、博物馆、
图书馆、文化馆、规划展览馆、科技馆、嘉源广场、蝴蝶湖、叠水池、时空隧道等景点组成。景区最大特色是社会经济、科技发展、民俗文化展示和体育健身体验。

二、公共服务信息

景区地址： 山东省高密市康成大街东首

联系电话： 0536-2126706

公共邮箱： gmwhcy@126.com

景区门票： 免费。

营业时间：封闭式场馆每周二、四、六、日及法定节假日开放，9：00~11：00，14：00~16：00；露天场馆全天开放。

最佳旅游时间：春夏秋三季。

停车服务：景区有专设停车场，最大容量为600辆，免费停车。

三、交通到达

高密市文体公园地处胶河西岸，位于康成大街东首以南、月潭路东侧，据青岛流亭机场和潍坊南苑机场均不到80公里，距济青高速公路（G20）高密出入口约14公里，经过夷安大道，沿康成大街向东即到。用时约20分钟。距高密火车站约7公里，市内乘坐5路、4路公交车到文体公园站可到达。

四、住宿及餐饮服务

蓝海国际大酒店

地址：山东省高密市康成大街2166号

白浪沙滩湿地公园

一、景区简介

　　白浪沙滩湿地公园为国家 AAA 级旅游景区。白浪河是潍坊的母亲河，其中流经营丘镇 32 公里。营丘是齐国首城，姜太公首封地，具有深厚的文化底蕴。目前，白浪河湿地公园已成为生态优美、尊贵自然，集旅游、休闲、娱乐、餐饮、居住于一体的原生态旅游乐园，成为一处历史文化底蕴与自然风貌特色相结合的现代开放式水景公园。

二、公共服务信息

景区地址：山东省潍坊市昌乐县营丘镇人民政府驻地北侧。

联系电话：0536-6921106

公共邮箱：clyqwhz@163.com

景区门票：免费。

营业时间：24 小时制。

停车服务：景区停车场位于景区南大门、东大门两侧，共 300 个停车位，免费。

三、景区导览

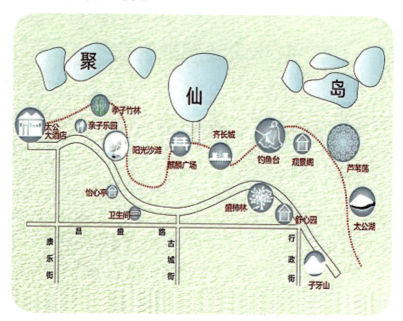

四、交通到达

潍临高速→沿206国道南行→到潍坊中基饲料路口右拐→沿坊昌路西行→原河头镇驻地南行至马宋水库，下高速后约2分钟车程。

五、住宿服务

镇区有商务宾馆可供住宿。

六、餐饮服务

镇区有沿河大酒店可以用餐。

七、活动体验

营丘镇共有三处草莓采摘园。

八、购物指南

景区内农产品品种丰富，盛产草莓、花生、地瓜、粉皮、西瓜、粉条等农产品。特色小吃马宋饼，既可自己食用，又可馈赠亲朋。

九、周边可供游客关联消费的旅游项目

周边著名景点有王裒墓、太公祠、崇山始祖林等。

桂河湿地公园

一、景区简介

昌乐桂河湿地公园为国家 AAA 级旅游景区。公园利用寿阳山群、桂河水系原有自然地形地貌，将各种不同的水景科学合理的设置于最佳地段和位置，保留了原生态系统。桂河岸边大汶口文化遗址、龙山文化遗址、商周文化遗址散布其间，昭贤庙、方山庙依稀可见。桂河湿地公园作为城市文化与乡村文化的过渡区、古老文明和现代文明的连接点，具有独特的民俗风情和深厚的文化底蕴。

二、公共服务信息

景区地址：山东省潍坊市昌乐县城东南部

联系电话：0536-6753106

景区网址：www.syslydjq.com

景区门票：景区为完全敞开式，免票。

停车服务：景区专设免费大型停车场 3 处，一处位于市委党校景区地下停车场，一处位于游客接待中心，一处生态停车场位

于山涧连湖景区会所旁，另外路边设有小型停车场数处，以满足公园最大游客容量停车。

三、景区导览

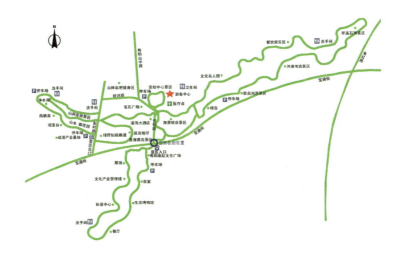

四、交通到达

1. 外部交通

景区距潍坊机场约 30 公里，车程约 30 分钟；距潍坊汽车站、火车站及市中心约 25 公里，车程约 25 分钟；距潍坊渡口约 40 公里，车程约 40 分钟。

自驾车： 济青高速→昌乐出口下高速→沿首阳山路南行 20 公里左转→宝通街→沿宝通街行约 5 公里至桂河湿地公园，下高速后约 15 分钟车程。

2. 内部（附近）交通

景区内的全景图、导览图内容详尽，标明了主要景点、卫生间、出入口、停车场、游客中心等。

到潍坊市内乘坐 101 大约需 30 分钟，出租车 20 分钟；到昌乐县乘坐 7 路公交车大约需 15 分钟，出租车 10 分钟。

五、住宿服务

首阳阁大酒店

地址：山东省潍坊市委党校景区内

电话：0536-2189660

六、餐饮服务

福乐生态园

地址：山东省潍坊市昌乐县宝通街与朱孔路交叉路口西北角

电话：0536-6773999

罗泉山庄

地址：山东省潍坊市昌乐县宝通街市委党校东南

电话：0536-6771668

七、活动体验

（1）五一举办垂钓比赛；（2）五千米老年健身赛。

八、购物指南

昌乐是中国蓝宝石之都，游客可沿潍坊宝通街至景区，游览桂河湿地公园，沿寿阳山路至昌乐中国宝石城购物游，宝石城内有蓝宝石、翡翠、玉器、水晶、玛瑙等多种珠宝饰品出售。

九、周边可供游客关联消费的旅游项目

周边著名景点有潍坊富华游乐园、潍坊金宝乐园、中国宝石城、昌乐西湖公园、潍坊浮烟山风筝放飞场等。

清水河公园

一、景区简介

清水河公园为国家 AAA 级旅游景区，公园分两期建设。一期对清水河东段 1700 米河道进行改造，建设了张拉膜广场、回音广场、休闲走廊、音乐喷泉等 20 多个景观节点；二期对清水河西段 3000 多米河道进行生态环境综合整治，建设占地面积1000 亩的薰衣草风情园，主要建设薰衣草种植区、特色景观区、餐饮休闲区、菩提林四个功能区，采用欧式设计理念，建设的大风车、丘比特之箭、凯旋门、埃菲尔铁塔等著名建筑物已经落成，是一处面向潍坊，服务山东半岛的大型婚纱摄影基地。

二、公共服务信息

景区地址： 山东省潍坊市昌乐县红河镇政府驻地
联系电话： 0536-6661106
公共邮箱： CLXHHZWHZ@163.COM；
营业时间： 本景区为开放式景区，全天 24 小时可游览。
最佳旅游时间： 5~10 月。
停车服务： 景区专设停车场 4 处，其中，清水河南岸 3 处，幸福广场西南角 1 处。最大容量为 200 辆。免费停放。

三、交通到达

1.外部交通

北倚国际风筝都潍坊、309国道、济青高速公路40公里。东临青岛国际机场和港口，西靠省会济南均150公里，公路、铁路、海空运输都极为便利。距潍坊机场、潍坊车站30公里，距昌乐高速路口30分钟车程，客车车次频繁，交通非常便捷。

自驾车：济青高速→202省道→乔官南丁字路口→向东至贾陶路口右转→朱红路→红河镇政府驻地→清水河公园。

2.内部（附近）交通

步行或乘车。

四、住宿服务

周边有红河人家商务客房、帝尊商务宾馆等高档客房。

五、活动体验

景区目前持续运行各种游客体验性活动，如节庆活动、娱乐体验活动、研修学习活动等。

六、购物指南

当地特产有红河花生、朱汉苹果、将军堂樱桃、梨、乐港鸭产品。

西 湖 公 园

一、景区简介

　　西湖公园为国家AAA级旅游景区，公园内景点众多，如龙杠、雾森、文化长廊、我心相印亭、平湖秋月亭、花港观鱼、景观灯塔、彩虹桥、文化景墙等。其中龙杠为纯铜铸造，在龙杠表面，以雕刻的形式，浓缩性地展示了昌乐3000多年的历史文化。

二、公共服务信息

景区地址：山东省潍坊市昌乐县宝昌路

联系电话：0536-6222372

公共邮箱：clylbg@163.com

景区门票：开放式景区，免费。

营业时间：24小时对外开放

停车服务：景区专设免费停车场，共有停车位200个。

三、交通到达

1.外部交通

（1）济青高速昌乐站→方山路→新城街→宝昌路→西湖公园。

（2）潍坊火车站101（或102）公交车→昌乐汽车站→3路公交车至交警队。

2.内部交通

（1）景区内配备游览观光电瓶车2部，沿途重要景点有：文化长廊、万松林、景观灯塔、小松山、花港观鱼，共需大约40分钟。

（2）昌乐是举世闻名的宝石之都，景区至宝石城约4公里，驾车大约需要10分钟。

四、住宿及餐饮服务

鸢飞大酒店

电话：0536-6221888

昌城大酒店

电话：0536-6802888

温泉大酒店

电话：0536-6259566

仙月湖风景区

一、景区简介

昌乐仙月湖风景区为国家 AAA 级旅游景区。景区以仙月湖（高崖水库）为依托，注重山、水、树等自然景观与人文资源相结合，是集休闲、娱乐、康体、住宿、餐饮多功能于一体的生态旅游景区，因有嫦娥仙湖奔月的美丽传说而得名。先后被评为国家级水利风景区、山东省"十佳"水利风景区、"山东省旅游强乡镇"、仙月湖省级湿地公园。2012 年 12 月，仙月湖风景区被评为"国家 AAA 级旅游景区"。

二、公共服务信息

景区地址：山东省潍坊市昌乐县高崖水库库区仙月湖风景区

公共邮箱：clxgykq@163.com

景区门票：仙月湖景区为开放式景区，不收取门票费。

营业时间：24 小时。

最佳旅游时间："五一黄金周"、"十一黄金周"。

停车服务：景区共设免费停车场 5 处，可同时供 400 辆车停放。

三、交通到达

1.外部交通

自驾车：昌乐汽车站→向正西方向出发，左转进入新昌路→直行进入S224→朝蒋峪方向，右转→朝蒋峪方向，靠右→左转行驶30米，到达终点→仙月湖风景区。

2.内部（附近）交通

仙月湖景区游览路线：观海听涛亲水广场→大坝漫步→音乐喷泉广场→野生白鹭自然保护区（0.5公里）→湖畔十二坊（0.9公里）→小白塔民俗文化村（2.3公里）→逍遥水岸（2.7公里）→槐香幽谷（3.9公里）→跑马山生态林场（4.2公里）→南山农场（5.7公里）→荷塘月色（6.5公里）→滨湖西路→张氏宗祠→凤凰寺→凤凰生态湿地。

四、住宿及餐饮服务

传喜农家乐

电话：13780836495

小白塔农家饭庄

电话：13678665555

湖畔人家农家乐

南山饭庄

电话：13608955234

五、购物指南

当地特产有芋头、地瓜、花生、山鸡蛋。

揽翠湖温泉度假村

一、景区简介

　　临朐揽翠湖温泉度假村为国家 AAA 级旅游景区，温泉水来自地下 1576 米的天然温泉，水温常年保持在 50 度左右，水中富含 40 多种对人体有益的微量元素，具有较高养生、康体功效。度假村按国际五星级标准设计建造，是以温泉养生为主，集商务、会议、度假、休闲、娱乐、餐饮于一体的生态旅游度假圣地。度假村拥有大型室内温泉馆，30000 平方米室外露天温泉及不同功能汤池 54 个，温泉休息区设有 KTV 包房，茶艺室，桌球室，乒乓球室，棋牌室、健身房等康乐设施项目品种丰富，设施齐全，是鲁中地区难得的养生祈福圣地。

二、公共服务信息

景区地址： 山东省潍坊市临朐县兴隆东路与东镇路交汇处

联系电话： 0536-3337013

景区网址： http：//www.sdlqlancuihu.com/

公共邮箱： lancuihu@163.com

景区门票： 188 元 / 人；持潍坊旅游护照或自驾游护照者，二人以上同行，持护照人免费，其余人门票仅 118 元。

营业时间： 冬季：9：00~23：00；夏季：9：00~00：00。

最佳旅游时间： 四季。

停车服务： 景区专设免费停车场，位于景区广场和地下，最大容量为 350 辆。

三、景区导览

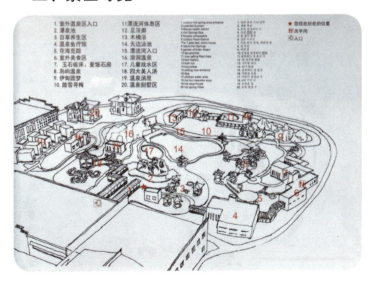

四、交通到达

1. 外部交通

G25 高速公路临朐出口，距度假村 5 公里。

2. 内部（附近）交通

景区西门北 100 米设有公交站点，3 路车可通往大观园和全福元商圈。

五、住宿服务

滨河花园酒店

地址：山东省潍坊市临朐县东镇路与粟山东路交叉口（东南角）

格林豪泰临朐全福元店

地址：山东省潍坊市临朐县兴隆路 4327 号

电话：0536-3096998

六、餐饮服务

滨河花园酒店

地址：山东省潍坊市临朐县东镇路与粟山东路交叉口（东南角）

电话：0536-3715555　3665207

七、活动体验

38 魅力女人节，日期：3 月 8 日~3 月 31 日。

八、购物指南

当地特产有临朐奇石、红丝砚、金利通珠宝、临朐全羊宴以临朐农特产。

九、周边可供游客关联消费的旅游项目

周边著名景点有沂山国家森林公园、青州仰天山国家森林公园、老龙湾风景区、石门坊风景区、驼山风景区、云门山风景区等。

老龙湾风景区

一、景区简介

老龙湾风景区为国家AAA级旅游景区、山东省风景名胜区。老龙湾古称熏冶湖，为全国七十二名泉之一，传说湖心有泉眼直通东海并有神龙潜居其中而得名。老龙湾以我国北方罕见的泉水景观和竹林景观而享有"北国江南"的美誉，共有江南亭、白龙行宫、铸剑池、秦池等大小景点36处和由100多位国内外著名书法家题写"龙"字组成的百龙园。

二、公共服务信息

景区地址：山东省潍坊市临朐县城南10公里（冶源镇政府驻地）

联系电话：0536-3631336

景区网址：http://www.sdllw.com.cn/

公共邮箱：llwfjq@163.com

景区门票：老龙湾门票50元/人。

营业时间：4~11月，7:00~18:00；12月至翌年3月，8:00~17:30。

停车服务：景区设停车场3处，其中，西侧1处、西南侧1处、东侧1处；停车场最大容量为360辆；免费。

三、交通到达

（1）省道S223：74公里+500米处东侧。

（2）潍临路→兴隆路口向左沿东红路到胸山桥转至临九路直行约9公里路东即到。

（3）长深高速（G25）临朐乔官下站口向右直行3公里兴隆路口向左沿东红路到胸山桥转至临九路直行约9公里路东即到。

（4）临朐县创业大厦公交站乘坐101路、102路公交车可达。

四、住宿及餐饮服务

临朐金成大酒店

五、活动体验

景区体验活动主要有垂钓等。

六、购物指南

当地特产有奇石、字画、古玩、红木、中华鲟鱼。

七、周边可供游客关联消费的旅游项目

景区距离全福元13.7公里；距离临朐兴隆路特产专卖一条街13.7公里。

龙韵文化艺术城

一、景区简介

    临朐龙韵文化艺术城为国家 AAA 级旅游景区。艺术城位于临朐县城核心商业区，毗邻城市"绿岛"朐山滨河公园，占地面积 106 亩，建筑面积 5 万平方米。城内商铺 200 余家，经营门类涵盖古玩、字画、奇石、瓷器、玉器、古典红木家具、工艺品、花鸟、渔具、茶艺、咖啡、酒吧等众多商业形态，是一处集文化艺术品经营、观光、旅游、休闲娱乐于一体的大型综合场所。

二、公共服务信息

景区地址：山东省潍坊市临朐县城民主路以东，朐山路以南弥水河畔

联系电话：0536-3162697

公共邮箱：lq2697@163.com

景区门票：免费。

停车服务：景区设有停车场2处；东侧1处、西南侧1处；停车场最大容量为280辆；免费。

三、交通到达

（1）潍临路→骈驿路口向左行驶1000米即到。

（2）长深高速（G25）临朐乔官下站口向右直行8公里向左行驶1000米即到。

（3）临朐县汽车站乘坐3路、7路公交车直达。

四、住宿服务

临朐金成大酒店

滨河花园酒店

格林豪泰临朐全福元店

地址：山东省潍坊市临朐县兴隆路4327号

电话：0536-3096998

五、餐饮服务

临朐金成大酒店

六、购物指南

当地特产主要有奇石、字画、古玩、红木。

七、周边可供游客关联消费的旅游项目

景区距离全福元2公里；距离临朐兴隆路特产专卖一条街2公里。

朐山滨河公园

一、景区简介

朐山滨河公园又名弥河风景区，为国家AAA级旅游景区。临朐县以建设"山水园林宜居城市"和创建"国家园林城市"为目标，以山为魂，以水为韵，加大弥河综合治理改造，做足做活水文章，突出山与水的共鸣、水与城的对话，进行了"一轴、七园、一景观"建设。一轴即弥河5座闸坝、水面2400亩，长度8000米；七园即滨河公园、文化公园、沙滩公园、湿地公园、黄龙公园、水景公园、卜家小河公园；一景观即朐山景观——太和塔和文会阁，建成了湿地、绿地面积260万平方米，形成了山水相映、景色宜人的弥河休闲旅游观光带。

二、公共服务信息

景区地址： 山东省潍坊市临朐县弥河城区段

联系电话： 0536-3687088

景区网址： www.mhfjq.com

公共邮箱： mhglwyh@163.com

景区门票： 免费。

停车服务： 景区设有停车场1处，位于景区公园东侧；景区停车场最大容量为 90 辆，其中 20 辆大客，免费。

三、交通到达

（1）潍临路→兴隆大桥东侧路口顺路行驶 2000 米即到。

（2）长深高速（G25）临朐乔官下站口向右直行 5 公里至兴隆大桥东侧路口顺路行驶 2000 米即到。

四、住宿及餐饮服务

临朐金成大酒店

五、购物指南

当地特产主要有奇石、字画。

六、周边有关联的旅游项目

景区距离全福元 2.2 公里；距离临朐兴隆路特产专卖一条街 2.2 公里。

山东山旺国家地质公园

一、景区简介

山东山旺国家地质公园为国家 AAA 级旅游景区，位于临朐县城东约 22 公里的山旺镇，核心区是国务院 1980 年 1 月批准设立的山旺国家级自然保护区，面积 1.2 平方公里。1999 年 10 月被国土资源局和国家环保总局批准为国家级地质遗迹保护区。2011 年被国土资源部批准列入首批野外科学观测基地。

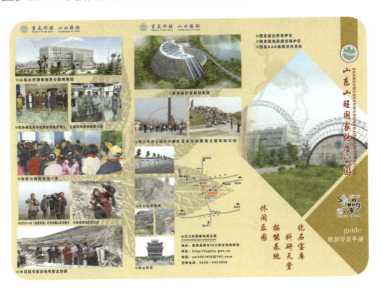

二、公共服务信息

景区地址： 山东省潍坊市临朐县龙岗镇解家河村
联系电话： 0536-3421036
景区网站： http://www.lqgtzy.gov.cn/
公共信箱： sw3421036@163.com
营业时间： 8：30~16：00。
景区门票： 30 元 / 人。
最佳旅游时间： 3~10 月。
停车服务： 景区设有停车场 3 处，面积约 2000 平方米。

三、交通到达

从青州、潍坊火车站转临朐客车，走潍九路。

石门坊风景区

一、景区简介

    石门坊风景区是国家 AAA 级旅游景区，山东省重点风景名胜区，主要包括石门山，寨子崮两大旅游区。石门山势逶迤跌宕，绿水幽谷深涧，黄栌泼红嵌黛，名胜古迹众多，天宝年间的摩崖造像是省级重点文物保护古迹，天顺宣德年间的石塔、元代大德高僧开凿的三石龛等景点海内闻名，石门晚照素有"临朐八景"之首的美誉。石门坊古以"晚照"闻名，今以"红叶"著称，景色如诗如画。寨子崮旅游区，群山连绵，雄伟挺拔，气势磅礴，崮顶人文古建如魁星楼、晏婴洞、太平天国遗址等闻名遐迩。

二、公共服务信息

景区地址： 山东省潍坊市临朐县城关街道谭马村

联系电话： 0536-3495203

景区地址： http：//www.sdshimenfang.com/

公共邮箱： shimenfang@163.com

景区门票： 50 元／人；70 岁以上老人凭有效证件免票；现

役军人，革命伤残人士，残疾人凭有效证件免票；临朐本地人凭有效证件享受门票优惠。国家法定假期以及红叶节期间（10月1日~11月15日）所有游客必须买票进入景区，不能使用旅游护照。

营业时间： 淡季：8：30~16：30；旺季：（红叶节期间10月1日~11月15日）：7：30~17：30。

最佳旅游时间： 红叶绽放时间为10月1日~11月15日。

停车服务： 景区停车场位于潭马村东头，占地6万平方米，共有1200个停车位；收费标准为：10元/小车、20元/大客车。

三、景区导览

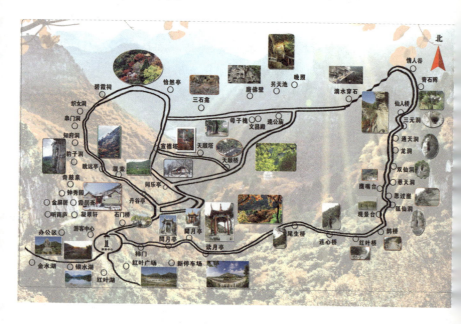

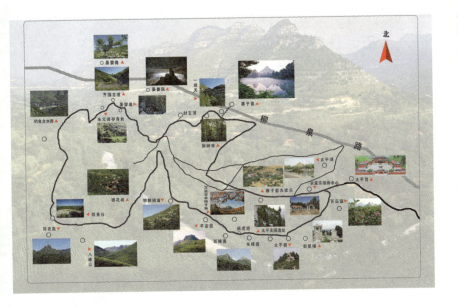

四、交通到达

1.外部交通

石门坊景区位于临朐县县城西 12 公里处，临朐县距济青高速公路 25 公里，胶济铁路 20 公里，潍坊机场 60 公里，青岛港 200 公里，省会济南 70 公里。长深高速公路贯穿临朐南北，并在临朐有三个出口，省道 223、224、227、327、329 纵横交错，外部交通便利。

到达临朐县后，沿临朐南外环（仲临路 S327）西行经过西环路与南环路交接处（或者沿西环路一直向南，到交接处右拐进入 S327），继续沿南环路 S327 西行 3 公里后，右转进入 Y007 公路，直行向西即可到达石门坊风景区。

2.内部交通

进入景区大门后，可以选择乘坐观光车，单程 10 元／人。

五、住宿及餐饮购物

枫源生态园

电话：0536-3496118

枫林生态园

景区停车场收费点东 50 米，潭马村西（已过潭马村，但还未进入景区停车收费处），石门坊广告牌南侧

电话：0536-3493219

六、购物指南

当地特产主要有临朐全羊、红丝砚、柿子、野苦菜茶、临朐奇石、山楂、板栗、核桃、槐花蜜、香椿、虹鳟鱼、全蝎、烤烟、中药材、红木嵌银漆器。

日 照 市

山东省 A 级旅游景区

自由行手册

五莲山旅游风景区

一、景区简介

　　五莲山旅游度假区由隔壑并峙的五莲山、九仙山两个景区组成，集"奇、秀、险、怪、幽、奥、旷"七大特色于一体。度假区内有被称为"江北双绝"的龙潭大峡谷、万亩野生杜鹃花苑等丰富的自然资源。明代皇家寺院——护国万寿光明寺、与黄鹤楼齐名的白鹤楼、中国战国时期著名军事家孙膑晚年隐居著书之地孙膑书院等众多历史文化遗迹均坐落于此。五莲山——九仙山是中央造山带—秦岭—大别—苏鲁造山带的重要组成部分，以独特的花岗岩峰林地貌为鲜明特色，有"望海仙山，水墨五莲"之称。度假区是国家 AAAA 级旅游区、国家森林公园、省级旅游度假区、省级地质公园。

二、公共服务信息

景区地址：山东省日照市五莲县兰陵路

联系电话：400-0156519

景区网址：www.wulianshan.cn

公共邮箱：fjqgw2004@163.com

景区门票：

五莲山风景区：78 元 / 人，九仙山风景区：78 元 / 人。对 6 周岁（不含 6 周岁）至 18 周岁（含 18 周岁）未成年人、全日制大学本科及以下学历学生实行半票；对 6 周岁（含 6 周岁）以下或身高 1.4 米（含 1.4 米）以下的儿童、60 周岁（含 60 周岁）以上老年人、现役军人、残疾人实行免票。上述优惠对象购票时应持有效证件。

最佳旅游时间：4~9 月。

停车服务：景区设有多处停车场，其中，五莲山东门大型生态停车场可停放 1400 余辆车；五莲山西门停车场可停放 300 辆车；九仙山西门停车场可停放 500 辆车；九仙山东门停车场可停放 300 辆车。停车场收费标准：小车 10 元，大车 20 元。

三、景区导览

四、交通到达

1.外部交通

日照方向：

（1）北京路→河山镇（东港区）转潮石路→经潮河镇（五莲县）转334省道→经叩官镇→五莲山。

（2）北京路→河山镇（东港区）转潮石路→经潮河镇（五莲县）转334省道→经叩官镇→松柏镇→吕街路→九仙山。

潍坊方向：

（1）经安丘→枳沟镇（诸城）→许孟镇（五莲）→经五莲县城转334省道→松柏镇→吕街路→九仙山。

（2）经安丘→枳沟镇（诸城）→许孟镇（五莲）→经五莲县城转334省道→五莲山。

临沂方向：

（1）京沪高速→日东高速→五莲（西湖出口）→街头镇→吕街路→九仙山。

（2）京沪高速→日东高速→五莲（西湖出口）→街头镇→吕街路→334省道→五莲山。

青岛方向：

同三高速→泊里（胶南）站下→转334省道→经海青（胶南）→经潮河（五莲）→五莲山→九仙山。

连云港方向：

（1）同三高速→日照（西湖站）下→转335省道→经陈疃镇（日照东港区）转222省道→经街头（五莲县）转吕街路→九仙山。

（2）同三高速→日照（日照北站）下→经 204 国道→经河山镇（东港区）转潮石路→经潮河镇（五莲县）转 334 省道→经叩官镇→五莲山。

济南方向：

济青高速南线→五莲出口（诸城西）→经 222 省道→经枳沟镇（诸城）→许孟镇（五莲）→经五莲县城转 334 省道→九仙山→五莲山。

徐州方向：

206 国道→临沂→莒县→经李家坡（五莲县于里镇）转 334 省道→经五莲县城北转 222 省道→经五莲县城南转 334 省道→九仙山→五莲山。

2. 内部交通

五莲山风景区旺季时有小交通系统，游客可以很方便地往返景区各个景点。五莲山客运索道可以使游客方便地往返五莲山、九仙山。飞天宾馆距九仙山东门售票处 300 米。杜鹃山庄距九仙山东门售票处四公里，距五莲山西门 1 公里，沿兰陵路开车可以到达。

五、住宿及餐饮服务

飞天宾馆

地址：九仙山山景区东门

电话：0633-5408888

杜鹃山庄

地址：山东省日照市五莲县兰陵路 1 号

电话：0633-5407000

小榆林民俗村

地址：山东省日照市五莲县叩官镇小榆林村

电话：18769339156　13516339157

靴石民俗村

地址：九仙山风景区

电话：13562377885

庄沟民俗村

地址：山东省日照市五莲县兰陵路

电话：13468341158

六、活动体验

（1）杜鹃花节：每年的农历四月中下旬。

（2）新年祈福法会：活动时间：每年的元月1日

举办地点：五莲山光明寺

（3）摄影大赛：每年4月下旬～9月下旬；县级以上摄影家协会会员免门票进入景区采风创作。

七、购物指南

当地特产有五莲山山鸡蛋、爱樱维樱桃汁、五莲山栗花、五莲山樱桃、五莲山板栗。

八、周边可供游客关联消费的旅游项目

周边景区主要有五莲山滑雪场、九仙山峡谷漂流。

海滨国家森林公园

一、景区简介

日照海滨国家森林公园是国家 AAAA 级旅游景区，总面积12000 亩，森林覆盖率 78%。长达 7 公里的黄金海岸线被有关专家誉为"中国沿海仅存未被污染的黄金海岸"，丁肇中先生称这里的沙滩"夏威夷所不及。公园现已形成森林旅游区、海滨娱乐区、疗养度假区和太公文化区 4 个旅游功能区，包括水下鲨鱼馆、姜太公纪念馆、海水浴场、森林演艺广场、荷花池、情人岛等景点。日照海滨国家森林公园先后被评为山东省十大新景点"、"山东省十大魅力景点"、"山东省十佳森林公园"、"山东省十佳休闲旅游度假区"、"山东省旅游细微服务示范企业"、"山东省十佳森林旅游胜地"、"山东省十大自驾车游目的地"等荣誉称号。

二、公共服务信息

景区地址：山东省日照市碧海路北首
联系电话：0633-3680998
景区网址：www.rzhb.com
公共邮箱：rzslgy@163.com
景区门票：门票实行淡旺季差别价格政策：旺季（每年 5 月1 日~10 月 10 日）价格 60 元 / 人次，淡季（旺季以外时段）价格 40 元 / 人次；60 岁以上不满 70 岁的老年人、教师、学生凭有效证件减半收费；70 岁以上的老年人、现役军人、残疾人凭有效证件免收门票；身高不足 1.3 米的儿童免收门票。森林公园四季均可来此旅游。

停车服务：森林公园在海滨广场、绿荫停车场、水杉林停车场等处共设有大小停车位 1129 个，可满足不同车型停放。

三、景区导览

四、交通到达

青岛方向：青岛→沿沈海高速南行→高速公路日照北出口→沿山海路东行→青岛路→再沿青岛路北行（约 8 公里）→日照海滨国家森林公园广告牌东行 2 公里即到（公园西门）。

日兰高速东行：日兰高速东行→日照出口→东行经海曲路→万平口海滨风景区→沿碧海路（北沿海路）北行→最北端即到公园南门。

铁路日照站：由日照站下车→乘坐 8 路公交→王家皂终点

站→转乘坐 35 路或 36 路公交→森林公园。

日照汽车站：由日照长途汽车总站下车乘坐 10 路公交→王家皂终点站→转乘 35 路或 36 路公交→森林公园。

五、住宿服务

日照海滨国家森林公园内有林海宾馆、百盛商务酒店、海悦宾馆等 28 家海滨酒店投入运营，订房电话：0633-3681188。

六、餐饮服务

森林公园内有各类特色餐厅、酒店、大排档等可供游客选择，能够品尝特色海鲜美食，特别是森林公园生态餐厅，是一处独具森林特色的就餐之选。订餐电话：0633-3680988。

七、活动体验

每年 7~10 月在森林公园演艺广场举办"林海风情旅游节"，邀请河南、济南等地演出团体，到森林公园内演出精彩节目，供游客免费观赏。

八、购物指南

森林公园设有众多购物超市和商铺，给游客出售具有海洋特色的旅游纪念商品和生活必需品等，方便实惠。

九、周边可供游客关联消费的旅游项目

周边景区主要有御海湾茶园、万宝旅游区、桃花岛风情园等。

万平口海滨旅游区

一、景区简介

    日照奥林匹克水上公园是国家 AAAA 级旅游景区，位于日照市区的东部沿海区域，由灯塔景区、世帆赛基地、万平口生态公园和水上运动基地四个区域组成，总面积约 9.2 平方公里，是距离日照市区最近、最能够体现日照"蓝天、碧海、金沙滩"特色的景区。目前公园具备了水上运动、旅游度假和城市广场等主要功能，是日照市彰显滨海城市魅力，展现水上运动之都形象的标志性区域。

二、公共服务信息

景区地址：山东省日照市海曲东路东首
景区门票：免费开放。

营业时间： 全年开放。

最佳旅游季节： 夏季。

建议游玩时间： 6：00~21：00。

景区类型： 开放式公益性景区。

三、交通到达

（1）景区距离市中心3公里。

（2）乘坐公交1路、5路、6路、8路、10路、32路、33路均可到达景区。

（3）公园内设有观光电瓶车，将四个景区串联起来，游客可乘坐电瓶车游览整个奥利匹克水上公园。

（4）每年夏季开通沿海旅游专线。

四、周边可供游客关联消费的旅游项目

周边景区有日照市城市规划展览馆、日照市植物园、日照市梦幻海滩公园。

浮来山景区

一、景区简介

　　浮来山又名浮丘，位于莒县城西6公里处，有"天然森林氧吧"之称。景区是国家AAAA级旅游景区、国际绿色人文自然遗产保护景区、省级风景名胜区、省级地质遗迹自然保护区、山东省十大魅力景点之首，主要由飞来峰、浮来峰、佛来峰鼎足而成，三峰拱围相连形似卧龙，独具清雅灵秀之韵。风景区是集游览、餐饮、娱乐、购物、健身、古地质遗迹、古文化圣地于一体的多功能休闲娱乐场所。景区内主要景点有：千年古刹定林寺、天下银杏第一树、校经楼、三教堂、露天彩塑罗汉群、云龙崖等。

浮来山风景区东门

二、公共服务信息

联系电话： 0633-6269977

景区网址： www.fulaishan.cn

公共邮箱： fulaishanlvyou@126.com

景区门票： 全票65元/人，半价票30元/人。无淡旺季价格变化。

营业时间： 夏季：8：00~18：00，冬季：8：30~16：30。

最佳旅游时间： 春秋季节。

停车服务： 景区内设有1000多个停车位，分布于东门口、南门口及景区内主要景点处；收费标准为10元/辆。

三、交通到达

（1）乘坐客车的游客，可在莒县客运站下车，出站后乘坐1路公交车，直接到达。

（2）济南→莒县：济青南线G22东行转长深高速G25南行，沂南北出口下，省道S336向东直行。

（3）青岛→莒县：济青南线G22西行转长深高速G25南行，沂南北出口下，省道S336向东直行。

（4）东营→莒县：长深高速G25南行，沂南北出口下，省道S336向东直行。

（5）连云港→莒县：长深高速G25北行，沂南北出口下，省道S336向东直行。

（6）临沂→莒县：国道G206直往北走，转省道S336西行。

（7）潍坊→莒县：国道G206直往南走，转省道S336西行。

或省道 S222 南行，到枳沟转入国道 G206，转省道 S336 西行。

（8）景区内有游览车，可环景区游览，无时间限制。

四、住宿服务

景区内有三星级酒店——浮来山庄。景区周边有云龙酒家、文心酒家等具有地方特色的饭店。景区离城区仅有 6 公里，游客也可以选择在城区食宿。

五、活动体验

浮来山杯—印象浮来山摄影大赛，以景区景色为拍摄对象，广大摄影爱好者参与，设有各种奖项。无报名费，均可参加。

六、购物指南

当地特产有浮来山三叶虫化石、浮来砚、银杏果、根雕艺术品、银杏叶艺术品、福寿纪念品。

七、周边可供游客关联消费的旅游项目

景区距离山东省三大县级博物馆之一的莒州博物馆仅 10 公里，距莒州文街仅 11 公里。在欣赏完浮来山自然美景之后，可到莒州博物馆（凭身份证件免费参观）和莒州文街感受莒国文化的魅力、畅游古今。

刘家湾赶海园景区

一、景区简介

刘家湾赶海园是国家 AAAA 级旅游景区，位于日照国际海洋城涛雒镇东部海滨，距日照市区 12 公里。由赶海园景区和金沙岛海滨浴场、沙滩高尔夫练习场两大板块组成，是以赶海拾贝为体验，集休闲度假、海上游艇、海水沐浴、沙滩运动、高尔夫练习于一体，具有沿海民俗风情特色的旅游景区，被誉为"亚洲最大金沙滩、中国第一赶海园"。

二、公共服务信息

景区地址：山东省日照市南沿海路中段刘家湾赶海园

联系电话：0633-2957006

景区网址：http：ljwghy.com；http；liujiawanganhaiyuan.com

景区门票：50 元／人；身高 1.3 米以下的儿童、70 岁以上老年人、现役军人、残疾人凭有效证件免费；中、小学生，全日制大学学生凭学生证享受半价优惠。

营业时间：旺季：7：30~17：30；淡季：8：30~17：00。

最佳旅游时间：5~10 月。

停车服务：景区设有 2 处停车场，其中，赶海园北停车场面积 8000 平方米，有 54 个大车位，117 个小车位；赶海园南停车场面积 7500 平方米，有 40 个大车位，162 个小车位。收费标准为：（1）10 座以下小客车、小轿车、吉普车，每车次收费 10 元；（2）5 吨以下小货车（含 5 吨）、小客车（10~20 座）、中型客车、厢式货车，每车次收费 20 元；（3）20 座以上大客车、5 吨以上大客车，每车次收费 30 元。

三、交通到达

景区距青岛机场 160 公里；距临沂机场 135 公里；连云港机场 120 公里。距日照火车站 20 公里。

自驾车：

（1）日兰日照出口→迎宾路→临沂路→滨海路→赶海园景区；

（2）日兰日照出口→成都路→滨海路→赶海园景区；

（3）沈海涛雒出口→涛雒镇→赶海园景区；

（4）万平口→迎宾路→临沂路→滨海路→赶海园景区。

公交车：

（1）日照汽车东站（石臼）→赶海园景区；

（2）日照汽车总站→涛雒镇→赶海园景区。

四、住宿服务

景区按照生态化、精品化的原则建设了刘家湾别墅度假村、东海聚度假村，开发了以"住渔家屋、吃渔家饭"为主题的民俗旅游村，目前已具备千人接待能力。

五、活动体验

景区内专门辟有现场制作区，可以亲手制作帆船模型、黑陶、沙画等手工艺品。

六、购物指南

游客在购物区可以买到称心如意的旅游纪念品和对虾、虾皮、虾米、鱿鱼丝、咸鱼、即食海蜇、蛏虾酱等特色海产品。

浮来青旅游度假区

一、景区简介

　　浮来青旅游度假区位于莒县夏庄镇，占地面积 2000 亩，是山东浮来山集团投资 3 亿元在 2000 亩有机茶园，10000 亩基地茶园的基础上打造的一处集旅游观光、休闲度假、餐饮住宿、培训学习一体的国家 AAA 级旅游景区。度假区总体规划布局划分为综合服务区、度假村、水岸风情商业街、浮来茗香区、休闲娱乐区、拓展训练六大功能区。度假区内有生态茶园 2000 亩，是国内唯一全部采用松林防护、微喷灌溉的有机茶园，先后被评为国家级茶叶标准化示范区、国家级茶叶生态示范园。

二、公共服务信息

景区地址：山东省日照市莒县夏庄镇
联系电话：0633-2951509

景区网址：http：//www.flqly.com/

公共邮箱：fls6626416@163.com

景区门票：60元/人；莒县当地游客携带身份证20元/位。70周岁老人、现役军人、伤残人士、记者凭有效证件免大门票；60~69周岁老人凭有效证件大门票5折优惠；在校学生凭学生证大门票5折优惠；儿童1.4米以下免门票；针对团队亲子游，若两位家长带一位儿童滑雪，实行免1.4米以下儿童滑雪票的优惠政策；洛阳至日照的客运车，浮来青作为一个临时休息点，凡是乘车旅客均可免费进入景区。

营业时间：夏季：8：00~17：30；冬季：8：00~17：00。

最佳旅游时间：除1~3月、11月外均为适宜旅游时间。

停车服务：景区停车场有3处，景区门口1处、接待中心1处、广场1处，最大容量为163辆，计划扩建停车场1处，停车免费。

三、交通到达

1.外部交通

度假区位于山东半岛蓝色经济区之内，是莒县重点规划的六大旅游片区之一，古莒茶乡旅游组团重要组成部分。东距日照港83.6公里，北距莒县县城24.6公里，西南距临沂51.8公里，西距临沂新国际机场20公里。西靠206国道，与日东高速公路莒县站出口毗邻，南侧有长深高速经过，交通十分便利。距莒县浮来山风景区44.5公里，沭河湿地公园32.1公里，西距北马坡村生态果园2.9公里，东距横山抗日根据地旧址旅游区19公里。

济南方向：济青南线→长深高速→日东高速→莒县、临沂出口下高速左转→G206，7公里→浮来青旅游度假区。

烟台方向：绕城高速/荣乌高速→沈海高速/同三高速→日兰

高速 / 日东高速 /G1511(经莒县收费站，朝临沂方向) → G206，7 公里→浮来青旅游度假区。

东营方向：东营区城区道（G18 方向转青州方向）→长深高速 /G25 →日兰高速 / 日东高速 /G1511(经莒县收费站，朝临沂方向) → G206，7 公里→浮来青旅游度假区。

枣庄方向：薛城区城区道（济南 / 徐州方向）→京台高速 / 京福高速→岚曹高速 /S38 →京沪高速 /G2 →日兰高速 / 日东高速 /G1511(经莒县收费站，朝临沂方向) → G206，7 公里→浮来青旅游度假区。

日照：迎宾路上高速→莒县临沂出口下高速→沿临沂方向 7 公里（206 国道右侧）。

莒县：206 国道临沂方向→夏庄镇驻地南 3 公里。

2. 内部交通

游客可在景区内免费乘坐流动式旅游观光车，观光车在漂流、接待中心、老茶园、茶缘广场、鹿园、茶文化苑、高尔夫四季滑雪场、商业街、娱乐设备区、炒茶体验区定点停车，只观光不游玩大约需要 30 分钟。

四、住宿及餐饮服务

浮来青生态度假村
地址：山东莒县夏庄镇浮来青旅游度假区内
电话：0633-6858677

五、活动体验

"春品茶、夏赏园、秋采果、冬滑雪"，每个节假日都会有相应的主题活动以回馈游客。

六、购物指南

当地特产有山东浮来青绿茶、红茶；银杏果（保鲜）、银杏开心果、银杏开心果；芝麻盐；文心酱菜：老咸菜、八宝豆豉、油香八宝、文心八珍；杂粮：红豆、绿豆、杂粮、小米；菌类：小山珍、黑木耳；银杏诸哥鸭；紫薯粉皮。

七、周边可供游客关联消费的旅游项目

周边景区有天马岛、115师、浮来山、五莲山、沭河公园、文街等。

竹洞天风景区

一、景区简介

日照竹洞天风景区位于日照城区西端，景区总面积 1000 多亩，其中毛竹面积 200 多亩，其他竹子面积 400 多亩，水域面积 400 多亩，是南竹北移的成功典范。景区享有"北方第一竹"之美誉。这里既是一个天然氧吧，又是一个天然的竹子博物馆。景区是山东省电视台外景拍摄基地，被国家旅游局评为"全国农业旅游示范点"，被国际旅行商协会评为"中国最具吸引力的地方"，2008 年被评定为国家 AAA 级景区。

二、公共服务信息

景区地址：山东省日照市海曲西路西端

联系电话：0633-8275166

景区网址：www.zhudongtian.com.cn

公共邮箱：zhudongtianrz@163.com

景区门票：40 元 / 位。身高 1.3 米以下的儿童免票；身高 1.3~1.5 米的儿童、残疾人、60~70 周岁的老年人凭有效证件享受半价优惠；伤残军人、现役军人、70 周岁以上的老年人凭有效证件免票。

营业时间： 旺季：7：30~18：30；淡季：8：30~17：00。

最佳旅游时间： 景区旅游时间四季皆宜，让您在一年四季观赏到不同的景色，春赏笋竹："昭苏万物春风里，更有笋尘出土忙"；夏看雨竹："狂风竿不弯，暴雨肤更洁"；秋观摆竹："迎风更潇洒，亮节益韧坚"；冬览雪竹："贞姿曾冒雪，高节欲凌云"。

停车服务： 景区有专设停车场，位于景区对面，共有200多个停车位。

三、交通到达

自驾车：

日东高速日照出口下，前行200米左首第一个"T"型路口左拐北行至海曲路，再左拐西行沿海曲西路直走至中国石化第35加油站（此加油站位于三岔路口的中间）左拐按路标指示约直行2.5公里即可到达竹洞天风景区。

公交车：

由长途汽车站乘坐15路公交车终点站即到。

四、餐饮服务

景区在民族文化大餐——侗苗民族歌舞演出基础上，又隆重推出了具有浓郁侗族特色的餐饮文化项目——"百家宴"。"百家宴"又名"长桌宴"，是侗族最盛情、最隆重的待客宴席。

五、活动体验

景区在每年节假日都会举办"竹文化节"、"结缘竹笋宝宝，伴我快乐成长"、"超级运动会——休闲畅游竹洞天，临门一脚中大奖"、"魅力洞天　快乐休闲"、"发射航模火箭　展览爱国图片"等主题节庆活动，丰富景区内涵和提高景区知名度。

沭河湿地公园

一、景区简介

　　沭河湿地公园，是莒县东部新区主要的景观亮点工程，于2008年9月免费向社会开放。公园基础设施完善，文化内涵丰富，生态功能明显，受到游客的广泛好评，年接待游客150万人次。2011年被国家旅游局评为"国家AAA级旅游景区"。2012年沭河公园顺利通过山东省水利风景区的考核验收，并申报了山东省重点公园。2013年被山东省省林业厅授予"省级湿地公园"。

二、公共服务信息

景区地址： 山东省日照市莒县县城文心东路东首

联系电话： 0633-6206079

公共邮箱： shuhegongyuan@163.com

三、交通到达

（1）335省道、日兰高速莒县龙山出口沿莒县旅游大道直达；

（2）日兰高速莒县东（长岭）出口右转沿225省道左转直行即达；

（3）长深高速沂南浮来山出口左转沿336省道、振兴路直行即达；

（4）206国道右转沿古城路、浮来路、文心路、振兴路都可直达景区；

（5）莒县县城乘坐3路、5路、7路公交车沭河公园站下车即到。

四、住宿服务

莒国大饭店

地址：山东省日照市莒县青岛路与文心路交汇处

电话：0633-6166666

莒县尚客优商务酒店

地址：莒县文心东路499号

电话：0633-6669789

五、餐饮服务

莒县齐老五生态美食园

地址：莒县文心东路沭河湾西300米路南

电话：0633-3908999

莒县管氏兔子头酒店

地址：莒县文心东路沭河湾西 300 米路南

电话：18606333198

汉丽轩自助烤肉超市

地址：莒县振兴路与青岛路交汇处新世纪蓝湾东 10 米

电话：0633-2160011

莒县任记全羊馆

地址：莒县莒州路电业大厦南 200 米

电话：13863350101

大青山景区

一、景区简介

　　五莲县大青山风景区坐落于鲁东南黄海之滨，距日照市五莲县城 7 公里，总面积 30 平方公里，是国家 AAA 级旅游景区、省级森林公园、省级原生态功能保护区、省级原生态旅游景区、日照市产业文化示范基地。以"秀、幽、奇、旷"四大特色著称。景区内群峰拱围，百壑竞流，植被类型异常丰富，森林覆盖率达 90% 以上。是一处集习拳健身、休闲度假、康体养生于一体的旅游胜地。景区 36 峰、108 洞、6 潭、3 峡、9 峪、4 甸、8 坪，有拥翠峡、八仙洞、揽岳塔、古城堡、龙湫峡戏水涉水、青山栈道等 200 余处景点，并有山地滑车、空中飞人、滑草、儿童乐园等游乐项目及踏瀑戏水、攀登网、高空架、毕业墙等拓展项目。

二、公共服务信息

景区地址：山东省日照市五莲县城南七公里处
联系电话：0633-5882222

景区网址： www.daqingshan.com

公共邮箱： wldqs@163.com

景区门票： 40元/人，购买门票时发放景区餐饮代金券10元。

营业时间： 7：30~18：00。

最佳旅游时间： 4~10月。

停车服务： 景区各处有大、小型停车区10个，总面积约12000平方米，分别为太极广场停车场、八仙洞停车场、拥翠峡停车场、龙湫峡停车场等，在节假日车辆高峰期可以停放大小型车辆600余辆。平时免费；清明、五一、十一等国家法定节假日，每辆车收费5元。

三、景区导览

四、交通到达

1. 外部交通

大青山旅游风景区坐落于山东省东南部，位于五莲县城西南7公里处。东距青岛港、机场160公里，南距日照港50公里，北距"风筝都"潍坊110公里。距五莲县汽车客运站、火车站均15公里。南临日东高速公路10公里，东依同三高速公路15公里。经S222省道可直达景区。

周边城市

（1）潍坊到五莲108公里，潍坊出发：顺潍州路南行沿206国道，到安丘西收费站，上222省道，到诸城西外环、枳沟直达五莲大青山。

（2）青岛到五莲160公里，青岛出发：出市区过胶州湾大桥，上青兰高速五莲安丘出口下高速，到枳沟沿222省道往南行驶出五莲县城7公里路西到达大青山。

（3）临沂到五莲120公里，临沂出发：进入长深高速朝济宁日照方向，到日兰高速到西湖出口，到陈疃向北行驶26公里到达大青山。

（4）济南到五莲300公里，济南出发：东上青兰高速，五莲安丘出口下高速，沿222省道往南行驶出五莲县城7公里路西到达大青山。

（5）日照到五莲40公里，日照出发：海曲路到222省道，到陈疃向北行驶26公里到达大青山。

2. 内部交通

景区入口和游客集散中心有明显的导览全景图、景点讲解和展示图。景区引进国外先进的山地景区管理模式，建有特色游客漫步道。景区内部主要为电瓶车及自驾车为主。

五、住宿服务

风景区内建有王廷宾馆、玉兰阁宾馆、森林木屋、国际村中式会所、国际太极酒店等住宿设施。

六、餐饮服务

国际太极酒店
地址：山东省日照市五莲县大青山风景区内
电话：0633-5882222

七、活动体验

（1）大青山国际太极拳大赛：
举办时间：5月。
地点：五莲县大青山风景区内
游客参与方式：报名参赛、现场观摩等方式
（2）4~10月采摘草莓、板栗、枣子、桃子，夏季每晚啤酒晚会，篝火、露营、烧烤、国外友人不定期音乐会，火舞表演，书画展，写生，板栗节等。常年英语外教课，夏令营和冬令营，全程外教面对面教授、训练口语、同吃同住。
（3）在海拔560米的山顶广场上举办的篝火晚会，是夏季的大青山最具特色的活动之一。
（4）5月全省最大面积原生态槐花节。

八、购物指南

当地特产主要有笨鸡、笨鸡蛋、小米、自制洋姜咸菜、太极棒、太极剑等。

多岛海景区

一、景区简介

    多岛海 AAA 级风景区坐落于美丽的海滨城市日照市岚山区城区南部，地处海州湾畔，濒临黄海，面海背山，是国内不可多见的南向临海岸线。景区内有全国唯一的海上摩崖石刻——海上碑。景区规划设计以水为灵魂、以岛为载体。景区主要由海水浴场、赶海园、海上碑公园、风帆广场、生态广场组成。魅力无穷的多岛海风景区是您休闲、购物、游玩的理想之地，是能代表日照"蓝天、碧海、金沙滩"特色的景区之一。

二、公共信息服务

    景区地址：山东省日照市岚山区城区南部，多岛海大道南侧

    联系电话：0633-2990328

    景区门票：免费。

    最佳旅游时间：3~10月。

    停车服务：景区有停车场 4 处，分别在主景区 3 处，海上碑 1 处，最大容量260辆；收费标准为：大车20元，小车10元。

三、景区导览

四、交通到达

1. 外部交通

从同三高速出口到明珠路口右转 1600 米到海州路口，然后左转到万斛路，随后右转到多岛海大道，再左转即到景区，全程 4.5 公里，用时 10 分钟。

2. 内部交通

从多岛海景区入口到景区核心区 5 分钟，到海上碑 5 分钟。

五、住宿服务

曲阜裕隆大酒店

鲁圣大酒店

电话：0633-6196699　传真：0633-6196666

多岛海酒店

地址：山东省日照市岚山区海州路 199 号

电话：13506338766

依海渔村酒店

地址：山东省日照市岚山区

六、餐饮服务

山东八大碗（岚山店）

地址：山东省日照市岚山区金牛岭路与海滨路交汇处

电话：0633-2988088

七、购物指南

当地海鲜主要有对虾、乌鱼蛋、扇贝和西施舌等；另外还有各种工艺品、纪念品、茶叶、日用百货等。

八、周边可供游客关联消费的旅游项目

周边景区主要有阿掖山、蹬山风景区、圣公山风景区。

阳光海岸梦幻海滩公园

一、景区简介

梦幻海滩景区东到大海，西邻水运基地，南接万平口风景区，北至太公一路，占地面积61万平方米，梦幻海滩景区目前已成为集文化、旅游、休闲、时尚、运动于一体的海滨旅游目的地，成为广大市民休闲的游乐园和日照人民接待八方宾朋的会客厅，成为展现日照海洋特色新兴城市形象的重要标志性景观区。景区以"人与自然和谐共生"为主题理念，以恢复和营造自然生

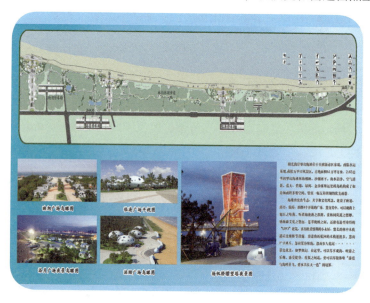

态环境为目标来打造环保空间。海滩内突出生态、共享、文化、环保的理念，以日、月、水、云四个元素为主题。

二、公共服务信息

景区地址： 山东省日照市碧海路

联系电话： 0633-8311150

景区网址： http://www.dongjiatan.com

停车服务： 景区停车场分 4 部分，由南往北依次为泊烟广场停车场、临涛广场停车场、浴月广场停车场、映旭广场停车场，总面积 4.3 万平方米，大小停车位 1200 个。

三、交通到达

1. 外部交通

从日东高速日照东出口下，沿迎宾西路→海曲东路→碧海路→梦幻海滩公园，全程 20 分钟。

2. 内部交通

景区内部主要以电瓶车、步行为主要方式，自泊烟广场至映旭广场全长 2650 米，途径泊烟广场、临涛广场、浴月广场、映旭广场，步行用时约 50 分钟路程。

四、住宿服务

君临天下大酒店

电话：3999999

蓝海国际大饭店

电话：8867888

尚客优连锁快捷酒店

地址：梦幻海滩公园映旭广场

电话：0633-2165989

五、活动体验

"春品茶、夏赏园、秋采果、冬滑雪"，每个节假日都会有相应的主题活动以回馈游客。

花仙子风景区

一、景区简介

日照花仙子农业发展有限公司坐落在拥有"联合国人居奖"称号的海滨城市日照，离市区20公里，依日照西湖水畔而兴建。景区建立在凤凰台遗址之上，相传曾是凤凰栖息求爱的地方，有凤求凰的美丽神话传说，所以给花仙子赋予了浓厚的浪漫气息，景区自2012年成立以来先后被评为：山东省休闲农业乡村旅游示范点、山东省重点文化产业园、山东省青少年科普基地、日照市林业龙头企业、日照市青少年科普基地、日照市重点文化产业基地示范点、日照市农业产业化市级龙头企业、日照市东港区2013年度服务业发展先进企业、国家AAA级旅游景区。

二、公共服务信息

景区地址：山东省日照市东港区西湖镇驻地
联系电话：0633-8853688
景区网址：www.rzhxz.com

营业时间：8：00~18：00。

景区门票：成人票 40 元／人。学生持学生证可享受半价优惠；60~70 岁的老年人持身份证等有效证件可享受半价优惠；1.2 以下儿童享受免票政策；70 岁以上凭老年证等有效证件可享受免票政策；军人凭有效军官证可享受免票政策。

最佳旅游时间：4~11 月。

停车服务：景区停车场建在景区大门入口处，现可容纳 700 辆车同时停放，现行停车费为每车收费 5 元。

三、交通到达

参考路线：日兰高速西湖出口下高速转 222 省道南行两公里。

四、住宿服务

景区内设有以十二星座为主题的"花仙子爱的小屋"，内设双人床、洗浴间、智能电脑电视一体机。景区周边有农家乐住宿可供选择。

五、餐饮服务

景区内设有生态有机餐厅

地址：日照花仙子风景区

电话：0633-8153789

六、活动体验

景区内设有陶艺吧，来景区的游客都可以体验中国传统文化陶艺中的拉坯或手捏；景区内设有大型蝴蝶科普馆，游客可通过蝴蝶标本展等普及蝴蝶科普知识；还有各种娱乐设备可供游客休闲娱乐体验假期的乐趣。

七、购物指南

当地特产主要是与花有关的纪念品，如各种干花、香薰精油、十二花仙纪念版，另外还可以自己动手制作有纪念意义的陶艺作品、蝶恋花之蝴蝶标本、蝴蝶模型、蝴蝶玩具等。

八、周边可供游客关联消费的旅游项目

周边景区主要有龙门崮旅游度假区、竹洞天风景区、国家级海滨森林公园。

祥路碧海生态茶园

一、景区简介

祥路碧海生态茶园位于日照市岚山区高兴镇，北依日照市区，东临日照开发区，距国家一类开放口岸——日照港15公里、岚山港40公里，本身位于沈海高速公路日照服务区，交通十分便利。优越的海洋气候条件和北部山区的天然屏障，孕育了高兴茶"叶片厚、滋味浓、香气高、耐冲泡、上市早"的独特品质，被誉为"江北第一茶"。祥路碧海生态茶园依托高兴镇地理优势和资源优势，逐步打造一流的茶叶品牌和旅游品牌。

二、公共服务信息

景区地址：山东省日照市高兴镇同三高速日照服务区

联系电话：0633-2982959

景区地址：www.rzxlbh.com

公共邮箱：rzxlbh@163.com

景区门票：未定。

营业时间：夏季：7：00~19：00；冬季：8：00~18：00。

最佳旅游时间：春夏季节。

停车服务：景区处于同三高速日照服务区，服务区内有停车场4处，可容纳车辆1000辆，景区东区可容纳车辆50辆。

三、交通到达

1.外部交通

祥路碧海生态茶园景区位于沈海高速日照服务区，距离日照市区15公里，借助深海高速，连通青岛、临沂、江苏连云港等，东西南北交通十分方便。

2.内部交通

景区内设有电瓶车参观路线、木栈道参观路线等，各条线路都设有游客导向指示牌。

四、住宿服务

景区位于同三高速日照服务区，服务区内的宾馆可以提供住宿服务。游客也可驾车15分钟去往日照市区内宾馆住宿。

五、餐饮服务

同三高速日照服务区可以提供自助餐，也可驾车去市区体验渔家乐等更多餐饮服务。

六、周边可供游客关联消费的旅游项目

周边景区主要有万平口风景区、龙门崮风景区、竹洞天风景区、五莲山风景区等。

凤凰山百果谷生态旅游区

一、景区简介

凤凰山百果谷是国家 AAA 级景区，省级"乡村旅游示范园"、市级"休闲渔业示范点"。北起寨山流域，南至七连山风景区，距县城 9 公里。凤凰山百果谷生态旅游区集采摘、休闲、餐饮、娱乐于一体的开放式景区，本着高标准规划、高起点建设的原则，先后建设了道路、停车场、山门、游客服务中心等基础设施，完善了国家健身步道、登山木栈道、水上观景栈道、休憩亭、游乐园等相关配套设施，设立体验采摘区、游乐区、垂钓区、拓展区、休闲区五大功能区，满足不同游客需求。

二、公共服务信息

景区地址：山东省日照市五莲县松柏镇驻地西 1 公里处
联系电话：0633-5512138
公共邮箱：songbaikxm@126.com
景区门票：免费。
营业时间：旺季：6：30~17：30；淡季：8：00~5：00。
最佳旅游时间：3~10 月。
停车服务：景区专设停车场 3 处，山门南 1 处，凤凰山庄 1 处，樱桃园 1 处，停车免费。

三、景区导览

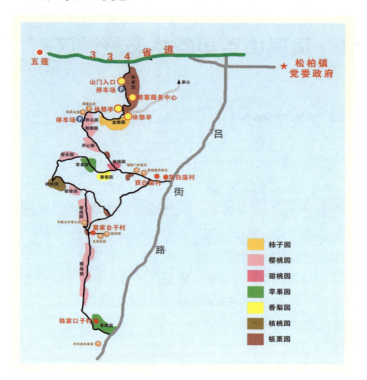

四、交通到达

　　凤凰山百果谷生态旅游区坐落于山东省东南部，在松柏镇建成区内，位于五莲县城西南 8 公里处。东距青岛港、机场 160 公里，南距日照港 40 公里，北距"风筝都"潍坊 110 公里。距五莲县汽车客运站，火车站均 17 公里。经 334 省道可直达景区。紧靠风景秀丽的国家 AAAA 级森林公园九仙山风景区和七连山风景区。

五、住宿服务

小镇风情商务宾馆

地址：山东省日照市五莲县松柏镇驻地

祺达庄园宾馆

地址：山东省日照市五莲县松柏镇刘家南山村

六、活动体验

（1）3月中旬~4月下旬赏花节

地点：驼石沟村、刘家南山村、百果谷

主题：赏花游玩（免费）

（2）5月上旬~6月中旬樱桃采摘节

地点：刘家南山村、百果谷等

主题：樱桃采摘（按樱桃市场价格收费）

（3）7~8月啤酒烧烤节

地点：百果谷

主题：啤酒烧烤（按市场价格收费）

（4）9月下旬~10月下旬金秋采摘节

地点：驼石沟、百果谷、刘家南山村等

主题：金秋采摘休闲娱乐（按林果市场价格收费）

七、购物指南

当地特产有樱桃、板栗、南山蜂蜜、民间根雕。

八、周边可供游客关联消费的旅游项目

青岛日照方向→九仙山→刘家南山（赏千亩樱桃花、卡垛山黄花鞭、樱桃采摘、午餐）→七连山（四面佛）→百果谷生态旅游区（全国健身步道、赏花、采摘板栗、樱桃等、户外拓展、儿童游乐）→湖光山色旅游度假区（休闲度假、餐饮、娱乐）→驼石沟杏花村（赏杏花、品杏、摄影、写生基地）→马耳山→龙潭湖景区→返回。

莒县潍坊方向→五莲→湖光山色旅游度假区→齐长城遗址→驼石沟杏花村（赏杏花、品杏、摄影、写生基地）→马耳山庄午餐→百果谷生态旅游区（全国健身步道、赏花、采摘板栗、樱桃等、户外拓展、儿童游乐）→七连山（四面佛）→刘家南山（赏千亩樱桃花、卡垛山黄花鞭、樱桃采摘）→九仙山景区→返回。

山东省A级旅游景区自由行手册

（中）

主　编　于风贵

副主编　王春生　蒋卫东　王晨光

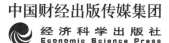

中国财经出版传媒集团

经济科学出版社

Economic Science Press

《山东省 Ａ 级旅游景区自由行手册》

编　委　会

主　编　于风贵

副主编　王春生　蒋卫东　王晨光

编　委　魏晓林　骆万飞　马高宝　李志宏　陈际锦

　　　　牟　云　邱兆水　张兴春　郑　元　蔡新杰

　　　　张荣英　张明战　陈常密　孙　兵　程会增

　　　　郭洪明　白凤兰　齐云婷

编写说明

　　《山东省A级旅游景区自由行手册》由山东省旅游发展委员会发起并编撰而成。本书旨在推动全省1000余家A级旅游景区适应"大众旅游时代"和全域旅游发展新形势，为广大自由行游客提供专业化、多类别、全要素和高品质的旅游景区服务产品。本书的策划、汇编和发行过程，也是一次由省、市旅游主管部门发起，由全省所有A级旅游景区集体参与的品牌营销活动，希望能在新的市场契机下，共同擦亮"A级旅游景区"这一金字招牌，在全面提升全省旅游景区市场吸引力的同时，为促进山东省全域旅游发展发挥积极作用。

　　为方便游客携带，本书确定了以AAA级旅游景区为限，并依照地理位置不同，把山东半岛划分为东中西三部分，形成上中下三册的编撰格式，主要编选了AAA级197家、AAAA级138家以及AAAAA旅游景区9家的相关资料。①

----

　　① 本书编选的旅游景区星级确定的截止时间为2016年12月31日。

　　本书由山东省旅游发展委员会主任于风贵同志亲自担任主编，副巡视员王春生同志、规划处长蒋卫东同志、山东大学旅游管理系王晨光教授担任副主编，全省十七市旅游发展委员会分管副主任担任编委。在编撰过程中，得到全省十七市旅游管理部门、域内所有 A 级旅游景区以及国家级知名出版社——经济科学出版社的大力支持，谨此向上述单位表示衷心感谢！还要说明的是，部分景区因所提供的素材未达要求，本次我们只能忍痛割爱，并期待在后续活动中能展现更多山东优秀旅游景区的风采。

编委会

2017 年 1 月

目录 Contents

淄 博 市

国家 AAAA 级旅游景区

国家 AAA 级旅游景区

临 沂 市

国家 AAAAA 级旅游景区

国家 AAAA 级旅游景区

国家 AAA 级旅游景区

滨　州　市

国家 AAAA 级旅游景区

东 营 市

国家 AAAA 级旅游景区

国家 AAA 级旅游景区

淄　博　市

山东省Ａ级旅游景区

自由行手册

福王红木博物馆

一、景区简介

福王红木博物馆为国家 AAAA 级旅游景区。景区位于素有"旱码头"之称的淄博市周村区，隶属于山东福王家具有限公司。福王红木博物馆占地 11.75 亩，建筑面积 15000 平方米，2011 年 9 月 23 日 对外开放，目前是国内最大的民办红木文化博物馆。中国书画大师范曾先生为福王红木博物馆题写馆名。

二、公共服务信息

景区地址：山东省淄博市周村区周隆路（309 国道）4567 号

景区电话：0533-6823333　**传真：**0533-6825779

景区网址：www.cnfuwang.com

景区邮箱：fuwanghongmu@163.com

景区门票：30 元 / 人 / 次。

景区免票政策：持有国家旅游局颁发的导游证和旅行社总经理资格证的导游人员及从业人员；1.40米以下儿童；离休干部、现役军人（含军队离退休干部）、残疾人凭有效证件；70周岁以上老人凭身份证或优待证等有效证件。

景区半价优惠政策：60~69周岁老人凭身份证或老年证；在校学生凭学生证和身份证；按照国家有关规定，其他应当实行门票优惠的人员从其规定。

营业时间：8：00~17：00，全年除春节假期外正常营业。

停车服务：景区停车场1000余平方米，共有60个小车停车位，3个大车停车位。

三、交通到达

1.外部交通

济南遥墙机场距离福王红木博物馆75.3公里，全程为高速路。滨博高速淄博新区收费站距离福王红木博物馆6.8公里。淄博火车站距离福王红木博物馆12.6公里。淄博长途客运站距离福王红木博物馆9.2公里。福王红木博物馆位于309国道周村段。309国道路面为国家一级硬化路面，路面平整，为双向八车道。

游客如果自驾车走青银高速，可行至青银高速周村段，从周村、长山出口下高速，出周村收费站后行至正阳路左转，至309国道与正阳路路口处左转，前行4公里左右及到达。

从济南前往福王红木博物馆，可沿经十路（309国道）东行。福王红木博物馆坐落于309国道周村段，沿途均有路标指示牌指示。

游客从滨博高速前往福王红木博物馆，可在淄博新区收费站下高速后转至周村方向，前行 6 公里左右即到达。

2. 内部 / 附近交通

福王红木博物馆地处周村城东南，离周村城区 10 公里左右，离淄博市中心城区 16 公里左右，开车抵达商业和住宿宾馆所需时间为 20~35 分钟。也可乘坐城市公交客车，抵达商业和住宿宾馆所需时间为 30~55 分钟。

四、住宿服务

锦江之星（正阳路店）连锁快捷宾馆

电话：0533-6058888　传真：0533-6058887

五、餐饮服务

周村区馨怡斋大酒店

地址：位于周村正阳路与 309 国道交叉路口向西 50 米路北。

六、活动体验

游客在福王红木博物馆可实地参观福王红木家具生产工艺过程，亲手插接红木各种榫卯结构，感受中式家居文化的文化内涵和欣赏展示的各种名贵红木材质及各具特点的明清风格红木家具。

七、购物指南

福王红木博物馆为传播红木文化，在红木馆大厅一角设立旅游购物场所，专门销售红木工艺品和手把件，明码标价，货真价实，并配套规章制度进行管理。在此可购买货真价实的红木串珠、红木摆件等。

八、周边可供游客关联消费的旅游项目

周村古商城景区位于山东省淄博市周村区，周村古商城也叫大街。

国井酒文化生态博览园

一、景区简介

国井酒文化生态博览园隶属于国井集团，是国家 AAAA 级旅游景区。该园区整合优质丰富的黄河自然生态资源、深厚的国井扳倒井酒历史文化资源，以及高青人文资源的文化生态旅游园区，体现了文化生态旅游的特色，包括了极具历史底蕴的国井酒文化博览园与现代科技的国井白酒产业园。园区被评为山东省工业旅游示范点，荣获中国第八届国际齐文化旅游节贡献奖、山东最受欢迎工业旅游景区扳倒井工业旅游示范点。

二、公共服务信息

景区地址：山东省淄博市高青县县城中心路 55 号

联系电话：0533-6973125

景区网址：www.bandaojing.cn

景区邮箱：66788@126.com

景区门票：15 元 / 人。

停车服务：景区专设停车场 2 个，在景区内；最大容量为 512 个停车位；停车场免费。

三、景区导览

四、交通到达

1. 外部交通

游客到本景区道路选择方案：滨博高速→高青收费站→潍

高路→黄河路→中心路。

2. 内部 / 附近交通

景区内部的交通方式：步行；所需的通行时间为 60 分钟。景区到周边主要商业和住宿设施的通行方式：驾车；所用时间为 5~10 分钟。

五、住宿及餐饮服务

高青迎宾馆

地址：山东省淄博市文化路 30 号

电话：400-755-8888　0533-6973999

六、活动体验

在景区齐鲁酒文化博物馆三楼拥有品酒互动体验区，游客可在此参与品酒等活动。每年农历二月初二有拜酒祖仪狄大典活动；9 月 23 日为"国井 1915 酒庄日"；每年 9 月景区都举办大宋国井封藏大典等各项活动。游客可免费参与互动。

七、购物指南

当地特产为国井——扳倒井系列白酒，该产品入选好客山东"到山东不得不买的 100 种旅游商品"。

淄博开元溶洞生态文化旅游区

一、景区简介

　　淄博开元溶洞生态文化旅游区，是国家重点风景名胜区、国家ＡＡＡＡ级旅游景区。开元溶洞因洞内有唐代开元年间的摩崖石刻而得名。开元溶洞以其精妙绝伦的自然景观和内涵丰富的古老文化遗存，被国家岩溶地质专家称为山东省罕见的洞穴资源，题名"山东第一洞"。洞体大而高，分为8个大厅，每个大厅特色独具、精彩纷呈。洞内空间大，气势宏伟，各种钟乳石姿态各异，鬼斧神工，浑然天成，置身其中，如入仙境。

二、公共服务信息

　　景区地址：山东省淄博市博山区源泉镇

水帘洞景观

景区电话：0533-4814200

景区网址：http/www.kyrd.net

景区邮箱：kaiyuanrongdong@126.com

公众微信号：zbkyrd

景区门票：成人 70 元 / 位；1.2 米以下的儿童免票；1.2 米以上的儿童 40 元 / 位；1.4 米以上的按成人收费。

营业时间：7：30~17：30。

景区最佳旅游时间：景区适宜全年旅游，冬暖夏凉、四季恒温。

停车服务：景区有大型停车场 6 处，面积 18000 余平方米，停车位 3000 多个，能够满足高峰期间旅游车辆停放的要求。

三、交通到达

1. 外部交通

公共交通：

从淄博公交车总站乘坐开元溶洞旅游 1 号车直达景区；

从博山公交车总站乘坐 13 路公交车直达。

自驾车：

济青高速→滨莱高速→博山出口下→右转向东南方向行驶→穿过马公祠隧道→沿盘山公路向下行驶→按景区指示牌行驶→开元溶洞。

2. 内部交通

景区内以步行为主，并配有旅游观光车。

四、住宿及餐饮服务

东岳名居公寓式宾馆
地址：山东省淄博市博山区源泉镇东高村
电话：0533-4439888

五、活动体验

景区每年4月19日是樱花节，8月30日是猕猴桃采摘节，10月20日是红叶节。

六、购物指南

景区主要旅游商品有陶瓷、琉璃、金鳟鱼、虹鳟鱼、桔梗。

七、周边可供游客关联消费的旅游项目

周边景区主要有鲁山国家森林公园、原山国家森林公园等。

淄博鲁山国家森林公园

一、景区简介

淄博鲁山国家森林公园被批准为国家AAAA级旅游景区。景区位于淄博市博山区池上镇，总面积6.3万亩，主峰观云峰海拔1108.3米，为鲁中最高峰，山东第四高峰，是淄、汶、弥、沂四河的发源地。鲁山动植物资源十分丰富，森林覆盖率达97%，有植物1300种，鸟类168种，兽类22种，昆虫561种，走进鲁山仿佛进入了一片绿色的海洋。公园现规划为六大景区，140多处景点，集山、水、林、泉、石、洞为一体，是鲁中一处不可多得的生态旅游区，是理想的森林浴场和天然氧吧，是人们休闲、游山、探险、度假、疗养、避暑的胜地。

二、公共服务信息

景区地址：山东省淄博市博山区池上镇

　　景区网址：www.zibolushan.com

　　微信号：lsly4880002

　　景区门票：50元/人。

　　游览时间：7：30~17：00；一年四季均可游览。

　　停车服务：景区内有锦鳞湖停车场、枣树峪停车场、镜泊湖停车场、游客中心停车场、鲁山宾馆停车场等专用设施。停车费5元/车；车辆进山管理费为15元/车。

三、景区导览

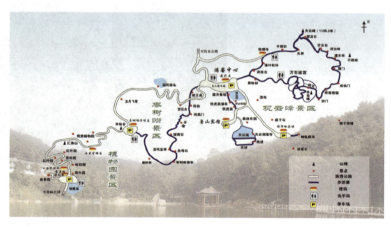

四、交通到达

1. 外部交通

（1）博山→南庄→崮山→源泉→小峰口→鲁山。

（2）济南→经十东路→王村→岭子→博山→鲁山。

（3）潍坊→临朐→三岔→池上→小峰口→鲁山。

（4）青岛→济青高速→滨新高速→博山下路口→鲁山。

2.内部交通

（1）枣树峪景区步游路（路程 4 公里，用时 2 小时左右）：枣树峪停车场→升仙台→枣树峪瀑布→龙凤石→云梯→凤凰门→雨林→梁王泉→鲁山停车场。

（2）观云峰景区步游路（路程 3.5 公里，用时 1.5 小时左右）：鲁山停车场（游客中心）→黑松林→万事迷宫→一线天→野葡萄园→鹰门→步云台→望龙台→观云峰（主峰 1108.3 米）→驼禅寺→落叶松林→鲁山停车场。

五、住宿及餐饮服务

鲁山宾馆

接待总台：0533-4886666

餐厅总台：0533-4889660

六、活动体验

4 月登山节、连翘花节；5 月槐花节；7~9 月休闲避暑；11 月红叶节。

七、周边可供游客关联消费的旅游项目

池上镇桃花溪景区——距离鲁山景区 5 公里；源泉镇开元溶洞景区——距离鲁山景区 15 公里；崮山镇焦裕禄纪念馆景区——距离鲁山景区 25 公里。

沂源牛郎织女景区

一、景区简介

沂源牛郎织女景区为国家ＡＡＡＡ级旅游景区，森林覆盖率92%。景区地貌特征逼真显现了"天上银河，地上沂河"、"在天成像，与地成形"的奇观，是"牛郎织女传说"目前在国内所能找到的唯一一处与实地实景相对应的文化遗存，被专家称为"中国爱情文化源地"。牛郎织女景区有织女洞、牛郎庙、牛郎织女民俗展览馆、世界爱情邮票博物馆、情人谷、织女泉、叶籽银杏、祈愿阁、九重塔、无生殿等人文景观和各种石刻碑林。

二、公共服务信息

景区地址： 山东省淄博市沂源县燕崖镇东5公里

景区电话： 0533-3440137　传真：0533-3440137

景区邮箱： znd3440137@163.com

景区网址： http：//www.zhongguoniulangzhinv.cn/

景区门票： 70元／人（门票无淡旺季之分）。

营业时间： 景区全年开放，淡季（冬天）：8：00~16：30；旺季（5月1日~10月31日）：8：00~17：30；周末及节假日：7：30~18：00。

停车服务：景区设有停车场 3 个，位于景区售票处周边；最大容量 2500 辆；小车收费 5 元，中巴以上收费 10 元（无时间限制）。

三、景区导览

四、交通到达

1. 外部交通

可由青兰高速公路经沂源出口和燕崖镇政府驻地到景区，或由沂源汽车站乘坐 505、506、507、508、509 路公交车到景区。

2. 内部交通

观光车：博物馆→织女洞→牛郎庙，大约用时 1 小时。

游步道：博物馆→织女洞→牛郎庙，大约用时5小时。

游船（仅限水面）：码头→1号坝，大约30分钟。

五、住宿服务

沂源县燕崖镇供电所招待所

地址：沂源县燕崖镇供电所对面

沂源县燕崖镇东辉村农家乐

地址：沂源县燕崖镇东辉村

六、餐饮服务

沂源县织女洞山庄

地址：在牛郎织女景区大贤山内

电话：13589510346

沂源县顺泰酒家

地址：在景区门口东50米

电话：13754760838

沂源县天马山庄

地址：位于沂源县燕崖镇政府对过

电话：0533-3440789

沂源县燕崖镇启占酒楼

地址：沂源县牛郎织女景区东400米

电话：18369327730

沂源县燕崖镇黑虎泉山庄

地址：沂源县燕崖镇杏花村

电话：13864322203

沂源县燕崖镇樱香农家乐

地址：燕崖镇政府东 100 米

电话：13792186606

七、活动体验

景区每年在七夕节之间举办中国（沂源）七夕情侣节，主要内容：情歌对唱、集体婚礼、演唱会、吕剧演出、工艺展、野炊、篝火晚会等。5~6 月有大樱桃采摘节，金秋十月有苹果采摘节。每年正月十五、三月初三、七月初七、十月十五等有庙会，会上有杂技、剧团演出、艺术表演等供游客欣赏。

八、购物指南

当地特产主要有油焖香椿、新城豆瓣酱、桔梗菜、紫薯粉皮、黑木耳、杂粮、牛蒡菜、脱脂猪蹄、大锅全羊、豆豉酱、沂蒙四宝、冬虫夏草、鲁源酒、核桃。

九、景区周边可供游客关联消费的旅游项目

周边景区主要有沂源县九天洞景区（江北最大溶洞群），沂源县鲁山森林公园，沂源县 618 战备电台，沂源县唐山景区，沂水天上王城，沂水地下大峡谷等。

潭溪山旅游区

一、景区简介

　　淄博潭溪山旅游区为国家 AAAA 级景区，位于世界短篇小说之王蒲松龄故里东南的淄川峨庄。旅游区现已开发奇特峡谷体验区、昭阳人文风情区、森林休闲运动区、避暑休闲度假区、龙脊画廊体验区、后备休闲产业区等 6 大功能区域。旅游区自然、人文景观丰富，最高海拔 867 米，可游览面积 9 平方公里，独立游览路线 3 条，全程游览时间 5 小时以上。旅游区内植被丰茂，森林覆盖率 80% 以上，空气负离子含量高达每立方厘米 10 余万个，是得天独厚的"天然氧吧"。一年四季，各有神韵，春赏山花烂漫，夏聆溪水潺潺，秋醉满山红叶，冬观银装素裹。

二、公共服务信息

景区地址： 山东省淄博市淄川区太河镇峨庄乡石沟村

景区电话： 旅游咨询电话：0533-5036666；餐饮会议电话：0533-5899999；游客中心酒店：0533-3067099；营销团队拓展：0533-3067066。

景区网址： www.tanxishan.com

景区邮箱： tanxishan@126.com

营业时间： 淡季：7：30~17：00　旺季：7：00~17：30

景区门票： 80元/人。（1）1.2米以上儿童、学生（凭学生证、学生卡等）享受半价优惠；（2）60周岁以上持证老年人、残疾人持残疾证享受半价优惠；（3）1.2米以下儿童（需购票成年人监护）、带队导游、现役军人、持军残证享受免票；（4）齐鲁年票旅游卡（全年无限次，法定节假日不使用、随团无效）享受60元/人的优惠。导游服务费100元/团次（按单条游览路线计算费用）。观光车20元/人。

停车服务： 景区专设停车场6处，位置在景区周围，最大容量1200辆。7座以下小型车10元/车；7座以上大型车20元/车。

三、景区导览

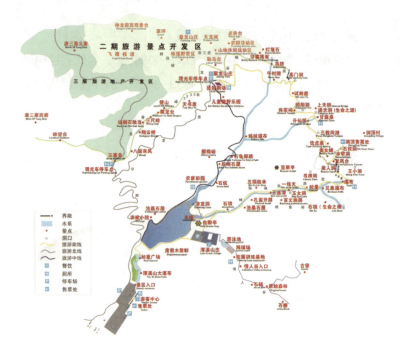

四、交通到达

1.外部交通

（1）张店、高青、桓台方向：张博路上淄川立桥东行→沿省道 325 东行至黑旺→见景区指示牌后右转太河方向→九工地→太河镇（太河水库）→潭溪山旅游区。

（2）淄川市区方向：洪山镇第十五中学处十字路口东行→崇正水泥厂分岔路左行→黑峪隧道→太河镇（太河水库）→潭溪山旅游区。

（3）东营、临淄（辛店）方向：东营沿 S231 至临淄→临淄转 S233 抵青州庙子向南直行→太河镇（太河水库）方向→潭溪山旅游区。

2. 内部交通

景区内部有观光车：20 元 / 人。

五、住宿服务

潭溪山庄

电话：总台：0533-5899999　餐饮部：0533-3067009

游客中心大酒店

六、餐饮服务

潭溪山庄可同时接待 500 余人就餐；游客中心酒店大厅可接待 200 余人同时就餐。

七、活动体验

景区有真人 CS 枪战、拓展训练等体验项目供游客参与。

八、购物指南

景区门口设有超市，景区内设有多个小卖点，给游客提供方便。

王渔洋故里景区

一、景区简介

　　王渔洋故里景区是国家 AAAA 级旅游景区，位于桓台县新城镇，包括王渔洋故居、忠勤祠、四世宫保坊等主要景点。王渔洋故居分为四大部分，生活区、生平区、园林区和祭祀区。忠勤祠是为王渔洋的高祖王重光所敕建，距今已有 410 余年历史，是一组典型的明代建筑。四世宫保坊始建于 1619 年，为表彰兵部尚书王象乾而敕建，被称作"华夏第一砖坊"，于 2013 年被列入国家重点文物保护单位。

二、公共服务信息

景区地址：山东省淄博市桓台县新城镇

景区电话：0533-8886806　8880148

景区网址：http://www.wangyuyang.gov.cn/

景区邮箱：wangyuyangjng@163.com

景区门票： 王渔洋故居门票价格为 50 元 / 人次；忠勤祠门票价格为 50 元 / 人次；通票价格为 80 元 / 人次。

优惠政策： 60 周岁（含 60 周岁）以上老年人凭有效证件免票；离休干部、现役军人（含军队离退休干部）、残疾人凭有效证件免票；6 周岁（含 6 周岁）以下或身高 1.4 米（含 1.4 米）以下儿童免票；6 周岁（不含 6 周岁）~18 周岁（含 18 周岁）未成年人、全日制大学本科及以下学历学生凭有效证件半票。

营业时间： 王渔洋故里景区全年开放（春节假期闭馆）；10 月 1 日 至 3 月 31 日：8：30~12：00，13：30~16：30；4 月 1 日至 9 月 30 日：8：30~12：00，13：30~17：00。

停车服务： 景区停车场有 2 处，位于王渔洋故居与忠勤祠景区门口，总面积 1000 平方米，可免费停放 100 余辆小型汽车。

三、交通到达

1.外部交通

王渔洋故里景区与 803 省道、东张铁路（东营—张店）相距 10 公里；南距淄博（张店）火车站 20 公里；济青高速公路 15 公里，东距滨莱高速公路 2 公里；距济南市区 90 公里，距济南遥墙国际机场 90 公里，驱车 50 分钟可到达济南。可接纳济南、张店、滨州、东营等方向的游客，非常方便中外游客来王渔洋故里景区观光旅游。王渔洋故里景区有市（镇）内公共交通线抵达。601 路公交车线，15 分钟一班车，6：00~18：00。71 路公交线，15 分钟一班，6：00~18：00。175 路公交线，15 分钟一班车，6：00~18：00。

2. 内部／附近交通

从王渔洋故居到忠勤祠步行大约5分钟，驾车大约1分钟。自王渔洋故居南门出口右拐，走100米到张田路左拐走100米到新立门，进门直走100米路北到忠勤祠。

四、住宿服务

新城文明旅社

地址：山东省淄博市桓台县238省道附近

电话：0533-8880676　13792180517

五、餐饮服务

新民大酒店

地址：山东省淄博市桓台县238省道附近

电话：0533-8888770

六、活动体验

游客在参观的同时可以体验古老的拓片制作技艺，还可以到我们的国学讲堂听渔洋故事，品国学经典。拓片制作随到随学，有专职老师教授；国学讲堂每周一讲，所有到景点参观的游客均可免费参与。

七、购物指南

本中心文化产品种类繁多，内容丰富，有"一代正宗王士禛"纪念王渔洋诞辰380周年个性化邮票册、"忠勤祠"个性化邮票册、《忠勤祠贴》、《手镜》、《渔洋山人手柬》、慈禧皇太后《平安富贵图》、康熙御笔"清慎勤"、鲁青瓷、瓷器、陶器、青铜器，拓片、名人书画等。尤其值得一提的是，为使游客身临其境拓片制作的古老工艺，本中心不仅有拓片制作视频可供观看，而且有专业老师指导互动。当地特产有宫家山药、四色韭黄、马踏湖金丝鸭蛋等。

八、周边可供游客关联消费的旅游项目

周边景区主要有马踏湖、红莲湖公园等。

沂源鲁山溶洞群风景区

一、景区简介

沂源鲁山溶洞群风景区位于沂源县城西北 7 公里的南鲁山镇境内，现为国家地质公园、国家森林公园、国家 AAAA 级旅游景区。景区主要由沂源溶洞群、"沂源猿人"遗址和沂源鲁山森林公园三部分组成，景区内山奇、水秀、洞幽、林美，以其独特的自然景观和古人类文化景观成为国内著名的旅游度假区。沂源猿人遗址发现的"沂源猿人"是迄今为止发现最早的山东人，也是黄河中下游地区最早的古人类。沂源猿人遗址填补了我国猿人地理分布的一个空白。沂源鲁山国家森林公园内有淄博第一瀑——玄云瀑布，鲁山一绝——望峰洞，江北海拔最高、面积最大的毛竹林——紫竹园，山东海拔最高的水库——鲁山水库等100 余个景点。

二、公共服务信息

景区地址：山东省淄博市沂源县城西北 7 公里的南鲁山镇境内

景区电话：0533-3680898　3680164

景区邮箱：lushanlinchang2006@126.com

景区门票：九天洞门票价格：50 元 / 人，鲁山森林公园门票价格：40 元 / 人。

营业时间：11 月至翌年 3 月：8：30~16：00，4 月至 10 月：8：00~16：30。

景区优惠政策：（1）免票：1.4 米以下儿童、现役军人（凭本人有效证件）、70 周岁以上老年人（凭本人老年优待证或有效身份证）享受免票政策。（2）半票：60~69 周岁老人、学生凭有效证件享门票市价半价。

停车服务：景区内现有大的停车场 5 处，面积共计 20000 平方米，分别为九天洞停车场、鲁山售票处停车场、锦绣谷停车场、紫竹林停车场、猿人峰停车场，停车场地面均为生态停车场。

三、交通到达

自驾车：

济南、德州：济青南线→鲁村出口或沂源出口→景点。

泰安：泰莱高速→济青南线→鲁村出口或沂源出口→景点。

聊城：济青南线→鲁村出口或沂源出口→景点。

青岛：济青南线→鲁村出口或沂源出口→景点。

枣庄：京福高速→泰莱高速→济青南线→鲁村出口或沂源出口→景点。

潍坊：青州→临朐→沂源→景点。

东营：东青高速→青州→临朐→沂源→景点。

滨州：淄博→沂源→景点。

威海：青威高速→济青南线→沂源东出口或沂源出口→景点。

烟台：同三高速→济青高速→沂源东出口或沂源出口→景点。

四、住宿及餐饮服务

锦绣谷山庄

地址：山东省淄博市沂源鲁山森林公园售票处西50米

电话：0533-3258699

泰源山庄

地址：景区九天洞停车场500米处

电话：0533-3688799

五谷园大酒店

地址：山东省淄博市沂源县南鲁山镇政府驻地距离景区2.5公里

电话：0533-3680158

周村古商城景区

一、景区简介

周村古商城景区是国家AAAA级旅游景区。周村历史上商业贸易发达，曾是山东省著名的商业重镇，也是中国古代丝绸之路的源头之一，素有"金周村"、"旱码头"、丝绸之乡、"天下第一村"的美誉。周村古商城景区现有保存完好的明清古建筑5万余平方米，被专家称为"中国活着的古商业街市建筑博物馆群"。现已被列入山东省历史优秀建筑名单，并作为山东省"文化历史与民俗"旅游区的开发重点，被列入"山东省旅游发展总体规划"。

二、公共服务信息

景区地址：山东省淄博市周村区大街 290 号

联系电话：0533-6436166

景区网址：http：//www.hanmatou.com

公共邮箱：Gushangcheng123@163.com

景区门票：70 元 / 人；打印优惠券，可享受八折优惠。

营业时间：旺季：8：00~17：30；淡季：8：00~17：00。

最佳旅游时间：景区属于暖温带季风气候，气候温和，雨量集中，四季分明，一年四季都适合游客参观旅游。

停车服务：景区有 4 个停车场，分别位于景区东口、西口、南口、北门，收费标准：5 元 / 车。

三、交通到达

1.外部交通

飞机	济南遥墙机场→济青高速→周村出口下高速→正阳路→正阳路与新建路路口右拐→到古商城景区北门。
铁路	从济南（青岛）方向来的游客到淄博（张店）下火车→坐 34 路公交车直达古商城景区北门。
公交	1.乘坐 34 路公交车，终点站下车。2.乘坐 238 路公交车，大街北口站下车。3.乘坐 96 路公交车，在周村银座站下车后，转乘 238 路公交车。
自驾	1.济青高速→周村出入口下高速→沿正阳路南行约 6 公里→正阳路与新建路交叉路口西行约 3 公里→古商城北门，下高速后约 20 分钟车程。2.滨博高速→淄博新区出入口下高速→沿 309 国道西行约 4 公里→309 国道与正阳路交叉路口北行约 3 公里→正阳路与新建路交叉路口西行约 3 公里→古商城北门，下高速后约 20 分钟车程。

2. 内部交通

景区内部主要交通方式为步行，游览全程大约3小时。景区到周边商业和住宿设施主要是步行，15分钟内即可到达。

四、住宿服务

景区周边有知味斋大饭店、嘉周宾馆、如家饭店等。

五、餐饮服务

周边有知味斋大饭店等。

六、活动体验

活动举办时间：划旱船、骑毛驴等民俗活动在春节、元宵节、五一、十一期间举行。抛绣球、真人雕塑、民间绝活表演、推碾子、推磨子等日常活动每天上班时间都正常举行。

地点：周村古商城景区内

游客参与方式：游客可以扮演成角色体验

收费情况：免费

七、购物指南

当地特产：丝绸产品：丝巾、睡衣。老粗布床单、蚕蛹、陶瓷、琉璃、桃木、烧饼、馍馍酱。

参考价格：丝巾 80 元、睡衣 480 元、老粗布床单 110 元、蚕蛹 38/ 提、陶瓷 280 元 / 套、琉璃 200 元、桃木宝剑 280 元、周村烧饼 70 元 / 提、馍馍酱 65 元 / 提。

八、周边可供游客关联消费的旅游项目

周边景区主要有蒲松龄书馆、李家疃等。

618 战备电台旧址风景区

一、景区简介

618 战备电台旧址风景区是国家 AAA 级景区、爱国主义教育基地和国防教育基地。它位于山东省沂源县鲁村镇，距县城 20 公里，离青兰高速鲁村出口 3 公里，西距省城济南

120 公里。618 战备电台是华东地区规模最大，保存最完整的战备电台，两条坑道总长 470 米，分别向东西、南北方向延伸，里面老式的广播设备、浓郁的军事战备色彩、神秘的洞中生活，无不打上了深深的时代印记。

二、公共服务信息

景区地址：山东省淄博市沂源县鲁村镇草埠村北临

联系电话：0533-6241714

景区网址：http://618.liaozhai.tv

公共邮箱：zbgd618@163.com

景区门票：40元（门票无淡旺季之分）。1.2米以下儿童免费，1.2~1.5米儿童半价；60~70岁老人半价，70岁以上老人免费；现役军人免费；军残免费。

营业时间：淡季（冬天）：8：30~16：30；旺季（夏季）、周末及节假日（5月1日~10月31日）：8：00~17：30。

停车服务：景区设停车场3个，位于景区内和景区旁边，共200个停车位，停车免费。

三、景区导览

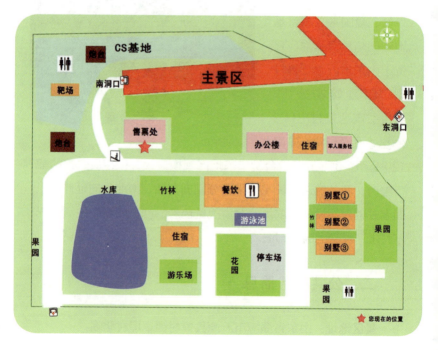

四、交通到达

（1）淄博方向：滨博高速→莱芜方向→转济青高速（青岛方向）→鲁村出口下（向北3公里）→618景区。

（2）青岛方向：青兰高速（济青南线）→鲁村出口下（向北3公里）→618景区。

（3）济南方向：青兰高速（济青南线）→鲁村出口下（向北3公里）→618景区。

（4）东营方向：①东青高速→青州→临朐→沂源县城→草埠→618景区。

②长深高速→济青南线（马站立交转济南方向）→鲁村出口下（向北3公里）→618景区。

五、住宿及餐饮服务

618广电度假村

地址：位于景区内（步行5分钟时间）

电话：0533-6241688

六、活动体验

CS反恐游戏、射击靶场、打飞碟，无节庆活动。

七、购物指南

当地特产有油焖香椿、新城豆瓣酱、桔梗菜、紫薯粉皮、黑木耳、杂粮、牛蒡菜、脱脂猪蹄、大锅全羊、豆豉酱、沂蒙四宝、冬虫夏草、鲁源酒、核桃。景区内无购物店。

八、周边可供游客关联消费的旅游项目

周边景区主要有沂源牛郎织女景区、沂源县九天洞景区（江北最大溶洞群）、沂源县鲁山森林公园。

博山陈仕红木品鉴馆

一、景区简介

　　博山陈仕红木休闲品鉴馆定位于"休闲、品鉴"，遵循"自然、现代、简约"的设计原则，既是一个红木家具销售展厅，又是一座弘扬中华民族红木文化的收藏馆和品鉴馆，更是现代人文休闲的高雅场所，将中式红木、博山文化、齐鲁文化、体验鉴赏融为一体，实现了文化效应和经济收益的双赢。2012 年 6 月景区开业被确定为省级工业旅游示范点，2015 年 4 月被评为 AAA 级旅游景区。

二、公共服务信息

景区地址：山东省淄博市博山区八陡镇和平村

联系电话：0533-4518957

景区网址：www.sdchenshi.com

公共邮箱：415092311@qq.com

景区门票：免费。

营业时间：旺季：8：00~17：00；淡季：8：30~16：30。

最佳旅游时间：每年 4~10 月。

停车服务：馆外专设大型停车场 1 处，面积共计 3600 平方米，暂不收费。

三、交通到达

陈仕红木品鉴馆位于著名的陶琉之乡淄博市博山区八陡镇境内，交通便利。门前公路往东可直达沂源县、日照市、青岛市，往西直通济青滨莱高速。胶济铁路横贯东西，济青、滨莱高速公路交叉而过，依托博山城区有高速路进出口，距离博莱高速下路口 10 公里，省道仲临路、博沂路、湖南路以及博八铁路穿境而过。在博莱高速路口及仲临路设有专用交通标识，方便游客顺利到达园区。

四、住宿及餐饮服务

陈仕红木品鉴馆馆外宾馆有独立的标准间 60 余套，内置独立洗手间、热水器等。馆内饭店非常重视餐饮卫生的治理，严格把好物资进货、贮存、制作等环节的质量安全观，对餐具、厨具、饮具均进行定期消毒并分类存放，食品卫生均达到国家规定的标准。

五、活动体验

每年清明节前后举办陈仕红木踏青节，组织游客赏红木看国宝大熊猫。

六、购物指南

当地特产老挝大红酸枝手串、小叶紫檀手串、红豆杉筷子等各种红木工艺品应有尽有。

七、周边可供游客关联消费的旅游项目

周边景区有月湖湿地公园等。

马踏湖风景区

一、景区简介

马踏湖风景区是国家 AAA 级旅游景区，位于淄博市桓台县东北部，全湖东西 12 公里，南北 8 公里，方圆 96 平方公里。风景区是鲁中泰沂山脉北麓山前倾斜洪冲积平原与黄河洪水泛滥冲积平原的迭交凹地，由乌河、猪龙河、孝妇河等河流汇流滞水形成的浅平湖泊湿地，分布有大面积的野生芦苇、蒲、莲、菱等为主的水生植物群落，是众多鸟类、鱼类和其他野生动物的栖息繁殖地。湖内 2100 余条河道，全长 400 余公里，纵横相连，交织成网，形成了我国北方独具特色的"村村靠湖、家家连水、户户通船"的水乡风貌，素有"北国江南"之美称。马踏湖还被评为国家级湿地公园、全国农业旅游示范点、国家级水利风景区、省级风景名胜区和省级地质公园。

二、公共服务信息

景区地址：山东省淄博市桓台县起凤镇旅游路 2 号

联系电话：0533-8693006

停车服务：景区停车场位于游客服务中心西、景区入口南，最大容量为 300 个（近期扩大到 2000），免费供游客使用。

马踏湖湿地自然风光

三、交通到达

1. 外部交通

马踏湖风景区地处鲁中地区，交通发达，依托济南市、淄博市、东营市、滨洲市等城市；与803省道、东张铁路（东营—张店）相距5公里；南距淄博（张店）火车站40公里；济青高速公路30公里，西距滨莱高速公路10公里；距济南市区90公里，距济南遥墙国际机场90公里，驱车50分钟可到达济南。可接纳济南、张店、滨州、东营等方向的游客，非常方便中外游客来马踏湖风景区观光旅游。

自驾车：

济南—马踏湖风景区：济青高速→滨博高速→桓台出口下右转→S321省道（寿济路）东行约6公里左转进入唐华路→唐华路与起马路交叉路口左转→马踏湖风景区。

2. 内部（附近）交通

步行路线：景区入口→五贤祠→冰山遗址→徐夜书屋→景区出口。

游船路线：景区入口→游船上船码头→环湖游览→游船下船码头→五贤祠→冰山遗址→徐夜书屋→景区出口。

四、住宿服务

盛华园

地址：景区东100米

电话：0533-8688510

五、餐饮服务

五贤祠酒家

地址：景区东 50 米

电话：0533-8688666

盛华园

地址：景区东 100 米

电话：0533-8688510

六、活动体验

五贤祠庙会：每年农历三月十八日。

马踏湖民俗风情旅游节：荷花盛开季节。

七、购物指南

当地特产有金丝鸭蛋、白莲藕、蒲扇、草鞋、草帽、斗笠、芦苇画等。

梦泉生态旅游区

一、景区简介

梦泉生态旅游区是国家 AAA 级旅游景区，位于淄川区淄河镇幸福溜最顶端的梦泉村，村庄海拔 600 余米，三面环山。该村人平均寿命非常高，是著名的长寿村，村里有保存完好的康熙年间的村碑。这里气候四季分明，常年平均气温比城市低 5℃，土壤肥沃，动植物资源丰富。有野生动物 10 余种、各种鸟类 100 余种、林木 100 余种、各类中药草 100 余种、野生食用蔬菜 20 余种，还有松柏林带、连翘、黄栌等原始森林带及各类果木，形成了 3 万亩经济林带。整个景区分梦泉山庄休闲区、孟姜女文化区、齐长城游览区、福寿文化区、寻古探幽区、农家乐民俗风情区、原生态自由采摘区和梦泉拓展训练区。

二、公共服务信息

景区地址：山东省淄博市淄川区太河镇梦泉村
联系电话：0533-5353666

景区网址： www.zbmqly.com

景区门票： 40 元 / 人。

营业时间： 旺季：3~11 月；淡季：12 月至翌年 2 月。

最佳旅游时间： 5~10 月。

停车服务： 景区设停车场 5 个，共计 10000 平方米，最大容量为 530 辆，大车 10 元，小车 5 元。

三、景区导览

迎宾门→梦泉餐厅→进山门→梦泉山庄→百年杏王→晚枫亭→千年石门→齐长城遗址→古水窖（阳石、阴石）→一线天→骆驼峰→天然吧台→群英台→祝寿台→祈福台→梦泉阁→孙膑像→梦泉池→山楂园→进山门（出山门）。

四、交通到达

自驾车：

（1）滨博高速→淄川路口下→沿胶王路东行→途经鲁泰文化

路→洪山镇→西河镇→淄河镇→到达梦泉生态旅游区。

（2）博山方向：博山→源泉→梦泉。

公交车：

淄博市内乘1路公共汽车（张店—博山区间车）到淄川车站，乘24路车到终点站幸福站下车，转乘出租到梦泉，10分钟即到。

五、住宿及餐饮服务

梦泉山庄别墅

电话：0533-5353666

六、活动体验

4~5月，举办赏花节；6~7月，举办金杏采摘节；7~8月，举办避暑休闲节；9~11月，举办梦泉金秋采摘节；五一黄金周，举办梦泉乡村民俗旅游节；十一黄金周，举办福寿文化节。

七、购物指南

景区特产有梦泉长红枣、池梨、山楂、柿饼、杏仁、花椒等土特产品。

八、周边可供游客关联消费的旅游项目

周边有涌泉景区，电话0533-5319999。

齐国故城遗址博物馆

一、景区简介

　　齐国故城遗址博物馆为国家 AAA 级旅游景区，坐落在世界足球起源地、全国首批重点文物保护单位、全国 33 处重点大遗址之一的临淄齐国故城内，是著名的全国十大异型博物馆之一，同时被评为国家重点博物馆、省级风景名胜区、山东服务名牌、省级优秀博物馆、省级旅游消费信得过单位。主要包括齐国历史博物馆、东周墓殉马馆、石刻艺术馆、齐故城排水道口、孔子闻韶处等文物文化景点多处。

二、公共服务信息

联系电话：0533-7830229

传真：0533-7836006

景区网站：www.qggcyz.com

公共邮箱：qggcyzbwg@163.com

景区门票：齐国历史博物馆30元/人，东周殉马馆10元/人（大学生、现役军人、特困职工、60岁以上的老年人凭有效证件优惠半价；中小学生个人参观半价；中小学生团体参观、残疾人、1.2米以下儿童、70岁以上老年人免费参观）。

营业时间：全年开放；夏季：8：00~17：30；冬季：8：00~17：00。

停车服务：景区专设停车场，约1000平方米，可容纳小型车辆50余辆，每车收费5元。

三、景区导览

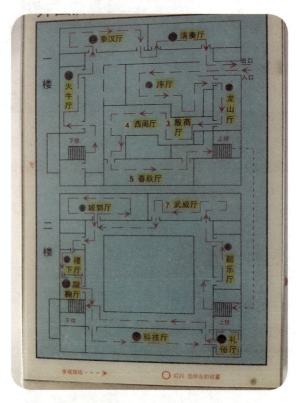

四、交通到达

公交车：

临淄区内乘坐 5 路、26 路、52 路公交车即到。

自驾车：

济青高速→临淄出口下→临淄北外环向东行使第二路口左拐→齐都镇按景区路标行使即到。

五、住宿服务

景区内部及周边 5 公里以内，没有正规酒店及招待所。

六、周边可供游客关联消费的旅游项目

景区东北角有东周殉马馆，东南方有临淄中国古车博物馆。

千乘湖生态文化园景区

一、景区简介

千乘生态文化园为"国家 AAA 级旅游景区"和"国家级水利风景区",位于高青县城老城与即将投入开发的南部新城结合部,北支新河中心路至东环路段之间,长 2260 米,占地 100 公顷。是一座突出北方水城特色,融汇古千乘文化要素,按照现代生态园林的构造要求兴建的开放式城市公园,也是一项集环保治污、平原水库、生态恢复、景观建设于一体的综合性水系建设工程。

二、公共服务信息

景区地址: 山东省淄博市高青县北支新河中心路至东环路之间

联系电话: 0533-6989355

停车服务：景区设停车场 2 个，公园北门入口处 51 个停车位，办公楼前 16 个停车位。

三、交通到达

张田路→南外环→芦湖路路口向东约 1 公里处。

四、周边可供游客关联消费的旅游项目

周边景区有温泉花香等。

樵岭前风景区

一、景区简介

樵岭前风景区为国家 AAA 级旅游景区，位于山东省淄博市博山区城西南六公里处。这里的山之奇、水之碧、林之幽、景之秀。整个风景区由博山溶洞、化石群、王母池、天星湖、齐长城遗址和淋漓湖组成。其中，博山溶洞位于樵岭前村东寨峪顶山东侧山腰，因洞口转折向东，又被称为"朝阳洞"。溶洞大体呈南北走向，深达 1600 余米，洞宽一般在 10 米左右，最宽处 20 余米，最窄处仅容一人侧身方行，洞高一般 3 米左右，最高处达 50 余米，最低处须匍匐方可通过。洞内遍布石

钟乳、石笋、石柱、犬牙交错，玲珑剔透，气象万千，令人惊叹叫绝。朝阳洞的山崖背后，在 30 余米高的悬崖中，有李家洞、连池洞。

二、公共服务信息

旅游热线：0533-4430034　4430168　4430599（传真）

景区网址：www.qiaolingqian.com

景区门票：博山溶洞门票 55 元／人；王母池、天星湖门票 20 元／人。

景区开放时间：全年（全天）开放（注：雨季时博山溶洞洞内遇大水可能关闭视情况而定）。

营业时间：夏季：7：30~17：30；冬季：8：00~16：00。

停车服务：景区专设停车场 2 个，其中王母池停车场最大容量 50 辆，溶洞停车场最大容量 210 辆，收费标准为 5 元／车。

三、交通到达

景区距省会济南 120 公里；距博山城区 6 公里。博莱高速横跨景区；景区距原国道 205 线 1000 米。博山火车站 49 路公交车直达景区（2 小时一班）。

四、餐饮服务

汇枫酒家

电话：0533-4430118

胜利酒家

电话：0533-4430999

五、购物指南

当地特产有蟠桃、板栗、山楂、核桃、大枣、苹果、柿饼、花椒、香椿芽、矿泉水。

淋漓湖景区

一、景区简介

　　淋漓湖景区是国家 AAA 级旅游景区，位于博山樵岭前村西五里处群峰挟抱之中。淋漓湖海拔 430 余米，水深达 40 余米，是山东省内最高的山顶平湖。水面数百亩，容水量为 250 万立方米。朝晖夕阴，湖山掩映，恰似一幅酣畅淋漓的泼墨山水画，被誉为"齐鲁山水画廊"。景区内设有环湖路、休闲谷、儿童乐园、缘湖宾舍、游轮、快艇等娱乐设备。

二、公共服务信息

景区地址：山东省淄博市博山区樵岭前内
联系电话：0533-4430988
景区门票：30 元 / 人（全天 24 小时营业）。
停车服务：景区停车场共 395 个，其中小车车位 290 个，大车 105 个。小车停车费 10 元，大车停车费 20 元。

三、交通到达

1. 外部交通

以自驾车以例，游客如从济南出发，走青银高速→淄博转滨博高速→博山出口下高速→南行→马公祠路口右转行5分钟车程即到达景区北门售票口。

2. 内部（附近）交通

景区内部主要为步行，行走环湖路需要1.5~2小时。

四、住宿服务

缘湖宾舍

电话：0533-4430988

五、餐饮服务

缘湖宾舍

电话：0533-4430988

河内酒家

电话：13792181662

六、活动体验

景区每年都会举办踏春季、槐花节、高考月等活动。如槐花节为每年的5月举办。来淋漓湖景区可免费采摘槐花、菠萝叶等特色山区植物。

七、购物指南

每年 5 月可以在景区附近购买原汁原味的槐花蜜；6 月左右可购买当地自种的个大味甜的樱桃；7 月、8 月可购买纯天然的荆花蜜。

八、周边可供游客关联消费的旅游项目

周边景区有樵岭前博山溶洞、王母池等。

玉黛湖生态乡村庄园

一、景区简介

　　淄博玉黛湖生态乡村庄园为国家 AAA 级旅游景区，是一家集农业观光、动感游乐、休闲度假为一体的综合性景区，位于淄博市张店区杏园街道办 309 国道北侧。园区建有淄博市首家滑雪场——玉黛湖滑雪场；园区东侧动感游乐场，拥有过山车、激流勇进、摩天轮等六十余项娱乐项目，是鲁中地区游乐项目最集中的区域之一。玉黛湖都市农业示范

园可为游客提供一年四季不间断的农业观光、采摘体验，其中，玉黛湖乐垦农园建筑面积 1 万余平方米，由"热带果林、百瓜艺园、特种蔬园、高科栽培区"等高科展区组成，采用智能化、无土化、立体化、异形化等科技手段集中展示了现代设施农业的较高发展水平，是都市市民走进自然、回归田园的好去处。

自 2002 年开园以来，景区游客接待量逐年提升，2013 年达 60 余万人次，淄博玉黛湖风景区先后获得国家 AAA 级景区、全国农业旅游示范点、山东省水利风景区、山东省休闲农业与乡村旅游示范点等荣誉称号。2014 年玉黛湖荣获诚信旅游示范单位的称号。

二、公共服务信息

景区地址： 山东省淄博市张店区杏园街道办 309 国道北侧

联系电话： 0533-2070788

景区网址： www.yudaihu.com

公共邮箱： zbyudaihu@163.com

景区门票： 35 元（身高大于 1.2 米（包含）的儿童；60~70 周岁的老年人；二级以下的残疾人享受 20 元 / 人的优惠。身高小于 1.2 米的儿童；70 周岁以上的老人；现役、伤残军人；二级以上残疾者免费）。

营业时间： 8：00~17：00。

停车服务： 景区停车场有 3 处，计 1000 余个停车位。

三、景区导览

四、交通到达

从淄博市内乘坐20、游6、5路公交车均可到达景区。

五、住宿服务

富鑫旅馆

地址：山东省淄博市杏园街道办湖罗路附近

电话：0533-2071234

南焦宾馆

地址：山东省淄博市杏园街道办南焦宋村（玉黛湖南侧）。

电话：0533-2061093

六、餐饮服务

老刘家烧烤

电话：13853323943

桃园饭店

电话：18653314606

七、活动体验

玉黛湖 BOBO 音乐节；玉黛湖休闲帐篷节；玉黛湖新春民俗庙会。

八、购物指南

当地特产有玉黛湖散养笨鸡蛋、玉黛湖散养笨鸡、玉黛湖特色蜂蜜、当季水果（樱桃、水晶梨、西洋梨、有机葡萄等）、有机蔬菜。

峨庄瀑布群景区

一、景区简介

峨庄瀑布群景区于 2002 年 5 月 1 日开业，2013 年被评定为国家 AAA 级旅游景区。风景区位于淄川城东 40 公里，平均海拔 450 米以上，这里保持着青山、绿水、蓝天，空气清新宜人，是著名的省级自然生态保护区和旅游风景区，被誉为"北方的九寨沟"。沿河长 12 华里，瀑连塘，塘连瀑，秀水塘湾飞瀑不断。沿河林木葱郁，别有风致。主要景点和休闲处有：土泉大瀑布，垂钓、土泉草滩；十二生肖泉群、刘奇宋代古石楼、石碾、古树、亭子园泉群、响泉大瀑布、自然游泳场、秦龙湖泛舟、三无岛小憩、游乐园、龙湾峡观瀑、五潭垂钓、芦苇藏雁、杏花谷赏花、齐鲁第一漂峡谷漂流等。

二、公共服务信息

景区地址：山东省淄博市淄川区太河镇峨庄瀑布群风景区

联系电话：0533-5030333

传真：0533-5032555

公共邮箱：ezpbq@126.com

景区网址：www.ezpbq.com

景区门票：成人票 30 元 / 人；学生及 60 岁以上老年人 15 元；残疾人及现役军人免票。

漂流票：身高 1.4 米以上游客 80 元 / 人，1.4 米以下的游客 40 元 / 人（注意：有高血压、心脏病的游客，孕妇，酗酒者及 1.2 米以下儿童谢绝漂流）。因受季节天气影响，漂流游客可提前咨询是否开放。

营业时间：4~10 月。

最佳旅游时间：暑假 6 月和 7 月。

停车服务：景区设有专门停车场，可停车 600 辆，收费标准为小车 5 元，大巴 10 元。

三、景区导览

四、住宿服务

祥安居山庄
电话：13583337586
瀑布群游客中心
电话：13884611211
石门居宾馆
电话：18953355933

五、餐饮服务

瀑布群山庄
电话：13864312191

六、购物指南

当地特产有小米、山鸡蛋、核桃、酸枣酒、花椒、蜂蜜等。

七、周边可供游客关联消费的旅游项目

周边景区主要有AAAA级潭溪山景区、AAA级云明山风景区等。

华光国瓷文化艺术中心

一、景区简介

　　华光国瓷文化艺术中心为国家 AAA 级旅游景区。中心位于淄博高新区鲁泰大道 55 号，中心集创意、设计、展示、体验、营销、创作交流为一体，内设华光陶瓷历史产品陈设、华光陶瓷文化长廊、著名画家作品、黄胄大师陶瓷艺术作品展、岭南画派作品展、中国陶瓷艺术大师作品展、八国艺术大师作品展、大师工作室、创意设计工作室、精品陶瓷制作、DIY 陶艺吧、华光陶瓷精品展室等，内藏华光陶瓷自主创新开发的珍贵精品陶瓷 3000 余件套。并以此搭建陶瓷艺术沟通交流平台，展示华光及国内外陶瓷艺术大师、中青年艺术创作者的各类陶瓷艺术杰作，繁荣陶瓷艺术创作推动陶瓷产业和文化创意产业的融合，具有丰富的陶瓷文化创意特点。

二、公共服务信息

景区地址：山东省淄博市高新区鲁泰大道 55 号
联系电话：0533-3588588

三、交通到达

自驾车：

济青高速→淄博出口下高速→沿经中心路→鲁泰大道西行约 50 米→华光陶瓷；下高速后约 5 分钟车程。

公交车：

淄博市内可乘 35 路污水处理公司站，58 路、108 路刘东村站，116 路安监局站。

四、住宿服务

景区周边可供住宿的酒店有蓝海国际大酒店、丽莎大酒店。

博山陶瓷琉璃艺术中心

一、景区简介

博山陶瓷琉璃艺术中心为国家 AAA 级旅游景区。博山陶琉文化源远流长，享誉中外，先后被命名为"中国琉璃之乡"、"中国陶瓷琉璃艺术之乡"。博山陶瓷琉璃艺术中心坐落于风光秀美的博山城区的孝妇河畔，南临原山国家森林公园，北临博山人民公园，规划面积30000平方米。

二、公共服务信息

景区地址：山东省淄博市博山区沿河西路颜山公园北路一号

联系电话：0533-6262530

景区网址：www.renliliuli.com

公共邮箱： zongjingban@renli.com.cn

景区门票： 无。

营业时间： 旺季：8：00~17：30；淡季：8：30~17：00。

最佳旅游时间： 4~10 月。

停车服务： 馆外专设大型停车场一处，面积共计 6000 平方米，暂不收费。

三、交通到达

中心地处原山脚下，孝水河畔的博山陶瓷琉璃艺术中心，景区地理位置优越，距淄博市政府所在地 40 公里，西接过境线和博莱高速公路，30 分钟车程可乘济青高速铁路，一个半小时的时间可到济南国际机场，便利的交通可笑迎八方来客。

门前公路往东可直达沂源县、日照市、青岛市，往西直通济青滨莱高速。胶济铁路横贯东西，济青、滨莱高速公路交叉而过，依托博山城区有高速路进出口，距离博莱高速下路口 5 公里，省道仲临路、博沂路、湖南路以及博八铁路穿境而过。在博莱高速路口及仲临路设有专用交通标识，方便游客顺利到达园区。

四、活动体验

景区设有陶琉体验馆，可供游客现场欣赏并制作陶琉艺术品。

五、购物指南

陶瓷餐具、陶瓷茶具、陶瓷刀具、陶瓷刻瓷、陶瓷手绘、琉璃吊坠、鸡油黄手串、琉璃摆件、琉璃茶具等艺术品应有尽有。

六、周边可供游客关联消费的旅游项目

周边景区主要有原山国家森林公园等。

临 沂 市

山东省 A 级旅游景区

自由行手册

龟蒙景区

一、景区简介

沂蒙山旅游区龟蒙景区，古称东蒙、东山，位于临沂市西北部，为国家AAAAA级景区、国家森林公园、国家地质公园、省级风景名胜区、世界养生长寿圣地。龟蒙景区是沂蒙山旅游区主峰所在地，

主峰龟蒙顶海拔1156米，为山东省第二、沂蒙山区最高峰。区内植被茂密，负氧离子含量极高，被誉为"天然氧仓"。拥有世界最大山体雕刻——蒙山寿星、江北最长栈道——蒙山悬崖栈道、临沂对外宣传标志性旅游景点——鹰峰奇观、江北最大道观——万寿宫等百余处自然人文景观。佳山、秀水、幽林、清气，得天独厚的自然条件，孕育了著名的养身长寿圣地和休闲度假胜地。

二、公共服务信息

景区地址：山东省临沂市平邑县柏林镇

联系电话：4000-393-999

景区网址：www.mengshan.cn

景区门票：80元/人。（1）现役军人、记者、导游、年龄70周岁以上的老人、身高1.2米以下的儿童、国家级摄影家和作家、省级以上劳模本人凭有效证件免门票。（2）1.2~1.4米儿童半价；学生持本人有效学生证半价；60~69周岁老人持有效证件半价。

最佳旅游时间：3月1日~11月30日。

停车服务：大鼎停车场位于游客中心前200米，最大容量1500辆，每辆收费10元。

三、景区导览

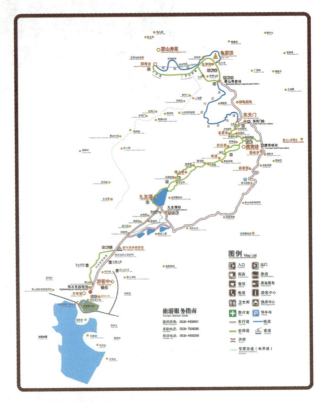

四、交通到达

1.外部交通

（1）北京、天津、济南、泰安、德州、枣庄、徐州、淮北——京台高速转日兰高速，蒙山（平邑东）出口下。

（2）西安、郑州、菏泽、济宁、临沂、日照、曲阜——日兰高速，蒙山（平邑东）出口下。

（3）东营、滨州、淄博、莱芜——京沪高速蒙阴出口下，转335省道至龟蒙景区。

（4）青岛、潍坊、烟台、威海——经同三高速到日照入日兰高速，蒙山（平邑东）出口下。

（5）上海、南京、苏州、扬州、淮安——京沪高速转日兰高速，蒙山（平邑东）出口下。

2.内部交通

步游中路：由步行中路上山（沿途景点：福寿康宁鼎→万寿宫→九龙潭→百寿摩崖石刻→鹰窝蜂→悬崖栈道→寿星雕刻→群龟探海→龟蒙顶），乘坐景区观光车下山——全程需要5个小时左右。

车行东路：乘坐景区观光车上山，在东天门处下车，游览悬崖栈道、登龟蒙顶体验"登东山而小鲁"的气魄，到龟蒙顶西侧乘坐索道到达拜寿台一览蒙山寿星的宏伟并为家人祈福，沿台阶路回到蒙山寿星站停车场，乘坐观光车下山。

五、住宿服务

沂蒙人家

地址：蒙山龟蒙景区内，游客中心前行500米

电话：0539-4406666

沂山邑水

地址：蒙山龟蒙景区内，游客中心前行 400 米

电话：0539-2035555

东山宾馆

地址：蒙山山门西侧 68 米处

电话：0539-4103777

六、餐饮服务

沂蒙人家

地址：蒙山龟蒙景区内，游客中心前行 500 米

电话：0539-4406666

沂山邑水

地址：蒙山龟蒙景区内，游客中心前行 400 米

电话：0539-2035555

东山宾馆

地址：蒙山山门西侧 68 米处

电话：0539-4103777

栗园山庄（农家乐）

地址：蒙山龟蒙景区内，游客中心前行 500 米

电话：13153967659

王传明饭店（农家乐）

地址：蒙山景区前蒙阳古街北首

电话：13256555635

田园民俗（农家乐）

地址：蒙山龟蒙景区路南 500 米田家庄

电话：13210420718

七、活动体验

（1）4月26日：蒙山拜寿大典；

（2）9~10月：蒙山养生长寿文化旅游节；

（3）正月初一至十五：蒙山春节祈福庙会；

（4）娱乐体验活动：①观光车单程50元／人。②索道单程30元／人。③蒙山森林漂流40元／人。④沂蒙军事战争策略密室基地：

项目名称	原价	现价
红岩	100元／人	40元／人
敌后武工队	100元／人	40元／人
血战台儿庄	100元／人	40元／人
听风者	100元／人	50元／人
飞夺泸定桥	100元／人	50元／人
孟良崮战役（真人CS）	100元／人	50元／人
董存瑞炸碉堡	100元／人	60元／人

八、购物指南

蒙山特产店

地址：蒙山龟蒙景区蒙阳古街北首、南首

当地特产有板栗、核桃、金银花、全蝎、松菇、杂粮、草鸡蛋等。

九、周边可供游客关联消费的旅游项目

周边景区有蒙山人家景区、六里鬼谷景区、明光寺景区。

云蒙景区

一、景区简介

　　沂蒙山旅游区蒙山云蒙景区原蒙山国家森林公园，位于山东省蒙阴县城南 18 公里，东西雄列，绵延百余里，为山东省第一大山。现为国家 AAAAA 级旅游区。2005 年被新闻媒体和资深专家评为"山东十大最美的地方"。拥有野生动物：兽类 10 科 15 种，鸟类 28 科 76 种，植物 100 余科 900 余种，森林植被覆盖率达 98% 以上，有"百里林海，天然课堂"之称。蒙山国家森林公园，奇峰耸立，层峦叠嶂，深涧遍布，古称有"七十二峰"、"九十九峪"、"三十六洞天"。拥有蒙山叠翠、蒙山花潮、蒙山飞瀑、蒙山云海、蒙山日出、蒙山听涛、蒙山秋色、雪峰玉谷八大自然景观。

二、公共服务信息

景区地址： 山东省临沂市蒙阴县城南蒙山国家森林公园

客服电话： 400-610-0007

预订传真： 0539-4552189

预订电话： 0539-4567567

投诉电话： 0539-4552189

紧急救援电话（医疗救助）： 0539-4552178

景区网址： chinamengshan.com

公共邮箱： jinhuimengshan@163.com

景区门票： 80 元 / 人。携带学生证、60~70 岁老人、1.3~1.5 米儿童享受半价（40 元 / 人）优惠；现役军人凭本人有效证件，残疾人凭本人残疾证，70 岁以上老人凭本人有效证件，6 周岁（含）以下凭户口簿或 1.3 米（含）以下的儿童免票。

营业时间： 节假日 7：00~18：30；平日 7：30~18：00。

最佳游览时间： 3 月上旬 ~11 月下旬。

停车服务： 景区共有 3000 个停车位，分别位于门口（500 个）、院内（1500 个）、路边（1000 个）。

三、景区导览

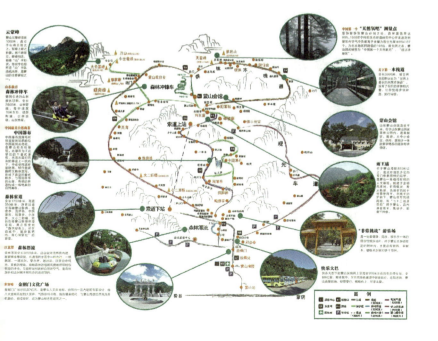

四、交通到达

旅游专线车:

蒙阴—蒙山国家森林公园。

自驾车:

临沂到蒙山全程约71公里:

(1)临沂市内驾车沿G327国道行驶6公里,进入京沪高速公路;

(2)沿京沪高速公路北京方向行驶47公里,孟良崮出口下左转进入孟蒙公路直行18公里到达景区。

济南到蒙山全程约170公里:

(1)济南市内驾车沿旅游路直行至港沟,进入京沪高速公路;

(2)京沪高速公路上海方向前行151公里,蒙阴出口下,右转50米进入234省道直行18公里到达景区。

青岛到蒙山全程约338公里:

(1)青岛市内驾车经跨海大桥转同三高速公路;

(2)沿同三高速公路行驶92公里,右转进入日兰高速公路;

(3)沿日兰高速公路直行140公里,费县出口右转进入234省道直行18公里到达景区。

泰安到蒙山全程约110公里:

(1)泰安市内驾车沿G104行驶2公里,进入泰新高速公路(S31);

(2)沿泰新高速公路直行转京沪高速蒙阴出口下,右转50米进入S234直行18公里到达景区。

莱芜到蒙山全程约78公里:

（1）莱芜市内驾车驶入京沪高速公路；

（2）沿京沪高速公路上海方向行驶60公里蒙阴出口下，右转50米进入S234省道直行18公里到达景区。

烟台到蒙山全程约496公里：

（1）烟台市内驾车进入同三高速公路；

（2）沿同三高速公路直行302公里，右转进入日兰高速公路；

（3）沿日兰高速公路直行140公里，费县出口右转进入234省道直行18公里到达景区。

威海到蒙山全程约557公里：

（1）威海市内驾车沿烟威高速公路行驶44公里，直行进入绕城高速公路；

（2）沿绕城高速公路行驶30公里，稍向右转进入同三高速公路；

（3）沿同三高速公路行驶302公里，右转进入日兰高速公路；

（4）沿日兰高速公路行驶140公里，费县出口右转进入234省道直行18公里到达景区。

淄博到蒙山全程约160公里：

（1）淄博市内驾车沿G309国道行驶5公里，直行进入滨莱高速公路；

（2）沿滨莱高速公路直行驶76公里，直行进入京沪高速公路；

（3）沿京沪高速公路直行63公里蒙阴出口下，右转50米进入S234直行18公里到达景区。

潍坊到蒙山全程约 210 公里:

(1)潍坊市内驾车沿 G309 国道行驶 40 公里到青州进入长深高速(南京方向);

(2)长深高速直行 110 公里,右转进入日兰高速(济宁方向);

(3)沿日兰高速公里直行 55 公里,费县出口下右转进入234 省道直行 18 公里到达景区。

济宁到蒙山全程约 160 公里:

(1)济宁市内驾车沿古槐路行驶 2 公里,右转进入 G327;

(2)沿 G327 行驶 22 公里,直行进入日兰高速公路;

(3)沿日兰高速公路直行 122 公里,费县出口下右转进入234 省道直行 18 公里到达景区。

枣庄到蒙山全程约 110 公里:

(1)枣庄市内驾车进入枣临高速公路;

(2)沿枣临高速直行 59 公里,苍山西出口下左转进入 S234省道;

(3)沿 S234 省道北行 56 公里右转进入景区。

聊城到蒙山全程约 268 公里:

(1)聊城市内驾车沿 S316 行驶 2 公里,稍向右转进入济馆高速公路;

(2)沿济馆高速公路行驶 78 公里,右转进入京福高速公路;

(3)沿京福高速直行 80 公里左转进入泰新高速(S31);

(4)沿泰新高速公路直行 101 公里蒙阴出口下,右转 50 米进入 S234 省道直行 18 公里到达景区。

东营到蒙山全程约 280 公里:

(1)东营市内驾车沿 G220 行驶约 4 公里,直行进入东青高

速公路;

（2）沿东青高速公路行驶 68 公里，右转进入青银高速公路；

（3）沿青银高速公路行驶 53 公里，左转进入滨莱高速公路；

（4）沿滨莱高速公路直行 85 公里，直行进入京沪高速公路；

（5）沿京沪高速公路行驶 63 公里，蒙阴出口下右转 50 米进入 S234 省道直行 18 公里到达景区。

滨州到蒙山全程约 216 公里：

（1）滨州市内驾车方案沿 G205 行驶 4 公里，直行进入滨莱高速公路；

（2）沿滨莱高速公路行驶 144 公里，直行进入京沪高速公路；

（3）沿京沪高速公路行驶 63 公里，蒙阴出口下，右转 50 米进入 S234 省道直行 18 公里到达景区。

菏泽到蒙山全程约 258 公里：

（1）菏泽市内沿 G220 行驶 7 公里，稍向右转进入日兰高速公路；

（2）沿日兰高速公路行驶 234 公里，费县出口右转进入 234 省道直行 18 公里到达景区。

德州到蒙山全程约 278 公里：

（1）德州市内沿 G104 行驶 2 公里，直行进入京台高速公路；

（2）沿京台高速公路行驶 162 公里，左转进入泰新高速公路；

（3）沿泰新高速公路直行 101 公里，蒙阴出口下右转 50 米进入 S234 省道直行 18 公里到达景区。

日照到蒙山全程约 160 公里：

（1）日照市内沿高速公路东引线行驶 2 公里，直行进入日兰高速公路；

（2）沿日兰高速公路行驶 142 公里，费县出口右转进入 234 省道直行 18 公里到达景区。

交通资讯：

蒙阴县汽车站电话：0539-4271186

临沂市长途汽车站电话：0539-8224605

临沂火车站电话：12306

临沂市隆达客运换乘中心：0539-8219309

临沂市飞机场电话：0539-9600777

曲阜高铁站电话（站长热线）：12306

济南汽车站电话：0531-96369

济南机场电话：4006-515-177

济南高铁站电话：0531-95105105

济南火车站电话：0531-82422002

五、住宿及餐饮服务

山东蒙山会馆、东蒙避暑山庄、养心园大酒店、特色农家乐

六、活动体验

景区体验活动主要有蒙山天然氧吧休闲节、"蒙山嗨起来"大型广场舞表演秀、蒙山槐花节、"奔跑吧，蒙娃"。

七、周边可供游客关联消费的旅游项目

周边景区主要有孟良崮景区、地下银河景区、山东地下大峡谷、彩虹谷景区等。

临沂动植物园

一、景区简介

临沂动植物园是国家 AAAA 级旅游景区，位于山东省临沂经济技术开发区核心位置，是鲁南苏北地区唯一的大型综合生态旅游目的地。作为临沂市打造"沭河——马陵山"风景区、构建蒙山沂水大旅游格局的重要组成部分，规划占地面积 3000 亩，致力打造"全国区域生态养生特色度假区"、"全国青少年教育实践平台"、"山东省动植物研究展览基地"、"鲁南重要旅游目的地"和"沂蒙文化集中体现区"。旅游区共分为十大主体功能区，分别为动物园、植物园、游乐园、园艺中心、国防教育园、青少年综合实践基地、国际高尔夫球场、比如世界儿童园、成人拓展训练基地、森林公园。

二、公共服务信息

景区地址： 山东省临沂市经济技术开发区沭河大道与厦门路交汇处

联系电话： 0539-8878600　8878686

景区网址： www.lydzwy.cn

微信公众号： lydzwy

公共邮箱： lydzwyyxch@163.com

景区门票： 全价票（成人票）：35元／张；学生票（半价票）：15元／张。（1）对6周岁（不含6周岁）至18周岁（含18周岁）未成年人、全日制大学本科及以下学历学生半票。（2）对6周岁（含6周岁）以下或身高1.2米（含12米）以下的儿童实行免票。（3）对60周岁（含60周岁）以上老年人、现役军人、残疾人按照国家有关规定免收门票。（4）对教师在教师节当天持本人教师资格证半票。

营业时间： 动植物园每天的游园时间根据季节变化设定，其中4月1日至9月30日的游园时间为8：30~17：30，10月1日至3月31日的游园时间则为8：30~17：00。

停车服务： 景区停车场在景区大门两侧，按车次收费，每车收费5元，停车场最大承载量为2000辆。

三、交通到达

自驾车：

（1）从兰山及罗庄方向，可奔罗湖大桥（金九路沂河桥），再沿临沂经济技术开发区内沂河路行驶11公里，到与原327国道交会处，向东南方向转弯，行驶2.8公里后向左（东）转弯行至厦门路，再向前行驶500米即可到达。

（2）从河东（北）方向，可沿滨河东路、东兴路、沃尔沃路(205国道)行驶至沂河路转向东行驶即可。

（3）从临沭（东）、莒南（东北）方向，可沿327国道驶过沭河大桥后，再向北沿沭河大道行驶1000米左右，左（西北）转驶入（西）厦门路。

（4）从郯城（南）方向，可沿205国道，行驶到与华夏路交汇处右（东）转，再行驶9.6公里后到与原327国道交会处向左（西北）转即可。

兰陵国家农业公园旅游景区

一、景区简介

　　兰陵国家农业公园被农业部列为全国第一批"美丽乡村"创建试点村庄，是国内首创、全省唯一的集农耕文化传承、民俗风情展演、农事活动体验、现代农业示范于一体的休闲观光旅游景区。景区内景观丰富多彩，既有油菜花海、湿地荷花，向阳花开等田园风光，又有新优奇特品种的瓜果、菜、瓜采摘体验园区；既有"锦绣兰陵"、"华夏菜园"、"雨林王国"等室内景区，又有竹林水岸、奇石盆景、夏季水上乐园等室外大型休闲娱乐场所。景区荣获全国十佳休闲农庄、全国青年文明号、中国美丽乡村等荣誉称号。

二、公共服务信息

景区地址：山东省临沂市兰陵县县城顺河路中段

联系电话： 0539-7928899 400-104-8789

景区网址： www.llgjnygy.com

景区门票： 60元/人。现役军人，国家新闻总署颁发的记者证，70岁以上老年人，1.2米以下的儿童凭有效证件免门票。1.2~1.4米的儿童，60~69岁的老年人，全日制本专科院校在校大学生凭有效证件享受门票5折优惠。

营业时间： 8：00~18：00

停车服务： 景区共设停车位3500个，小车收费10元；大巴车30元；观光车20元（单程）。

三、交通到达

（1）临沂地区走京沪高速转枣临高速，到达206国道，然后到达顺河路中段，到达景区。

（2）枣庄地区S38兰陵西出口下到达景区。

（3）沿京沪高速可在兰陵汤庄出口下高速到达景区。

（4）沿京福高速可在枣庄转S38在兰陵西出口下。

四、住宿服务

景区周边住宿场所主要有党校招待所、银座佳驿、汉庭连锁、七天连锁、宝华大酒店、兰陵大酒店等。

五、餐饮服务

景区周边餐饮场所主要有新天地生态酒店、人民公社大食堂、兰陵大酒店、宝华大酒店、党校招待所、月盛斋酒店等。

六、购物指南

当地特产主要有牛蒡、糖蒜、蓝印花布制品、小郭泥人、兰陵美酒等。

七、周边可供游客关联消费的旅游项目

周边景区主要有台儿庄古城、抱犊崮熊耳山景区、文峰山、东方怡源温泉。

临沂市科技馆景区

一、景区简介

临沂市科技馆坐落于山东省临沂市北城新区沂河、祊河、柳青河三河交汇处，处于北城新区中轴线南部的景观河畔，占地面积约 60 亩，建筑面积 27000 平方米，是市委、市政府为全市人民建设的一座科学圣殿，是一项功在当代、利在千秋的亲民工程。临沂市科技馆以"弘扬科学精神、普及科学知识、传播科学思想和科学方法"为建馆宗旨，以"体验科学、启迪创新、服务沂蒙、促进和谐"为理念。2014 年 11 月，成功创建国家 AAAA 级旅游景区。此外，我馆先后被授予优秀全国科普教育基地、市直文明单位等荣誉称号。

二、公共服务信息

景区地址：山东省临沂市北城新区府右路 8 号

联系电话：0539-8316121

景区网址：http：//www.lystm.org.cn/

公共邮箱：lykjgzjb@163.com

景区门票：临沂市科技馆全年统一定价，无淡旺季。

青少年彩虹科学乐园：10 元 / 人；常设展厅：20 元 / 人；

4D 影院：10 元 / 人；动感环幕影院（30 座）：20 元 / 人；球幕影院（46 座）：20 元 / 人。团体票：10 人以上旅游团提前预约实行 8 折优惠。青少年彩虹科学乐园和常设展厅对 18 周岁以下未成年人凭有效证件（身份证、户口本或学生证等相关证件）免费开放。常设展厅自 2015 年 5 月 16 日起对全部观众免费开放。

营业时间：周三至周日 9：00~16：30，周一周二闭馆维护（法定节假日逢周一、周二不休息）。

售票时间：9：00~15：30。

最佳旅游时间：临沂市科技馆设有中央空调，冬有暖气，夏有冷气，一年四季气候温度宜人，适合全年出游。

停车服务：临沂市科技馆设有 3 个免费停车场，分别位于科技馆的西侧、北侧和南侧，可同时容纳 350 辆汽车停放。

三、交通到达

1. 外部交通

（1）机场到临沂市科技馆线路及时间：①从起点向正西方向出发，行驶 50 米，直行进入机场路；②沿机场路行驶 980 米，右前方转弯进入东兴路；③沿东兴路行驶 2.5 公里，左转进入解放东路；④沿解放东路行驶 2.6 公里，右前方转弯进入滨河路；⑤沿滨河路行驶 280 米，直行进入三河口隧道；⑥沿三河口隧道行驶 1.7 公里，朝祊河路 / 规划展览馆方向，稍向右转进入滨河西路；⑦沿滨河西路行驶 1.0 公里，过三和大桥约 70 米后直行进入祊河路；⑧沿祊河路行驶 830 米，到达临沂市科技馆。大约需要 20 分钟车程。

（2）高速路口到临沂市科技馆线路：①从起点向东南方向出发，行驶 960 米，左转进入大山路；②沿大山路行驶 150 米，右前方转弯；③继续沿大山路行驶4.2公里，右转进入工业大道；④沿工业大道行驶560米，左转进入双岭路；⑤沿双岭路行驶2.3公里，直接进入滨河路；⑥沿滨河路行驶760米，右转上匝道；⑦沿匝道行驶140米，右前方转弯进入通达路；⑧沿通达路行驶4.2公里，调头进入祊河路；⑨沿祊河路行驶200米，到达，到达临沂市科技馆。大约需要25分钟车程。

2. 内部／附近交通

（1）临沂市科技馆到住宿设施线路：①从起点向正南方向出发，行驶260米，右转进入府左路；②沿府左路行驶260米，左前方转弯进入祊河路；③沿祊河路行驶510米，右前方转弯进入柳青河西路；④沿柳青河西路行驶350米，调头；⑤继续沿柳青河西路行驶140米，右转进入祊河路；⑥沿祊河路行驶350米，到达澜泊湾宾馆。大约需要5分钟车程。

（2）临沂市科技馆到商业设施线路：①从起点向正北方向出发，行驶60米，右转进入府右路；②沿府右路行驶260米，左转进入兰陵路；③沿兰陵路行驶790米，直行进入祊河路；④沿祊河路行驶170米，右前方转弯进入沂蒙路；⑤沿沂蒙路行驶1.2公里，调头；⑥继续沿沂蒙路行驶190米，右转；⑦行驶50米，到达颐高上海街。大约需要10分钟车程。

四、住宿服务

临沂市颐政园澜泊湾国宾馆

地址：山东省临沂市北城新区三和大桥西首（临沂市科技馆东侧）

电话：0539-8616199

五、餐饮服务

澜泊湾水岸餐厅
地址：山东省临沂市兰山区北城新区（澜泊湾小区东侧）
电话：0539-7571999
北岸慧馆
地址：山东省临沂市兰山区三和大桥西侧 150 米路南
电话：0539-8230999　8368999

六、活动体验

景区体验活动主要有快乐科技亲子活动、体验科技课堂、系列展品知识链讲解。

七、购物指南

临沂市科技馆的特色商品有两类：一是针幕、动量守恒等将科技馆的大型展品做成的微缩展品。二是磁力棒、三维立体画、太阳能飞机、激光内雕等富含科技知识的科技商品。

八、周边可供游客关联消费的旅游项目

（1）临沂市博物馆，位于科技馆北门向北 50 米。
（2）临沂市规划展览馆，位于科技馆东侧大约 150 米。
（3）临沂市大剧院，位于科技馆北门向北大约 500 米。
（4）临沂市阳光沙滩，距离科技馆大约 1.5 公里。
（5）临沂市国际雕塑公园，距离科技馆大约 1.5 公里。

中华银杏生态旅游区

一、景区简介

中华银杏生态旅游景区主景区——新村银杏古梅园，本景区的最大卖点，广福寺、老神树、九女松、凤凰岭、古唐槐、万亩古银杏森林公园、万亩人工银杏林等。郯城新村银杏古梅园景区旅游资源前景广阔，先后荣获"全国农业开发先进乡镇"，"国家农业旅游示范点"，"国家 AAAA 级旅游景区"，"省级环境优美乡镇"，"全省十大魅力乡镇"，"天下银杏第一乡"等荣誉称号，是鲁南苏北最佳的生态旅游胜地。

二、公共服务信息

景区地址： 山东省临沂市郯城新村银杏产业开发区管委会驻地

联系电话： 0539-6651008

公共邮箱： ww.xincun.gov.cn

景区门票： 20 元 / 人。

最佳旅游时间： 春秋季节。

停车服务： 景区设有专门停车场，免费停车，最大容量为 500 辆。另外，在古银杏森林公园内观光大道两侧设有 10 条免费停车车道，最大容量 1000 辆车次。

三、景区导览

四、交通到达

景区位于郯城县西南部鲁苏交界处，距县城 26 公里，西临沂河，南距 310 国道 5 公里，距京沪高速公路郯城马头出口 6 公里，距临沂机场、枣庄高铁 60 公里，距北京、上海均在 5 小时车程内。

五、住宿服务

新村家和宾馆

电话：13954979559

宜家商务宾馆

电话：0539-6650877

六、餐饮服务

迎宾大酒店

电话：0539-6651158

七、购物指南

当地特产主要有银杏食品、银杏茶枕、银杏茶、银杏药品、银杏酒、银杏木酒具、银杏木茶具、银杏木工艺品、老神树模型雕塑和老神树树叶彩绘。

山东省政府和八路军 115 师司令部旧址景区

一、景区简介

山东省政府和八路军 115 师司令部旧址被批准为全国重点文物保护单位、列为全国爱国主义教育示范基地。现主要有山东省政府旧址、八路军 115 师司令部旧址、山东抗日根据地纪念馆、沂蒙根据地群众工作展  馆、曹玉海纪念馆，以及由省发改委、民政厅、财政厅、司法厅、教育厅等 20 余个单位布展的历史景观，现存馆藏文物 1200 余件，展示珍贵图片 10000 余张，以丰富的资料和实物，生动地再现八路军 115 师的丰功伟绩和山东省政府诞生的光辉历程。

二、公共服务信息

景区地址：山东省临沂市莒南县大店镇中心街 128 号

　　联系电话及传真： 0539-7813115

　　景区网址： www.hssf.cn

　　公共邮箱： hongseshoufu@163.com

　　景区门票： 全年实行免费开放。

　　营业时间： 春、秋、夏季营业时间为：8：30~16：30，冬季营业时间为：8：30~16：00。

　　停车服务： 景区入口处设有停车场一处，可停放各类车辆100辆，收费标准为大型车10元/辆，小型车5元/辆。

三、景区导览

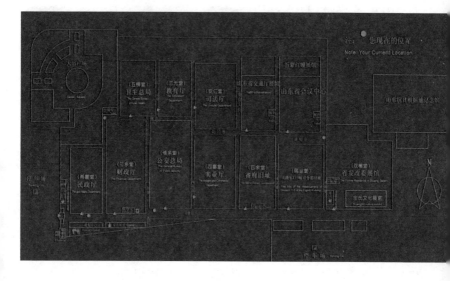

四、交通到达

1.外部交通

　　公交车： 自莒南县汽车站乘坐1路公交车到大店镇山东省政

府旧址站下车，票价 7 元。

出租车： 自莒南县汽车站出发，全称约 25 公里，起步价 5 元，总价 40 元。

自驾车： 自日兰高速莒县东（莒南、莒县）出口下，左转沿莒新公路（225 省道）向南行驶约 15 公里即到。

2. 内部交通

本景区内部景观为古建筑群落，最佳游览方式为步行游览，主要景点有：山东省政府旧址、八路军 115 师司令部旧址、山东抗日根据地纪念馆、沂蒙根据地群众工作展馆和曹玉海纪念馆，以及由省发改委、民政厅、财政厅、公安厅、司法厅、教育厅、卫生厅、农业厅和山东省经贸委等 20 多个单位布展的历史景观。总游览时间为 1.5~3 小时。

五、周边可供游客关联消费的旅游项目

（1）天马岛景区：AAAA 级，沿陡大路自景区向东约 10 公里即到，为自然风光景区。（2）天佛景区：AAA 级，位于莒南县城北部，为自然、人文风光景区。

天马岛景区

一、景区简介

圣水观音

天马岛景区由天湖和天马岛两部分组成，是集自热生态人文景观、科普研讨、拓展极限、度假休闲、会议、娱乐疗养等多功能于一体全方位旅游胜地。该旅游区由岛上的金顶游览区、狮子峰游览区，北岸的温泉旅游区、康体养生会所、高档酒店区、别墅度假区，西岸的天马岛假日酒店、圣水码头，以及南岸的天湖岸上游乐园、水上乐园、生存挑战区等构成。景区最大的竞争优势是旅游资源得天独厚，山与水的紧密结合是景区的最大特点。景区荣获"沂蒙山国家地质公园"、"山东十佳影视外景基地"、"景区战略合作伙伴"等荣誉称号。

二、公共服务信息

景区地址： 山东省临沂市莒南县大店镇

联系电话： 0539-7839666

甘露寺

公共邮箱： tianmadaoz@163.com

景区门票： 60 元 / 人。1.2 米以下儿童门票免费；1.2~1.5 米儿童半价；有学生证学生 8 折。其他费用：索道单程 40 元 / 位，往返 70 元 / 位；漂流 35 元 / 位；天车 10 元 / 位。

营业时间： 夏季营业时间 7：30~17：30；冬季营业时间 8：30~16：30。

停车服务： 景区设有停车场，共有停车位 1200 个。

三、交通到达

（1）沿海地区（烟台、威海、青岛、连云港等地）：同三高速转日东高速→莒县、莒南出口（左车）→大店镇（左车）→天马岛。

（2）北方、南方（泰安、济南、德州、宿迁、淮安）：京福 / 京沪高速→日东高速→莒县、莒南出口（左车）→大店镇（左车）→天马岛。

（3）鲁西、河南地区（菏泽、枣庄、济宁、河南）：日东高速→莒县、莒南出口（左车）→大店镇（左车）→天马岛。

四、住宿服务

天马岛假日酒店

电话：0539-7839968（营销部） 761111（客房电话）

五、购物指南

当地特产有马鬐山银鱼、莒南花生、莒南板栗。

天宇自然博物馆

一、景区简介

    天宇自然博物馆是世界上最大的恐龙博物馆，建筑面积3.2万平方米，陈列面积2.8万平方米。馆内设科研馆1处，3D影院1处，展厅28个，馆藏展品39万余件，馆内保存的1200余件恐龙以及2200多件鸟类化石，使其成为世界上保存较完整个体的恐龙和鸟类化石最多的自然博物馆。该馆于2007年6月被国家旅游局评定为"国家AAAA级旅游景区"，并先后被命名为"全国科普教育基地"、"全国国土资源科普教育基地"、"中国古生物科普教育基地"、"山东省文化产业示范基地"、"山东省服务名牌企业"、"中国县域旅游品牌百强景区"。

二、公共服务信息

景区地址：山东省临沂市平邑县城莲花山路西段

联系电话：0539-4291666

景区网址：www.tynhm.com

公共邮箱：ty4291666@163.com

景区门票：普通票：80元/人；团体票（10人以上）：60元/人；老年票：60元/人；学生票：60元/人。现役军人、伤残军人、

70岁以上老人持有效证件及1.2米以下儿童免票。

营业时间：8：00~17：30（注：一年四季无季节、时间限制，均适宜游览，全年无休对外开放）。

停车服务：景区院内专设停车场，可同时容纳500辆车辆免费停放。

三、交通到达

景区距临沂机场约60公里，车程时间约90分钟；距平邑汽车站约4公里，车程时间约15分钟；距平邑火车站约2.5公里，车程时间约10分钟；距临沂市中心约100公里，车程时间约80分钟；距日照渡口约190公里，车程时间约120分钟。

自驾车：

济南市：由京沪高速至泰安，转京福高速至曲阜，转日兰高速至平邑出口下，全长258公里，约用时间2.5小时。

徐州市：由京福高速转日兰高速，至平邑出口下，全长238公里，约用时间2.3小时。

青岛市：由同三高速转日兰高速，至平邑出口下，全长398公里，约用时间4小时。

济宁市：由日兰高速至平邑出口下，全长118公里，约用时间1.3小时。

日照市：由日兰高速至平邑出口下，全长220公里，约用时间2.3小时。

枣庄市：由市区平邑县城，全长180公里，约用时间2小时。

连云港市：由徐连高速转京沪高速，转日兰高速至平邑出口下，全长230公里，约用时间2.5小时。

公交车：

（1）乘 3 路、4 路、6 路公交车至天宇自然博物馆站下车；

（2）乘 1 路车至财政局站下车，下车后向西 500 米方可到达；

（3）乘 5 路车至大润民站下车，下车后向北 500 米方可到达。

四、住宿及餐饮服务

沂州国际酒店

地址：山东省临沂市平邑县浚河路中段

电话：0539-4231666

帝豪大酒店

地址：山东省临沂市平邑县城财源路 77 号，与浚河路交叉口

电话：0539-4291888

泺源国际酒店

地址：山东省临沂市平邑县北环路火车站东 200 米南

电话：0539-4376999

马永宾馆

地址：山东省临沂市平邑县浚河路与西环一路交汇处东 100 米（检察院对面）

电话：0539-4218666

楚湘园大酒店

地址：山东省临沂市平邑县财源路北段（博物馆北 100 米）

电话：0539-4089858

杏花村大酒店

地址：山东省临沂市平邑县财源路北段（博物馆北 50 米）

电话：0539-4083819

乡村豆腐坊

地址：山东省临沂市平邑县莲花山路（博物馆西150米）

电话：0539-4885728

五、活动体验

景区内设有一处3D电影院，惊险刺激，给您一种全新的视听体验。可同时容纳60人/场。

每年在世界博物馆日、世界旅游日等节日举行不同形式的优惠活动，春节期间定期举行贺年会优惠活动。

六、购物指南

博物馆内设置了一处具有特色的纪念品商店，商品种类繁多，各具特色，物美价廉，能满足不同层次游客的需求。

摆件：水晶洞、硅化木、玛瑙聚宝盆、菊石化石、孔雀石、海蓝宝石、黄铁矿、沙漠玫瑰……

首饰：碧玺、碧玉、发晶、钛晶、孔雀石、紫晶、茶晶、虎眼石、黑曜石、石榴子石、海蓝宝石……

还有各色精美别致的毛衣链、项链、挂坠、手镯，等等。

七、周边可供游客关联消费的旅游项目

（1）蒙山龟蒙景区（AAAAA级旅游景区）

票价：80元/人

电话：0539-4406289

地址：山东省临沂市平邑县柏林镇沂蒙山旅游区龟蒙景区

（2）九间棚景区（AAA级旅游景区）

票价：50元／人

电话：0539-437917

地址：山东省临沂市平邑县九间棚村

红石寨景区

一、景区简介

红石寨地处沂蒙山区腹地，位于沂南县城北部 12 公里处的香山湖畔，是一处集山水生态、历史文化、山地民居、乡土风情于一体，具有山水观光、文化体验、汽车露营、商务休闲等功能的综合性旅游景区。其中，红石小镇是一个风情小镇，是沂蒙山民居建筑风格和乡土文化的集大成者，拥有丰厚的汉、宋和明清文化遗韵，具有独特的山地建筑画卷和人文风味。目前，景区已荣获"国家水利风景区"、"山东省自驾游示范点"、"山东省旅游摄影创作基地"等荣誉称号，并于 2014 年荣升为国家 AAAA 级景区。

二、公共服务信息

景区地址：山东省临沂市沂南县铜井镇，竹泉村旅游度假区北两公里处

联系电话：400-997-3777　0539-3266999

景区网址：http://www.hongshizhai.com

景区门票：旺季：60 元 / 人（3 月 1 日~11 月 30 日）；淡季：

40元/人（12月1日至翌年2月28日）。军残证、士兵证、军官证、残疾证免票；70岁以上老年人、1.2米以下儿童免票；1.2~1.4米儿童，60~69周岁老年人持本人身份证，门票享半价优惠。

营业时间：旺季：8：00~18：00；淡季：8：00~17：00。

最佳旅游时间：3月下旬~10月下旬。

停车服务：景区外设有大型停车场，有1000余个停车位；景区内设房车营地，800余停车位；另外，景区外沿路设300余个停车位，共计2100余个停车位。

三、交通到达

1.外部交通

沂南火车站—红石寨：可选乘公交车至县城后换成3路旅游专线至景区。

沂南汽车站—红石寨：乘3路公交车至景区。

自驾车（以青岛市为例）：

青岛市→跨海大桥→G22济青南线→沂水马站转长深高速G25→沂南东出口沿澳柯玛大道→沂南县城沿S229→铜井镇沿铜鲁线→红石寨。全程260公里。

2.内部（附近）交通

景区为游客准备了观光车，方便游客参观游览；景区所提供的观光车可方便游客前往竹泉村旅游度假区；游客可乘公交车或自驾的方式前往城区。

四、住宿服务

景区内设有标准间、蒙古包、木屋别墅等独具特色的客房。
电话：0539-3266999

五、餐饮服务

汽车营地餐厅
0539-3826666
飞瀑楼
0539-3826666

六、活动体验

休闲旅游节：每年 7 月 12 日开幕，红石寨景区内开展丰富多彩的旅游活动，如汽车特技表演、摩托车大赛、越野车比赛、硬汉大赛、篝火嘉年华等一系列老少皆宜的活动。

红石寨露营大会：每年 8 月 9 日、红石寨汽车营地举行露营技能比赛、文艺汇演等，适合广大露营爱好者。

红石寨庙会：正月初一至正月十五，举行红石寨新春祈福庙会，活动内容包括齐王迎宾、魔术、杂技、奇人绝技、汽车特技表演等一系列老少皆宜的活动。

红石寨激情之夜：每年 5 月 1 日至 10 月 31 日，将举办红石寨夜场活动，届时享受门票最低价，每晚都有各类表演、特色小吃、烧烤、篝火晚会、汽车影院等活动。

七、购物指南

当地特产主要有沂蒙全蝎酒、洋槐蜂蜜、手工编制竹篮、竹筐、沂蒙千层底布鞋。

八、周边可供游客关联消费的旅游项目

周边景区主要有竹泉村旅游度假区、马圈农业创意示范园、智圣汤泉旅游度假区、沂蒙红色影视基地。

孟良崮旅游区

一、景区简介

孟良崮旅游区，位于山东省蒙阴县垛庄镇，景区面积 28 平方公里。举世闻名的孟良崮战役就发生在这里。"英雄孟良崮"成为沂蒙山的象征而名扬海内外。孟良崮旅游区先后被授予国家 AAAA 级旅游区、全国十大红色旅游区、全国爱国主义教育基地、全国百家红色旅游经典景区。山上战役选址区内主要景点有：孟良崮战役纪念碑。另外还有武器观展区（主要有飞机、大炮、

坦克等重武器），战役遗址、战场残核、华野指挥所、华野炮阵地、战地救护所、红嫂洞、张灵甫指挥所、敌军阵地、张灵甫击毙处，以及游客参入性娱乐项目如：射箭馆、高空滑索、滑道等。

二、公共服务信息

景区地址：山东省临沂市蒙阴县垛庄镇孟良崮旅游景区

联系电话：0539-4582200　4582188

景区网址：www.menglianggu.cc

公共邮箱：mengliangguta@163.com

景区门票：孟良崮战役纪念馆免费开放；战役遗址景区门票：50元/人。

沂蒙红色影视基地旅游景区

一、景区简介

沂蒙红色影视拍摄基地位于沂南县马牧池乡常山庄村，是一处集红色旅游、绿色养生、影视拍摄、红色教育体验、餐饮娱乐等功能于一体的综合型休闲度假旅游的国家 AAAA 级景区。由"古山村"、"沂州城"、"爱国主义教育基地"、"山乡梦工场"、"沂蒙红色写生基地"等 5 部分组成。沂蒙红色影视基地先后被评为国家 AAAA 级旅游景区，中国文化旅游新地标、山东省第三批历史文化名镇名村、山东省第四批省级文物保护单位、山东四大影视基地、山东省第一批乡村记忆工程等 30 项荣誉。

二、公共服务信息

景区地址：山东省临沂市沂南县马牧池乡常山庄

联系电话：0539-3762666

景区网址：www.ymhsysjd.com

公共邮箱：ymhsys@163.com

景区门票：60 元 / 人。沂南县游客凭有效身份证件 40 元 / 人；1.2~1.4 米的儿童享受半价 30 元 / 人；60~69 周岁的老年人，凭有效身份证件享受半价 30 元 / 人；70 周岁以上的老年人，残疾人，现役军人，持有效证件可享受免费。

最佳旅游时间：四季皆宜。

停车服务：景区共设有 5 个停车场。

三、景区导览

四、交通到达

1. 外部交通

景区距离县城23公里，距临沂飞机场60公里，距沂南火车站30公里，距日照港100公里，距京沪高速公路最近进出口30公里，距日东高速最近进出口35公里，有一级公路和预备直达旅游专线并有多条路过景区的预备公交路线，交通非常便利。

2. 内部交通

景区内各路口设有导向指示牌，以方便游客游览。

五、住宿服务

八路军大食堂

地址：山东省临沂市沂南县马牧池乡常山庄沂蒙红色影视基地

电话：0539-3878999

六、餐饮服务

景区内有影视基地接待中心，写生基地酒店可以提供就餐服务，除此之外，景区内有10余家农家乐餐馆。

七、活动体验

（1）作为爱国主义教育基地，游客们可以接受爱国主义教育，参观中国红嫂革命纪念馆，瞻仰战争年代的爱国精神。

（2）作为影视拍摄基地，游客们可以参与到电视剧拍摄中来，可以接触明星大腕、体验现场拍摄。

（3）作为写生基地，可以有得天独厚的写生拍摄条件，给广大爱好者提供优越的平台和条件。

八、旅游购物

当地特产有常山庄柿子、西寺堡的车头梨以及品种丰富的农产品；另外还有沂蒙山手工艺品、工艺品、特色小吃等。

九、周边可供游客关联消费的旅游项目

（1）一日游：沂蒙红色影视基地 + 竹泉村 / 智圣汤泉 / 沂水地下大峡谷 / 地下画廊 / 彩虹谷。

（2）两日游：沂蒙红色影视基地 + 竹泉村 / 沂水地下大峡谷 / 地下画廊 / 天上王城 / 东方瑞海温泉。

（3）三日游：沂蒙红色影视基地 + 沂水旅游景区 + 蒙阴蒙山 / 孟良崮。

（4）党性教育：沂蒙红色影视基地 + 中国红嫂革命纪念馆 + 孟良崮 + 华东烈士纪念馆 +115 师纪念馆。

智圣汤泉旅游度假村

一、景区简介

　　山东智圣汤泉旅游度假村，位于沂南县城朝阳路与北环路交汇处，占地面积410亩，建筑面积10.6万平方米，按照汉代建筑风格结合江南园林景观设计，以诸葛亮文化为主题，高标准、高品位、高质量、高精度建设打造的旅游酒店服务景区。山东智圣汤泉旅游度假村，先后荣获国家AAAA级景区、四星级酒店、"品牌山东·最值得体验温泉品牌"、"山东省老年人明星旅游景区"、"2013最美中国（山东）最佳休闲度假景区"、国家级"温泉开发利用示范单位"、全省"山东服务业品牌最佳创新企业"等荣誉称号。景区已成为江北规模最大、功能齐全，集温泉沐浴、餐饮娱乐、会议商务、养生理疗、生态旅游于一体的大型综合性温泉旅游度假景区。

二、公共服务信息

景区地址： 山东省临沂市沂南县朝阳路北首

联系电话： 0539-3333336

景区网址： www.zstq.com.cn

公共邮箱： hs_zstq@sina.com

景区门票： 旺季（5月1日~10月10日）：158元/位；淡季（10月11日至翌年4月30日）：138元/位；1.2~1.4米儿童半价，1.2米以下儿童免费；鱼疗单独收费：28元/人。

营业时间： 9：00~24：00。

最佳旅游时间： 夏季水上乐园项目：5月1日~10月10日；冬季温泉项目：10月11日至翌年4月30日。

停车服务： 景区专设停车场，大型停车场有5个，位于度假区主体建筑前面，可同时停放380多辆车；同时，在景区后方的贵宾餐厅和别墅区设有部分停车位，可容纳200辆车，均免费停车。

三、景区导览

四、交通到达

自驾车：

济南市：济南市→京沪高速→沂南（青驼）出口→沂南县城→智圣汤泉，230公里。

青岛市：青岛市→青兰高速→长深高速→沂南北出口→沂南县城→智圣汤泉，225公里。

徐州市：徐州市→连徐高速→京沪高速→沂南（青驼）出口→沂南县城→智圣汤泉，210公里。

连云港市：连云港市→长深高速→沂南北出口→沂南县城→智圣汤泉，148公里。

济宁市：济宁市→日东高速→京沪高速（北京方向）→沂南（青驼）出口→沂南县城→智圣汤泉，190公里。

潍坊市：潍坊市→济青高速→长深高速→沂南北出口→沂南县城→智圣汤泉，162公里。

东营市、烟台市、威海市：东营市、烟台市、威海市→长深高速→沂南北出口→沂南县城→智圣汤泉，232公里。

五、住宿服务

智圣汤泉客房

电话：0539-3773777/888

六、餐饮服务

餐饮中心分为中西餐厅和餐饮文化会馆

餐饮中心电话：0539-3773831

贵宾餐厅：0539-3880776

七、活动体验

体验活动包括景区目前持续运行的各种活动，如节庆活动、娱乐体验活动、研修学习活动等。

八、购物指南

景区设有超市，提供本地特色农牧产品等，如孙祖小米等。

九、周边可供游客关联消费的旅游项目

周边景区有竹泉村、红石寨、沂蒙影视基地、北寨汉墓石刻、蒙阴蒙山国家森林公园、沂水地下大峡谷、天上王城等，都在1小时车程内。

竹泉村旅游度假区

一、景区简介

　　竹泉村是山东省第一个系统开发的古村落旅游景区，总体定位就是以沂蒙古村生态和古村民俗为资源优势，以"竹"、"泉"、"村"为突出特色，打造具有显著沂蒙特色、泉乡个性、竹乡景观、农家风情，融观光、度假、休闲等功能于一体的北方沂蒙山乡综合性旅游目的地。景区将竹泉景观、沂蒙民俗与自然生态有机的融合起来，开创了旅游休闲的一种全新模式。景区荣获山东省"逍遥游"唯一示范点、"好客山东"金榜品牌景区、"国家水利风景区"、"中国最美村镇"等荣誉称号。

二、公共服务信息

景区地址： 山东省临沂市沂南县铜井镇竹泉村

联系电话： 400-185-1777　0539-3826666

景区网址： www.zhuquancun.com

公共邮箱： 376761928@qq.com

景区门票： 98 元 / 人。购买景区大门票，包含动物表演及鸟艺表演两项娱乐；儿童：1.2 米以下儿童免票，1.2~1.4 米儿童半价，1.4 米以上同成人；老人：60~69 周岁半价，即 49 元，70 周岁以上免票，购买 10 元 / 人保险（购票须持本人身份证）。

营业时间：淡季：8：00~17：30；旺季：8：00~18：00。

停车服务：景区有停车场 5 处。景区外 3 处，分别在景区入口处；景区入口路东处第二停车场共有停车位 990 个，最多能停放 1000 辆车；景区入口路西第一停车场共有停车位 400 个，最多可停放 410 辆车；生态大道牌坊以南第三停车场共有停车位 210 个，最多可停放 220 辆车。景区内 2 处，分别在梅缘南，可停放 15 辆车；景区北门停车场，可停放 30 辆车。收费标准：10 元 / 辆。

三、景区导览

四、交通到达

1.外部交通

青岛市—竹泉村：青岛市→跨海大桥→济青南线→沂水马站转长深高速→沂南东出口→沂南县城→铜井镇。全程240公里。

青岛市→胶州湾高速→同三高速→日东高速→沂南出口→沂南县城→铜井镇。全程260公里。

烟台市、威海市—竹泉村：烟台市、威海市→同三高速→日东高速→沂南出口→沂南县城→铜井镇。全程420公里。

日照市—竹泉村：日照市→日兰高速→沂南出口→大庄镇→辛集镇→沂南县城→铜井镇。全程145公里。

潍坊市—竹泉村：潍坊市→长深高速→沂南东出口→沂南县城→铜井镇。全程200公里。

潍坊市→安丘市→莒县→沂南县城→铜井镇。全程200公里。

淄博市—竹泉村：淄博市→长深高速→沂南东出口→沂南县城→铜井镇。全程200公里。

淄博市→沂源县→沂水县→姚店子镇→铜井镇。全程220公里。

东营市—竹泉村：东营市→长深高速→沂南东出口→沂南县城→铜井镇。

东营市→230省道→东青高速→济青北线高速→京沪高速→沂南出口（青驼）→沂南县城→铜井镇。全程270公里。

滨州市—竹泉村：滨州市→长深高速→沂南东出口→沂南县城→铜井镇。

滨州市→博兴县→青州市→临朐县→沂水县→姚店子镇→铜

井镇→竹泉村。全程245公里。

济南市—竹泉村：济南市→京沪高速→沂南出口（青驼）→沂南县城→铜井镇→竹泉村。全程235公里。

济南市→济青南线高速→沂水出口（诸葛）→沂水县城→姚店子镇→铜井镇→竹泉村。全程240公里。

泰安市—竹泉村：泰安市→京沪高速→沂南出口（青驼）→沂南县城→铜井镇→竹泉村。全程190公里。

莱芜市—竹泉村：莱芜市→京沪高速→沂南出口（青驼）→沂南县城→铜井镇→竹泉村。全程160公里。

聊城市—竹泉村：聊城市→青兰高速→京沪高速→沂南出口（青驼）→沂南县城→铜井镇→竹泉村。全程340公里。

德州市—竹泉村：德州市→京沪高速→沂南出口（青驼）→沂南县城→铜井镇→竹泉村。全程350公里。

济宁市—竹泉村：济宁市→日兰高速→京沪高速（北京方向）→沂南出口（青陀）→沂南县城→铜井镇→竹泉村。全程210公里。

菏泽市—竹泉村：菏泽市→日兰高速→京沪高速→沂南出口（青驼）→沂南县城→铜井镇→竹泉村。全程320公里。

枣庄市—竹泉村：枣庄市→206国道→京沪高速→沂南出口（青驼）→沂南县→铜井镇→竹泉村。全程180公里。

临沂市—竹泉村：临沂市→205国道→229省道→沂南县城→铜井镇→竹泉村。全程75公里。

临沂市→滨河大道→沂南县城→铜井镇→竹泉村。全程75公里。

2. 内部交通

游客可步行游览景区，游览时间40~120分钟。

五、住宿服务

景区内设有标准间和生态房两大类住宿场所
订房电话：400-185-17777　0539-3826666
地址：山东省临沂市沂南县铜井镇竹泉村景区内

六、餐饮服务

竹米园（水上餐厅）
梅缘
地址：山东省临沂市沂南县铜井镇竹泉村景区内
电话：0539-3826666

七、活动体验

（1）"好客山东贺年会　竹泉村里过大年"；
（2）"寻春踏青，民俗乡情——春日相约竹泉村"；
（3）"清凉水世界，快乐消暑节"。

八、购物指南

当地特产有煎饼、沂蒙山全蝎、黄家粉皮、自酿酒等。

九、周边可供游客关联消费的旅游项目

周边景区主要有竹泉村旅游度假区、马圈农业创意示范园、
智圣汤泉旅游度假区、沂蒙红色影视基地。

山东地下大峡谷旅游景区

一、景区简介

山东地下大峡谷是一座风貌奇特的溶洞王国，沂蒙地下奇观核心景区，先后被评定为"山东省重点探险项目"、"山东十大最受欢迎旅游景区"、"山东十大最美的地方"、"中国十大漂流胜地"、"国家地质公园"等。

景区占地 32 平方公里，是集休闲、游憩、娱乐、度假、溶洞漂流为一体的旅游项目。洞体长度 6100 米，目前开发 3100 米，是江北第一长洞，中国特大型著名溶洞之一，气势雄伟壮丽，峡谷深切近百米、两壁如削、宽处百余米、窄处仅可容身，成具体而微之地下三峡；地下暗河漫长而曲折，水量充沛，四季长流，地下河瀑布分外壮观，在我国北方溶洞内实属罕见。

二、公共服务信息

景区地址： 山东省沂水县姚店子镇永富庄村地下大峡谷景区

联系电话： 0539-2559999

景区网址： http://www.longur.com

公共邮箱： http://www.2291183075@qq.com

景区门票： 96元（全年）。儿童1.2米以下免票，1.2~1.5米半票；现役军人、残疾人、60~69周岁老人半票；在校大学生8折；网上提前1天订票8.8折。

营业时间： 4~10月：7：30~17：30；11月至翌年3月：8：30~16：30。

最佳旅游时间： 4~10月。

三、景区导览

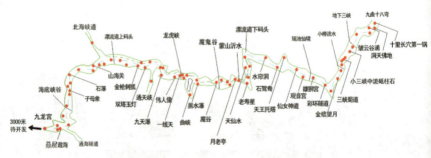

四、交通到达

1. 外部交通

（1）景区所在位置交通便利，229 省道经过地下大峡谷景区，并有县城至院东头的城乡客运车、出租车直达。

（2）距离所在沂水县城 7.3 公里、汽车站 8.2 公里、临沂市机场 75 公里、沂水县火车站 15 公里。

2. 内部（附近）交通

为方便游客游行，景区特设小飞龙、观光车、滑索、漂流等多个二次收费项目。"小飞龙"轨道全程 2800 米，可由售票处直达溶洞入口，沿途可遍览整个景区的外部景观；景区新购观光车 2 辆，目前共 5 辆观光车，极大提高了运输能力；喜欢徒步旅行的游客，游览时间大约需要 2 小时。

五、住宿及餐饮服务

卧龙山庄

电话：0539-2558866

六、活动体验

"漂流节"：有着"中国十大漂流胜地"美誉的山东龙冈旅游集团地下大峡谷景区，已成功举办了四届"山东沂水（国际）地下河漂流节"。

七、购物指南

当地特产主要有沂蒙野生全蝎、沂蒙手工煎饼、溶洞内窖藏的白酒等。

八、周边可供游客关联消费的旅游项目

距离山东地下大峡谷景区 16 公里的萤火虫水洞旅游区为国家 AAAA 级景区，分为蝴蝶谷、萤火虫水洞两大主题旅游区，另外还有崖瀑漂流、滑道车、梦幻昆虫园等 60 余处景点构成，是集休闲观光、科普教育、科考探险等多功能于一体的大型综合性生态旅游区。

东方瑞海国际温泉度假村

一、景区简介

　　东方瑞海国际温泉度假村位于山东沂水，是目前沂水唯一一家集客房、餐饮、温泉、会议、娱乐于一体的国家四星级酒店和国家级AAAA景区。度假村坚持人与自然和谐统一的设计理念，是目前沂水县规模最大、档次最高的休闲度假村。酒店温泉区分为接待中心、室内水疗馆、室外园区、贵宾包池四部分。其中室外温泉区以竹文化为主题的竹林泡汤区、中药养生为主题的药浴泡汤区、特色温泉为主题的特色浴区、地热温泉为主题的石板长廊区、动感娱乐为主题的泳池戏水和滑梯游乐区，让宾客在动静之间享受温泉的无穷乐趣。

二、公共服务信息

景区地址：山东省临沂市沂水县长安南路与南一环路交汇处

联系电话： 总台：0539-2209555/222

餐饮：0539-2209666　温泉：0539-2209777

景区地址： www.dfrhwq.cn

公共邮箱： dfrhwq@dfrhwq.cn

景区门票： 128元/位（不分淡旺季）。

营业时间： 10：00~24：00。

停车服务： 景区设有3个免费小停车场，1个免费大巴停车场，共有车位400个。

三、景区导览

四、交通到达

济南市、德州市： 济青南线→长深高速沂水出口→东方瑞海。

泰安市： 泰莱高速→济青南线→长深高速沂水出口→东方瑞海。

青岛市： 济青南线→长深高速沂水出口→东方瑞海。

枣庄市： 206 国道→苍山→临沂→沂水→东方瑞海。

潍坊市： 青银高速→长深高速沂水出口→东方瑞海。

淄博市： 青银高速→长深高速沂水出口→东方瑞海。

菏泽市、济宁市： 日东高速→长深高速沂水出口→东方瑞海。

日照市： 日照→莒县→沂水→东方瑞海。

威海市： 青威高速→青岛→济青南线→长深高速沂水出口→东方瑞海。

徐州市： 京福高速→日东高速→长深高速沂水南出口→东方瑞海。

连云港市： 长深高速沂水南出口→东方瑞海。

天津市： 长深高速沂水南出口→东方瑞海。

五、住宿服务

东方瑞海国际温泉度假村

电话：0539－2209555/222

六、餐饮服务

东方瑞海国际温泉度假村餐饮部

地址：山东省沂水县长安南路与南一环路交汇处

电话：0539－2209666

七、购物指南

东方瑞海国际温泉度假村设有精品商场，备有沂蒙山区土特产、日常用品等，如辣椒酱、煎饼、豆豉咸菜、小米、板栗、野山菌等。

八、周边可供游客关联消费的旅游项目

周边景区主要有山东地下大峡谷景区、地下荧光湖景区、雪山彩虹谷景区、天然地下画廊景区、天上王城景区等。

天谷旅游区
（原沂水天然地下画廊景区）

一、景区简介

江北第一溶洞——"天谷旅游区（原天然地下画廊）"旅游景区位于沂蒙生态第一乡、"红嫂故里"——山东沂水县院东头镇。是集地下长河溶洞、探险溶洞暗河漂流、"怡然居"沂蒙风情度假村、滑雪滑草场、万亩板栗山茶园全国农业旅游示范点为一体的大型旅游游乐场所。地下长河溶洞全长6600米，现已开发3200米地下长河溶洞——天然地下画廊，是中国钟乳石发育最丰富的溶洞之一，被誉为岩溶地质博物馆。景区先后荣获全国旅游农业示范点、沂蒙山国家地质公园画廊园区、国家AAAA级景区等荣誉。

二、公共服务信息

景区地址：山东省临沂市沂水县院东头镇留虎峪村

联系电话：0539-2599999

景区网址：www.trdxhl.com

公共邮箱：trdxhl@163.com

景区门票：全年75元/人；溶洞门票75元/人、探险漂流40元/人、滑草20元/人。持本人学生证、士官、军官、残疾人（三等以下残疾人证）、60~69周岁老年人、1.2~1.4米儿童，可购买半价票37元/人；地方媒体颁发的证，给予证件本人8折优惠，在景区办公室办理；持国家新闻总署颁发的记者证（中国记者网核对），免收溶洞门票费用，请去景区办公室办理。

营业时间：春季：8：30~17：00；夏秋季：8：00~17：00；冬季：8：30~16：30。

最佳旅游时间：洞内冬暖夏凉，一年四季都可进园游览。

停车服务：景区共有2处停车场，近2000个停车位，收费标准为小车10元/辆，大车15元/辆。

三、景区导览

四、交通到达

1.外部交通

第一种方案：长深高速（G25）：行至沂水北下高速→沂水县燃料公司北环路煤销处→向正西方向出发，左转进入长安中路→右转进入沂河大道→朝沂河大道方向，靠右→行驶3.5公里，左转→行驶270米，右转进入南一环路→左转进入西二环路→直行进入S229靠左右转→行驶6.3公里，左转→行驶1.3公里，右转→行驶1.1公里，右转→行驶600米，到达终点天然地下画廊旅游区，需要45~50分钟的时间。

第二种方案：长深高速（G25）：行至沂水北下高速直行驶入北一环路→驶入滨河路直行→行至许家湖沂河大桥（通元大桥）右转→通过大桥后直行→北社村转盘路左转→驶入许姚路（按照景区导向牌行驶）→经李家庄、袁家庄→到达姚店子镇T字路口左转→到达姚店子镇桥头南右转直行4公里左右→到达目的地天然地下画廊景区，需要40~45分钟时间。

第三种方案：自临沂机场出发：临沂机场→向正北方向出发，行驶110米，左转→行驶80米，左转→行驶190米，右转进入机场路→右转进入东兴路→直行进入G206→直行进入书圣路→直行进入S227→左转进入界河线→左转进入澳柯玛大道→右转进入朝阳路→直行进入S229，左转→行驶6.3公里，左转→行驶1.3公里，右转→行驶1.1公里，右转→行驶600米，到达终点天然地下画廊旅游区，需要1小时55分钟左右时间。

2.内部（附近）交通

进入景区停放车辆后，距离进入溶洞口有2公里距离，需要购买景交票5元/人,乘车到达。景区有偿提供观光车、大巴车。

五、住宿及餐饮服务

天然地下画廊景区停车场南侧

订餐电话:0539-2597777

订房电话:0539-2598888

六、活动体验

溶洞探险漂流:游客购票皆可参与,40元/人;高山滑草:游客购票即可参与,20元/人;高山滑雪:游客购票即可参与,按照时长收费。

七、购物指南

当地特产有沂蒙煎饼、板栗、生姜、芋头。

八、周边可供游客关联消费的旅游项目

(1)地下荧光湖景区(AAAA),距离3公里;(2)地下大峡谷景区(AAAA),距离15公里;(3)竹泉村景区(AAAA),距离15公里;(4)西墙峪、桃棵子传统村落(山东省十大传统村落),距离10公里。

天上王城景区

一、景区简介

天上王城景区位于沂蒙山腹地的沂水县城西北 40 公里处，地处临沂、淄博以及沂水、沂源、蒙阴两市三县交汇点，景区主体分布在纪王崮上。纪王崮海拔 577.2 米，顶部阔大，面积约 4 平方公里，南北长数公里，是沂蒙七十二崮中唯一有人居住过的崮，因此被誉为"沂蒙七十二崮之首"。景区拥有沂蒙地区特有的岱崮地貌，可以观赏到群崮争辉、千年的石头部落。2011 年被国家旅游局评为 AAAA 级景区。

二、公共服务信息

景区地址：山东省临沂市沂水县泉庄镇

联系电话：0539-269888

景区网址：www.tswcly.com

公共邮箱：tswcly@163.com

景区门票：天上王城门票 85 元／人，网络预订价格 68 元／人；地下冰宫 46 元／人；通票（门票＋地下冰宫）118 元／人，网络预订价格 98 元／人；单程索道票 40 元／人；双程索道票 70 元／人。70 周岁以上老年人，伤残革命老人凭有效证件免费游览；

残疾人、60~69 岁老人、现役军人凭有效证件 5 折优惠；儿童身高 1.2 米以下免费；1.2~1.5 米半票；1.5 米以上全票。

最佳旅游时间：春夏季节。

停车服务：景区有停车场 3 处，景区办公楼前一处，后山一处，景区脚下一处，最大容纳量为大型客车 100 辆左右，小型自驾车 3000 辆左右；小车收费 10 元，大车 20 元。

三、景区导览

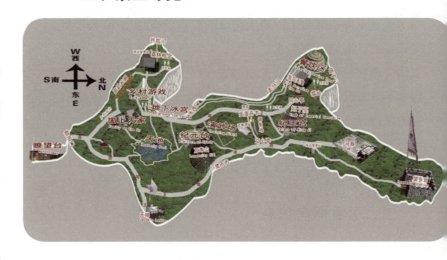

四、交通到达

济南市、德州市：济青南线→沂源张家坡出口→天上王城（桃花山）。

泰安市：泰莱高速→济青南线→沂源张家坡出口→天上王城（桃花山）。

青岛市：济青南线→沂源张家坡出口→天上王城（桃花山）。

　　聊城市：济聊高速→济青南线→沂源张家坡出口→天上王城（桃花山）。

　　枣庄市：206 国道→苍山→临沂→沂水→天上王城（桃花山）。

　　潍坊市：206 国道→诸城→济青南线→沂源张家坡出口→天上王城（桃花山）。

　　东营市：东青高速→博莱高速→济青南线→沂源张家坡出口→天上王城（桃花山）。

　　滨州市、淄博市：滨莱高速→济青南线→沂源张家坡出口→天上王城（桃花山）。

　　菏泽市、济宁市：日东高速→沂南出口→沂水→黄山镇→崔家峪镇→泉庄→天上王城（桃花山）。

　　日照市：日照→莒县→沂水→黄山镇→崔家峪镇→泉庄→天上王城景区（桃花山）。

　　威海市：青威高速→青岛→济青南线→沂源张家坡出口→天上王城（桃花山）。

　　烟台市：同三高速→青岛→济青南线→沂源张家坡出口→天上王城（桃花山）。

　　徐州市：京福高速→日东高速→沂南出口→沂水→黄山镇→崔家峪镇→泉庄→天上王城（桃花山）。

　　连云港市：同三高速→日照→日东高速→莒县出口→沂水→黄山镇→崔家峪镇→泉庄→天上王城景区（桃花山）。

　　河北省、天津市：京沪高速→济南→济青南线→沂源张家坡出口→天上王城（桃花山）。

五、住宿服务

天城宾馆

电话：0539-2699999

六、活动体验

桃花节期间，由主次三个会场组成，山东电视台综艺频道《唱响山东》节目承办大型文艺演出，30余场表演，盛况空前。

七、购物指南

沂蒙山区好地方，这里空气清新、土地洁净、花灿果肥，优良的生态环境使这里生长着众多的珍贵名优特产，让您不虚此行！

八、周边可供游客关联消费的旅游项目

周边景区主要有泉庄马莲河沿河观光带、采摘园、农家乐等。

雪山彩虹谷景区

一、景区简介

雪山彩虹谷景区位于沂水县城东 2.5 公里处，总面积 350 公顷。主要景点有彩虹谷、欢乐谷、情人谷、野战谷、摸鱼池、滑草等，是一处集观光、休闲、餐饮、娱乐、

培训、表演和国防教育等诸功能于一体的综合性生态人文景区。景区先后获得"山东最佳浪漫风情景地"、"山东省细微化服务示范企业"、"山东魅力景点"、"全省最佳自驾游目的地"、"山东省最具竞争力十大景区"等荣誉称号。

景区主要景观彩虹谷，全长 360 米，上下落差 70 米，采用人工降雨，通过阳光折射，形成七彩斑斓的彩虹，创造出"晴天幽谷绘彩虹，一览天上人间"的美景。

二、公共服务信息

景区地址：山东省临沂市沂水县沂水镇东院村

联系电话： 0539-2315766

公共邮箱： xueshanch@163.com

景区门票： 88元/人。

营业时间： 8：00~17：00。

停车服务： 景区停车场共有3个，位于景区大门口处，可容纳2000辆车。收费标准为大型客车15元/辆，小型车辆10元/辆。

三、景区导览

四、交通到达

1. 外部交通

京沪高速→青驼出口下→229省道沿东北方向行驶约30公里→沂水→沂河山庄向东行驶约2.5公里即到景区，下高速后大约需要 1 小时车程。

长深高速→沂水南出口下→东二环→第一个路口左转行驶至雪山彩虹谷景区。

在沂水汽车站→东一环→沂河山庄路口右转行驶至雪山彩虹谷景区。

2. 附近交通

景区内交通方式为徒步或电瓶车，徒步游览时间在 2~3 小时（改造之前），乘坐景区电瓶车返回可节省约半小时。

五、住宿服务

沂河山庄

地址：山东省临沂市沂水县城东环路中段

电话：0539-2230888

昌辰假日大酒店

地址：山东省临沂市沂水正阳路与东外环路交汇处东 300 米雪山风情街 A 区

电话：0539-2583888

六、餐饮服务

一品苑养生食府

地址：山东省临沂市沂水雪山彩虹绿岛酒店西 500 米路北

电话：13695395678

沂河山庄

地址：山东省临沂市沂水县城东环路中段

联系电话：0539-2230888

七、活动体验

1. 贺年会活动

举办时间：正月初一至正月十五

举办地点：雪山彩虹谷景区

活动主题：看民俗表演、吃特色小吃、参与娱乐项目

游客参与方式：凭景区门票即可参与

收费情况：30 元／人

2. 骑马照相项目

时间：景区所有营业时间内

地点：景区内跑马场

参与方式：属自费项目，游客自愿参与

收费情况：骑马 30 元／人·次，照相 15 元／张

3. 野战 CS

时间：景区所有营业时间内

地点：景区野战谷

参与方式：属自费项目，游客自愿参与

收费情况：35 元／人·次

八、购物指南

当地特产有煎饼、十足全蝎酒、光棍鸡。

九、周边可供游客关联消费的旅游项目

（1）雪山风情街（吃当地特色名吃，逛海宁皮草城）；（2）沂水天然地下画廊（观赏溶洞，参与漂流，冬季可体验滑雪春夏秋可体验滑草）；（3）天上王城（看崮群景观，赏冰宫，观马战表演）；（4）沂蒙山根据地（中共中央山东分局旧址，孟良崮战役指挥所旧址，大众日报创刊地旧址）；（5）东方瑞海温泉度假村（餐饮、住宿、温泉）。

沂水地下萤光湖旅游区

一、景区简介

沂水地下萤光湖旅游区位于沂水县南部19公里的时密山下，是一处著名的地下萤火虫水洞神秘世界，AAAA级旅游景区。该溶洞约形成于0.65亿~2.3亿年前，全长1200米，洞中地下湖水量充沛，碧水流长，清冽甘美，幽深莫测。洞内不但有大量的钟乳、奇石和天河、天娲、天桥及洞上洞、洞内洞等奇特景观，而且还生活着一种萤火虫，这种萤火虫仅在潮湿的岩洞中寄居生存，布满在洞顶犹如晴朗夜空中闪烁的星星，星星点点，成千上万，形成了多种奇妙的星座天象景观。游人进入暗黑的溶洞乘一叶由绳索牵引的轻舟，破水前行，前边豁然开朗，满天繁星闪烁，熠熠生辉，犹如进入一个童话世界。

二、公共服务信息

景区地址： 山东省临沂市沂水县院东头镇四门洞村

联系电话： 0539-2599111

景区网址： http://www.longur.com/yinghuochong.html

公共邮箱： dxyghbgs@163.com

景区门票： 96 元 / 人。

营业时间： 夏季 7：50~18：00；冬季：8：50~16：30。

最佳旅游时间： 四季皆宜。

停车服务： 景区专设停车场 12 个，位于景区入口 50 米处，最大容量为 555 个停车位。

三、交通到达

1. 外部交通

济青南线： 济青南线诸葛和杨庄出口。上济青南线诸葛高速入口，姚店子左拐到沂水，走沂博路到诸葛高速路口；上济青南线杨庄入口，姚店子左拐到沂水，走沂青（既羊临路 227 省道）路到高桥后右转至杨庄高速路口。

京沪高速： 京沪高速蒙阴和沂南青驼出口。上京沪高速青驼入口，姚店子右拐直行沿 229 省道（姚店子到沂南的公路）到沂南青驼；上京沪高速蒙阴入口，姚店子左拐到沂水龙家圈，左拐沿 335 省道又名兖石路沂水向西到蒙阴。

日东高速： 日东高速沂南和莒县出口。上日东高速，姚店子右拐到沂南辛集，再右拐走 227 省道上高速。

青岛市、威海市、烟台市：济青南线杨庄下高速。威海市走沈海高速转济青南线，烟台市走烟既高速转济青南线。

潍坊市：走羊临路至青州既沂青路。

东营市：走东青高速到潍坊，潍坊到沂水。

天津市、滨州市：走滨莱高速转济青南线高速，到诸葛下高速到沂水。

河北省、德州市、聊城市、泰安市：走京沪高速到蒙阴下高速，蒙阴到沂水。或者是到沂南青驼下高速，到姚店子。

济南市、莱芜市：走济青南线到诸葛下高速，到沂水。

河南省、菏泽市、济宁市：走日东高速到沂南出口下高速，或者是沂南青驼下高速，到沂水。

江苏省、安徽省：走京沪转日东到沂南下高速，到沂水。

2.内部（附近）交通

景区全长6公里，为方便游客游行，景区特设观光车、漂流、滑道车这三个二次收费项目，如游客旅途中乘坐二次项目，游览时间只需1小时；喜欢徒步旅行的游客，游览时间大约需要2小时。

四、住宿及餐饮服务

蒙山龙雾茶文化主题酒店

地址：山东省临沂市沂水县院东头镇

电话：0539-2591888

五、活动体验

大学生萤火虫微电影节"金萤奖"：萤火虫微电影节以"电

影成就梦想，电影放飞希望，电影展现自我，电影反思生活"为主题，用镜头展示青春激情和思考。

六、购物指南

景区内有专门旅游商品购物场所，以本地特色土特产为主。

七、周边可供游客关联消费的旅游项目

周边的山东地下大峡谷景区为国家 AAAA 级景区。

临沂滨河景区

一、景区简介

临沂滨河景区，总面积70平方公里，形成集"水、岸、滩、堤、路、景"于一体，具有防洪、交通、景观、休闲、娱乐、文化、旅游等多功能的生态景区，是国家水利部命名的首批水利风景区，跻身于全国最大城市湿地。滨河景区规划建设有小埠东、桃园、角沂、柳杭4座拦河橡胶坝和全国设计流量最大的平原水闸——刘家道口水利枢纽。其中沂河小埠东橡胶坝全长1247.4米，是世界最长的橡胶坝，被载入世界吉尼斯纪录。

二、公共服务信息

景区地址：山东省临沂市滨河景区
联系电话：0539-8729590
景区网址：http://www.lyylj.cn/

最佳旅游时间： 4~10 月。

停车服务： 景区现有专设停车场 82 处，共有 2900 个停车位。

三、交通到达

滨河景区为全天开放式自然景区，修建环湖大道以堤带路共160 公里，东与 327 国道连接至临沂市飞机场，西接京沪高速，途径临沂市长途汽车站，游客可以采取多种交通方式进行游览。

四、住宿服务

鲁商铂尔曼大酒店
地址：山东省临沂市兰山区涑河北街 1 号

电话：0539-8186666

如家滨河大道店
地址：山东省临沂市滨河大道与育才路交汇处（育才路 1 号）

电话：400-666-5511

沂景假日酒店
地址：山东省临沂市沂蒙路 6-1 号

电话：0539-8961988

五、餐饮服务

慕鱼餐厅
地址：山东省临沂市金雀山一路与滨河大道交汇桥下

电话：0539-8131798

律动咖啡城堡

地址：山东省临沂市金雀山路与滨河大道交汇处向南500米路东

电话：0539-7971789

玉泽一品

地址：山东省临沂市滨河大道与金六路交汇处

电话：0539-8227979

小海螺海鲜

地址：山东省临沂市兰山区滨河大道凤凰广场北500米科普广场内

电话：0539-6811999

麻辣传说

地址：山东省临沂市滨河大道科普广场内

电话：0539-8656999

摆渡咖啡

地址：山东省临沂市兰山区滨河大道与涑河北街交汇

电话：0539-8952999

乐庭大酒店

地址：山东省临沂市滨河路与临西8路交汇向东200米路北

电话：0539-7051999

盛能游乐园

一、景区简介

山东临沂盛能集团股份有限公司盛能游乐园是目前临沂市面积最大、设施最完备的集农牧观光、休闲娱乐于一体的综合性乐园，总占地面积 1849.6 亩，2004 年被评为国家 AAA 级旅游区，2005 年被评为国家级农牧观光示范园。盛能游乐园紧邻临沂汽车南站，距临沂飞机场 10 公里，交通便利。

二、公共服务信息

景区地址： 山东省临沂市罗庄区沂河路南 400 米

联系电话： 0539-8592069

景区网址： www.shengnengleyuan.com

公共邮箱： shengnengyouleyuan@126.com

景区门票： 10 元 / 人。1.2 米以下儿童免费（淡旺季相同）。

营业时间： 8：00~18：00。

最佳旅游时间： 四季皆宜。

停车服务： 景区停车场位于景区北门，共有 150 个车位，不收费。

三、交通到达

1. 外部交通

（1）临沂机场距景区9公里。

（2）临沂火车站乘19路、25路、68路、69路、106路公交车"盛能乐园"下车。

（3）自驾车走京沪高速临沂南（罗庄）出口下，沿沂河路东行8公里与通达路交汇处向东800米路南（有明确景区指示牌）。

2. 内部（附近）交通

景区内部提供电动观光车，浏览全园约1小时。

景区附近主要酒店及商业中心步行约5分钟，包括酒店及茶博城、万历皮革城及临沂国际工业品采购中心。

四、住宿服务

润元商务酒店

地址：山东省临沂市通达路与金九路交汇西100米路南（汽车南站）

电话：0539-5077222　传真：0539-7102255

尚客优快捷酒店

地址：山东省临沂市沂河路与通达南路交汇处南汽车站西门

电话：0539-2577222

旺客时尚宾馆

地址：山东省临沂市兰山区金九路与临西一路交汇处向南200米路东

电话：0539-7294401

如家快捷临沂蒙山大道国际会展中心店

地址：山东省临沂市兰山区蒙山大道 77 号

电话：0539-7030088　传真：0539-7037222

汉庭酒店临沂银雀山路店

地址：山东省临沂市兰山区银雀山路 227 号

电话：0539-7030333　传真：0539-7577567

7 天酒店临沂解放路银座和谐广场店

地址：山东省临沂市解放路 180 号解放路与开源路交汇西 50 米路南

电话：0539-7575666　传真：0539-7575667

五、餐饮服务

惠丰饭店

地址：山东省临沂市电厂路

郭家全羊炒鸡老店

地址：山东省临沂市沂河路与通达路交汇处

江泉大酒店

地址：山东省临沂市通达路 32 号

电话：0539-8282666

阿瓦山寨（罗庄店）

地址：山东省临沂市兰山区双月湖路中段北侧

电话：0539-7296789

韩一馆韩国料理（双月湖路店）

地址：山东省临沂市双月湖路与湖东二路交汇处往西 200 米路南

电话：18660925682　13256561321

六、活动体验

（1）体能乐园、迷宫：常年游客参与类活动，门票10元。

（2）节日寻宝：春节举办，不另外收费。

七、购物指南

当地特产有鸵鸟产品，如皮包、蛋壳工艺品、腰带、鸵鸟肉蛋等；梅花鹿产品，如鹿茸、鹿肉、鹿茸血酒、皮鞋。

八、周边可供游客关联消费的旅游项目

周边景区主要有东夷文化园、王羲之故居。

万力城景区

一、景区简介

临沂工商贸博览城项目（万力城景区）是山东省、临沂市重点项目，总投资 50 亿元人民币，占地 800 余亩，建筑面积 165 万平方米，是具有超大体量、超强功能、超前设计的一站式工商贸博览交易中心。

二、公共服务信息

景区地址： 山东省临沂市罗庄区通达南路与沂河路交汇处

联系电话： 0539-7708888

微信： lypgcvanli

景区门票： 免费。

营业时间： 9：00~17：00。

最佳旅游时间： 9 月至翌年 3 月。

三、交通到达

京沪高速临沂南出口，直行 7 公里，即到万力城休闲景区。

⭐ **临沂皮革城市内行车路线图**

四、住宿服务

陶然居大酒店

地址：山东省临沂市兰山区陶然路 163 号

电话：0539-8316888-6888

农家人美食城

地址：山东省临沂市双月湖路与通达南路交汇向西 200 米路北

电话：0539-7200123

粥道客

地址：山东省临沂市罗庄区沂河路与蒙山大道交汇处汽车南站

电话：0539-7038555

五、餐饮服务

华盛江泉城大酒店

地址：山东省临沂市罗庄区罗六路与双月湖路交汇处

电话：0539-3118888

尚客优快捷酒店

地址：山东省临沂市罗庄区沂河路与蒙山大道交汇处汽车南站

电话：4006-456-999

润元商务酒店

地址：山东省临沂市罗庄区沂河路与蒙山大道交汇处汽车南站

电话：0539-5077222

六、活动体验

景区每年旺季均会举办购物抽奖，"你购物·我加油"活动。

七、购物指南

景区为购物休闲景区，商品主要有皮衣皮草、箱包皮具、獭兔毛、尼克服、拼貂服饰等。

天佛风景区

一、景区简介

天佛景区全景

天佛风景区位于莒南县城北部，因境内奇观——天然卧佛而得名，2005 年 7 月被评定为国家 AAA 级旅游区。天然卧佛由山体巨岩自然形成，全长 3800 米，头枕西南青山，脚抵东北明湖，五官清晰，四肢分明，惟妙惟肖，是目前国内发现的形象最为逼真的一尊卧佛。更为称奇的是，换位观之，此山又似秀发飘逸的观音菩萨。目前，天佛风景区已形成天佛吉祥图、罗汉伏虎、莲花山、观音阁、观佛台、天然卧佛、莲花湖、般若桥、卧佛寺、菩提桥等佛教文化精品旅游线路，同时还建有八卦阵、游船、健身广场、动物园等娱乐景点，成为集佛教文化、休闲健身、游览观光于一体的综合性旅游景区。

二、公共服务信息

景区地址： 山东省临沂市莒南县城公园路 1 号

电话 / 传真： 0539-7312273

公共邮箱： jntf9089@126.com

景区门票： 免费开放。

营业时间： 8：00~18：00。

最佳旅游时间： 4~10 月。

停车服务： 景区专设停车场 2 处，位于景区南门和西门，最大容量为 80 辆，免费停放。

三、交通到达

1. 外部交通

（1）京沪高速：临沂出口下，沿岚济公路向东达莒南县城，从南环路 / 天桥路路口左拐直行，至景区西门；从南环路 / 天桥路路口左拐直行，在天桥路 / 淮海路路口右拐，在淮海路 / 公园路路口左拐直行，至景区南门。

（2）日东高速：莒南出口下，沿莒阿公路南行，经莒县小店镇、莒南大店镇（山东省府旧址）至莒南县城淮海路东行，至公园路交叉口左拐北行，至景区南门；或沿淮海路东行至天桥路交叉口左拐北行，至景区西门。

（3）乘飞机到临沂，转乘临沂到莒南的客车至莒南，再乘 1 路公交车达景区。

（4）乘火车到莒南火车站，转乘 1 路公交车至景区。

2. 内部（附近）交通

景区内部的交通方式：步行。路线为：南门→莲花山→观佛台→莲花湖→般若桥→卧佛寺→菩提桥→东行（或向西至西门）→奇石园→南门。

四、住宿及餐饮服务

宝隆商务酒店

地址：山东省临沂市莒南县城洪石路与富民路交汇处西50米路北

电话：0539-7569999

苍马山旅游区

一、景区简介

临沭县苍马山旅游区，位于山东省临沭县城东北 3 公里处，主体位于临沭镇。由苍山、马山、草山等主要山体组成。各山山体由元古界胶南变质岩及中生代燕山期花岗岩构成，植被茂盛，树木繁多。度假区总面积为 18 平方公里，是集佛教养生、商务会议、饮食娱乐、休闲康体于一体的综合性旅游区。

二、公共服务信息

景区地址： 山东省临沂市临沭县城北 3 公里

联系电话： 0539-6080333（办公电话） 2133333（咨询电话）

景区网址： www.cmsly.cn

公共邮箱： 1506211001@qq.com

景区门票： 50 元 / 人。儿童身高 1.2 米以下免票，1.2~1.4 米半票 25 元，超过 1.4 米买成人票；60 周岁以上老年人持身份证或老年证免票；持本人摄影证、军官证、军残证免票。

营业时间： 冬季：8：30~17：00；春秋季：8：00~17：30；夏季：8：00~18：00。

最佳旅游时间： 4~10 月。

停车服务： 景区专设免费停车场，位于景区门前，面积达
15000 平方米以上，可停车 1500 余辆。

三、景区导览

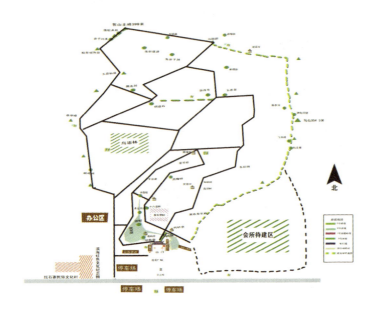

四、交通到达

临沂市临沭县，327 国道横穿东西，S225 省道纵贯南北，
两条干线公路交叉于县城。东北距北欧亚大陆桥头堡日照港 128
公里，东南距南欧亚大陆桥头堡连云港 106 公里，西去京沪高速
公路临沂站 38 公里，交通十分便利。

景区内部主要交通方式是步行。

五、住宿服务

爱航快捷酒店

地址：山东省临沂市临沭县步行街东首

电话：0539-6276999

如家 99 快捷酒店

地址：山东省临沂市苍山北路与淑红街交汇处东 100

电话：0539-6209089

云溪酒店

地址：山东省临沂市临沭县城北 3 公里苍马山旅游区

电话：0539-2137555

金景商务休闲会所

地址：山东省临沂市沭河东大街 1 号

电话：0539-6956666

六、餐饮服务

云溪酒店

地址：山东省临沂市临沭县城北 3 公里

电话：0539-2137555

龙泉山庄

地址：山东省临沂市 327 国道与叠翠路交汇处北 400 米

电话：0539-6082826

富华园

地址：山东省临沂市 327 国道与叠翠路交汇处北 10 米

电话：0539-6215891

七、活动体验

苍马山景区全年旅游节庆活动	
主题	时间
新春文化庙会	农历正月初一至初七
清明登高节	清明假期
春季赏花踏青季	4月
"五一"休闲汇	5月1~3日
夏季亲子游	5~9月
果品采摘季	6~8月
国庆七天乐	10月1~7日
冬季滑雪健身游	10~12月

苍马山慧济寺全年法会活动	
法会名称	时间（农历）
启建慈悲梁皇宝忏法会	正月初二至初六
释迦牟尼佛涅忏日（佛陀祝圣法会）	二月十五
超拔幽冥法会	二月十六至十八
观世音萨圣诞（祝圣法会）	二月十九
文殊菩萨圣诞（祝圣法会）	四月初四
释迦牟尼佛圣诞（浴佛法会）	四月初八
观世音菩萨成道日（祝圣祈福法会）	六月十九
大势至菩萨圣诞盂兰盆节（地藏宝忏三永日）	七月十三至十五
地藏菩萨圣诞（祝圣法会）	七月三十
观世音菩萨出家日（大悲共修法会）	九月十三至十九
药师佛圣诞（药师宝忏一永日）	九月三十
阿弥陀佛圣诞（净土忏法七天）	十一月十一至十七
释迦牟尼佛成道日（祝圣法会）	十二月初八
慧济寺院全堂佛像开光法会（2015年）	

仅收取门票（索道、游船、水上悠波球及挖掘机除外）。

八、购物指南

当地特产主要有五月槐花蜜、冠山绿茶。

九、周边可供游客关联消费的旅游项目

周边景区有冠山景区、滨海红色文化纪念园。

东夷道教文化圣地
——冠山风景旅游区

一、景区简介

　　冠山风景旅游区，是集道教养生、生态旅游、休闲康体、商务会议、饮食娱乐于一体的综合性旅游区。景区获得"全市旅游行业先进集体"、"临沂市休闲农业与乡村旅游示范点"、"山东省休闲农业与乡村旅游示范点"、"林业产业化市重点龙头企业"、"全国休闲农业与乡村旅游四星级示范点"、"琅琊网拍摄基地"等称号。

二、公共服务信息

景区地址： 山东省临沂市临沭县城东北 6 公里处

联系电话： 0539-6456666

景区网址： http：//www.chinaguanshan.cn/

公共邮箱： pangulykf@163.com

景区门票： 60 元／人。临沭县居民持身份证 5 折优惠（30

元 / 人）；学生票 10 元 / 人；持有导游证、记者证、旅游执法证、老年优待证、现役军人军官证、士兵证、革命伤残军人证、残疾证、山东省军队参战退役人员生活补助证的相关人员实行免票；身高 1.4 米及以下的儿童、70 岁及以上老人免票。

最佳旅游时间：4~11 月。

停车服务：景区停车场位于山门口，为游客免费提供停车位，可容纳百余辆车。

三、交通到达

景区距临沂机场约 30 公里，车程约 40 分钟；距临沭县汽车站约 4 公里，车程约 10 分钟；距临沂火车站约 40 公里，车程约 50 分钟。

自驾车：长深高速→临沭蛟龙口下高速→ 327 国道北。

四、住宿服务

原生态小木屋

五、餐饮服务

冠山仙缘居
地址：冠山风景区山脚下
联系电话：0539－6365555

六、活动体验

每年 9~10 月，景区举办板栗采摘节。

岱崮地貌

一、景区简介

岱崮地貌是继"丹霞地貌"、"张家界地貌"、"嶂石岩地貌"、"喀斯特地貌"之后，被中国科学院认定命名的中国第五大岩石造型地貌。岱崮地貌的核心区位于山东省蒙阴县东北部的岱崮镇，这里群崮耸立，被誉为"中国崮乡"。

二、公共服务信息

景区地址：山东省临沂市蒙阴县岱崮镇笊篱坪村

景区办公室电话：0539-4643999

酒店订餐电话：0539-4655777

宾馆订房电话：0539-4655888

景区网址：www.sddgdm.com

公共邮箱：dgdmlygs@163.com

景区门票：120元/人，包含地质博物馆门票40元、神佛崮门票40元、观光车40元。通票80元，五人以上含观光车。

营业时间：旺季（4~11月）：8：00~17：30；淡季（11月至翌年3月）：8：30~17：00。

停车服务：景区共设有3处停车场，分别位于上山下乡度假村，面积 6200 平方米；燕窝村广场，面积 1800 平方米；崮上草原，面积 2200 平方米。共有大小车位 150 个，免费停放。

三、景区导览

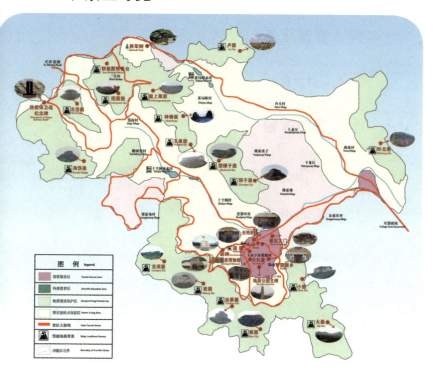

四、交通到达

岱崮地貌风景旅游区位于蒙阴县岱崮镇，距临沂河东机场（民用机场）140 公里、莱芜徐家庄火车站 40 公里，与 G22 高速沂源出口相距 15 公里，紧邻 234、332、335 省道，有专用公路直达景区。

五、住宿服务

景区住宿场所有"梦里崮乡"、"上山下乡"和田园公社。

六、餐饮服务

"人民公社大食堂"

七、活动体验

（1）"岱崮拓展营"；（2）实弹射击娱乐体验中心。

八、购物指南

当地特产主要有煎饼、熟地瓜干、油焖香椿、全蝎酒、干煸辣肉丝、干花椒、精致小米、土蜂蜜、精制芝麻盐。

九、周边可供游客关联消费的旅游项目

周边景区主要有蒙山国家森林公园、地下银河旅游区、孟良崮旅游区、刘洪文化园海浪谷。

九间棚生态农业旅游区

一、景区简介

　　九间棚旅游景区包括了九间棚村及所在的天宝山区，自然风光优美，人文古迹众多。阳春三月，各种果树鲜花盛开，芳香扑鼻，置身其间，如在画中，被中外游人誉为"中国最大的天然花园"。景区既有巧夺天工的山川美景，淳朴厚道的乡村风情，又有蕴含以艰苦创业闻名全国的九间棚精神，堪称自然景观与人文景观紧密结合的经典景区。景区被评为 AAA 国家级旅游景区、全国农业旅游示范点、中国传统村落、中国县域旅游品牌景区 200 强、临沂市红色旅游景区、沂蒙精神教育基地、山东省十佳旅游特色村。

二、公共服务信息

景区地址：山东省临沂市平邑县地方镇九间棚村

联系电话：0539-4379177

景区网址：www.cnjiujianpeng.com

公共邮箱：jiujianpenglv@163.com

景区门票：50 元 / 人。1.2 米以下儿童，70 岁以上老人，持有记者证、军官证、导游证、退伍证者享受免票政策；学生凭学生证、60~69 岁老人凭身份证享受 20 元 / 人的优惠票价；10 人以上团队可享受 30 元 / 人的优惠价格。导游讲解服务：100 元 / 次。

营业时间：春夏季：8：00~18：00；秋冬季：8：30~17：30。

最佳旅游时间：春季、夏季、秋季。

停车服务：景区有 5 处停车场，分别位于龙门、红旗广场、天潭广场、展厅上广场、天池广场，最大容量为 50 辆小车，停车免费。

三、景区导览

四、交通到达

1. 外部交通

河南省、菏泽市、济宁市、日照市：走日东高速平邑东出口→327 国道→地方镇→地庞线→九间棚村。

济南市、泰安市、枣庄市、徐州市：走京福转日东高速到平邑东出口→327 国道→地方镇→地庞线→九间棚村。

河北省、天津市、安徽省：走京福转日东高速到平邑东出口→327 国道→地方镇→地庞线→九间棚村。

临沂市：走 327 国道→地方镇→地庞线→九间棚村。

青岛市及胶东：走沿海高速入日东高速到平邑东出口→327 国道→地方镇→地庞线→九间棚村。

上海市、苏州市：京沪高速转日东高速到平邑东出口→327 国道→地方镇→地庞线→九间棚村。

兖石铁路平邑站→327 国道→地方镇→九间棚景区。

2. 内部交通

凤凰苑接待中心：自驾车可直接到达，从景区开车 5 分钟可到达；

生态农场：自驾车可直接到达，从景区开车 10 分钟可到达；

九间棚乡村儒学院：自驾车可直接到达，从景区开车 15 分钟可到达。

五、住宿及餐饮服务

"山顶人家"农家乐

电话：0539-4379177　18053910501

凤凰苑接待中心

地址：山东省临沂市龙顶山东凤凰岭

电话：15263923222

六、活动体验

（1）九间棚梨花会

举办时间：每年的清明节前后；

活动主题：以赏花、踏青为主题；

收费情况：只收取首道大大门门票。

（2）秋季水果采摘节

举办时间：每年秋季果实成熟的季节；

活动主题：以果实采摘为活动主题；

参与方式：游客可凭票参与采摘；

收费情况：按当年网络公布的收费方式收取。

（3）冬季雪景摄影

举办时间：冬季下雪时节；

活动主题：以拍摄雪后九间棚美景为主题；

参与方式：游客可报名参与摄影比赛；

收费情况：参与雪后摄影的摄影家可免票进入，不过比赛作品版权归景区所有。

七、购物指南

当地特产主要有各种桃木雕刻，如桃木剑、桃木刀、桃木葫芦等；米豆皮子、山楂干、何首乌根、金银花茶。

八、周边可供游客关联消费的旅游项目

周边景区主要有沂蒙山龟蒙景区、天宇自然博物馆、郯城观音山、郯城曾子山。

孟良崮国家森林公园

一、景区简介

　　孟良崮国家森林公园是集自然景观、沂蒙红色文化、古历史文化于一体的自然风景区，因举世闻名的孟良崮战役而名居沂蒙72崮之首，是国家级森林公园、国家级红色旅游区、国家级孟良崮国家森林公园地质公园。孟良崮战役纪念碑、原国民党七十四师指挥部遗址、古城堡是吊古怀今的好去处，更是青少年爱国教育的好场所。景区内有孟良祠、万福洞、九龙洞、将军林、支前村、崮魂石、竹林幽胜等50多个景点。

二、公共服务信息

景区地址：山东省临沂市沂南县孙祖

联系电话：0539-3336789

公共邮箱： sdmlg3336789@163.com

景区门票： 旺季：50元/人、淡季：45元/人。100人以上团队7折优惠；50人以上团队8折优惠。

最佳旅游时间： 3~5月，7~10月。

停车服务： 景区共有4处停车场，有3处位于景区内，每辆车收费5元。

三、交通到达

1. 外部交通

景区距沂南汽车站代庄停车点1公里，车程约3分钟；距临沂机场68公里，车程约50分钟；距沂南火车站20公里，距临沂火车站68公里，距日照港75公里。距高速蒲汪口约23公里、高里口约16公里，车程各约45分钟、30分钟。

旅游专线： 红色大道专线路西。

自驾车：

京沪高速→垛庄出口下→东北方向直行就可到达景区。

日东高速→蒲汪出口下→西行澳柯玛大道→西行葛岸线→红色专线大道→南行到达。

日东高速→高里出口下→北行张庄镇→西行葛岸线→红色专线大道→南行到达。

2. 内部交通

游客可自行驾驶车辆进入景点，通行时间约16分钟；景区内提供参观游览车。

四、住宿及餐饮服务

景区周边住宿场所有孟良崮度假山庄、孟良家园。

五、活动体验

景区体验活动包括红色传统文化教育班、弟子规学习班等。

六、购物指南

当地特产主要有纪念品、山珍、手工工艺品、民间编制品等。

七、周边可供游客关联消费的旅游项目

景区周边有休闲垂钓、游艇等活动项目。

颐尚温泉度假村

一、公共服务信息

景区地址：山东省临沂市沂南县张庄镇松山埠

联系电话：总台：0539-3522222　0539-3545666

景区网址：http://www.ynyswq.com

公共邮箱：ynyswqdjc888@126.com

景区门票：门市价：128元／人，执行价：88元／人。1.2米以下儿童免票；1.2~1.4米儿童半票，1.4米（含）以上儿童按成人票收取；团队优惠价（10人成团）40元／人，散客协议价58元／人。

最佳旅游时间：四季皆宜。

停车服务：景区免费提供停车位，可同时容纳车辆200辆左右，分别是客房楼前近100个停车位，温泉部室外停车位80个，综合办公楼前停车位10个。

二、景区导览

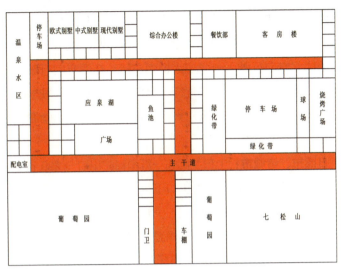

三、交通到达

1.外部交通

徐州市、枣庄市：上岚曹高速→京沪高速→沂南青驼出口下→229省道→颐尚温泉度假村。

济宁市、菏泽市、聊城市、河南省：上日兰高速→沂南青驼出口下→229省道→颐尚温泉度假村。

济南市、泰安市、莱芜市、德州市：上京沪高速→沂南青驼出口下→229省道→颐尚温泉度假村。

淄博市、滨州市、东营市、潍坊市：上长深高速→日兰高速（往西方向行驶）→沂南临沂出口下→沂蒙路（往北方向行驶）→张庄大桥南右转（往西方向行驶）→看到路标（颐尚温泉）→右转直行→229省道右转弯行驶→颐尚温泉度假村；

注：小车开至张庄大桥可直行至留田（颐尚温泉）路标左转→颐尚温泉度假村。

烟台市、青岛市、威海市： 上沈海高速→日兰高速→沂南青驼出口→229省道→颐尚温泉度假村；或者沂南临沂出口下→沂蒙路（往北方向行驶）→张庄大桥南左转（往西方向行驶）→看到路标（颐尚温泉）→右转直行→229省道右转弯行驶→颐尚温泉度假村；注：小车开至张庄大桥可直行至刘田（颐尚温泉）路标左转→颐尚温泉度假村。

日照市、诸城市： 上日兰高速→沂南青驼出口→229省道→颐尚温泉度假村；或者沂南临沂出口下→沂蒙路（往北方向行驶）→张庄大桥南左转（往西方向行驶）→看到路标（颐尚温泉）→右转直行→229省道右转弯行驶→颐尚温泉度假村；注：小车开至张庄大桥可直行至刘田（颐尚温泉）路标左转→颐尚温泉度假村。

宿迁市、新沂市： 上京沪高速→沂南青驼出口→229省道→颐尚温泉度假村。

淮安市： 上淮连高速→沈海高速→长深高速→日兰高速→沂南青驼出口→229省道→颐尚温泉度假村；或者沂南临沂出口下→沂蒙路（往北方向行驶）→张庄大桥南左转（往西方向行驶）→看到路标（颐尚温泉）→右转直行→229省道右转弯行驶→颐尚温泉度假村；注：小车开至张庄大桥可直行至刘田（颐尚温泉）路标左转→颐尚温泉度假村。

连云港市： 上长深高速→日兰高速→沂南青驼出口→229省道→颐尚温泉度假村；或者沂南临沂出口下→沂蒙路（往北方向行驶）→张庄大桥南左转（往西方向行驶）→看到路标（颐尚温泉）→右转直行→229省道右转弯行驶→颐尚温泉度假村；注：小车开至张庄大桥可直行至刘田（颐尚温泉）路标左转→颐尚温

泉度假村。

2.内部（附近）交通

景区门口可乘公交车至沂南县城，用时 15 分钟左右；景区往西 1 公里左右 229 省道可乘公交车至沂南县城，用时 20 分钟左右；景区往东 1 公里左右可乘公交车至沂南县城，用时 15 分钟左右。

四、住宿服务

（1）景区内有客房部，内设豪华标准间 50 间，388 元 / 间；豪华三人间，518 元 / 间。

（2）内设欧式别墅，6888 元；中式别墅，6888 元；现代别墅，6888 元。

（3）温泉部设有钟点房，房价 60 元 /3 小时，并开设休息大厅，可为沐浴温泉的客人提供休息的空间。

（4）景区同时设有 3 个小型会议室，可容纳 30~50 人，会议费 800 元 / 节；中型会议室 1 个，可容纳 50~80 人，会议费 1000 元 / 节；大型会议室 1 个，可容纳 150 人，会议费 1200 元 / 节。

景区还为开会的客人免费提供茶水、投影仪等。

电话：0539-3522222　3545666

五、餐饮服务

（1）景区内设综合餐饮部，有豪华包间 9 个，及大容量多功能宴会厅，可同时容纳 200 余人就餐。

（2）还可品尝景区沂蒙风味特色菜，如萝卜炖野兔、养生老母鸡汤、风味烤羊排等。

电话：0539-3522222　3545666

六、活动体验

景区内设有免费篝火晚会场所，游客可自行组织，篝火晚会500元/场左右，时间为3~4小时。同时还设有露天烧烤，景区可免费提供茶水、音响等。景区七松山前设有拓展训练场地，可供游客体验超越自我的挑战，本项目实行协议消费。

七、周边可供游客关联消费的旅游项目

周边景区主要有竹泉村、沂蒙影视城、龙园、诸葛亮文化广场、北寨汉墓博物馆、冰雪时代滑雪场、孟良崮旅游区、红石寨、布拉格香草园等。

滨河现代农业创意园

一、景区简介

许家湖镇滨河现代农业创意园距离县城 7 公里处，位于滨河大道东侧，东红公路西侧，交通条件便利。园区由恒源林下食用菌基地、北方阔叶苗木基地、桂花示范园三个园区组成。恒源林下食用菌基地是游客旅游体验农事、采摘、科普的好去处。北方阔叶苗木基地是观赏南方各种常绿阔叶苗木，教育孩子识别南方苗木的科普基地。千亩桂花示范园是集生产繁育、品种展示、观光销售于一体的示范基地。

二、公共服务信息

景区地址：山东省临沂市沂水县城南 7 公里处，位于滨河大道东侧，东红公路西侧

联系电话：0539-2501108　15020355158

营业时间： 8：00~18：00，节假日24小时营业。

最佳旅游时间： 4月上旬~11月上旬。

停车服务： 景区设有3处停车场，分别位于景区门口、园内和路边，最大容量为290个车位。

三、交通到达

1. 外部交通

景区距临沂机场约90公里，车程约72分钟；距沂水长途汽车站约7公里，车程约10分钟；距四十里火车站约18公里，车程约20分钟；距沂水县中心约6公里，车程约10分钟；距日照海港渡口约110公里，车程约90分钟。

自驾车：

走日东高速→在大庄出入口下高速→下高速后沿羊临高速向北行28公里→约30分钟至石屋官庄村界标志处向西行150米到达景区。

2. 内部（附近）交通

由游客中心出发沿生态旅游步行漫道向北1300米至千亩桂花园，途经流苏园、北海道黄杨园、海棠园、山楂园、梅花园，约需50分钟；向南2200米行至北方阔叶苗木示范园途经恒源林下食菌采摘园、食用菌工厂化生产基地、奇石盆景园，约需90分钟。

四、住宿服务

鸿文宾馆

地址：山东省临沂市沂山县许家湖镇驻地路口西150米路北

永华商务宾馆

地址：山东省临沂市沂水县长安南路 614 号

电话：13792405567

昌晟旅游宾馆

地址：山东省临沂市沂山县许家湖镇驻地路口西 300 米路北

电话：15069918952

东方瑞海国际温泉度假村

地址：山东省临沂市沂水县长安南路与南一环路交汇处

电话：0539-2500512

五洲宾馆

地址：山东省临沂市沂水县长安街南段路东

电话：0539-2500222

五、餐饮服务

沂蒙光棍鸡店

电话：13954911738

口口鲜美食园

电话：13054909105

山城全羊

电话：13563914347

永吉全羊

电话：13646490222

粗粮食府

电话：15969922801

老口味炒免店

电话：13666397477

乡村绿洲

电话：15253975766

六、购物指南

当地特产主要是食用菌。

七、周边可供游客关联消费的旅游项目

周边景区主要有瑞海温泉度假村；雪山彩虹谷：摸鱼池、滑草、彩虹谷、野战谷；地下大峡谷：天然溶洞、地下漂流。

红旗山庄园

一、景区简介

红旗山庄园系国家 AAA 级旅游景区，是一个集休闲、观光、采摘、娱乐、农事体验于一体的现代农业旅游园区。红旗山庄园位置优越，交通便利，依山傍水，植被茂密、环境优美，占地面积达 683 万平方米，是理想的天然氧吧。红旗山庄园目前是全国面积最大的苹果矮砧密植示范园，2015 年成为国家 AAA 级景区，现在也被评为了"中国美丽乡村"、"国家级有机果品示范基地"、"山东省农业旅游示范点"和"山东省自驾游示范点"。

二、公共服务信息

景区地址：山东省临沂市沂水县沂城街道友兰社区
联系电话：0539-2719266
景区门票：免费。
营业时间：常年对游客开放，12 小时营业。
最佳旅游时间：3~10 月。
停车服务：景区在游客中心前面设有停车场，可容纳车辆50 辆；在果品集散中心设有停车场，可容纳车辆 70 余辆；免费供游客使用。

三、交通到达

1.外部交通

自青岛到红旗山景区自驾游路线：

（1）沿香港中路行驶270米，右转进入山东路。

（2）沿山东路行驶3.5公里，在杭鞍高架路左转进入鞍山路。

（3）沿鞍山路行驶160米，在杭鞍高架路朝青岛北站/胶州湾高速/机场方向，直行上。

（4）沿匝道行驶340米，直行进入杭鞍高架路。

（5）沿杭鞍高架路行驶4.7公里，直行进入环湾大道。

（6）沿环湾大道行驶4.6公里，朝济南/G22/海湾大桥/红岛方向，稍向右转进入李村河互通。

（7）沿李村河互通行驶2.2公里，直行进入海湾大桥。

（8）沿海湾大桥行驶24.6公里，直行进入胶州湾大桥。

（9）沿胶州湾大桥行驶500米，朝济南/莱芜/日照/胶南方向，稍向右转进入青兰高速公路。

（10）沿青兰高速公路行驶980米，过黄岛枢纽立交约150米后直行。

（11）继续沿青兰高速公路行驶126.5公里，在马站河大桥朝青州/临沂方向，进入马站枢纽立交。

（12）沿马站枢纽立交行驶690米，过马站枢纽立交约620米后直行进入长深高速公路。

（13）沿长深高速公路行驶25.3公里，从沂水/安庄/S227出口下高速。

（14）下高速直行第三个红绿灯右转直行，沿路标行驶。

整个行程 3 小时左右。

2. 内部（附近）交通

景区内有电瓶车可供游客乘坐观光游览，自景区游客中心到红旗山苹果矮砧密植示范园区，游览时间 30 分钟左右。

四、住宿服务

富华大酒店

电话：15216583928

五、餐饮服务

富华大酒店

电话：15216583928

友兰社区 42 户玉兰人家

电话：13954977150

六、周边可供游客关联消费的旅游项目

周边景区主要有雪山彩虹谷等。

龙雾茶博园

一、景区简介

茶博楼

蒙山龙雾茶博园坐落于著名生态旅游之乡——沂水县院东头镇，这里群山环抱，古树参天，曲溪飞瀑，流水潺潺，是沂蒙红嫂祖秀莲的故乡。茶博园地处山东省山水圣人和黄金海岸旅游大格局的中心地带，随着青莱高速、长深高速建成并在沂水交汇，全镇旅游的可进入性大为提高，特别是滨河大道建成通车后，形成了沂水、沂南、莒县等周边县半小时生活圈，临沂、日照等市一小时生活圈，成为"临沂后花园"。

二、公共服务信息

景区地址：山东省临沂市沂水县院东头镇驻地

联系电话：0539-2591788

景区网址： www.mslwtea.com

公共邮箱： mslwgslc@163.com

景区门票： 36 元 / 人

营业时间： 夏秋季：8：00~18：00；冬春季：8：00~17：00

最佳旅游时间： 四季皆宜

停车服务： 本景区共有 4 处停车场，全部免费停放。其中大门口处有 150 个车位，茶博楼前广场有 10 个停车位，餐厅前有 20 个停车位，宾馆前有 60 个停车位。

三、景区导览

景区游览线路：风情岛→茶博楼→茶文化展厅→奥运文化展厅→茶艺室→绿茶加工展示区→悬壶倒挂→百茶图→茶经台→茶文化长廊→小西湖→采摘园。

四、交通到达

1. 外部交通

景区距临沂机场约 80 公里，车程约 60 分钟；距沂水汽车站汽车站约 20 公里，车程约 20 分钟；距四十里火车站约 40 公里，车程约 40 分钟；距市中心约 25 公里，车程约 20 分钟。

附近市内公交： 乘坐 1 路公交车到新沂河大桥西如家酒店门口换乘沂水到院东头城乡客运即可。

出租车： 从沂水长途汽车站乘车 20 公里。

自驾车： 京沪高速沂南段青驼路口→姚店子→院东头镇驻地→蒙山龙雾茶博园。

济青高速南线诸葛段路口→县城→姚店子→院东头镇驻地→蒙山龙雾茶博园。

2.内部交通

景区内部主要是步行，建有高标准的"游客步游道"，游览时长在30分钟到1小时。

五、住宿服务

茶文化主题宾馆

蓝天生态家园大酒店

地址：山东省临沂市沂水县地下大峡谷南2公里

电话：0539-2550888

怡然居大酒店

地址：山东省临沂市沂水县院东头镇地下画廊景区内

电话：0539-2599999

六、餐饮服务

茶文化主题餐厅

沂蒙人家饭店

地址：山东省临沂市沂水县院东头镇驻地

电话：0539-2591173

沂蒙山全羊馆

地址：山东省临沂市沂水县院东头镇中学对面

七、购物指南

（1）景区内"蒙山龙雾旅游购物中心"，被评为"山东省金牌旅游购物商店"，有蒙山龙雾品牌的云雾、龙雾两大系列20余个品种。

（2）"沂蒙山"系列白酒，"沂蒙农庄"牌土特产的沂蒙全蝎、核桃、板栗、花生果、松菇等均能在院东头镇驻地购买到。

八、周边可供游客关联消费的旅游项目

（1）地下画廊景区（AAAA）：茶博园南2公里，主要景点有溶洞、漂流、滑雪（冬季）、滑草（夏季）。

（2）地下萤光湖景区（AAAA）：茶博园东3公里，主要景点有热带作物种植园、蝴蝶谷、漂流、溶洞。

（3）地下大峡谷景区（AAAA）：茶博园东6公里，主要景点有漂流、溶洞。

（4）沂蒙山酒文化园（AAA）：茶博园东3公里，主要景点有洞藏、文化长廊、酿酒工艺展示。

雪山风情小镇

一、景区简介

雪山风情小镇系国家 AAA 级旅游景区，是临沂市重点"形象工程"，主要以餐饮娱乐、休闲购物为主，一期占地 73373 平方米，总建筑面积约 10 万平方米，建筑形态为传统岭南与现代商业风格相结合，既有传统韵味、又体现时代精神、具有岭南风情的现代商业区。小镇东西长 800 米，分为五大区域，A 区以餐饮为主；B 区以休闲为主；C 区以娱乐为主；D 区以根雕字画古玩为主；E 区以海宁皮草为主。现已成为沂水县当地最富有特色的"一站式"消费娱乐场所，为当地的服务业开创了前所未有的大局面和新高度。

二、公共服务信息

景区地址：山东省临沂市沂水县雪山路与东二环交汇处

联系电话：0539-2277776

景区网址：http：//www.changchen.net

景区门票：免费。

营业时间：常年开放，12 小时营业。

最佳旅游时间：四季皆宜。

停车服务：景区停车位数量多达 2000 多个，最大容量 2500 辆，免费供游客使用。

三、交通到达

1. 外部交通

雪山风情小镇距沂水长深高速出口 1 公里。

青岛到雪山风情小镇自驾游路线：

（1）沿杭鞍高架路行驶 4.7 公里，直行进入环湾大道行驶 4.6 公里，朝济南 /G22/ 海湾大桥 / 红岛方向，稍向右转进入李村河互通。

（2）沿李村河互通行驶 2.2 公里，直行进入沿海湾大桥行驶 24.6 公里，直行进入胶州湾大桥行驶 500 米，朝济南 / 莱芜 / 日照 / 胶南方向，稍向右转进入青兰高速公路行驶 980 米，过黄岛枢纽立交约 150 米后直行行驶 126.5 公里，在马站河大桥朝青州 / 临沂方向，进入马站枢纽立交。

（3）沿马站枢纽立交行驶 690 米，过马站枢纽立交约 620 米后直行进入长深高速公路。

（4）沿长深高速公路行驶25.3公里，从沂水／安庄／S227出口下高速，直行第一个红绿灯左转直行，到达目的地。整个行程1.5小时左右。

2.内部（附近）交通

景区内部设有电瓶车可供游客乘坐观光游览，雪山风情小镇距离县城中心5分钟车程，自驾向西2公里就是县城商业中心点。

四、住宿服务

昌辰假日大酒店

电话：0539-2583888

五、餐饮服务

农家乐大本营饭店

电话：0539-2271616

赵家深巷老公鸡饭店

电话：0539-7127678

六、购物指南

景区设有大型土特产超市及当地奇石根雕会馆，主要有煎饼、沂蒙崮石等。

七、周边可供游客关联消费的旅游项目

周边景区主要有雪山彩虹谷等。

沂蒙山根据地景区

一、景区简介

沂蒙山根据地景区内东、西方文化底蕴深厚，历史遗迹众多，各景点集教育、爱国、休闲、参与于一体。景区不仅可开展"红色之旅"，自然、人文景观也非常丰富，环境优美、空气清新、崮崖众

沂蒙崮乡

多、农业观光资源丰富。主要景点有中共山东分局旧址、八路军山东纵队指挥部旧址、百年天主教堂、圣母山圣母堂、沂蒙红嫂园、沂蒙山纪念馆及根据地广场等。沂蒙山根据地景区是全国著名的四大根据地之一，沂蒙山根据地党政军指挥中心，素有"华东延安"之称，是山东省建党建军开创时期的革命圣地。

二、公共服务信息

景区地址： 山东省临沂市沂水县夏蔚镇王庄村

联系电话：0539-2461777

景区网址：http：//www.lyyms.com

公共邮箱：ymsgjdly@163.com

景区门票：50元/人。儿童身高1.2米以下免票；70周岁以上老人凭有效证件免票；军人、学生等半票优惠。

营业时间：旺季（4~10月）：7：30~18：00；淡季（11月至翌年3月）：8：00~17：00。

最佳旅游时间：5~10月。

停车服务：景区专设停车场3处，分别位于各景点大门处，能同时停放500辆小车，10辆大型客车。

三、景区导览

沂蒙山根据地景区抗日文化体验区规划导览

四、交通到达

1.外部交通

济南市、德州市、泰安市、莱芜市：济青南线→新庄收费站→下车转沂水；

青岛市：济青南线→杨庄出口转沂水；

潍坊市：安丘→沂水；

日照市：日照→莒县→沂水；

烟台市、威海市：同三高速→济青高速南线杨庄出口→沂水；

东营市：东青高速→临朐→沂水；

沂水县（半小时左右车程）：经S335至夏蔚镇十字路北转（此处可以看到景区迎宾大门）→再直走7公里至王庄村（景区驻地），售票处位于路东侧。

2. 内部（附近）交通

景区内部无小交通，在导游员的引导下游客徒步参观，需2小时左右。

景区到周边商业和住宿设施，需游客驾车或乘坐公交前往，需半小时左右。

五、活动体验

（1）大樱桃采摘节。

时间：5月中旬~6月中旬

地点：圣母山大樱桃园

活动主题：大樱桃采摘

参与方式及收费：购票入园采摘，票价40元／人

（2）七一红歌会。

时间：7月1~3日

地点：根据地广场

活动主题：红歌唱响沂蒙山

参与方式及收费：进景区参观的游客均可参与唱红歌

六、购物指南

（1）烧锅酒：传统工艺、纯粮酿造；（2）红薯粉皮：传统工艺、纯粮酿造；（3）玉米煎饼：传统工艺、纯粮酿造。

七、周边可供游客关联消费的旅游项目

周边景区有天然地下画廊、雪山彩虹谷、天上王城、蒙山国家森林公园、地下大峡谷、灵泉山、荧光湖、孟良崮、沂蒙影视基地。

沂蒙山酒文化园

一、景区简介

　　沂蒙山酒文化园位于山东省旅游强镇、沂蒙旅游胜地、红嫂故里——沂水县院东头镇，是由山东沂蒙山酒业有限公司投资兴建的工业旅游项目。沂蒙山酒文化园地处北纬35°名酒产区地带，山清水秀，风景优美，森林覆盖率高达61.5%，被誉为天然氧吧，同时地下溶洞和麦饭石矿泉水资源丰富，更为酿造优质白酒提供了得天独厚的条件。

二、公共服务信息

景区地址：山东省临沂市沂水县院东头镇驻地

联系电话：0539-2597888

景区网址：www.ymsjy.com

公共邮箱：sdymsjy@126.com

景区门票：暂不收取门票

营业时间：夏秋季：8：00~18：00；冬春季：8：00~17：00

最佳旅游时间：四季皆宜

停车服务：本景区共有 4 处停车场，全部免费停放。其中大门口处有 10 个车位，办公楼前广场有 50 个停车位，餐厅前有 20 个停车位，洞藏前有 10 个停车位。

三、景区导览

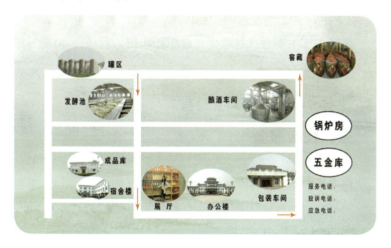

景区游览线路：文化长廊→洞藏展区→酿酒工艺展区→粉条生产工艺展区→成品包装展示区→成品展厅。

四、交通到达

1. 外部交通

景区距临沂机场约 80 公里，车程约 60 分钟；距沂水汽车站约 20 公里，车程约 20 分钟；距四十里火车站约 40 公里，车程约 40 分钟；距市中心约 25 公里，车程约 20 分钟。

附近市内公交：乘坐1路公交车到新沂河大桥西如家酒店门口换乘沂水到院东头城乡客运即可。

出租车：从沂水长途汽车站乘车20公里。

自驾车：京沪高速沂南段青驼路口→姚店子→刘家店子村→沂蒙山酒文化园。

济青高速南线诸葛段路口→县城→姚店子→刘家店子村→沂蒙山酒文化园。

2. 内部（附近）交通

景区内部主要方式是乘坐光观车和步行，时长在40分钟到1小时左右。

到周围商业及住宿设施主要是坐车，10分钟左右。

五、住宿服务

蓝天生态家园大酒店

地址：山东省临沂市沂水县地下大峡谷南2公里

电话：0539-2550888

怡然居大酒店

地址：山东省临沂市沂水县院东头镇地下画廊景区内

电话：0539-2599999

六、餐饮服务

美味苑餐馆

地址：景区内

电话：0539-2597906

沂蒙人家饭店

地址：山东省临沂市沂水县院东头镇驻地

电话：0539-2591173

沂蒙山全羊馆

地址：山东省临沂市沂水县院东头镇中学对面

七、购物指南

当地特产有沂蒙山系列白酒、赤蜜山泉水、鲁沂粉条、水晶粉丝。蒙山龙雾的绿茶，沂蒙农庄、任氏土特产的沂蒙全蝎、核桃、板栗、花生果、松菇等。

八、周边可供游客关联消费的旅游项目

（1）地下画廊景区，溶洞、漂流、滑雪（冬季）、滑草（夏季）。

（2）地下萤光湖景区，热带作物种植园、蝴蝶谷、漂流、溶洞。

（3）地下大峡谷景区，漂流、溶洞。

（4）蒙山龙雾茶博园，茶艺表演、茶餐厅、茶工艺展示。

东皋公园

一、景区简介

东皋公园坐落于东皋岭上，因沂水八景之一东皋晚照而得名。总面积26.6万平方米，占据东皋主峰的绝大部分，与环绕城市的大小沂河公园和湿地公园遥相呼应，文物古迹较多，如"东皋晚照""透亮牌""大小文峰塔"等，登上东皋山远眺群山、沂河，近望沂城全景。其中文峰塔位于公园的最高点，高56.8米，共11层，是沂水县的标志性建筑，被誉为"齐鲁第一塔"。拾阶而上到塔顶，沂城全貌一览无余。

二、公共服务信息

景区地址： 山东省临沂市沂水县正阳路7号

联系电话： 0539-2251644

公共邮箱： dg.2009@163.com

景区门票： 免费。

停车服务： 景区设有3处停车场，共有大小停车位200余个，一律向游客免费提供。

三、交通到达

沂水县东皋公园距长深（青临段）高速沂水安庄出口 2 公里，距济青高速沂水出口 20 公里。

沂水县三十里火车站，可直达临沂、日照、青岛、济南、北京、菏泽、郑州等地，与公园相距 15 公里，只需半小时车程，道路畅通，客运方便。

四、住宿服务

沂河山庄
地址：山东省临沂市沂水县城东环路中段
寰宇大酒店
地址：山东省临沂市沂水县城中心

五、周边可供游客关联消费的旅游项目

周边景区主要有雪山彩虹谷、天上王城等。

云水禅旅游景区

一、景区简介

云水禅景区内有"一祠、一宫、一树、一水、三碑、一培训中心"。景区有三大特点：山奇，树奇，水奇。山奇：云水禅被西游记传说中的九顶莲花山环绕其中，群山秀丽，郁郁丛林，古木参天。树奇：云水禅有名扬八方的银杏雄树，树径2.25米，高33米，遮荫半亩多地，树龄已达1300余年，被当地人称为"九仙落圣水"。最负盛名的是云水禅的"水"。在银杏树下，有始建于宋代，用石雕成的观音祠，内有观音菩萨塑像。观音祠有久负盛名的圣水龙宫，宫内泉水潺潺流入龙池，池内碧水盈盈，泉水清澈甘甜。

二、公共服务信息

景区地址：山东省临沂市沂水县黄山铺镇圣水坊村

联系电话：0539-2611108

景区门票：免门票

营业时间：8：00~18：00。

停车服务：景区设有3处停车场，分别位于景区南门、北门及院内，最大容量为280辆，本景区停车免费。

三、交通到达

1.外部交通

景区距临沂机场约 105 公里，车程约 140 分钟；距沂水县汽车站约 19 公里，车程约 20 分钟；距沂水四十里火车站约 34 公里，车程约 35 分钟；距青兰高速沂水县诸葛收费站 47.5 公里，车程约 50 分钟；距长深高速沂水收费站 22.5 公里，车程约 25 分钟。

公交车：

乘坐沂水至高庄、龙湾、夏蔚或泉庄公交车到云水禅景区路口下车。

出租车：

出租车起步价 3 元，自沂水汽车站到圣水坊村即可。

自驾车：

东线方向：沂水县城→黄山铺镇（兖石路 S335 线）→黄山铺镇大松林村→云水禅景区。

西线方向：蒙阴→黄山铺镇（兖石路 S335 线）→黄山铺镇大松林村→云水禅景区。

2.内部（附近）交通

景区内主要的交通方式为步行。景区内建有购物中心及高档宾馆，距赵洪国炒鸡店、绿园木柴鸡店、同兴炒鸡店约 100 米。

四、餐饮服务

景区附近共有餐馆 12 家，均位于景区 5 公里之内。

五、活动体验

（1）每年的１月、３月、８月、１２月举办祈福大会。

地点：云水禅景区

活动内容：祈福

适宜人群：老人、青年

（2）景区常年举办文化活动，如清明节庙会、水陆法会祈福、拉魂腔戏曲表演等民俗活动，攀岩登山、垂钓采摘等娱乐活动，有利于游客的身心健康。

六、购物指南

当地特产主要有正宗木柴笨鸡、农家风味小菜、银杏、板栗、鞋垫等。

华丰休闲旅游区（华丰国际商贸城）

一、景区简介

华丰休闲旅游区位于兰山区商城路（临西二路）和解放路交叉口东北角（老汽车站对面），北侧临近专业市场一条街青年路、南侧紧邻城市主干道解放路、西侧紧邻商城路、东侧则为著名的华丰商业步行街。是集购物批发、零售、餐饮、休闲娱乐为一体的一站式综合性商业市场。目前是山东省内单体建筑面积最大的一座综合性商贸市场。华丰休闲旅游区，被誉为"国际批发市场的航母"，2012 年获得国家 AAAA 级旅游景区荣誉。

二、公共服务信息

景区地址：山东省临沂市解放路（199号）与商城路（临西二路）交汇处

联系电话：0539-3100900

景区网址：www.ehuafeng.com

公共邮箱：1816373548@qq.com

三、交通到达

华丰休闲旅游区位于兰山区商城路（临西二路）和解放路交叉口东北角（老汽车站对面），北侧临近专业市场一条街青年路、南侧紧邻城市主干道解放路、西侧紧邻商城路、东侧则为著名的华丰商业步行街。距离机场8公里，距离火车客运总站3公里，距离京沪高速公路进出口6公里。

四、住宿及餐饮服务

蓝海国际大饭店

五、活动体验

每逢三八节、五一、国庆、中秋节等法定节假日均有服装类促销活动。

六、购物指南

华丰休闲旅游区，被誉为"国际批发市场的航母"，涵盖小百货、服装、鞋包、床上用品、居家用品、家纺、餐饮等主力业态，各大一线品牌云集。

七、周边可供游客关联消费的旅游项目

华丰休闲旅游区对面和谐广场内，有 AA 级景区星期八小镇。

山东省 A 级旅游景区

自由行手册

杜受田故居

一、景区简介

    杜受田故居是清朝咸丰皇帝的恩师杜受田的旧居，也是滨州杜家众多名臣的旧居，现为国家 AAAA 级旅游景区，省级重点文物保护单位，"到山东最想去的 100 个地方"之一，省级廉政教育基地、市级爱国主义教育基地、青少年教育基地，获得全市旅游工作先进单位、"好客山东"贺年会美陈大赛银奖、"好客山东贺年会"先进单位、全省自驾游示范点等美誉。

    杜受田故居是滨州历史与文化的一大亮点，位于被称为"凤凰城"的滨州古城正中心，建筑风格简单、朴实，开放通畅是其典型特点。走进故居，您就会悟出杜受田做人做官做事的真谛：做人要谦虚正直，做官要爱国恤民、廉洁勤政，做事要"端正、明白、和平、谨慎"。

二、公共服务信息

景区地址：山东省滨州市滨城区滨北街道办事处南街

联系电话：0543-3561688

景区网址：www.bzdst.com

公共邮箱：bzdstgj@126.com

景区门票：旺季：60 元 / 人。淡季：60 元 / 人。60~70 岁的老年人、学生凭相关证件半价；1.2~1.4 米的儿童半价；70 岁以上的老年人、记者、军人等凭相关证件免费；1.2 米以下儿童免费。

营业时间：旺季：8：00~18：00，淡季：8：00~17：00。

最佳旅游时间：全年均适合参观游览。

停车服务：景区内设有 1 处停车场，面积约 12000 平方米，车位 126 个，其中小车车位 84 个，大车车位 42 个，小型车收费 2 元，大型车 3 元。

三、景区导览

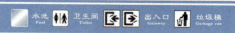

四、交通到达

景区距离市中心约 14 公里，约 20 分钟车程；距离滨州汽车站约 20 公里，车程约 23 分钟；距济南国际机场大约 180 公里；距淄博火车站大约 100 公里；长深（滨博）高速滨州北收费站下高速后沿 S316 东行至 G205 国道，沿 G205 南行 1.5 公里向右转后行驶 1.3 公里到达景区；从滨州市区到渤海五路沿 205 国道一直往北，到滨北镇，右手边见景区大广告牌左转，即可到达景区。市内乘坐 24 路公交车直达，终点站下车即是。

五、住宿服务

汉庭酒店滨州滨城区政府店

地址：山东省滨州市滨城区渤海五路黄河十五路交汇处路西

电话：0543-5088881

六、餐饮服务

邢家锅子饼饭庄

地址：山东省滨州市 205 国道与滨北街道梧桐 5 路交叉口东北角

电话：0543-3513283

七、活动体验

景区持续开展"拜帝师、中状元"祈福活动，凡到故居游客的游客，凭票赠送精美许愿带一条。

八、购物指南

景区内设有滨州旅游纪念品商品店。这里有别出心裁的木雕、栩栩如生的布老虎、精致可爱的剪纸（国家级非物质文化遗产）、极具地方特色的草柳编，滨州传统风味名吃芝麻酥糖、刻有杜氏家训的水晶雕像、陶瓷制品，滨城文化系列丛书《滨城文化志》、《滨州杜家》、《杜氏述训》、《一代帝师杜受田杜氏教育探析》等。

九、周边可供游客关联消费的旅游项目

景区南有山东省爱国教育基地——怀周祠（车程5分钟左右）；东有全国爱国主义教育示范基地、全国重点烈士纪念建筑物保护单位——渤海革命老区纪念园（车程约10分钟）；北有国AAA级景区——三河湖风景区（车程约10分钟），景点众多，旅游配套服务设施齐全。

孙武古城旅游区

一、景区简介

孙武古城旅游区依托惠民古城，以孙子文化为主题，通过7.2公里的护城河环城水系有机串联，突出了兵学文化、古城文化、红色文化、民俗文化特色。2011年，孙武古城旅游区被批准为AAAA级旅游区。

孙子文化是孙武古城旅游区主要文化品牌；古城文化是孙武古城旅游区的一大特色，城中曾有"三台"、"八大阁"、"八大景"、"十二冲楼"、"十四庙宇"等古迹近百处；红色文化、民俗文化占有重要地位，古城旅游区曾为渤海革命老区，国际孙子文化旅游节是省内有名的节会活动。

二、公共服务信息

景区地址：山东省滨州市惠民县鼓楼街89号

联系电话：0543-5300968

景区网址：www.sdhmta.com

公共邮箱：hm5301988@163.com

景区门票：其中，孙子兵法城50元/人，武圣园30元/人，武定府衙30元/人。景区内环城水系为免费景点；收费景点内现役军人、残疾军人、1.3米以下儿童、70周岁以上老年人凭有效证件免费；学生、残疾人、1.3米以上儿童、60~69周岁老年人凭相关证件享受半价。

营业时间：收费景点4~10月：8：00~18：00；11月至翌年3月：8：30~17：30。免费景点为全开放式。

停车服务：旅游区各景点均有停车场，其中孙子兵法城大车10元，小车5元；武圣园大车5元，小车3元。停车数量200辆，景区最大停车数量500辆。

三、景区导览

四、交通到达

1. 外部交通

惠民县是孙子故里，孙武古城旅游区位于惠民县城，包括孙子兵法城、渤海革命老区机关旧址暨武定府衙、古城公园、护城河环城水系等，大部分景点位于惠民县城护城河内，只有兵法城在护城河外，与北护城河直线距离为 500 米。护城河以内是惠民县城中心区域。惠民县城基本交通情况为：

至国内主要城市距离：

济南：120 公里，车程 1.5 小时。

路线：济南天桥区火车站、济南遥墙国际机场→220 国道→239 省道→惠民县城。

青岛：420 公里，车程 4 小时。

路线 1：青岛流亭机场，青岛港，青岛市南区火车站→济青高速，威乌高速→滨州西 220 国道→乐胡路→惠民县城。

路线 2：青岛流亭机场，青岛港，青岛市南区火车站→青岛火车站→淄博火车站→205 国道，滨博高速→滨州西 220 国道→乐胡路→惠民县城

烟台：450 公里，车程 4.5 小时左右。

路线 1：烟台莱山机场，烟台火车站，烟台港→威乌高速，东青高速→滨州西 220 国道→乐胡路→惠民县城。

路线 2：烟台莱山机场，烟台火车站，烟台港→烟台火车站→淄博火车站→205 国道，滨博高速→滨州西 220 国道→乐胡路→惠民县城。

天津：220 公里，车程 2.5 小时。

路线：天津滨海国际机场，塘沽火车站，天津港→荣乌高速、玉皇庙出口→新大济路→惠民县城。

北京：500公里，车程5小时。

路线1：北京首都国际机场，北京火车站→京津塘高速→荣乌高速、玉皇庙出口→新大济路→惠民县城。

路线2：北京首都国际机场，北京火车站→济南火车站济南黄河大桥→220国道→239省道→惠民县城。

上海：1200公里，车程11小时。

路线1：海浦东国际机场，上海虹桥机场，上海火车站→青岛火车站→淄博火车站→205国道，滨博高速→滨州西220国道→乐胡路→惠民县城。

路线2：上海浦东国际机场，上海虹桥机场，上海火车站→上海虹桥机场→济南遥墙国际机场→济阳黄河大桥→220国道→239省道→惠民县城。

广州：1800公里，车程22小时。

路线1：广州白云国际机场，广州火车站→济南火车站→济南黄河大桥→220国道→239省道→惠民县城。

路线2：广州白云国际机场，广州火车站→济南遥墙国际机场→济阳黄河大桥→220国道→239省道→惠民县城。

惠民县城距离滨博高速出、入口40公里，距离济南遥墙国际机场100公里。

2.内部交通

景区位于县城内，交通方便。

五、住宿服务

惠民国际温泉大酒店（四星级园林温泉酒店）

地址：山东省滨州市惠民县城东门大街古城遗址公园西侧

电话：0543-6977777

武定府大酒店（三星级旅游饭店）

地址：山东省滨州市惠民县武定府路 98 号

电话：0543-5361100

光明大酒店（二星级旅游饭店）

地址：山东省滨州市惠民县故园南路 107 号

电话：0543-5319228

心悦商务会馆（二星级旅游饭店）

地址：山东省滨州市惠民县东关转盘路北

电话：0543-5312888

六、餐饮服务

鸿安肥牛惠民店

地址：山东省滨州市惠民县东关大街

电话：0543-5580666

福临德豆捞

地址：山东省滨州市惠民县东门大街

电话：0543-5302333，5338678

东方美食城

地址：山东省滨州市惠民县环城东路

电话：0543-5352928

七、活动体验

（1）农村大秧歌表演；（2）非物质文化遗产展演；（3）庙会；（4）孙子文化旅游节。

八、购物指南

孙武古城旅游区内，目前已在孙子兵法城、武定府衙设置旅游购物商店，武圣园内设置商品摊点，出售各种旅游商品，其中最有地方特色的是孙子系列纪念品。旅游区内还有杜桥豆制品专卖店，专营各类豆制品。

九、周边可供游客关联消费的旅游项目

周边景区主要有滨州杜受田故居（距离50公里）、淄博高青县温泉花乡度假中心（距离55公里）、滨州生龙欢乐世界（距离50公里）、沾化冬枣采摘旅游区（距离80公里）。

鹤伴山国家森林公园

一、景区简介

鹤伴山于1920年人工兴建林场，1949年成立林场，1992年被评为国家级森林公园，2012年11月19日被评为国家AAAA级景区。景区内植被茂盛，森林覆盖率高达97%，是不可多得的天然氧吧，被誉为"鲁中生态明珠"。

为满足广大游客的旅游需求，鹤伴山景区先后开辟了自然景观与人文景观交相辉映的九瀑涧游线；自然与宗教相融的水帘洞游线；如九颗明珠一线相穿的九潭溪游线；形如仙鹤展翅欲飞的鹤翔岭游线；以及环境优雅、如临仙境的鹤鸣谷等五条游线。新建了以道教、养生、健身、康体为主的道观——长生苑，给以风景著称的鹤伴山旅游景区，增添了新的文化元素。

二、公共服务信息

景区地址： 山东省滨州市邹平县西董街道办事处邹鹤路西南3公里处

联系电话： 0543-4557038

景区门票： 30元/人；团队15元/人；同程网、携程网、森林年卡25元/人；年龄70岁以上老人、1.4米以下儿童、现役军人、残疾人免票。

营业时间： 7：00~18：00

最佳旅游时间： 3月1日~11月1日

停车服务： 景区共有4处停车场，景区外2处停车场可容纳650辆车，景区内2处停车场可容纳150辆，共计800辆。

三、交通到达

1. 外部交通

在G20青银高速出口邹平方向下，行驶144米→左转沿省道246向南，行驶约1公里→向右前方行驶沿鹤伴二路，行驶约1公里→左转沿醴泉五路向南，行驶约5公里→右转沿邹鹤路向南，行驶237米→靠右沿醴泉五路向南，行驶约3公里→右转向西，行驶823米→向左前方行驶向南，行驶63米→靠右向西南，行驶约2公里，到达终点。

2. 内部交通

主干道步行：

山门→九瀑涧游线（在九瀑涧游线内，除了九跌瀑布外，最吸引人的是里面的一条"红色之旅"。抗日英雄纪念雕像和抗日桥，老百姓把这里称作"抗日沟"，来纪念抗日英雄们浩气长存的爱国精神。目前，抗日沟已成为邹平县爱国主义教育的重要基地）→水帘洞游线（水帘洞游线全长共788米，向东和九瀑涧游线相连，向西与九潭溪游线相连，形成个环形。水帘洞游线的中心景点水帘洞，位于峪内300米处，为天然石洞，它深藏壑底，洞前有一水潭，沿着潭东边一条狭窄的石路可侧身进入洞中，洞高8米，东西宽20余米，深10米，可同时容纳百余人。泉水从洞口陡峭的悬崖上飞流直下，如水帘一般，遮住洞口，所以称为"水帘洞"）→九潭溪游线（九潭溪是跑马岭和鹤翔岭之间的一条山峪，全长2424米。九潭溪景名"九潭积翠"，九潭之间，溪流相连，深浅不一，大小各异。此景线溪流、碧潭、岩石、植被组合良好，形成以溪潭为主，以秀丽见长的特色。九潭溪沟壑幽深而狭窄，石灰石山路宛如一条巨蟒，在峪底上下左右盘旋。从入口处向西南斜行山百米，有一人工所砌石壁，绕石壁而上，有一平地约500平方米，据说此处是古人避乱居住的遗迹）→鹤翔岭游线（鹤翔岭游线，景名"长白翔岭"，全长900米，整条游线像一只欲飞的仙鹤，因此得名"鹤翔岭"。沿游线往上走可以到达仙鹤阁）→鹤鸣谷游线（"鹤鸣谷"游线，景名"幽谷鹤鸣"，是鹤伴山主峰与鹤翔岭之间的一条幽谷。这河谷宽阔，道路平缓，绿树成荫，森林覆盖率极高，环境优雅）→鹤伴山长生苑（长生苑占地2万平方米，建筑面积3000余平方米，投资1800万元，2007年开始建设，2009年正式对外开放）。整个建筑群是以道家"养生、康体、长寿"为主题的，依次建有石门坊、苑门、长白山人殿、彭祖殿、长生殿。共45分钟。

游线步行：每条游线相互连接，每条游线步行约 1 小时，五条游线和长生院共需要约 6 小时。

主干道自驾车：共 15 分钟。

四、住宿服务

雪花山大酒店

地址：山东省滨州市邹平县西董镇

电话：0543-4550000

白云大酒店

地址：山东省滨州市邹平县黄山三路 151 号

电话：0543-4337008

黛溪山庄

地址：山东省滨州市邹平县黛溪三路 396 号

电话：0543-4320888

东升宾馆

地址：山东省滨州市邹平黛西三路北首 37 号

电话：0543-4361777

尚佳商务酒店

地址：山东省滨州市邹平县黄山一路东首

电话：0543-4863888

五、餐饮服务

鑫德山庄饭店

地址：山东省滨州市邹平县西董镇白云涧村

电话：0543-4557121

仙鹤斋饭店

地址：山东省滨州市邹平县西董镇西庵村

电话：0543-4557306

净雅饭店

地址：山东省滨州市邹平县西董镇西庵村

电话：13581163958

隆鹤饭店

地址：山东省滨州市邹平县西董镇西河村

电话：13792291688

顺河饭店

地址：山东省滨州市邹平县西董镇西河村

电话：0543-4557763

鑫铭德饭店

地址：山东省滨州市邹平县西董镇西庵村

电话：0543-4557613

云鹤居

地址：山东省滨州市邹平县西董镇西庵村

电话：0543-4557177

六、活动体验

景区体验活动主要有贺年会、休闲汇、文化旅游周、登山文化节。

七、购物指南

景区内及附近共有 3 处购物点，分别在鹤伴山山门停车场、水帘洞游线、山顶停车场。当地特产主要有红芽香椿、邹平水杏、邹平柿子、"炸四鲜"、"崩四样"（炸菊花芽、炸薄荷芽、炸花椒芽、炸香椿芽；崩蝎子、崩蜂王、崩蚂蚱、崩金蝉）、鹤伴山长生苑特产小米。

沾化冬枣生态旅游景区

一、景区简介

沾化冬枣生态旅游景区是冬枣的原产地、主产区和重要集散地，是国家 AAAA 级旅游景区。下洼生态旅游园内分为三大功能区，分别为：静

湖娱乐区、休闲娱乐区和新农村游览区。主要景点有：百米栈道、曲桥、赏绿亭、醉绿廊、品绿阁、亲水平台等系列人文生态 40 余处。

该旅游景区是一处具有独特地域特色，以冬枣采摘为主的乡村游类型的旅游景区。2006 年 12 月该景区被命名为"全国农业旅游示范点"；2008 年 12 月被命名为"山东省旅游强乡镇"、"山东省最具成长力景区"、2012 年 4 月，被省旅游局评定为"山东省自驾游示范点"等荣誉称号；2014 年 5 月被评为国家 AAAA 级旅游景区。

二、公共服务信息

景区地址：山东省滨州市沾化区下洼镇

联系电话：0543-7550003

公共邮箱：bzzhdzstlyjq@163.com

景区门票：50元／人；除按照旅游法规定的免票、半价票外，所有与景区签订协议的个人、团体、旅游企业及本企业参加的所有对外优惠活动将严格按照协议要求执行相关的优惠价格。

营业时间：旺季：5~10月，8：30~18：00；淡季：11月至翌年4月，8：30~17：00。

停车服务：景区设3处停车场，分别位于景区东侧、西侧及景区大门内侧，能容纳200辆车同时停靠，不收任何费用。

三、景区导览

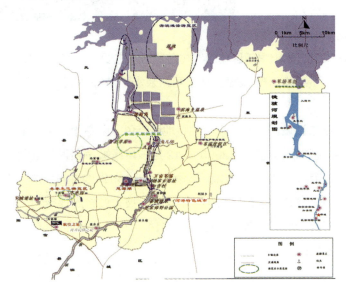

四、交通到达

1.外部交通

景区位于沾化县下洼镇内，距离沾化县城20公里，省道永馆路直穿东西，滨东路、冯黄路南北贯穿，沾化县城交通主干线为312、315、320省道，并有205国道过境。沾化县城有通往下洼镇的公共汽车，一共有9路，每半个小时一班，交通非常便利。下洼生态旅游景区距下洼镇公共汽车站2公里，且支线路况完好，路面硬化，护坡良好。下洼镇有专门汽车站，开往北京、东营、天津、滨州、济南等各大城市的长途汽车都会经过下洼镇并在下洼镇汽车站停靠。景区距大高航空城30公里，距荣乌高速路出口5公里，距津汕高速路出口6公里，距淄博火车站200公里。

2. 内部交通

景区内旅游线路有仿千年古树大门、园区广场、曲桥、卵石路、观枣台、钓鱼台、跨河木桥、石板路、假山、鹊桥、园区广场，所有转弯路口都设有明显指示标志、游客须知说明等。形成以冬枣采摘为主，自然休闲、亲水娱乐为补充的 3 条环形旅游线路，以步行为主，行程在 2~3 小时。

五、住宿服务

镇内有大小型宾馆 20 余家。冬枣成熟季节，设有临时住宿场所或者宾馆。

六、餐饮服务

餐饮场所有 20 多家，主要分布于景区北面所属镇区，距离 2 公里。

秦皇河湿地旅游景区

一、景区简介

　　秦皇河公园位于滨州经济开发区，北起黄河五路，南至长江十一路，全长8公里，设计宽度226米，规划绿地面积85.9公顷，水体面积27.7公顷。景区开业时间为2013年8月，2013年12月被评为AAA级旅游景区，2014年12月被评为AAAA级旅游景区，同时被评为山东省水利风景区。景区主要分为河畔居城、郊野公园、沙洲湿地三大景观区。其最大特色：集休闲、娱乐、观赏、综合商业运营等于一体的综合性景观湿地公园。

二、公共服务信息

　　景区地址：山东省滨州市渤海十九路以西、渤海二十路以东，黄河五路至长江十一路

　　联系电话：0543-8188966　8188699

景区网址：www.qinhuanghe.com

公共邮箱：qinhuanghe2013@163.com

景区门票：景区为开放式景区，无门票。

最佳旅游时间：4~10 月。

停车服务：景区内设有多处停车场，位于各个出入口（黄河五路至长江十一路，每个路口、路段分设停车场），总面积达6000 余平方米，无停车费。

三、交通到达

1.外部交通

滨州市秦皇河公园位于滨州经济开发区杜店办事处，北起黄河五路，南至长江十一路。地理位置优越、交通方便，西邻25 国道、北邻中海公园，有多条公交线经过景区，如 101 路、103 路、16 路、108 路等多路公交车途经景区各个出入口。距济南空港 1.5 小时车程、距天津 2 小时车程，距北京 3 小时车程。景区位于滨州市的滨博高速、滨莱高速公路入口距景区 10 公里，距济南民用机场（济南遥墙机场）100 公里，有专用外部交通标识。

2.内部（附近）交通

滨州市秦皇河公园游览线路图合理、科学。北起黄河五路，南至长江十一路，全长 8 公里，设计宽度 226 米。秦皇河公园设有多个大门，设置合理规范，便于游人进出和疏散，公园内还提供有多种游览设施，如观光自行车、电动观光车、水上游艇、游船等。

四、餐饮服务

公园内有多处餐饮服务部，例如埃尔咖啡、美食广场等。

地址：渤海十八路长江五路交叉口往西 500 米路南

电话：0543-7891234

五、活动体验

灯会游园活动

时间：元宵节前后；地点：黄河五路至长江五路；主题：弘扬民族文化，展现游园风情，不收费。

六、购物指南

景区内有特色商品售卖点，当地特产主要有柳编等手工艺品、荷兰木鞋、各式挂件，与荷兰风情村风格相呼应。

七、周边可供游客关联消费的旅游项目

周边著名景点主要有生龙欢乐世界、颐园、蒲园、中海公园等。另外还有游客服务中心为游客服务。

无棣古城旅游景区

一、景区简介

无棣古城旅游景区占地 310 万平方米。景区于 2005 年 5 月开业，在 2014 年 12 月 27 日被评为国家 AAAA 级旅游景区。无棣古城形成于商周，发展于隋唐，繁荣于明清，历史悠久，文化丰厚，历经 1400 多年，在这里遗存下了唐代的大觉寺、海丰塔、宋代的古城墙、明代的县衙大堂、清代的吴式芬故居等一些历史人文遗迹和荷花湾、护城河等一些自然景观，是鲁北古城典型的代表，有"观一城则窥鲁北全貌"之誉。

二、公共服务信息

景区地址：山东省滨州市无棣县老城区东南部

联系电话：0543-6569811

景区网址：www.sdwdta.com

公共邮箱：wdlyj@163.com

景区门票：30 元 / 人，没有旺季和淡季价格之分。

营业时间：秋冬季：8：30~12：00，13：30~17：30；
春夏季：8：30~12：00，14：00~18：00。

最佳旅游时间：四季皆宜。

停车服务：景区自配高标准停车场 2 处，均为 5600 平方米以上，位于景区北部，全部为环保型草皮砖铺设，能同时容纳 700 辆车停放，不收取停车费。

三、交通到达

1. 外部交通

景区距大高航空城 20 公里，距天津国际机场 70 公里，距沾化西滨州港（烟新）高速出口 10 公里。

2. 内部交通

步行全程约 2 小时。

四、住宿服务

无棣枣乡大酒店

地址：山东省滨州市无棣县棣新一路，商贸街北部

电话：0543-6332578

五、餐饮服务

无棣枣乡大酒店

地址：山东省滨州市无棣县棣新一路，商贸街北部

电话：0543-6332578

无棣富豪大酒店

地址：山东省滨州市无棣院前街北

电话：0543-6335666

六、活动体验

景区内大觉寺每年举行大型法会，春节期间有上香许愿活动，游客自愿参加，不收费。

七、购物指南

景区附近有无棣特色旅游商品购物店，店内备有无棣当地特色商品：贝瓷类产品，白酒系列，枣制品，葡萄红酒系列，海产品，有机林果系列，野生中草药系列，土特产，名烟名酒系列，盐雕、盐产品，日用品，调味品系列，工艺品，老粗布系列，全麸面粉、石磨玉米面，精粉面，东阿阿胶产品，山东特产等产品。

孙子兵法城景区

一、景区简介

中国孙子兵法城是孙子故里人民为了纪念伟大的军事家孙武，充分挖掘弘扬孙子文化而修建的秦汉式大型园林建筑群。它以具有千年历史的宋代古城墙遗址为依托，以"和平、战争、智慧"为主题全面展示博大精深、享誉中外的《孙子兵法》兵家智慧。

景区由 15 座大殿和 224 间厢房组成。它是继北京故宫、曲阜孔庙之后我国第三大庭院式人文景观，是山东省"一山一水两圣人"旅游体系的重要组成部分。目前景区是国家 AAAA 级旅游景区，被誉为"华夏兵学第一圣殿"，2011 年被评为到山东不得不去的 100 个地方。

二、公共服务信息

景区地址： 山东省滨州市惠民县孙武路

联系电话： 0543-5353966

景区公众号： sunzibingfacheng

景区邮箱： hm5353967@126.com

景区门票： 50元/人。现役军人、残疾军人、1.3米以下儿童凭有效证件免费；学生、残疾人、1.3米以上儿童、老年人凭相关证件享受半价。

营业时间： 4~10月，8：30~18：00；11月至翌年3月，8：30~17：30

停车服务： 景区设有2处停车场，一处位于景区南门，停车数量200辆；另一处位于景区北门，停车数量300辆，停车收费5元。

三、景区导览

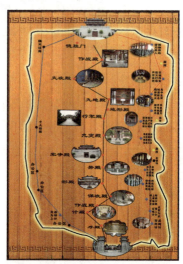

四、交通到达

1. 外部交通

飞机：景区距济南遥墙国际机场约 80 公里，车程约 60 分钟。从济南遥墙国际机场→济阳县→沿国道 220 线往滨州方向走约 50 公里→三岔口惠民方向 30 公里即到景区。

铁路：景区距淄博火车站约 200 公里，车程约 120 分钟。从济南火车站→济阳县→沿国道 220 线往滨州方向走约 50 公里→三岔口惠民方向 30 公里即到景区。

自驾车：滨博高速→滨州出口下→国道 220 线往西走大约 20 公里→到滨州胡集收费站→惠民方向→ 30 公里到景区。

2. 内部交通

景区内部交通方式为步行游览和多人自行车游览。景区到惠民宾馆、武定府大酒店、良友大酒店、黎明大酒店 4 家餐饮酒店车程在 10~15 分钟。

五、住宿服务

惠民宾馆

地址：山东省滨州市惠民县文庙街 15 号

电话：0543-5329888

武定府大酒店

地址：山东省滨州市惠民县武定府路 98 号

电话：0543-5361100

居然之家商务宾馆

地址：山东省滨州市惠民县东关转盘乐胡路 5 号

电话：0543-5050666

六、餐饮服务

惠民国际温泉大酒店

地址：山东省滨州市惠民县东门大街 188 号

电话：0543-6976888　6976999

武定府大酒店

地址：山东省滨州市惠民县汽车站向东 1500 米

电话：0543-5336888　5361100

三立酒店

地址：山东省滨州市惠民县环城东路南首

电话：0543-2133818

金太阳饺子城

地址：山东省滨州市惠民县东门街（原中行对面）

电话：0543-5327281

黎明大酒店

地址：山东省滨州市惠民县文安中路二中东邻

电话：0543-5331721　5982789

淼鑫酒海鲜渔村

地址：山东省滨州市惠民县魁星阁往东 500 米路北

电话：0543-2232711

光明大酒店

地址：山东省滨州市惠民县电业局门口

电话：0543-5319228

东方大酒店

地址：山东省滨州市惠民县魁星阁向北 200 米

电话：0543-5686788

鸿安肥牛

地址：山东省滨州市惠民县东关街

电话：0543-5316888

七、活动体验

景区体验活动主要有拓展培训、真人 CS、古代射箭、篮球足球九宫格、观光自行车、小猪运动会。

八、购物指南

景区在五进院内有旅游商品经营部，出售各种旅游商品，其中最有地方特色的是各种版本的孙子兵法书籍。

九、周边可供游客关联消费的旅游项目

周边景区主要有魏氏庄园（距离 30 公里）、惠民武定府衙景区（距离 3 公里）、惠民武圣园景区（距离 1 公里）、滨州杜受田故居（距离 40 公里）、滨州生龙欢乐世界（距离 50 公里）、沾化冬枣采摘旅游区（距离 45 公里）。

魏氏庄园景区

一、景区简介

魏氏庄园于 1996 年被国务院公布为全国重点文物保护单位，2005 年被国家旅游局评为 AAA 级旅游景区，与烟台牟氏庄园、四川刘文彩庄园并称为"中国三大庄园"，是国内现存唯一的城堡式庄园。魏氏庄园由树德堂、徙义堂、福寿堂三组建筑组成，建于清代，规模宏大，建筑精良，占地面积 32543 平方米，现有房屋近百间，距今已有百余年的历史。城堡式住宅是庄园建筑群的主体；内宅部分是庄园建筑群的核心。魏氏庄园具有深厚的

文化底蕴，体现了高超的建筑艺术与中华民族文化的博大精深。

二、公共服务信息

景区地址：山东省滨州市惠民县魏集镇庄园路 1 号

联系电话：0543-5658277

景区网址：www.weishizhuangyuan.com

公共邮箱：hmwszy@163.com

景区门票：50 元 / 人。现役军人、残疾军人、1.3 米以下儿童、70 周岁以上老年人凭有效证件免费；学生、残疾人、1.3 米以上儿童、60~69 周岁老年人凭相关证件享受半价。

营业时间：4~10 月：8：00~18：00；11 月至翌年 3 月：8：30~17：30

停车服务：魏氏庄园景区有 2 处停车场，一处位于售票导游处，停车数量 70 辆；另一处位于游客接待服务中心，停车数量 200 辆，停车收费 2 元。

三、景区导览

四、交通到达

1. 外部交通

飞机：魏氏庄园距济南遥墙国际机场约80公里，车程约60分钟。从济南遥墙国际机场→济阳县→沿国道220线往滨州方向走约60公里→滨州胡集收费站→往南5公里即到魏氏庄园。

铁路：魏氏庄园距淄博火车站约100公里，车程约80分钟。从淄博火车站→滨博高速→滨州出口下→沿国道220线往西走约20公里→滨州胡集收费站→往南5公里即到魏氏庄园。

公交车：魏氏庄园距滨州长途汽车站约20公里，车程20分钟，从滨州长途汽车站乘坐滨州→魏集车辆直接到魏氏庄园；魏氏庄园距惠民汽车站约30公里，车程25分钟，从惠民长途汽车站乘坐惠民→魏集车辆直接到魏氏庄园。

自驾车：滨博高速→滨州出口下→国道220线往西走大约20公里→到滨州胡集收费站→往南5公里即到魏氏庄园。车程大约20分钟。

2. 内部交通

魏氏庄园景区内部交通方式为步行游览，主要步行线路为：停车场→售票导游处→树德堂→徙义堂→福寿堂→停车场，整个游览时间约1.5小时。

魏氏庄园景区到四合院仙驴宴酒店、树德祥大酒店、聚贤庄农家乐、新富豪驴肉馆4家餐饮酒店车程在2~5分钟。

魏氏庄园景区到铭都商务宾馆、魏集宾馆车程在3~5分钟。

五、住宿服务

居贤庄农家乐

地址：山东省滨州市惠民县魏集镇同韩路以西 100 米

电话：0543-5650888　5651377

网址：www.wudingfu.cn

魏集宾馆

地址：山东省滨州市惠民县魏集镇桑王路东侧

电话：15554399111

铭都商务宾馆

地址：山东省滨州市惠民县魏集镇桑王路 157 号

电话：13001529031

六、餐饮服务

四合院仙驴宴

地址：山东省滨州市惠民县魏集镇魏氏庄园东十字路口南 100 米

电话：0543-5658888　13906497898

网址：www.bzshy.com

树德祥大酒店

地址：山东省滨州市惠民县魏集镇魏集街 79 号

电话：0543-5655888　18954333399

聚贤庄农家乐

地址：山东省滨州市惠民县魏集镇同韩路以西 100 米

电话：0543-5650888　5651377

网址：www.wudingfu.cn

鑫福豪驴肉馆

地址：山东省滨州市惠民县魏集镇第一个红绿灯西北角

电话：0543-5658078　13356280778

七、活动体验

景区体验活动主要有古代抬花轿迎亲表演、小毛驴拉磨表演、骑战马表演、农村大秧歌表演、威风锣鼓队表演、纺织纺线表演、说评书表演、剪纸、刻木板年画表演。

八、购物指南

魏氏庄园景区在徙义堂院内有旅游商品经营部，出售各种旅游商品，其中最有地方特色的是大小老榆木鱼凳子，造型古朴优美。另外还有省级非物质文化遗产"皂户李泥娃娃"出售；省级非物质文化遗产"惠民踩鼓刘"制鼓。

九、周边可供游客关联消费的旅游项目

周边景区主要有中国孙子兵法城景区（距离30公里）、惠民武定府衙景区（距离30公里）、惠民武圣园景区（距离30公里）、滨州杜受田故居（距离40公里）、淄博高青县温泉花乡度假中心（距离20公里）、滨州生龙欢乐世界（距离20公里）、沾化冬枣采摘旅游区（距离45公里）。

大觉寺景区

一、景区简介

　　大觉寺景区毗邻荷花湾，西临吴式芬故居，东接江南文化金街。大觉寺景区是省级重点文物保护单位，于 2009 年 8 月批准为国家 AAA 级旅游景区。现占地面积 30 余亩，寺内殿宇宏丽，松柏翠映，碑石林立，文风盎然。大觉寺与海丰塔始建于唐贞观年间，是鲁北灿烂文化的重要标志；大雄宝殿是寺院内最高大的建筑。

二、公共服务信息

景区地址：山东省滨州市无棣县古城区文萃街交叉路口以西
联系电话：0543-6331088
公共邮箱：wdxdjs@163.com

景区门票：免费。

营业时间：秋冬季，8：30~12：00，13：30~17：30；春夏季，8：30~12：00，14：00~18：00。

停车服务：景区的停车场 5600 平方米，可容纳 280 辆车，免费。

三、交通到达

1.外部交通

沿 205 国道，途径中心大街至棣新一路左转，至文萃街，前行 100 米。

2.内部交通

步行，全程约 1 小时。

碣石山旅游景区

一、景区简介

碣石山海拔 63.4 米，方圆 0.39 平方公里，形成于 73 万年前新生代第四纪更新世，是国内罕见的第四纪火山中最为"年轻"的一座火山，也是鲁北平原唯一的一座山

秋染碣石

体，被誉为"京南第一山"。碣石山蕴含着悠悠五千年的历史文

碣石山之美

化积淀，景区内旅游资源类型包括碣石景观、水域景观、河滨景观、生物景观、天象景观、湿地景观、黄河故道、名人文化、民俗文化、生态文化等。

二、公共服务信息

景区地址：山东省滨州市无棣县碣石山镇政府驻地

联系电话：0543-6432216

景区网址：http：//www.jieshigeopark.com

　　　　　　http：//www.wdjieshishan.gov.cn

景区门票：20 元 / 人。

营业时间：旺季：7：00~19：30；淡季：8：00~17：00。

停车服务：景区自配停车场，面积 5000 平方米以上，分为大型车、中型车、小型车等三个停车区。

三、交通到达

1. 外部交通

碣石山景区位于碣石山镇政府驻地，旅游交通便利，可进入性较好。交通设施完备，进出便捷。距离威乌（津汕）高速公路无棣出入口 5 公里，距 205 国道 25 公里，距省道大济路 0.3 公里；景区距大高航空城 50 公里，距天津国际机场 70 公里。主要干线公路交口处和重要路段全部设立专门外部交通标识，颜色为深红底白字，外形较其他交通标识稍大。

2. 内部交通

在线路设置上，游步道（水泥台阶）3 条线路形成环线，观赏面大，有利于游客浏览。景区内在适当位置全部设置了木质座椅和大理石座椅供游客休憩。在陡峭地段设置了石头护栏，保障了游客的人身安全。

四、住宿服务

景区方圆 1 公里内有大型商务宾馆，宾馆内卫生清洁，质优价廉，让游客住得开心、舒服。

五、餐饮服务

景区方圆 1 公里内有很多特色名吃（大山烧鸡、八大碗、烤羊、火锅鱼、海鲜等）。

六、活动体验

碣石山景区一年一度的大型庙会于农历四月二十七举办，场面热烈、主题活动新颖，也是一年中游客达到最高峰时期。

七、购物指南

景区东面 100~500 米处有三个大型超市，物品齐全，价格低廉，为游客提供方便。

八、周边可供游客关联消费的旅游项目

周边有油菜园、生态麦田、饮马湖、会所、百果园及贝壳堤等旅游景观。

武圣园景区

一、景区简介

武圣园景区位于武圣孙子故里惠民县千年宋城墙、护城河以西,孙子文化旅游区内,北邻武圣大道,西靠庆淄路。景区于2008年被评为青少年科技教育基地,2009年10月被评为国家级AAA级景区,2011年被评为市级环境教育基地。

武圣园以孙子兵法城为依托,古城墙为背景,水体为血脉,果园、草坪、花木为基础,集休闲、娱乐、观光餐饮于一体。总占地面积27公顷,其中建筑面积10800平方米,绿化面积20万平方米,水域面积3万平方米,总投资8000万元;共设置"银河飞瀑、武圣湖游乐园、资福寺、玉皇庙、城隍庙、兵器展"六处主要景点,并辟有"山水园林、绿地果园、亭台楼阁、绿荫长廊"等游乐场所。

二、公共服务信息

景区地址:山东省滨州市惠民县兵圣大道西首路南

联系电话:0543-5306888

景区门票:旺季:4~10月,40元/人;淡季:11月至翌年3月,30元/人。70岁以上老人、1.4米以下儿童、现役军人、残疾人持有效证件免费入园；学生、60~70 岁老人享受 5 折优惠。

　　最佳旅游时间： 4~10 月。

　　停车服务： 景区大门口专设 2 处大型停车场，有 300 个小车停车位、50 个大车停车位，收费标准为：小车 3 元 / 辆、大车 6 元 / 辆。

三、景区导览

四、交通到达

1.外部交通

景区距机场约90公里，车程约80分钟；距火车站约80公里，车程约60分钟；距汽车站约5公里，车程15分钟；距惠民县汽车站7公里，车程约20分钟。

旅游专线：惠民县有魏氏庄园→兵法城的旅游专线车，2元/人。

自驾车：济青高速→滨博高速→滨州出口下→220国道向西行驶→至247省道/246省道/239省道向北行驶至惠民县→乐胡路→孙武路→武圣园，下高速后车程大约需要90分钟。

2.内部交通

大门→银河飞瀑→水榭→水上乐园→资福寺→玉皇庙→兵器展→鲁北民俗博物馆→城隍庙→动物园。

五、住宿及餐饮服务

惠民温泉大酒店

电话：0543-6977777

光明大酒店

电话：0543-5319228

六、活动体验

每年的正月初一至正月二十都将会举办玉皇庙庙会，在此期间门票价格一律10元/人。

七、购物指南

景区距惠民宾馆礼品商行 5.0 公里、距惠民县绿色特产店 5.0 公里、距惠民县绿色特产店 5.0 公里、距惠民县君发礼品旗舰店 5.0 公里、距惠民县五湖春商行 5.0 公里、距惠民县孙武文化礼品有限公司 5.0 公里、距惠民县孙武文化礼品有限公司 5.0 公里、距惠民宾馆礼品商行 5.0 公里、距惠民县君发礼品旗舰店 5.0 公里、距惠民县五湖春商行 5.0 公里、距惠民县孙武文化礼品有限公司 5.0 公里。

八、周边可供游客关联消费的旅游项目

周边景区主要有中国孙子兵法城——超大型仿古建筑群。

醴泉寺风景区

一、景区简介

醴泉寺风景区于2009年被评为AAA级旅游景区，唐中宗时寺僧仁万重建寺院，寺院落成之日，洽东山有一泉涌出，中宗赐名"醴泉"，为济南七十二名泉之一，自古就有"品重醴泉"之说。

风景区现建有钟鼓楼、天王殿、大雄宝殿、范公祠、佛爷殿、观音殿等明清风格的建筑群落。范公祠面南背北，与大雄宝殿相背而建，且范公祠高出主殿2米，故有"天下寺院皆崇佛、唯有醴泉独尊儒"之说。每年的农历六月初六为醴泉寺庙会。

二、公共服务信息

景区地址：山东省滨州市邹平县青阳镇醴泉村

联系电话：13793885658

景区门票：15元/人，行游天下自驾游护照、云景天下自驾游护照均享受 8 折优惠，年龄 70 岁以上老人，6 周岁以下、1.2 米以下儿童，现役军人，残疾人免票。

营业时间：8：00~17：00。

最佳旅游时间：3 月 1 日~11 月 1 日。

停车服务：景区门口专设停车场，可容纳 150 辆车。

三、景区导览

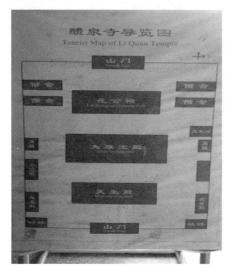

四、交通到达

1. 外部交通

沿匝道行驶 83 米（经邹平收费站），朝邹平方向，右转一直向前行驶 0.7 公里，稍向左转进入黛溪六路，再沿黛溪六路一直行驶 1.9 公里，左转进入黄山三路，沿黄山三路一直行驶 11.9 公里，左转进入醴泉路，沿醴泉路行驶 2.1 公里，左转行驶 162

米，右转行驶 2.7 公里，到达终点醴泉寺风景区。

2. 内部交通

景区内部步行游览即可。门口→天王殿（天王殿，迎门供奉着弥勒佛和四大天王，东方持国天王、南方增长天王、西方广目天王、北方多闻天王）→大雄宝殿（大雄宝殿供奉的是三方佛。三方是指西方极乐世界、娑婆世界和东方净琉璃世界，每个世界有一佛二菩萨负责教化）→范公祠（正面是范仲淹塑像。范仲淹是北宋著名的文学家、思想家、政治家、军事家，他少时勤奋苦读，科举入仕，奉旨戍边，威震边陲）→观音殿、地藏殿，全程共约 55 分钟。

五、住宿服务

雪花山大酒店

地址：山东省滨州市邹平县西董镇

电话：0543-4550000

白云大酒店

地址：山东省滨州市邹平县黄山三路 151 号

电话：0543-4337008

黛溪山庄

地址：山东省滨州市邹平县黛溪三路 396 号

电话：0543-4320888

东升宾馆

地址：山东省滨州市邹平县黛西三路北首 37 号

电话：0543-4361777

尚佳商务酒店

地址：山东省滨州市邹平县黄山一路东首

电话：0543-4863888

六、餐饮服务

鑫源山庄特色烤羊

地址：山东省滨州市邹平县青阳镇醴泉村南

电话：0543-4577456

杏林山庄

地址：山东省滨州市邹平县青阳镇醴泉村南

电话：15754577141

醴泉庄园

地址：山东省滨州市邹平县青阳镇醴泉村南

电话：18754321777

核桃园特色内蒙烤羊

地址：山东省滨州市邹平县青阳镇醴泉村南

电话：13954371298

七、活动体验

景区每年农历二月十九、六月十九、九月十九、四月初八、七月三十举行佛事活动，诵经祈福，适宜所有人参加。醴泉寺每年农历六月初六，举办庙会。

八、购物指南

当地特产主要有红芽香椿、邹平水杏、邹平柿子、青阳炒鸡。

九、周边可供游客关联消费的旅游项目

周边景区主要有鹤伴山（22.7公里）、雕窝峪景区（5公里）。

三河湖风景区

一、景区简介

三河湖旅游风景区，位于阳信、惠民、沾化、滨城三县一区交界处，徒骇河、土马沙河、付家河三河交汇处，以徒骇河为核心，占地4.8万亩。2010年9月，景区顺利通过国家"AAA"级景区评审；2012年4月16日被批准为山东省自驾游示范点。景区分为行政和公共服务区、商贸住宅区、生态休闲农业区、温泉度假区、三河湖水上休闲游乐区等五大区域；主要包括以水上游乐、观光采摘、水上餐饮、温泉度假等娱乐、餐饮、服务项目。

二、公共服务信息

景区地址：山东省滨州市滨城区三河湖镇

联系电话：0543-3534098

景区网址：http://www.binzhousanhehu.com

公共邮箱：shhzhangzhe@163.com

景区门票：旺季：10元/人；淡季：10元/人。60~70岁的老年人、学生凭相关证件半价；1.2~1.4米的儿童半价；70岁以上的老年人、记者、军人等凭相关证件免费；1.2 米以下儿童免费。景区内另有收费项目：水上自行车 10 元 / 半小时；观光车 10 元沿路随叫随停；快艇龙舟 30 元 / 人；画舫可单独包船，静水不动 300 元 / 小时，如需下水 2 小时内按照 1000 元计算，超过 2 小时的按 300 元 / 小时单独计费；采摘可与果农独立结算。

营业时间：旺季：8：30~18：00，淡季：8：30~17：00。

最佳旅游时间：4~11 月，其中"五一"至"十一"更佳。12 月至翌年 3 月因气候寒冷，娱乐项目停运，只能观光。

停车服务：景区内设有免费停车场 5 处，位于景区驻地东 30 米，面积约 15000 平方米，车位 2000 个，其中小车车位 1800 个，大车车位 200 个。

三、景区导览

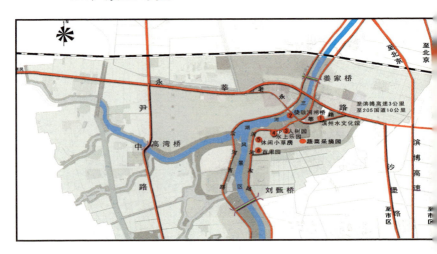

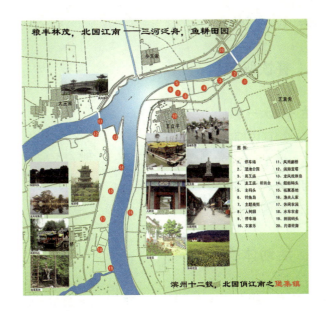

四、交通到达

景区距离滨州汽车站约 30 公里，车程约 25 分钟；距滨博高速 2 公里；距济南国际机场大约 200 公里；距淄博火车站大约 120 公里。

长深（滨博）高速滨州北收费站下高速后沿 S316 西行 3 公里至徒骇河二十里堡大桥东首，向左转后行驶 1 公里到达景区；下高速后车程大约需要 10 分钟。市内乘坐 6 路公交车直达，终点站下车即是。

五、住宿服务

康源酒店

地址：景区驻地西南 500 米

电话：0543-3534121

六、餐饮服务

腾达·在水一方
地址：景区内部
电话：0543-3532888
三河湖家、乐鱼馆
地址：游客服务中心南侧

七、活动体验

景区内有省级农业旅游示范点、省级乡村旅游示范点——百果园，从 4~10 月持续有鲜果采摘，可免费品尝。因为园内水果均为绿色无公害水果，所以采摘后的价格要比市价贵一些。

八、周边可供游客关联消费的旅游项目

景区东有秦皇台景区（距此 15 公里）和杜受田故居（距此 10 公里），西有孙子兵法城（距此 30 公里）和魏氏庄园（距此 35 公里）。

兴国寺景区

一、景区简介

兴国寺因有一高大石佛于内，故俗称丈八佛寺；2012 年被评为国家 AAA 级旅游景区；2013 年被国家确定为重点文物保护单位。2009 年，丈八佛村被省旅游局命名为省级旅游特色村。

兴国寺始创于天平元年，天平年间建筑格局为山门、前殿，后边是高 2.3 米土筑大台，造像坐落于高土台上。北齐天宝时，建造丈八佛石像大殿，形成山门、前殿、后殿之格局。丈八佛石像，青石单体立体圆雕，是我国平原地区东魏时期最大的圆雕造像。

二、公共服务信息

景区地址： 山东省滨州市博兴县湖滨镇丈八佛村

联系电话： 13465097777

公共邮箱： wangzhaoxinru888@163.com

景区门票： 20 元 / 人；团购 8 折。

营业时间： 8：00~17：00。

最佳旅游时间： 四季皆宜。

停车服务： 景区外有 1000 平方米的免费停车场。

三、交通到达

1. 外部交通

从博兴县城走 205 国道向南 10 公里至柳桥转盘，从柳桥转盘向东走潍高路 4 公里处路北到丈八佛村。

2. 内部（附近）交通

景区内步行，天王殿→丈八佛殿→大雄宝殿→三圣大殿。

四、住宿服务

寨郝村兴旺宾馆

五、餐饮服务

七甲聚鑫全驴宴

地址：景区向北七甲村村东

电话：15806893789

姜韩羊肉馆

地址：景区向西姜韩村东

电话：13884854516

六、活动体验

景区于每年的正月初八举办丈八佛庙会，游客可免费参加；另外还有一年四次的法会活动，免费。

七、购物指南

当地特产有老粗布、金丝鸭蛋。

八、周边可供游客关联消费的旅游项目

周边景区有打渔张森林公园、麻大湖湿地公园。

打渔张森林公园

一、景区简介

博兴县打渔张森林公园地处黄河入海口，北抵黄河，南到广青路，东到二干渠，西临205国道。因国家"一五"工程——打渔张引黄灌溉工程而得名，并获得"国家级水利风景区"、"山东省旅游摄影创作基地"、"齐鲁最美田园"、"中国美丽田园"等荣誉，2011年11月被评为国家AAA级旅游风景区。

森林公园集大

自然景观和人文景观于一体，分为打渔张渠首观河区、特色农业观光区、休闲垂钓区、打渔张水库风景区、堤外湿地风景区五大景区。园内以"幽、静、秀、野、怡"为特色，有植物 40 余科 100 多种，鸟类 17 科 40 多种；乔木林 6 万多亩；湿地 5000 多亩；水库 4600 多亩；绿地 20 余万平方米，负氧离子含量达到了每立方厘米 1000~1300 个，是一座名副其实的"天然氧吧"。

二、公共服务信息

景区地址：山东省滨州市博兴县乔庄镇政府北 4 公里

联系电话：0543-2580002

公共邮箱：dyzslgy@163.com

景区门票：免费。

营业时间：9：00~17：00。

最佳旅游时间：4~10 月。

停车服务：公园内水利风景区有免费停车场 1 处，车位约 50 个；闸口东侧有免费停车场 1 处，车位约 500 个。

三、交通到达

自驾车：

东青高速（G25）→李庄出口下高速→沿广青路（s315）西行约 33 公里→纯梁路口→右拐沿乔博路北行 14 公里→黄河大坝→左拐西行 4 公里→打渔张。全程约需 1 小时。

四、住宿服务

乔庄宾馆

地址：山东省滨州市博兴县镇政府南 100 米

电话：0543-2580006

五、餐饮服务

打渔张自然农庄

地址：景区内打渔张引黄闸东 200 米路南

电话：15553368000

黄河渔家乐

地址：景区内打渔张引黄闸南 200 米

电话：0543-2589188

六、活动体验

（1）梨花节暨梨树认领活动：

时间：4 月 12 日

地点：打渔张森林公园

主题：踏青赏花、认领梨树

参与方式：梨园现场认领

收费情况：99 元 / 棵

（2）帐篷节：

时间：5 月中旬

地点：打渔张森林公园

主题：旅游日节庆

参与方式：现场参与

收费情况：免费

七、购物指南

乔庄水煎包起源于民国年间，至今已传承了近百年。这里的水煎包利用祖传秘方，突出以馅好、面细、皮佳、火候巧，醇香宜口，餐后回味无穷等特点，颇得人们青睐，2011 年，被山东省评为 100 种不可不吃的美食之一，2013 年被评为滨州市非物质文化遗产。另外还有乔庄大米等。

八、周边可供游客关联消费的旅游项目

周边旅游景点有兴国寺、麻大湖、桃花岛滑雪场；周边旅游服务设施有凉亭、桌椅等。

绿洲黄河温泉旅游度假村

一、景区简介

绿洲黄河温泉旅游度假村东靠沙河，北靠西南外环，北距220国道5公里，东距滨博高速3公里左右；为国家AAA级旅游景区，是一处包含温泉泡浴、生态餐饮、宗教文化等多处旅游活动场所，集休闲垂钓、休闲采摘、自然山水风光于一体的旅游休闲胜地；景区内有地热温泉景区、"平子庵"景区、绿洲湖景区、百果采摘园景区、热带果树温室观赏景区。

景区大门景观

本景区借助油田矿区地下热水资源，打造温泉旅游、休闲健身项目，借助现代农业高科技示范园的优势，发展现代农业设施化种植，实现现场绿色采摘和有机采摘；同时将当地道教文化融为旅游资源中，在弘扬传统文化的基础上，将景区打造成集"温泉度假"、"休闲采摘"、"文化旅游"于一体的国家旅游景区。

二、公共服务信息

景区地址：山东省滨州市西环路 163 号（位于滨州经济开发区沙河办事处、滨州市黄河二路至西外环向南 5 公里处）

联系电话：13561538505　　13854358565

景区网址：www.lzsp.com.cn

公共邮箱：lzsp3324920@163.com

景区门票：免费。

营业时间：旺季（冬、春季，包括元旦、春节、正月十五、清明）：8：30~16：30；夏、秋季（包括"五一劳动节"、端午节、中秋、国庆节）：8：00~17：00。淡季（冬、春季）：9：00~16：00；（夏、秋季）：8：30~16：30。

停车服务：

景区共设有 3 处停车场，第一处停车场位于景区 1 号亚热带观光温室以东，最大容量为 600 辆；第二处停车场位于道教平子庵，最大容量为 450 辆；第三处停车场位于采摘园广场，最大容量为 300 辆。免费停车。

三、交通到达

1.外部交通

（1）高速公路。由济南空港到本景区全程约 156.4 公里 /2 小时左右。机场停车场出口左拐经机场路收费站、机场枢纽，进入青岛方向；沿青银高速行驶 71 公里左右经淄博西枢纽，进入滨莱高速滨州方向；行驶 30 公里左右，经滨莱高速滨州黄河大桥，前行 2 公里左右，进入滨州南收费站；出口后右拐进入渤海 24 路，南行 3 公里左右右拐经滨莱高速洞口进入西外环，前行 4 公里即到。

（2）省、国道。由济南空港到本景区车程大约 110 公里、1.5 小时左右。机场停车场出口右拐进入启航路、进入机场北路，向北直行进入济阳黄河大桥、进入 S239 省路、然后进入 G220 国道，东行 40 公里左右由此进入滨州市西环路向南 5 公里左右即到。

2.内部（附近）交通

（1）沿绿洲南行 50 米右拐向西进入第一停车场，可游览"1 号温室亚热带果树观光"、"2 号温室有机蔬菜育苗基地"、"3 号温室草莓采摘"、"木瓜采摘"大棚和"一边倒"油桃采摘大棚以及花卉、景观树的游览和观光。1 号温室还兼做景区简易食堂，设有自助餐、小型聚会宴会、喝茶聊天等。中午需就餐者，提前预定。

（2）沿绿洲路南行 200 米右拐向西进入"绿洲温泉度假村"（景区温泉正在装修待营业中），可游览景观树、垂钓等，前行 100 米左右设有动物观赏区（骆驼养殖）。

（3）沿绿洲路南行 500 米左右右拐向西 150 米左右，进入道教平子庵活动场所。该场所由泰山碧霞元君庙主持亲自前来设计，按照道教活动场所有关要求进行建设。每年农历正月十五、三月三、六月六等节日举行"祈福"、"庙会"等活动。

（4）沿绿洲路南行 2 公里左右路西设有"绿洲超市"、"绿洲诊所"以及"车辆维修部"、"快餐店"等。一般游客急需食品、瓶装纯净水、烟酒等可任其选用。如果游客有不适，可直接到诊所进行处理。有游客不在 1 号就餐，也可在此进行小酌、就餐。

（5）沿绿洲路继续南行进入绿洲南路西行，就进入"有机蔬菜、有机水果采摘区"、"百果园采摘区"。

四、住宿服务

滨州大学饭店
地址：山东省滨州市黄河五路新立河东路
滨州贵苑大酒店
地址：山东省滨州市黄河六路渤海九路
滨州银茂大酒店
地址：山东省滨州市黄河五路渤海七路

五、餐饮服务

景区温室餐厅
电话：13561538505

景区快餐店

老鸹赵快餐厅

地址：山东省滨州市老鸹赵村（景区东北方向3公里）

南杨羊肉店

地址：山东省滨州市渤海九路南海二路向南500米

六、活动体验

（1）每年6月上旬举办"绿洲采摘节"活动。

（2）每年正月十五以闹元宵的方式组织放粮张村锣鼓队、秧歌队到景区进行游园活动。

（3）每年农历三月三、六月六举行道教平子庵活动场所的"祈福"、"庙会"活动。

七、周边可供游客关联消费的旅游项目

周边景区主要有惠民孙子兵法城、魏集魏氏庄园、滨北杜受田故居。

千年古桑园

一、景区简介

在大禹治水时九河之一的马颊河新旧河道之间，淤积了几千年的黄河土和流淌了几千年的黄河水孕育滋养了一片桑园，成就了千年古桑林景区。

千年古桑林有着悠久的历史和神奇的传说。据记载，最早的桑树栽植于隋朝初年。在当地民间更有明成祖朱棣桑园救驾、徐福东渡打尖、夫妻树的传说在街头巷尾口舌相传千余载。黄河的迁徙又在此留下了丰富而独有的湿地系统，形成了亮丽的风景线。

二、公共服务信息

景区地址： 山东省滨州市无棣县车王镇政府以西，崔王孟三村南侧

景区门票： 20元/人

营业时间： 旺季：7：00~19：30；淡季：8：00~17：00

停车服务： 景区停车场面积5000平方米以上，分为大型车、中型车、小型车等三个停车区。

三、活动体验

千年古桑园景区一年一度的旅游文化节于5月底举办，场面热烈、主题活动新颖，也是一年中游客达到最高峰的时期。

吴式芬故居

一、景区简介

　　吴式芬故居旧称"尚书第"，始建于明，扩建于清，距今已有五百多年的历史，故居一宅分南北两院，南院建于明英宗正统年间，原系明户部尚书王佐府第，历有"九世朝臣，十亩治园"之称。在建筑格局上既具有明清时代官宦府第的宏伟气势，又有江南园林建筑艺术情趣之美，是明清官宦府第古建筑艺术中的典型代表，具有较高的考古价值和艺术价值，是棣城古建艺术之最。景区在 2013 年 12 月 2 日被评为国家 AAA 级旅游景区，纪念馆馆藏丰富，展有实物、史料近千件（篇），展示了海丰吴氏家族的显赫家世和灿烂人文。

二、公共服务信息

景区地址：山东省滨州市无棣县老城区东南部

联系电话：0543-6569811

景区网址：www.sdwdta.com

公共邮箱：wdlyj@163.com

景区门票：免费。

营业时间：秋冬季：8：30~12：00，13：30~17：30；

春夏季：8：30~12：00，14：00~18：00。

最佳旅游时间：四季皆宜。

停车服务：景区自配高标准停车场 2 处，均为 5600 平方米以上，位于景区北部，能同时容纳 700 辆车停放，不收取停车费。

三、交通到达

1. 外部交通

景区距大高航空城 20 公里，距天津国际机场 70 公里，距沾化西滨州港（烟新）高速出口 10 公里。

2. 内部交通

步行，全程约 2 小时。

四、住宿及餐饮服务

无棣枣乡大酒店

地址：山东省滨州市无棣县棣新一路，商贸街北部

电话：0543-6332578

无棣富豪大酒店

地址：山东省滨州市无棣县院前街北

电话：0543-6335666

五、活动体验

景区内大觉寺每年举行大型法会，春节期间有上香许愿活动，游客自愿参加，不收费。

六、购物指南

景区附近有无棣特色旅游商品购物店，店内备有无棣当地特色商品：贝瓷类产品，白酒系列，枣制品，葡萄红酒系列，海产品，有机林果系列，野生中草药系列，土特产，名烟名酒系列，盐雕、盐产品，日用品，调味品系列，工艺品，老粗布系列，全麸面粉、石磨玉米面，精粉面，东阿阿胶产品，山东特产等产品。

水落坡民俗文化旅游区

一、景区简介

　　水落坡镇堪称黄河故道、大禹泽地、齐源盐署、家俱之城。早在远古时期，黄河携高原的沙粒，淤积出一片新生的土地。由于洪流恣肆，依然水患为虐，到处一片沼泽，大禹治水，疏通九浚，此地水落坡凸，春来绿意浓郁，故名"水落坡"。现有省级重点文物保护单位2处（秦台遗址，棒槌刘遗址），市级重点文物保护单位2处（李屋遗址，大宋遗址）。

　　水落坡镇古典家具行业历史悠久，资源丰富，是"中国古典家具之乡"、"中国明清家具、木雕、石刻集散基地"、"中国古典家具文化产业基地"、"山东省文化产业示范基地"。

二、公共服务信息

　　景区地址：山东省滨州市阳信县水落坡镇

联系电话：0543-8421012

公共邮箱：slpxbgs@163.com

景区为全开放式旅游区，免收门票。景区一年四季皆可游览。景区的各类自配停车场面积达 10000 平方米以上。

三、交通到达

1. 外部交通

北距北京 350 公里、天津 200 公里、黄骅港 60 公里，东距青岛 360 公里，南距济南 120 公里、淄博 60 公里。滨阳路贯穿全镇，205 国道从境内穿过，拥有滨博高速在阳信境内的唯一出入口，德龙烟铁路、滨阳大道正在建设中，交通便利。

滨德高速直达景区。205 国道、滨阳路、永莘路、均系黑化路面、行车速度、宽度均达二级公路的标准。

在大高高速出口及 205 国道有明显交通标识。

2. 内部交通

景区采用生态或仿生态游步道，特色鲜明。

四、购物指南

当地特产主要有各类古玩、玉器、石雕、木刻，黄花梨、紫檀、酸枝、花梨木、楠木等古典家具及小工艺品。

文化古城旅游景区

一、景区简介

文化古城旅游景区于 2014 年获得"山东省特色旅游景观名镇"荣誉称号，是国家 AAA 级旅游景区，内有民俗馆、文庙、仿古商业街、魁星楼、南湖、文峰台等景点。

景区以古城历史文化开发为轴线，以诗书文化、县治文化、海防文化、原生态民俗文化开发为主题，以民俗馆、文庙、魁星楼、老城墙、文峰小学大礼堂、民众鼓书院、老县衙等为主要载体，突出"文"和"古"两个特色，系统展示"观文庙、赏民俗、游古城"的旅游格局。

二、公共服务信息

景区地址：山东省滨州市沾化区古城镇人民政府南500米处

联系电话：0543-7560655

景区门票：20元／人；14周岁以下儿童、60周岁以上老人半价。

营业时间：9：00~11：30；14：00~17：00。

停车服务：景区东西方各有1处停车场，最大容量为200辆，不收停车费。

三、交通到达

1.外部交通

景区位于沾化区古城镇内，距离沾化县城30公里，省道永馆路直穿东西，沾化县城交通主干线为312、315、320省道，并有205国道过境，沾化县城有通往古城镇的公共汽车，每半个小时一班，交通非常便利。景区距大高航空城15公里，距离津汕、威乌、滨德高速出入口1公里，依托滨州火车站、滨州港。

至国内主要城市距离：

济南：190公里，车程2小时；路线为：济南天桥区火车站、济南遥墙国际机场→济青高速，滨博高速→205国道→滨州市→文化古城景区。

北京：450公里，车程4.5小时；路线为：北京首都国际机场、北京火车站→淄博火车站→205国道，滨博高速→文化古城景区。

青岛：370公里，车程3.5小时；路线为：青岛流亭机场、青岛港、青岛市南区火车站、青岛火车站→淄博火车站→205国道，滨博高速→滨州市→文化古城景区。

2. 内部交通

景区从西入口到景区出口，游览路线总长1700余米，出入口、游览线路设计合理，景区旅游线路分别建有特色游步道、生态游步道，另外，还设有双人自行车等提供给游客。游览景区可步行，大约1.5小时；可乘车行，大约50分钟。景区周边主要商业街和住宿设施均在景区周边3公里范围以内，可步行到达，大约20分钟，可乘车到达，大约5分钟。

四、住宿服务

冬青旅馆

地址：山东省滨州市沾化区古城镇商业街

电话：0543-7568090

川东饭店

地址：山东省滨州市沾化区古城镇商业街

电话：13589742188

五、餐饮服务

聚鑫源饭庄

地址：山东省滨州市沾化区古城镇商业街

电话：0543-7511189

红房子饭店

地址：山东省滨州市沾化区古城镇商业街

电话：0543-7568176

川东饭店

地址：山东省滨州市沾化区古城镇商业街

电话：13589742188

六、活动体验

1. 常设旅游活动项目

（1）景区文庙观光：该活动在文庙举行，游客可随时参与，不额外收取费用。

（2）观看民俗表演：该活动在民众鼓书院、魁星楼东侧广场举行，游客可随时参与，不额外收取费用。

2. 专项旅游活动项目

（1）尊师重教文化教育：该活动在开学季、毕业季在文庙举行，不额外收取费用。

（2）"四王"小枣、百亩绿色有机冬枣采摘、写生、摄影游：该活动9~10月在冬枣采摘园举行。

七、购物指南

当地特产主要有古城民间剪纸、"四王"枣等。

八、周边可供游客关联消费的旅游项目

周边景区主要有下洼冬枣采摘园、大高镇航空城、惠民县孙子兵法城、滨北杜受田故居等。

樱花山风景区

一、景区简介

　　樱花山风景区始建于 2004 年，是颜景江先生历经 10 年时间，由荒山荒滩改造而成；2014 年 12 月被评为国家 AAA 级旅游景区。

　　景区东为湖，西为岭，植被茂密，葱茏滴翠。精心打造的"万株樱树十里花谷"、"五湖两溪水系"、"十八弯珍稀植物"、"西汉烽火古道"、"漫山秋日红叶"等五大核心景区，点缀着琴岛、天池、神仙洞、虎伏涧等 30 余个亮丽景点；樱花、玉兰、枫香、水杉等 80 余种珍稀植物遍布山间；观湖大桥、湖岛会馆、嘉园酒店等 20 余处人文建筑鳞次栉比，与自然景观融为一体，体现出尊贵、大气、幽静的北方山水园林特点，是一处集休闲观光、养生度假、生态教育为一体的自然景观。

二、公共服务信息

景区地址：山东省滨州市邹平县西董街道办事处西 2 公里处

联系电话：18678318991

景区门票：60 元 / 人；年龄 70 岁以上老人、1.4 米以下儿童、现役军人、残疾人免票。

营业时间：8：00~18：30。

最佳旅游时间：3 月 1 日 ~5 月 10 日。

停车服务：景区共 4 处停车场，景区外 2 处停车场可容纳 600 辆车，景区内可容纳 600 辆。

三、景区导览

四、交通到达

1. 外部交通

从G20青银高速出口离开，行驶144米→左转沿246省道向南，行驶约1公里→向右前方行驶沿鹤伴二路，行驶约1公里→左转沿醴泉五路向南，行驶约5公里→向右前方行驶沿南外环，行驶345米→右转向北，行驶231米→右转向东，行驶166米，到达终点。

2. 内部交通

主干道步行：问水阁（此阁建成于2012年3月，楼式结构，实木制作，高18米，建筑面积1500平方米。阁楼南有龙泉，北有涌泉，终日清水流淌不息。乡邻皆知，十年前园内3600亩山峦沟壑，或荒山、或沙坑，长年干旱，如今水从何来？当初建园主人因缘走进此山，怀着用青山绿水回报社会的信念，自2004年始，建园主人耐住寂寞，苦干10年，挖49万个鱼鳞坑涵养水土，植60万棵优质树木绿化山体，建260亩水面蓄积优质泉水，园区终于沧桑巨变。千古干旱的荒山秃岑变成"海绵"山、生态山，涓涓细流常年不息，形成了龙泉、涌泉喷涌不绝，成为山清水秀的旅游胜地，被游客誉为"北国江南"。园区因此荣获国家级"水土保持科技示范园区"称号。为了纪念这段历史，特修此阁，取名"问水阁"）→麦饭湖（麦饭湖因周边富含麦饭石而得名，水面240亩，蓄水量200万立方米，湖深18米。雨季时，黛溪河的余洪水经南湖沉淀后，清水由明渠导入麦饭湖蓄积起来。麦饭湖建成以前，所在位置是当地村民挖沙遗留的十几个大沙坑，干旱荒芜植物稀少。自2004年春开始不断建设，终成如今美景。因西侧山体挖有大量鱼鳞坑，雨水能更多地渗进山体形成泉眼慢慢流入湖内，湖水得到泉水补充，所以湖面雨、旱两季的水位差很小，每年在 1.5 米以内）→虎伏望水（虎伏山上开渠架桥，引余洪水入园，是园区生态改造的关键工程之一。建园主人上修望亭、下立祥石以资纪念。登亭望水，园内五湖两溪水系尽收眼底，湖光山色婆娑迷人，是园区观水的最佳去处）→虎伏涧、环山溪（虎伏涧是人工开挖的引水明渠，长 300 米，深 26 米，为连通虎伏山南、北两侧的湖面而建。2004 年春动工，18 个月后完工。雨季时，黛溪河的余洪水可以通过它流入园内水系蓄积起来。渠内许多巨石经过开挖裸露出来，形成了壁立千仞的独特景观，所以人称"虎伏涧"。环山溪依山而建，由南溪、北溪、慈湖组成，海拔 200 米，长度 2000 米，是建园主人拦蓄山上雨水而修建的水利设施。雨季为溪，旱季为路，沿溪而行，视野开阔，峰峦环绕，蜿蜒曲折，景色秀丽，是园内观山景的最佳去处）→樱花长廊（樱花长廊起于石门，终于天池，全长十里，两侧尽植"染井吉野"樱花。每到 4 月初樱花盛开时，蜂鸣贯耳，满树银花，绵延十里，蔚为壮观；落樱时，花瓣随风而动，飘飘洒洒，如雨如烟，甚是凄美浪漫，此景居园区十大美景之首），约需 2 小时。

主干道自驾车：共需 15 分钟。

五、住宿服务

雪花山大酒店

地址：山东省滨州市邹平县西董镇

电话：0543-4550000

白云大酒店

地址：山东省滨州市邹平县黄山三路151号

电话：0543-4337008

黛溪山庄

地址：山东省滨州市邹平县黛溪三路396号

电话：0543-4320888

东升宾馆

地址：山东省滨州市邹平县黛西三路北首37号

电话：0543-4361777

尚佳商务酒店

地址：山东省滨州市邹平县黄山一路东首

电话：0543-4863888

六、餐饮服务

雪花山大酒店

地址：山东省滨州市邹平县西董街道办事处

电话：0543-4550000

独一处鸡鱼馆

地址：山东省滨州市邹平县西董街道办事处驻地

电话：13793880870

利德驴肉店

地址：山东省滨州市邹平县西董街道办事处驻地

电话：13561520617

聚鑫园食府

地址：山东省滨州市邹平县西董街道办事处驻地

电话：15866252988

特色鱼馆

地址：山东省滨州市邹平县西董街道办事处驻地

电话：0543-4552488

七、购物指南

当地特产主要有红芽香椿、邹平水杏、邹平柿子。

八、周边可供游客关联消费的旅游项目

周边景区主要有鹤伴山（6.8公里）、唐李庵（12公里）、醴泉寺（16.7公里）、雕窝峪（17.9公里）、范公祠（20.2公里）。

北海湿地公园

一、景区简介

北海湿地公园南邻生态林场，北靠新郝家河，东、西有排灌沟与万亩林场相邻。工程项目分为郝家沟涵养区、湿地游览体验区、湿地保育区、高尔夫密林区、入口景观区五个区域，荷香岛、眺远亭、云岩圣地、芦雪湖等十八景观。

区党工委、管委会根据湿地公园资源特色和北海经济开发区的发展需要，按照黄河三角洲高效生态经济区建设总体要求，着力打造黄三角湿地保护与利用的典范工程，加快建设集生态保护、湿地体验、科普教育、黄河文化展示、休闲观光于一体的多功能城郊湿地公园。

二、公共服务信息

景区地址：山东省滨州市北海经济开发区管委会驻地南邻

联系电话：0543-6589005

景区网址：http://www.shandongbeihai.com/html/Special/beihaishidigongyuan/Index.html

景区门票：免费。

停车服务：公园北门口专设停车场，面积 1000 平米。

三、交通到达

滨州北海湿地旅游景区位于滨州北海经济开发区管委会驻地南邻；北邻省道 S311，东有省道 S237；景区距济南民用机场（济南遥墙机场）100 公里；位于滨州市沾化县的荣乌高速公路入口距景区 12 公里；位于济南市的火车站距景区 121 公里；景区距滨州市城区 60 公里。地理位置优越，交通便利。

金阳万亩梨园风景区

一、景区简介

金阳办事处是阳信鸭梨发祥地和主产区，已发展绿宝石梨、丰水梨、早酥梨、黄金梨、水晶梨等 26 个系列 58 个品种，是我国鸭梨生产品质最好、品种最全的地区，1996 年被国务院命名为"中国鸭梨之乡"。景区现建有

"观花台"、"仙女授梨"、"中国鸭梨之乡纪念碑"、"农民状元朱万祥塑像"、阳信县民俗博物馆、梨祖杜母·甘泉驻跸、老君池等景点。

金阳街道办事处被评为"山东省十大旅游名镇"、"山东省旅游强乡镇"、"全国休闲农业与乡村旅游示范点"，梨园郭村被山东省旅游局评定为"山

东省旅游特色村";景区被评为"山东省自驾游示范点";2014年12月,景区被正式评为国家 AAA 级旅游景区。

二、公共服务信息

景区地址:山东省滨州市阳信县金阳街道办事处

联系电话:0543-8268636

公共邮箱:jybscly@126.com

景区门票:景区为全开放式旅游区,免收门票。

最佳旅游时间:一年四季皆可游览。

停车服务:景区的各类自配停车场面积总和达 3000 平方米以上,主要分布在百年梨园、民俗博物馆和观花台处。

三、交通到达

1.外部交通

景区北距北京 350 公里、天津 200 公里、黄骅港 60 公里,东距青岛 360 公里,南距济南 120 公里、淄博 60 公里。滨阳路贯穿全镇,205 国道从境内穿过,拥有滨博高速在阳信境内的唯一出入口,德龙烟铁路、滨阳大道正在建设中,交通便利。

滨德高速直达景区。205 国道、滨阳路、永莘路、均系黑化路面、行车速度、宽度均达二级公路的标准

在大高高速出口及 205 国道有明显交通标识。

2.内部通道

景区采用生态或仿生态游步道,特色鲜明。

四、活动体验

梨花会：每逢 4 月；梨园采摘节：每年 7 月。

五、购物指南

当地特产主要有梨花浴、花露水、梨花美容保健养生酒、梨花茶、梨花糕等；泥塑、面人、剪纸、老虎鞋等代表着古朴、醇厚的民俗产品，以及极具收藏价值的鲁绣产品；利用控制树冠高度过程中修剪下来的枝干加工健身球、梳子、擀面杖、木如意、算盘、杯子、足疗按摩器、笔筒、佛珠、项链、木雕、梨树根雕工艺品。

东 营 市

山东省 A 级旅游景区
自由行手册

红色刘集旅游景区

一、景区简介

红色刘集旅游景区位于大王镇东南部，大王镇刘集村有着光荣的革命传统，1925 年春建立山东省乃至全国最早的农村党支部之一，使用和保存了首版中文译本《共产党宣言》。

刘集旅游景区红色文化游和绿色生态游两大发展模式齐头并进。红色文化游有：中共刘集支部旧址纪念馆、《共产党宣言》纪念馆、300 米观光地道、齐笔工艺馆等，是远近闻名的红色教育基地。绿色生态休闲游有：省级森林公园（织女河生态林场）、饮马湖、将军湖、织女河滨水湿地风景区等景点，形成了集休闲、观光、旅游、娱乐于一体的度假胜地。

刘集旅游景区全景

共产党宣言纪念馆

二、公共服务信息

景区地址： 山东省东营市广饶县大王镇刘集后村

联系电话： 0546-6852555

景区网址： http://www.hongseliuji.com/

公共邮箱： dwljsq@163.com

景区门票： 门票为通票，60元／人；学生持学生证半价优惠，60周岁以上老年持老年证半价优惠；残疾人、70周岁以上老年人持证件免票。

营业时间： 5月1日~9月30日：8：30~17：30；10月1日~4月30日：8：30~17：00。

停车服务： 景区设有大型停车场3处，其中2处位于红色刘集游客服务中心，1处位于大王林场内，免费为游客提供车位。

三、交通到达

景区距大王镇汽车站 2 公里，车程约 5 分钟；距广饶汽车站 15 公里，车程约 20 分钟；距东营火车站 75 公里，车程约 80 分钟；距青州火车站 22 公里，车程约 30 分钟；距淄博火车站 46 公里，车程约 60 分钟；距东营飞机场 90 公里，车程约 120 分钟。

旅游专线：可从大王镇汽车站乘车到红色刘集下车即是。

自驾车：

（1）济青高速→临淄出口下→沿辛河路北行→广饶→大王镇红色刘集旅游景区。

（2）东青高速→大王出口下→大王镇汽车站南行→红色刘集旅游景区。

四、住宿及餐饮服务

大王宾馆、华泰大厦、晨光酒店、凯银饭店、台联宾馆等多家星级酒店以及刘集饭庄、鸿雁农家乐等农家饭庄；周边还有七天假日、四季等大量快捷宾馆。

五、购物指南

景区往北走 2 公里就进入镇府中心地带。大王镇拥有华东银座商务中心、佳乐超市、盛凯温馨超市等多家大型购物场所，配套建设有多家娱乐休闲场所；并出售富有大王特色旅游产品。

六、周边可供游客关联消费的旅游项目

周边景区主要有东营市历史博物馆、孙武祠、孙子文化旅游区、孙武湖温泉度假区、瀚海海上休闲旅游区、上农休闲旅游区。

推荐旅游产品：

（1）休闲之旅一日游：红色刘集旅游区→东营市历史博物馆、孙武祠→孙子文化旅游区。

（2）文化之旅二日游：

D1：孙子文化旅游区→红色刘集旅游区→孙武湖温泉度假区。

D2：瀚海海上休闲旅游区。

（3）乡村之旅二日游：

D1：上农休闲旅游区→大王生态林场→武圣府文化旅游交流中心。

D2：孙武湖果蔬基地→康汇四季采摘园。

孙子文化旅游区

一、景区简介

孙子文化旅游区是以孙武湖综合开发为基础，规划布局"一湖两带三区六片"。一湖即孙武湖；两带是环湖两岸生态林场与园林景观绿化带；三区指中部文化体验区、南部国民休闲区、北部精英度假区；六片即旅游体验片区、体育休闲片区、温泉度假片区、科研教育片区、佛教文化片区及异域风情片区。

景区先后获得国家级水利风景区、全国平原地区第一批国家级水土保持科技示范园区、中国休闲创新奖等荣誉称号。目前孙子文化旅游区已建成孙子文化园、五星级温泉度假酒店、沙滩浴场等特色项目，孙子文化园为景区核心景点。

二、公共服务信息

景区地址：山东省东营市广饶县城东新区

联系电话：0546-6197888

景区网址：

（1）孙子文化旅游区：http://www.sunwulake.com

（2）孙子文化园：http://www.china-suntzu.com

公共邮箱：孙子文化旅游区：sunwulake@163.com

孙子文化园一期门票价格及营业时间：

（1）旺季（4~11月）：

票价：60元／人

营业时间：9：00~17：00

售票时间：9：00~16：00

（2）淡季（12月至翌年3月）：

票价：60元／人

营业时间：周一至周五9：30~16：30

周六、周日9：00~16：30

售票时间：周一至周五9：30~16：00

周六、周日9：00~16：00

景区优惠价格及条件：

（1）1.2 ~ 1.4米儿童、60 ~ 69周岁老人凭证30元／人；
（2）凭有效教师证、学生证40元／人；（3）1.2米以下儿童
（含1.2米）、70周岁以上老年人凭证、持残疾证残疾人、军警
凭军官证士兵证现役免票。

最佳旅游时间：4~11月。

停车服务：景区停车场位于外广场以东，共有小车停车位546个，大车停车位22个，VIP停车位29个。收费标准：大车10元/每辆（次）；小车5元/每辆（次）；15分钟以内免费。

三、交通到达

1.外部交通

自驾车：

（1）济南→G20青银高速→于家庄枢纽→G25东青高速→广饶→乐安大街向西→孙子文化园（全程约2小时）。

（2）淄博→金晶大道→济青高速→临淄出口→S231国道→乐安立交→孙武路→乐安大街向东→孙子文化园（全程约1小时）。

2.内部（附近）交通

电瓶车：景区内广场→西部景观带（兵圣遗迹），游览时长约20分钟。

步行：兵圣天下→游客中心→西部景观带（兵圣遗迹）→儿童乐园（智乐童趣）→出口商业区，游览时长约2小时。

四、住宿服务

金岭国际大酒店

地址：山东省东营市广饶县傅家路588号（孙武湖西侧）

电话：0546-7729999

宇通尊悦国际饭店

地址：山东省东营市广饶县民安路与乐安大街交汇处

电话：0546-6095888

孙武湖温泉度假酒店

地址：山东省东营市广饶县城东孙子文化旅游区（红旗路以南）

电话：0546-2951777

五、餐饮服务

华泰生态园

地址：山东省东营市广饶县城东孙子文化旅游区（红旗路以南）

电话：0546-2951777

春秋食府

地址：山东省东营市孙子文化园出口

武圣府

地址：山东省东营市广饶县大王镇任楼村

贴饼子熬大鱼

地址：山东省东营市广饶县綦公路往东西毛村路北

石村麻辣鱼

地址：山东省东营市广饶县石村

六、活动体验

五一期间推出"我劳动·我快乐·我光荣"活动。

（1）入园游客可凭当日门票在出口商业区参加"五·一游园"

大抽奖。奖项设置：一等奖 10 名；二等奖 50 名；三等奖 100 名。

（2）孙子文化园邀请全国各行业劳模免费游园——5 月 1 日、2 日、3 日，劳动模范、三八红旗手、见义勇为、先进个人（县级以上称号持证件）免费入园。

（3）为配合中国旅游日活动，5 月 18 日、19 日、20 日孙子文化园对入园游客执行 10 元 / 人；并发放祈福带；在此三天，入园游客凭票在出口区可参加"中国旅游日"大抽奖。奖品每天 30 份。

七、购物指南

当地特产有广饶肴驴肉、兵圣酒、齐笔、建文香油和清河面鱼。

八、周边可供游客关联消费的旅游项目

周边景区主要有红色刘集旅游区、东营市历史博物馆、广饶欢乐海洋水上乐园、广饶瀚海海上休闲旅游区、东营黄河口生态旅游区。

天宁寺文化旅游区

一、景区简介

天宁寺文化旅游区具有渊源绵长的文化历史、气势恢宏的大雄宝殿、精工雕琢的万尊佛像；包括天宁寺、民俗文化街、溢洪河公园、百龄园公墓、敬老院和佛学院六大区块，打造集修行弘法、佛教研究、慈善安养与临终关怀于一体的综合性佛教文化中心。景区拥有国内建筑面积最大的大雄宝殿，古朴典雅的步行街民俗文化长廊，每逢佛教节日均举办盛大的庆祝活动，全年正常开放。

二、公共服务信息

景区地址：山东省东营市垦利县胜坨镇

联系电话：0546-2563588

停车服务：景区在入口处设置专门的免费停车场。

三、交通到达

自驾车：

可行至垦利县胜坨镇，沿 S316 省道（永莘路），由胜坨镇政府向北，经东辰路、天宁路即可到达。

公交车：

可乘坐 168 路公交车至天宁寺站下车即可；乘 18 路公交车到胜坨镇政府站下车，下车后乘坐出租车约 8 分钟到达。

四、住宿服务

胜坨宾馆

地址：天宁寺往南 1.3 公里路东；

电话：0546-2071166　2071168

伟浩雅轩会所

地址：天宁寺以西 3 公路（沿南展大提）

电话：0546-2368999

五、餐饮服务

陶园农业生态观光园

地址：天宁寺以北 3 公路处（沿天宁东路行）

电话：0546-2021900

六、活动体验

（1）迎春普茶活动：除夕之夜，天宁寺常驻法师、居士以及信众们围拢而坐，一起饮茶、交流。

（2）新年吉祥钟子时香活动："除夕夜烧子时香、新年撞吉祥钟"是寺院法师的习俗，敲响新年的祈福钟声，气势恢宏的钟声传出，四众弟子点燃新年第一炷香，祈福新的一年里平安吉祥。

七、周边可供游客关联消费的旅游项目

周边景区主要有陶园农业生态观光园（距离天宁寺文化旅游区3公里）、伟浩生态园（距离天宁寺文化旅游区6公里）、黄河人家风情园（距离天宁寺文化旅游区16公里）。

揽翠湖旅游度假区

一、景区简介

揽翠湖旅游度假区是以揽翠湖综合开发为基础，蓄水成湖，建成的集文化景观、商务休闲、康体娱乐等功能于一体的生态建设工程，现已建成水上活动中心区、盐生植物区和特色商务休闲区三大区域。

"翠湖鱼潮"为东营八大景观之一，作为"温泉 + 湿地高尔夫 + 假日酒店"组合的旅游目的地，揽翠湖旅游度假区先后被授予中国盐生植物示范园区、首届中国旅游休闲创新奖、2009 年

揽翠湖景区全景

"好客山东"金榜品牌、2010年"品牌山东"最具竞争力旅游景区等称号。

二、公共服务信息

景区地址：山东省东营市东营区南二路201号

联系电话：0546-8768666

景区官方微信公众号：揽翠湖度假区

公共邮箱：lchlydjq@163.com

景区门票：行人5元/人；车辆30元/车；老人、儿童免费。

营业时间：7：30~17：30。

停车服务：旅游景区在交通集散地、旅游项目及公共、商业、服务等设施附近设有大型停车场，同时结合各旅游地点及游览线路设置小型或专用停车场，另设置自驾停车场，各旅游宾馆附近设专用停车场，充分满足游客需要。

三、交通到达

（1）揽翠湖旅游度假区距离西城、东城、南展区中心区的距离适中，均在7公里。项目所在区域距离机场仅20公里，且城市串联交通发达，能够便捷到达，东侧即为纵穿东营的东青高速公路；南侧设有一处高速公路出入口，便于城际间客流的集散；距离北侧汽车总站2公里左右；南侧为规划东营火车站，距离项目地块4公里左右。

（2）揽翠湖旅游景区交通便利，东营市西城12路、126路、东城20路等公交车均能直达旅游区。

万象游乐园

一、景区简介

东营万象游乐园是东营市最大的专业游乐园，突出文化主题，以休闲、游乐为主，绿化、山水、游艺设备布置合理。景区现已形成游乐园、水上乐园和滑雪场三大主题。游乐园将游乐设备进行整体搭配，绿化与游乐设备相呼应，水上项目和陆上项目相协调，刺激项目与浪漫项目相得益彰。

景区被东营市广播电视台授予"优秀合作单位"；连续两年被东营市中心城区旅游协会授予"东营市最具影响力旅游企业"；并与黄河路街道敬老院结为春风联盟。

二、公共服务信息

景区地址：山东省东营市东营区宁阳路 8 号

联系电话： 0546-7788881　8228181　13963388288

公共邮箱： 458502921@qq.com

景区门票： 游乐园景区不设门票，实行单项设备收费制，且不分淡旺季价格。原价 100 元的成人票（16 项选 12 项）团购 80 元；原价 160 元的通票团购价 128 元。

营业时间： 旺季（5 月 1 日~10 月 31 日）：8：30~20：30；淡季（11 月 1 日至翌年 4 月 30 日）：9：00~18：00。

停车服务： 景区东、南、北三面设停车场，可同时容纳 4000 余辆车免费停放。

三、交通到达

1. 外部交通

由东营胜利机场出港的游客可选择乘坐出租车到达万象游乐园，大约 22 公里，约 30 分钟；

自东营火车站下车的游客可选择乘坐 152 路公交车至万象城下车即到；

由东营长途总站下车的游客可乘坐 101 路、103 路、121 路、5 路、8 路公交车至辛镇下车向北走 500 米即到；

自驾车游客自荣乌高速或东青高速→东营站出口下高速→向西行驶 200 米至天目山路→向北转直行→经黄河路路口→直行向北 500 米处路东即到。

2. 内部（附近）交通

万象游乐园、水上乐园及滑雪场紧紧相邻，只需步行几分钟即到。

四、住宿服务

龙凤祥大酒店

地址：山东省东营市东营区黄河路与天目山路交汇处

电话：0546-8028888

鸿丰商务酒店

地址：山东省东营市东营区新区宁阳路 46 号

电话：0546-8299997

蓝海国际商务酒店

地址：山东省东营市东营区庐山路与黄河路交叉口

电话：400-755-8888

五、餐饮服务

龙凤祥大酒店

地址：山东省东营市东营区黄河路与天目山路交汇处

电话：0546-8285588

鸿丰商务酒店

地址：山东省东营市东营区新区宁阳路 46 号

电话：0546-8299997

蓝海国际商务酒店

地址：山东省东营市东营区庐山路与黄河路交叉口

电话：400-755-8888

新区小吃城

地址：山东省东营市万象游乐园向西 100 米路北

六、购物指南

当地特产有黄河口大米、黄河口大闸蟹、手工老粗布、广饶肴驴肉、北岭丸子、黄河口刀鱼。

七、周边可供游客关联消费的旅游项目

自万象游乐园向南 1 公里处为黄河三角洲动物园。

华林庄园

一、景区简介

华林庄园全景

华林庄园是集农业开发、农技示范推广、绿色农产品生产销售、农业观光旅游等多种功能于一体的现代农业项目。庄园规划建设有无公害蔬菜种植基地、耐盐碱苗木繁育基地、公益性文化园林、绿色林果采摘园、水上乐园、拓展训练基地、生态淡水养殖、水岸特色餐饮八大功能板块，始终以"绿色、环保、健康、可持续发展"为原则，将生态种养和旅游两种产业紧密结合，农业资源延伸为旅游资源，体现园区的"田园性"、"乡村性"、"生态性"。

景区获得林业产业省级龙头企业、省级青少年绿化基地、省级休闲渔业休闲示范点、山东省休闲农业精品园区、山东省农业旅游示范点等称号。

二、公共服务信息

景区地址：山东省东营市南二路与巫山路交叉路南 800 米

联系电话：0546-8769666

公共邮箱：HL8769666@163.com

最佳旅游时间：3~10 月。

三、景区导览

四、交通到达

1. 外部交通

旅游专线车：东营12路、20路、137路公交车到六户镇站下车。

出租车：8元/3公里，3公里后为1.5元/公里。从汽车站打车到景区18元。

附近市内公交：东营12路、20路、137路公交车到六户镇站下车。

自驾车：荣乌高速东营站出口→西城方向→巫山路与南二路口向南800米路东。

2. 内部（附近）交通

景区内部以步行为主。重要节点在垂钓区、无公害蔬菜采摘区、林果采摘区。

五、餐饮服务

开心农场、丽日锄禾、柴火居

六、周边可供游客关联消费的旅游项目

周边景区主要有万象游乐城、黄河口动物园。

黄河三角洲动物园

一、景区简介

黄河三角洲动物园是东营市政府重点建设的大型公益项目，是黄三角地区规模最大的集"野生动物观赏与保护、科普教育、休闲娱乐"于一体的综合性城市动物园。园区按功能划分，主要分为动物观赏区、欢乐部落休闲区、主题餐厅、后勤配套区、游乐场、商场等区域。园区两大核心主题分别为野生动物的观赏与保护以及大型游乐项目体验。景区获得"山东省科普教育基地"、"山东省诚信旅游示范单位"等荣誉称号。

二、公共服务信息

景区地址：山东省东营市南二路与黄河之间，天目山路以西。

微信号：dyzoo1

景区网址：http://www.dyzoo.com.cn/

客服电话：0546-8372666　8631999

服务 QQ 号：2875230534

公共邮箱：2875230534@qq.com

景区门票及营业时间：旺季（4月1日～10月31日）：8：30~17：30（16：30停止售票），25元/人。淡季（11月1日至翌年3月31日）：9：00~17：00（16：00停止售票），20元/人。

为体现其公益性，未成年儿童、学生、军人、60岁以上老人、残疾人等各类特殊人群均给予免票入园的优惠。

最佳旅游时间：4月1日～10月31日。

停车服务：景区在入口处附近设有大型散客停车区，以供游客车辆停放。同时，在园区南、北两侧分别设置 VIP 停车场及大巴专用停车场。景区停车场可满足 600 辆车同时停放，免费使用。

三、交通到达

园区位于东营市中心地带，交通便利，距离东青高速南二路进、出口仅2公里，距离东营机场23公里，车程仅需30分钟，距离东营火车站仅15公里，距长途汽车站3公里。

东营飞机场→东八路行驶7.2公里→黄河路行驶15公里→天目山路行驶2.3公里→到达终点。

从东西城来的游客，可以乘坐101路、103路、8路、5路、121路等公交车到→冠城国际商业中心下车，然后乘出租车起步价到达园区，约40分钟。

四、住宿服务

蓝海国际大饭店

地址：山东省东营市东营区庐山路 1099 号

电话：0546-82666666

龙凤祥大饭店

地址：山东省东营市东营区黄河路与天目山路交汇处

电话：0546-8028888　8965588

五、餐饮服务

蓝海国际大饭店

地址：山东省东营市东营区庐山路 1099 号，近东营区党委校。

电话：0546-82666666

龙凤祥大饭店

地址：山东省东营市东营区黄河路与天目山路交汇处

电话：0546-8285588

欢乐庄园

地址：山东省东营市东营区黄河三角洲动物园北邻

电话：18906470258

六、活动体验

　　景区体验活动有动物投喂，10 元 / 次；灵长馆钓鱼项目，10 元 /3 条；另外还可以免费欣赏欢乐部落表演：

欢乐部落表演场演出时间表			
旺季表演时间		淡季表演时间	
猴子山羊驯化表演鹦鹉驯化表演	上午：9：30 　　　10：30 下午：14：30 　　　15：30 　　　16：30	猴子山羊驯化表演鹦鹉驯化表演	上午：9：30 　　　10：30 下午：14：30 　　　15：30

七、购物指南

当地特产有黄河口大米、粗布三件套、虾酱、花布长颈鹿、毛绒大象、毛绒小马等。

八、周边可供游客关联消费的旅游项目

周边景区主要有迷你未来城、东营科技馆、清风湖、黄河文化公园、黄河入海口等。

东营市历史博物馆

一、景区简介

东营市历史博物馆包括博物馆展厅综合楼和广饶孙武祠两部分。博物馆展厅综合楼采用中国古典景观式设计风格，古朴典雅，蔚为壮观。博物馆下辖的广饶孙武祠是一组仿宋式的建筑群体，以兵圣殿为依托，在其中轴线上建有四进院落，气势恢宏。

博物馆大楼

东营市历史博物馆先后荣获"山东省爱国主义教育基地"、"全国文化工作先进集体"、"山东省文物工作先进集体"等荣誉称号。

二、公共服务信息

景区地址：山东省东营市广饶县月河路 270 号

孙武石雕像

联系电话： 0546-6925305

景区网址： http://www.dylb.cn/

公共邮箱： dylb01@163.com

景区门票： 实行免费开放，游客可持身份证登记领取参观券免费参观馆内基本陈列。与博物馆签订协议书的旅行社，组团参观可享受讲解费8折优惠。

营业时间： 旺季（5月1日~9月30日）：8：30~11：30，14：00~17：30；淡季（10月1日~4月30日）：8：30~11：30，13：30~17：00。

停车服务： 景区设3处停车场：博物馆门前停车场、孙武祠门前停车场、孙武祠后门停车场；3处停车场不收取任何费用。

三、景区导览

（1）博物馆展厅综合楼一楼大厅内设置展厅平面示意图：

东营市历史博物馆景区平面图

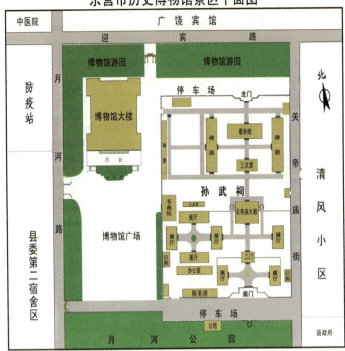

展厅平面示意图

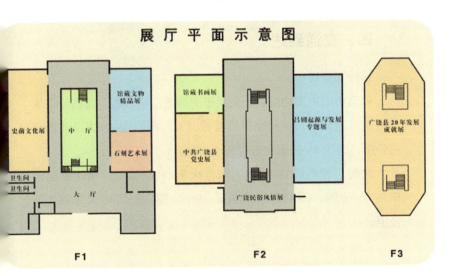

F1　　　　　　　F2　　　　　　　F3

（2）孙武祠入口处摆放孙武祠参观示意图：

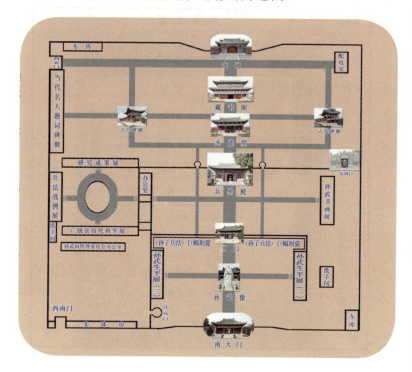

四、交通到达

1.外部交通

东营市历史博物馆地处东营市南端的广饶县城，潍高公路从县城南东西穿过，辛河路贯通县城南北，向南 30 公里是济青高速公路，向东 15 公里有东青高速公路。

北距东营机场 60 公里，东营火车站 50 公里；南距临淄火车站 35 公里，西南距济南机场 150 公里，距济南火车站 165 公里。

自驾车：由济南长途汽车总站→济广高速公路→青银高速公路→S231→孙武路→乐安大街→右转进入月河路→月河路270号东营市历史博物馆。车程2~3小时。

2. 内部（附近）交通

游客在东营市历史博物馆景区内部步行即可。

五、住宿服务

广饶宾馆

地址：山东省东营市广饶县迎宾路253号

电话：0546-6680006　6680088　6680888

广饶蓝海大饭店

地址：山东省东营市广饶县乐安大街790号

电话：0546-6689888

孙武湖温泉度假酒店

地址：山东省东营市广饶县东孙子文化旅游区

电话：0546-2955555　2956789

金岭国际大酒店

地址：山东省东营市广饶县傅家路588号

电话：0546-7729999

六、餐饮服务

乐安食府

地址：山东省东营市广饶县花苑路311号

电话：0546-6923988

齐禧顺风水饺城

地址：山东省东营市广饶县月河路 292 号

电话：0546-6447766

华茂生态美食园

地址：山东省东营市广饶县孙武路北段

电话：0546-6263888　6263777

五味城肥牛

地址：山东省东营市广饶县经济开发区广凯路 99 路

电话：0546-6923456　6987137

七、购物指南

（1）游客购物中心位于大厅东北角，博物馆文化产品主要有：①和田玉翼虎系列；②《孙子兵法》系列；③精美玉器系列产品，如项链、手镯及精美小型挂饰等。

（2）当地特产主要有广饶肴驴肉、齐笔、兵圣烧饼。

八、周边可供游客关联消费的旅游项目

周边景区主要有孙子文化旅游区、红色刘集旅游区。

孤岛槐树林温泉旅游区

一、景区简介

孤岛万亩槐林总面积7万亩，共有刺槐、太青树、榆树、国槐、白腊、紫穗槐等7个树种。1960年1月，共青团山东省委动员济宁、青岛、惠民、菏泽、昌潍、烟台、临沂七个地市3507名共青团员和优秀青年，开展植树造林大会战。近年来，东营市委、市政府高度重视生态建设，提出了全力打造生态文明典范城市的目标，并把孤岛万亩刺槐林恢复作为全市林场建设的重点，形成了独具特色的生态系统。

二、公共服务信息

景区地址： 山东省东营市河口区孤岛镇北

联系电话： 0546-3695672

门票价格： 景区为开放式景区，每年5月槐花飘香，为一年中的旅游黄金季节。

停车服务： 景区现有20余处停车场，均为生态停车场，分布于槐林周边，可同时容纳上千辆中小型车辆停放；槐林门口西侧停车场为主停车场，最多可容纳上百辆车辆同时停放。

三、景区导览

四、交通到达

1. 外部交通

孤岛槐树林温泉旅游度假区向南距东营机场45公里，向北距东营海港 25 公里，向北距疏港高速仙河出口 3 公里，可选择车、船、飞机等多种交通工具。

2.内部（附近）交通

景区内部严禁车辆进入，以徒步、自行车和电瓶车为主。从槐林主入口进入景区游览整个景区乘坐电瓶车约需 40 分钟，徒步约 3.5 小时，自行车约 1.5 小时。

五、活动体验

每年 5 月有槐花节、帐篷节、槐林马拉松、摄影展等，6~9 月有槐林啤酒节等。以上活动均可网上报名参加，除必要的食宿费外无其他费用。

六、购物指南

当地特产主要有马场酒、槐花蜜、三丰香油、罗布麻茶等。

七、周边可供游客关联消费的旅游项目

景区距黄河入海口 35 公里，距仙河镇 2 公里。

鸣翠湖湿地风景区

一、景区简介

"两只黄鹂鸣翠柳，一行白鹭上青天"，鸣翠湖以动态的流线型语言，赞颂了迁徙的候鸟、飞翔和运动、变革和发展的未来。景区围绕彰显黄河、石油、海洋、湿地"四色文化"，突出大空间、大绿地、大水面特色，力将鸣翠湖打造成为生态旅游、文化休闲、购物娱乐于一体的旅游新天地。

鸣翠湖沿湖规划建设了市民广场、庆典广场、北部公园、文化港湾展现河口魅力的文化主题区；湖畔健身走廊、健康岛、长堤码头广场、鸣翠新天地、儿童乐园展现河口活力的休闲主题区；湿地广场、湿地鸟岛、湿地片区展现河口生命力的湿地主题区。

二、公共服务信息

景区地址：山东省东营市河口区鸣翠湖湿地风景区

联系电话：0546-6083507

景区门票：免费开放

最佳旅游时间：全年

停车服务：景区专设 4 处停车场，分别位于鸣翠湖湿地风景区主入口、次入口处；最大容量为 300 个停车位；免费。

三、景区导览

图例
01 庆品购物街
02 庆典广场
03 文化港湾
04 地标性性综合建筑
05 阅读公园
06 景观广场
07 游艇码头
08 购物公园
09 市民广场
10 黄河路
11 鸣翠天地
12 长堤漫步
13 健康岛
14 国宾馆岛
15 生态论坛企业会所
16 湿地广场
17 鸟类博物馆
18 北公园
19 湿地鸟岛
20 泵站
21 水坝
22 特色景观桥
23 儿童游乐场
24 湖畔健身走廊

四、交通到达

1.外部交通

自驾车：荣乌高速陈庄出口→ S231 向北直行→ S231 与顺

河路交叉路口左转直行→海宁路→河口宾馆→海宁路与黄河路交叉路口左转直行 580 米→鸣翠湖市民广场。

2. 内部（附近）交通

景区内部的交通方式主要是观光自行车、观光电瓶车。

重要节点：旅游咨询中心→市民广场→北部湾公园→港湾码头→庆典广场→沙滩浴场→湿地鸟岛→湿地片区→湿地广场→湖畔健身走廊→健康养生岛→长堤漫步→旅游咨询中心。

通行时间：步行 1.5 小时，观光自行车 1 小时，观光电瓶车 30 分钟。

五、住宿服务

河口宾馆

地址：山东省东营市河口区海宁路 285 号

电话：0546-3888888

六、餐饮服务

河口宾馆

地址：山东省东营市河口区海宁路 285 号

电话：0546-3888888

河凯特色小吃街

地址：鸣翠湖景区东侧

黄河华滩生态公园

一、景区简介

　　黄河华滩生态公园位于黄河以南，黄河大坝以北，东临威乌高速，西至胜利黄河大桥，是黄河人家国际旅游度假区的一期工程，占地面积 10000 余亩。景区内将种植两季向日葵，并开辟区块，种植各种应季瓜果、蔬菜供游客采摘。为进一步丰富景区内容，华滩生态公园将重点开发湿地休憩景观带，打造原生态湿地、郊野湿地、休闲湿地等景观，设置参与性游乐项目。

二、公共服务信息

景区地址：山东省东营市垦利县民丰路北端

联系电话：0546-2563588

停车服务：在景区入口及景区内设置专门的免费停车场，最大可容纳 300 辆汽车。

三、交通到达

自驾车：威乌高速→垦利出口下高速→沿民丰路北行→下高速后车程约 20 分钟。

节庆期间景区内部有专门的旅游观光汽车，供游客乘坐。

四、住宿及餐饮服务

蓝海汇州大酒店

地址：山东省东营市垦利县新区民丰路

电话：0546-2891155

垦利宾馆

地址：山东省东营市垦利县黄河路 22 号

电话：0546-2898666　2898999

五、活动体验

景区每年 6 月举办葵花节，适宜所有人群。

六、周边可供游客关联消费的旅游项目

周边景区主要有黄河文化园（距离 2 公里）、民风湖休闲娱乐区（距离 5 公里）、天宁寺文化旅游区（距离 20 公里）、陶园农业生态观光园（距离 23 公里）。

黄河入海口生态农业观光园

一、景区简介

　　黄河入海口生态农业观光园是"五七"片万亩蜜桃园腹地，共计占地 1.6 万亩，为国家 AAA 级旅游景区。观光园由青岛大学旅游学院规划，北京达沃斯旅游规划公司完成景区景点详细规划，是东营市最大的农业观光园区，东营市郊区的重要游憩休闲地，山东省知名的现代农业示范区，中心城市最具魅力的后花园。

二、公共服务信息

　　景区地址：山东省东营市垦利县垦利街道办事处东北部，东营市黄河口旅游南线中段

　　联系电话：0546-2521326　13864720236

停车服务：景区在入口处设置专门的免费停车场，最大可容纳300辆汽车。

三、交通到达

自驾车：从东青高速垦利路口下向东到永安镇政府驻地，再沿博新路向北15公里路西即到。

四、活动体验

景区体验活动主要有：（1）4月中旬中国黄河口（垦利街道）桃花文化旅游节；（2）9月下旬中国黄河口（垦利街道）蜜桃·冬枣采摘节。

民丰湖休闲娱乐区

一、景区简介

民丰湖休闲娱乐区有盘龙岛、龙门塔、三元塔影、月台揽胜、卧龙桥等景点，从远处看，桥、河、湖、塔相映成趣，形成一道靓丽的风景线。依规划将建设自然生态区、休闲公园区、游乐区、体育设施活动区、餐饮服务区和住宅区等六个区块，为市民提供一处集观光、休闲、娱乐、健身、餐饮、居住于一体的综合性活动场所。

二、公共服务信息

景区地址：山东省东营市垦利县城南部

联系电话：0546-2563588

景区门票：免费开放。

停车服务：景区在入口处及内部设置专门的免费停车场，最大可容纳 300 辆汽车。

三、交通到达

自驾车：可行至威乌高速→垦利出口下高速→沿民丰路北行→下高速后车程约5分钟即可到达。

公交线路：可乘坐888路公交车至民丰湖休闲娱乐区站下车即可。

四、住宿及餐饮服务

垦利宾馆

地址：山东省东营市垦利县黄河路22号

电话：0546-2898666　2898999

蓝海汇州

地址：山东省东营市垦利县新区民丰路

电话：0546-2891155

五、周边可供游客关联消费的旅游项目

周边景区主要有黄河口文化园（距离6公里）、天宁寺文化旅游区（距离15公里）、陶园农业生态观光园（距离17公里）、黄河华滩生态公园（距离6公里）。

山东省 （下册）
A级旅游景区
自由行手册

主　编　于风贵

副主编　王春生　蒋卫东　王晨光

中国财经出版传媒集团
经济科学出版社
Economic Science Press

《山东省Ａ级旅游景区自由行手册》

编　委　会

主　编　于风贵

副主编　王春生　　蒋卫东　　王晨光

编　委　魏晓林　　骆万飞　　马高宝　　李志宏　　陈际锦

　　　　牟　云　　邱兆水　　张兴春　　郑　元　　蔡新杰

　　　　张荣英　　张明战　　陈常密　　孙　兵　　程会增

　　　　郭洪明　　白凤兰　　齐云婷

编写说明

　　《山东省A级旅游景区自由行手册》由山东省旅游发展委员会发起并编撰而成。本书旨在推动全省1000余家A级旅游景区适应"大众旅游时代"和全域旅游发展新形势，为广大自由行游客提供专业化、多类别、全要素和高品质的旅游景区服务产品。本书的策划、汇编和发行过程，也是一次由省、市旅游主管部门发起，由全省所有A级旅游景区集体参与的品牌营销活动，希望能在新的市场契机下，共同擦亮"A级旅游景区"这一金字招牌，在全面提升全省旅游景区市场吸引力的同时，为促进山东省全域旅游发展发挥积极作用。

　　为方便游客携带，本书确定了以AAA级旅游景区为限，并依照地理位置不同，把山东半岛划分为东中西三部分，形成上中下三册的编撰格式，主要编选了AAA级197家、AAAA级138家以及AAAAA旅游景区9家的相关资料。[①]

---

① 本书编选的旅游景区星级确定的截止时间为2016年12月31日。

　　本书由山东省旅游发展委员会主任于风贵同志亲自担任主编，副巡视员王春生同志、规划处长蒋卫东同志、山东大学旅游管理系王晨光教授担任副主编，全省十七市旅游发展委员会分管副主任担任编委。在编撰过程中，得到全省十七市旅游管理部门、域内所有A级旅游景区以及国家级知名出版社——经济科学出版社的大力支持，谨此向上述单位表示衷心感谢！还要说明的是，部分景区因所提供的素材未达要求，本次我们只能忍痛割爱，并期待在后续活动中能展现更多山东优秀旅游景区的风采。

编委会

2017年1月

目录 Contents

济 南 市

德 州 市

国家 AAAA 级旅游景区

国家 AAA 级旅游景区

泰 安 市

国家 AAAAA 级旅游景区

济 宁 市

国家 AAA 级旅游景区

枣 庄 市

国家 AAAAA 级旅游景区

国家 AAAA 级旅游景区

国家 AAA 级旅游景区

莱 芜 市

国家 AAAA 级旅游景区

国家 AAA 级旅游景区

聊 城 市

国家 AAAA 级旅游景区

国家 AAA 级旅游景区

菏 泽 市

国家 AAAA 级旅游景区

国家 AAA 级旅游景区

济 南 市

山东省 A 级旅游景区
自由行手册

天下第一泉风景区

一、景区简介

天下第一泉风景区位于山东省省会济南市市中心，由"一河（护城河）一湖（大明湖）三泉（趵突泉、黑虎泉、五龙潭三大泉群）四园（趵突泉公园、环城公园、五龙潭公园、大明湖风景名胜区）"组成，是集独特的自然山水景观和深厚的历史文化底蕴于一体的精品旅游景区，总面积3.1平方公里，是国家AAAAA级景区、国家重点公园、省级风景名胜区。2009年9月10日，济南名泉成为我国第一个以泉水为主题的申遗项目。2011年11月，护城河泉水游览景观带被《求是》杂志推选为"中国十大休闲胜地"；12月，被住建部评为"中国人居环境范例奖"。

趵突泉

大明湖

解放阁

漱玉泉

二、景区导览

百脉泉景区

一、景区简介

百脉泉景区是"全球优秀生态旅游景区"、"国家 4A 级旅游景区"、"山东省优秀水体旅游景观"、"山东省十大魅力景点"、"山东省地质公园"、"山东省服务名牌"。2008 年，联合国国际交流合作与协调委员会（CCC/UN）授予"全球优秀生态旅游景区"荣誉称号时，称赞它是"人与自然和谐相处的典范"。百脉泉景区始建于 1986 年，于 1989 年 10 月正式对外开放。目前景区总面积 1300 亩，包括百脉泉公园、龙泉寺、李清照故居、清

照词园、荷花公园、眼明泉公园六个部分。景区以独特的自然泉水为主题，因闻名遐迩的百脉泉而得名。

二、公共服务信息

景区地址： 山东省章丘市汇泉路 2017 号

联系电话： 0531-83239900

景区网址： www.baimaiquan.cn

公共邮箱： zqsbmq@163.com

景区门票： 50 元 / 人（正月初一至正月十五门票 6 折优惠）

营业时间： 旺季：7：30~18：00，淡季：7：30~17：30。

最佳旅游时间： 春、夏、秋。

停车服务： 北门、南门、东门三个停车场，其中北门最大停车量 100 辆，东门 30 辆，南门 130 辆。停车场收费标准：小型汽车收费 5 元 / 次，大型汽车收费 10 元 / 次。

三、景区导览

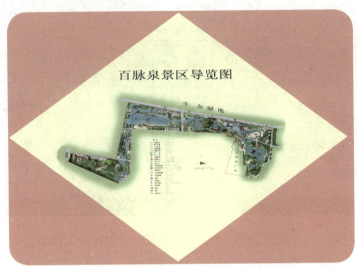

四、交通到达

1. 外部交通

自驾车：

①自驾车从济南出发，沿济南经十路向东，过章丘境收费站，看到章丘城区指示牌后（或沿济南泉城路向东走章丘大道），左转到达明水双山大街，往北经百脉泉街到汇泉路，即达公园南门；或沿济青公路向东，过章丘境收费站，到达章丘市区，根据道路指示牌到达公园北门。自驾车从济南到公园40~50分钟路程。

②309国道→双山大街路口→明水→百脉泉街→公园南门。

③济青高速→刁镇出口下→明水→清照路→公园北门，下高速后大约需要40分钟车程。

④经十东路→世纪大道→双风山路→铁道北路北行→公园南门。

公交线路：

济南游客可在长途汽车东站、旅游汽车站乘到章丘明水的长途车到达章丘市汽车站，再乘坐章丘市内公交车1路、2路、4路、6路到公园下车即可。

机场路线：

自驾车从济南机场出发，沿济南绕城高速到102省道，之后沿济南经十路向东（或沿济南泉城路向东走章丘大道），左转到达明水双山大街，往北经百脉泉街到汇泉路，即达公园南门。

2. 内部交通

景区内游览车环公园行驶，游客招手即停。

五、住宿服务

千禧龙大酒店

地址：山东省章丘市明水经济开发区双山路中段

电话：0531-83319777　0531-83319999

章丘宾馆

地址：山东省章丘市明水镇明水大街 135 号

电话：0531-83212353　0531-83213201

传真：0531-83212353

济南明丰大酒店

地址：山东省章丘市明水开发区双山路中段

电话：0531-83313351　0531-83315688

传真：0531-83313351-8888

章丘市老年公寓

地址：山东省章丘市明水镇唐王山路中段章丘五中对面

电话：0531-83319668　0531-83312746

党校招待所

地址：山东省章丘市党校街章丘党校院内

电话：0531-83221898

六、餐饮服务

千禧龙大酒店

地址：山东省章丘市明水经济开发区双山路中段

订房电话：0531-83319777

订餐电话：0531-83319888

营销电话：0531-83319999

章丘宾馆

地址：山东省章丘市明水镇明水大街 135 号

电话：0531-83212353　0531-83213201

传真：0531-83212353

济南明丰大酒店

地址：山东省章丘市明水开发区双山路中段

订餐电话：0531-83311588

传真：0531-83313351-8888

章丘市老年公寓

地址：山东省章丘市明水镇唐王山路中段章丘五中对面

电话：0531-83319668　0531-83312746

党校招待所

地址：山东省章丘市党校街章丘党校院内

电话：0531-83221898

七、活动体验

每年的五一假期、十一黄金周期间景区都会搞一些活动，比如民俗手工艺展、动漫展、跑酷运动，还有菊花展，游客可以一起参与、共同体验。

八、购物指南

"章丘四珍"："章丘四珍"荟萃于章丘四大名产——明水香

米、龙山小米、红小豆、绿豆，经过精选加工，科学配置而成。

章丘大葱：被誉为"世界葱王"。

章丘烤肉：以"黄家烤肉"最为著名。

章丘薄壳核桃。

龙山黑陶。

九、周边可供游客关联消费的旅游项目

周边景区主要有眼明泉公园、锦屏山、朱家峪、济南植物园、三王峪山水风景园、七星台旅游度假区、白云湖、城子崖遗址博物馆、危山。

朱家峪景区

一、景区简介

朱家峪原名城角峪，后改为富山峪，又将富山峪改为朱家峪。2005年9月，朱家峪村被授予"中国历史文化名村"称号；2008年被评为省级旅游特色村；2009年入选"山东十大影视基地"；2014年11月被评为国家AAAA级景区。朱家峪古村为梯形聚落，上下盘道，高低参差，错落有致，拥有大小古建筑近200处、大小石桥99座、井泉66处、自然景观100余处，康熙立交桥、文昌阁、魁星楼、关帝庙、朱氏家祠、双轨故道、坛桥七折、东岭朝霞、古柏亭立、团山瀑布、碧塘倒影、狮子洞、云雾洞、朝阳洞、仙人桌、仙人桥等人文景观、自然景观数不胜数，被专家誉为"齐鲁第一古村、江北聚落标本"。

二、公共服务信息

景区地址：山东省章丘市官庄镇境内

联系电话：0531-83806677

景区网址：www.zhangqiuzhujiayu.com

公共邮箱：www.zjygczhb@163.com

景区门票：40元/人，不分淡旺季，游客自发成团达到30人以上，可以享受门票7折优惠。

最佳旅游时间：5~10月。

停车服务：景区专设停车场1处，位于景区门口，最大容量约1000辆车。收费标准为：小车5元/天，中客10元/天，大客15元/天。

三、景区导览

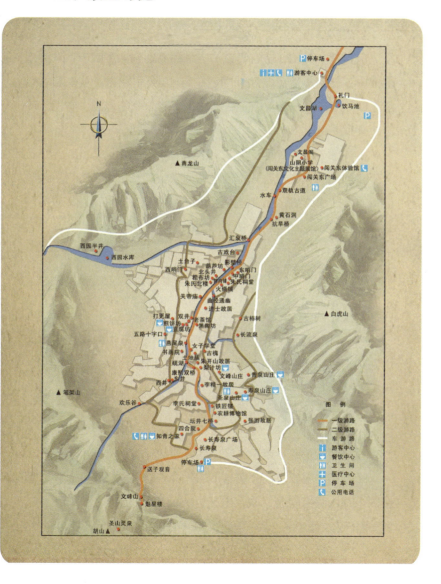

四、交通到达

1. 外部交通

以自驾车为例，游客沿京沪／京福高速到达济南市，从济南东出口下高速，然后沿309国道东行45公里左右，从朱家峪景区路口（路口有一处汉白玉石牌坊，上有朱家峪标志）右拐，南行2公里即是。

2. 内部／附近交通

景区内部的交通方式：景区在周末或国家法定节假日，设有免费的景区摆渡车，摆渡范围从309国道路口至景区游客服务中心，客满即行。

五、住宿服务

常规住宿场所：章丘市区内各大星级酒店。

特色住宿场所：景区内农家乐饭店（文峰山庄，位于景区内朱开山故居附近，联系电话：0531-3801811。

六、餐饮服务

常规餐饮场所：章丘市区内各大餐饮酒店。

本地特色餐饮场所：景区内农家乐饭店（文峰山庄，位于景区内朱开山故居附近，联系电话：0531-3801811）。（知青之家，位于景区内文峰山下，联系电话：13964199930）。

七、活动体验

闯关东文化互动体验项目：

举办时间：天天开放。

地点：闯关东互动体验馆。

活动主题：以闯关东文化为背景的互动体验项目。

游客参与方式：观看 4D/5D 电影、互动娱乐等。

八、购物指南

当地特产有章丘大葱。

九、周边可供游客关联消费的旅游项目

周边景区有百脉泉景区、香草园景区、济南植物园。

金象山旅游风景区

一、景区简介

金象山总占地面积 4000 余亩，堪称省内独一的峡谷风景区。独特的地形地貌和丰富的森林资源，使这里植被茂盛、空气清新，形成了独特的山地森林小气候。每立方厘米空气中负氧离子含量相当于市区的 150 倍，是休养生息的绝佳场所。

金象山是一所集餐饮、住宿、游乐、会议、培训于一体的综合型风景游乐区，作为省城唯一一家建在幽谷中的大型综合型游乐场，引进了省内独有的大型电动项目，实现了古朴的自然风光与现代的游乐设施的完美结合，实现了从旅游到度假的完美跨越。

二、公共服务信息

景区地址：山东省济南市历城区仲宫镇商家

联系电话：0531-82813299

景区网址：www.jinxiangshan.com

公共邮箱：jinxiangshan01@163.com

景区门票：120 元 / 人（旅行社优惠 85 元 / 人。团队（15 人以上）优惠 90 元 / 人）。

最佳旅游时间： 5 月 1 日～10 月 1 日。

停车服务： 景区拥有停车场 4 处，位于团体接待处；最大可容纳 1000 多辆车停放，停车费 5 元 / 辆。

三、景区导览

四、交通到达

自驾车：

市内行车路线：开车从南外环上 103 省道至金宫山庄向东 8 公里（327 省道）商家村即到。

外地行车路线：各高速转济南绕城高速至济南南出口，沿 S103 省道至金宫山庄向东 8 公里（S327 省道）商家即到。

公交车：

乘坐 65 路公交车，商家站下车即到。

五、住宿服务

金象山会所
地址：山东省济南市历城区锦绣川乡商家
电话：0531-82813288

六、餐饮服务

金象山餐厅
地址：山东省济南市历城区锦绣川乡商家
电话：15753116448

七、活动体验

金象山倾力打造的户外竞技类项目——"奔跑吧，青春"，让春季踏青不再是简单的自我玩乐，而是将大家都融入游戏中来。

八、购物指南

景区内设有多个购物站点，满足游客吃、娱、购的需求，主要有钥匙挂件、T恤衫、小象纪念品等。

圣母山风景区

一、景区简介

圣母山生态农业观光园坐落于中国胡庄圣母山脚下，总面积2万亩，是集农业科技、生态旅游、休闲娱乐和科普教育、宗教文化于一体的旅游风景区，先后被评为全国 AAA 级景区、"全国生态农业示范点"、"全国农业旅游示范点"、"国家生态环境示范区"、"济南市十佳风景区"、"济南文艺家创作基地"等称号。圣母山风景区观光园中的精品海棠园是目前全省规模最大、品种最多的一个园子。除了海棠花观赏以外，宗教文化也是景区的重要组成部分，景区内的圣母无染原罪堂始建于 1906 年，占地 3.3公顷，整个建筑群处处呈现出哥特式建筑风格。尖山圣母堂与上海佘山、吉林江南圣母堂并列为全国三大天主教圣地。

二、公共服务信息

景区地址： 山东省济南市平阴县榆山街道胡庄村

联系电话： 15806699997

公共邮箱： 15806699997@163.com

景区门票： 30元/人（老年证、军官证、记者证、1.4米以下儿童免票，学生证半价）。

营业时间： 4月上、中旬。

最佳旅游时间： 4月。

停车服务： 景区专设停车场2个，位于海棠园出口及旅游路两侧，最大容量为320辆；免费。

三、交通到达

自驾车自济菏高速平阴出口转220国道（振兴街），走青龙路至105国道拐弯即到。

四、住宿服务

游客可至县城内住宿。

五、餐饮服务

农家乐：达华饭店、胡家炒鸡。

六、活动体验

景区园内可品茶，品干红、干白葡萄酒，另外还有海棠果酒。以上活动在海棠花会期间均可免费参与。

七、购物指南

当地特产有阿胶、玫瑰制品。

八、周边可供游客关联消费的旅游项目

周边景区有龙冈梦幻星空、胡庄天主教堂。

安莉芳旅游景区

一、景区简介

安莉芳（山东）工业园位于山东明水经济开发区，2009年申请为山东省工业旅游示范点，2010年12月正式成为国家AAA级旅游景区。工业园总占地面积约556亩，是一个高节能、高增值、高知识含量、高工艺水准、高度和谐的现代化内衣生态工业园，充分体现了环境生态美、设计曲线美、节能环保美和文化内在美的设计理念。园区运用地源热泵、外墙外保温、自然采光天窗等节能环保技术，并借助天然河道，拦坝蓄水，营建绿色生态湿地，种植美丽花卉和果树，将节能环保美与绿色生态美完美融合。

二、公共服务信息

景区地址：山东省章丘市世纪大道28号

联系电话：0531-80958942

景区网址：www.embryform.com

公共邮箱：chuanzong.zhang@embryform.com

景区门票：目前为免费景区，不收售任何门票。

营业时间：工作日 8：00~16：00；节假日：9：00~16：00（需提前预约）。

停车服务：景区设专业停车位 50 余个。

三、景区导览

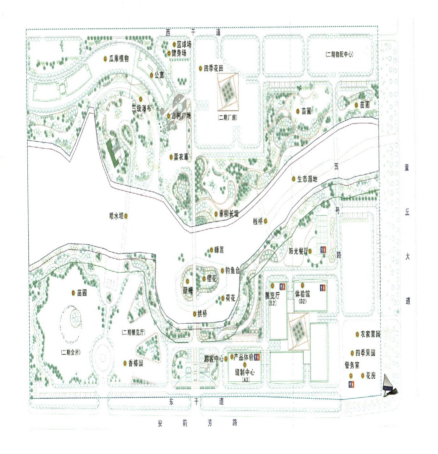

四、交通到达

1. 外部交通

（1）自驾车从济南出发，沿经十路向东，过原章丘收费站向东行驶约 2 公里，左转向北驶入安莉芳路，再行驶至世纪大道路段南即可到达。

（2）世纪大道与安莉芳路路口向南（重汽工业园西邻、香草园东 1 公里路南）。

2. 内部 / 附近交通

景区内部设旅游电瓶车，可随时根据游览情况使用。

五、住宿服务

景区内部住宿为标准式商务套房。

景区外部与香草园景区相邻，香草园景区内设有特色蒙古包住宿。

六、餐饮服务

景区内种植有机蔬菜，可提供餐饮服务。

七、活动体验

景区不定期举行产品优惠活动及品牌走秀活动，详细内容需以集团内购活动通知为准。

八、购物指南

景区内设有购物中心，可以满足游客在此购物，并可享受到安莉芳正品内衣折扣。

九、周边可供游客关联消费的旅游项目

周边景区有紫园香草园景区、圣井危山风景区。

锦屏山旅游度假区

一、景区简介

锦屏山旅游度假区有限公司是集餐饮、住宿、休闲于一身的旅游休闲度假区，属泰山山脉，因山顶开阔平坦，又名"平顶山"。锦屏山旅游度假区始建于2003年年初，景区内有大小自然、人文景观、摩崖石刻近百处，其中著名的有太极山、迎仙石、千年牵手葛藤、女娲神碑、龙女泉、朝阳洞（洞中有泉）、二十九棵汉柏、天庭阳光浴场、码头峰点将台（回音谷）、鸡冠

峰锦屏春晓等十大自然景观，新增仙人洞、罗圈崖等新景观。有被济南人民政府列为重点文物保护单位的碧霞祠、文昌阁、老君堂、古石碑和一吨重的如意钟等古老的人文景观。景区2009年被评为国家AAA级景区，被评为国家级森林公园、锦屏山影视文化基地、中国大自然疗法研究院总部。

二、公共服务信息

景区地址：山东省章丘市文祖镇驻地南三德范村

联系电话：0531-83730666　0531-83730608

公共邮箱：jin-pingshan@163.com

营业时间：淡季：12月~次年2月，开放时间：9：00~17：00，静园时间：19：00。旺季：3~11月，开放时间：8：30~18：30，静园时间：20：00。

景区门票：淡季，40元／人；旺季，50元／人。散客20人以上8折优惠，30人以上6折优惠。旅行社4折优惠。儿童身高1.2米（不含）以下免票，1.2米（含）以上及持学生证的按照学生票25元；70周岁以下持老年证或身份证购老人票25元；70周岁以上老人免票；士兵证免费（不含士官及以上级别军官）；记者持国家新闻总署或总局签发的记者证免票；军残凭军残证免票。

停车服务：游客服务中心停车场、八大碗停车场、南路游客接待中心停车场，停车位1000个。停车费：大型车（31座以上）15元／次；中型车（16~30座）10元／次；小型车（15座以下，含轿车）5元／次。

三、景区导览

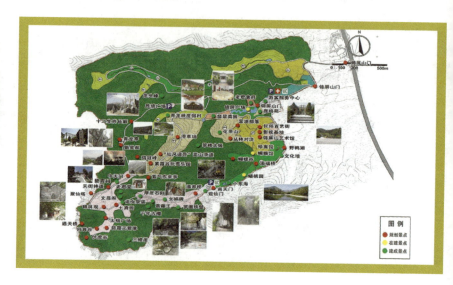

四、交通到达

1.外部交通

自驾车：

延经十东路（309国道）到章莱路（242省道）南行8公里见景区广告牌右转即到。

公交车：

济南乘坐301城际公交至章丘公共汽车站，章丘公共汽车站乘坐公交至三德范即到。

2.内部交通

景区门口南行→影视城（向西可以远观逗号山）→小东海→游客接待中心→南路停车场→迎仙门→福寿雕刻→葛藤

王→女娲神碑→龙女泉→老君堂（内有朝阳洞）→文昌阁→碧霞元君祠→阳光浴场→马头峰→二十八棵古汉柏→鸡冠峰→八大碗（锦屏胜境广场）全程约 150 分钟。

景区到周边主要商业和住宿设施的通行方式和所用时间：

景区至章莱路（242 省道）北行至双山大街路口（309 国道与 242 省道交界路口）北行 0.5 公里到章丘佳悦大酒店（四星级），所需时间约 25 分钟。

景区至章莱路（242 省道）北行约 1.5 公里至文祖镇，购物场所有东方冷库，所需时间约 10 分钟。

五、餐饮服务

老君食府

地址：锦屏山旅游度假区内

电话：0531-83730616　13805400263

六、活动体验

每年举行三月十五（阴历）、九月九（阴历）庙会。

主题：逛锦屏庙会，览民俗风情，祈国泰民安

时间：每年三月十五（阴历）、九月九（阴历）

地点：锦屏山风景区内

活动内容：

（1）组织京剧表演。

（2）祭拜活动，由主持上香和开庙门、祭拜祈福等。

（3）文艺文化活动。书画展销活动——组织书画商展销书画

作品。

收费标准：门票6折优惠，持有三德范村身份证游客免票。游览车单程5元/人。

七、周边可供游客关联消费的旅游项目

周边景区主要有百脉泉景区、朱家裕景区、植物园景区、七星台景区、白云湖景区、赵八洞景区、三王峪景区。

七星台风景区

一、景区简介

　　七星台风景区位于济南南部40公里处，因"七峰竞秀，势若北斗"而得名。总面积20平方公里，最高海拔870米，森林覆盖率95%以上，是集生态休闲、仙境体验、历史文化探秘、星空观赏于一体的大型旅游景区。2010年被评为国家AAA级景区，并先后荣获"世界最美星空、国家级森林公园、齐鲁山水新十景、最受欢迎的自驾游基地"等称号。

二、公共服务信息

景区地址：山东省章丘市垛庄镇四角城

联系电话：0531-83780988　　0531-83784968

传真：0531-83784968

公共邮箱：qcc968@sohu.com

景区门票：景区门票分为通票、第一门票、索道观光票、游览车票四种。其中，通票为75元/人（含景点、索道、游览车）。第一门票为30元/人（不含游览车、索道），索道票为30元/人（单程），游览车15元/人（单程）。（1）对20人以上的社会团体，门票最低8折。（2）老年人、士兵、残疾人凭相关证件可享受免景点第一门票的优惠。儿童，身高在1.2米以下免票，1.2~1.4米半价优惠。

停车服务：景区建有武圣门广场和索道站广场两处大型停车场，总面积达到10000余平方米。按照规范标准设置了停车指示牌，施划停车位700余个，免费为游客提供停车服务。

三、景区导览

四、交通到达

1.外部交通

自驾车：

（1）章丘城区方向的游客可从经十东路埠村路口南行至垛庄，从垛庄沿省道 327 线西行 20 公里可达景区。

（2）①济南市区方向的游客可沿济南英雄山路南行至仲宫大桥，从仲宫大桥沿省道 327 线东行约 30 公里，可达景区。②走经十东路，过邢村立交桥向东 500 米，南行港西公路到西营，沿 327 线东行 10 公里即到。

（3）莱芜方向的游客可沿章莱路北行至青野路口，从青野路口西行至垛庄，再从垛庄沿省道 327 线西行 20 公里可达景区。

公交车：

济南方向的游客可乘济南 65 路公交车到西营或乘历城 12 路公交车到枣林，再乘出租车到达景区。

济南市区乘坐 65 路公交车站点：

全福立交桥→解放桥→银座商城→泉城广场→八一立交桥南→重气技术中心→仲宫→红叶谷→西营→七星台风景区。

济南市区乘坐历城 12 路公交车站点：

洪楼广场→山大北路→白花公园→山大南路→甸柳庄→政法学院→港沟镇政府→西营→枣林→七星台风景区。

章丘城区方向的游客可在章丘长途汽车站乘坐明水→垛庄→七星台景区的公交车。

2.内部交通

景区游览可乘坐游览车，路线：景区门口→青龙寺（约 15

分钟）→四界首、人间仙境（约40分钟）→瑶池（约15分钟）。
游览完全程需3个小时以上。

五、住宿服务

景区周边有七星台宾馆，距景区1公里左右。

六、餐饮服务

紫光园酒店、仙客来美食城、盛世园酒店等多家高、中、低
档宾馆饭店，距景区1公里左右。

七、活动体验

槐花节：每年5月左右。
七夕节：七月初七举办七夕鹊桥会。
重阳节：九九重阳节，组织老年人登长城比赛，并举行签名
仪式。

八、购物指南

景区当地特产主要有核桃、板栗、松菇等山货、各类时令水
果、野菜及农副产品。周边购物有特产店、当地村民零售点。

德 州 市

山东省 A 级旅游景区

自由行手册

董子园风景区

一、景区简介

　　董子园风景区以西汉大儒董仲舒的历史为背景，以儒家文化思想为主题，由董子读书台、柳湖书院文化一条街、春晖园及相关配套工程组成，是一座集文化、艺术、观赏、娱乐、教育特性于一体的主题文化公园。其间，董子读书台气势恢宏、大气磅礴；董仲舒头像巍然屹立、凝气传神、"三策固本"牌坊、柳湖书院雕梁画栋、庄重典雅、文化一条街商铺茶楼、黛瓦板墙、不窥园、数帆亭、天和桥、地和桥、人和桥端庄秀美、清新雅致，遮映于青杨绿柳之间，点缀于互博碧光之上。

二、公共服务信息

景区地址：山东省德州市经济开发区东风路至三八路之间
联系电话：0534-2585011

三、交通到达

自驾车走京福高速，从德州出口下高速，前往东风东路，在交叉路口向右，至晶华大道向北直行，至同济中学对面路口向西，至董子读书。

四、住宿服务

德州凤冠假日酒店

地址：山东省德州市经济开发区东风东路 2555 号
电话：0534-6088888

德州富豪康博酒店

地址：山东省德州市经济开发区东风东路 1888 号
电话：0534-2290888

德州柳湖书院酒店

地址：山东省德州市经济开发区晶华大道 188 号
电话：0534-2289999

五、餐饮服务

德州凤冠假日酒店

地址：山东省德州市经济开发区东风东路 2555 号

电话：0534-6088888

德州富豪康博酒店

地址：山东省德州市经济开发区东风东路 1888 号

电话：0534-2290888

德州柳湖书院酒店

地址：山东省德州市经济开发区晶华大道 188 号（董子读书台东邻）

电话：0534-2289999

六、购物指南

当地特产有德州黑陶、德州扒鸡、金丝小枣、德州西瓜等。

七、周边可供游客关联消费的旅游项目

周边景区有减河湿地公园、中国太阳谷景区等。

千年枣林游览区

一、景区简介

千年枣林为原始人工结果林，自然生态保存完好，千年以上枣树千余株，百年以上枣树随处可见。枣林风光旖旎，景色秀美，有"中国名特优枣品种资源库"之称的百枣园、承载着千古绝恋之美谈的母子树、众多中央和省级领导及中外名人亲手植树的名人园、乾隆皇帝御题的枣王树等多处景点。枣林依托乐陵红色资源已建成枣乡红韵——冀鲁边区革命纪念园，成为"山东省国防教育基地"。

二、公共服务信息

景区地址： 山东省乐陵市朱集镇

联系电话： 0534-6726666

景区网址： www.lllyj.com

公共邮箱： lllyj001@126.com

景区门票：景区分淡旺季，淡季（11月～次年3月）门票免费；旺季（4～10月）门票30元/人。1.2～1.4米儿童享受半价优惠；军人持军人证享受半价优惠；60岁以上老年人持老年证享受半价优惠。

停车服务：景区设有4处停车场，分别位于游客接待中心、冀鲁边区革命纪念园、母子树、百枣园，共400余车位，供游客免费使用。

三、交通到达

自驾车：

（1）自315省道庆乐界出发，向西行驶约8公里处右转至枣林旅游路直行5公里至景区。

（2）自德滨S12高速商河乐陵出口左转行驶约3公里处右转，沿新东环行驶7公里（新东环与省道315交界处）至枣林旅游路，直行5公里至景区。

公交车：

（1）自长途客运站乘坐市内3路公交车可直达游客接待中心，或乘坐出租车（2公里内5元，每超1公里加1元），行程约15分钟。

（2）景区距离市区约8公里，可乘8路公交车或出租车至市中心。

四、住宿服务

龙悦生态观光园

地址：山东省乐陵市云红街道闫家村

电话：0534-6888881

五、餐饮服务

龙悦生态观光园
地址：山东省乐陵市云红街道闫家村
电话：0534-6888881
枣林生态庄园
地址：山东省乐陵市枣林游客接待中心西侧
电话：15969777748

六、旅游活动

乐陵金丝小枣博览会：每年9月中旬举办金丝小枣博览会，开展采摘节、乐陵人游乐陵、枣林徒步旅行、自行车比赛、特色美食节及民俗风情展演等活动。

七、购物指南

景区有金丝小枣、枣花蜂蜜、枣木工艺品可供游客购买。

八、周边可供游客关联消费的旅游项目

周边景区主要有庆云海岛金山寺、乐陵金丝小枣文化博物馆、枣乡情园（在建）、乐福洲党性教育基地（在谈）。

海岛金山寺景区

一、景区简介

国家ＡＡＡＡ级旅游景区海岛金山寺由一寺一街一园三部分组成，即千年古刹海岛金山寺、仿古商业街和吉祥园，是中国北方著名的祈福旅游胜地，是江北最大的净土宗寺院。景区特色景点——

地宫，用1000余尊香樟木雕，配以声光电，把传说中的地狱景象艺术地展现在世人面前，怪异离奇，诡异神秘，会让您充分领略传统因果文化和鬼神文化的魅力。除此之外，景区传统文化特色景点——二十四孝蜡像馆，是国内最大的孝文化主题蜡像馆之一；千年古延陵台，传说是延陵季札葬子处；万佛殿，仿照北京天坛祈年殿建造。

二、公共服务信息

景区地址：山东省庆云县城区中心街北首

联系电话： 0534-3869699

景区网址： http://www.hdjinshansi.cn

公共邮箱： haidaojinshansi@163.com

景区门票： 景区当前不收取门票。

最佳旅游时间： 四季皆宜。

营业时间： 8：30~17：30。

停车服务： 景区当前建有东门停车场、西门停车场 2 处，分别位于景区东入口北侧和西入口北侧。东门停车场可容纳小型轿车 160 辆，西门停车可容纳小型轿车 350 辆。收费标准：小型车、中型车 5 元 / 车·天；大型客车（10 座以上）7 元 / 车·天；摩托车、三轮车等 2 元 / 车·天；军车、警车等免费。

三、景区导览

四、交通到达

（1）济南遥墙国际机场至景区路线：

①从遥墙国际机场向北朝机场高速/济南方向，进入机场高速向南行驶约4公里；

②朝北京/石家庄方向，靠右进入机场枢纽立交；

③朝北京/石家庄方向，靠右进入绕城高速公路行驶12公里；

④靠右进入京沪高速（G2）公路，朝滨州/德州/S12方向，行驶95公里；

⑤朝乐陵/滨州/S12方向靠右进入滨德高速公路（S12）行驶约28公里；

⑥从庆云/惠民/S246出口离开，靠右进入庆云立交，左转直行进入S246（祥云大道）进入庆云县城；

⑦后沿中心街向北直行到达海岛金山寺景区。驾车2个半小时左右。

（2）德州高铁站至景区路线：

①出德州高铁东站后向西直行右转进入崇德十大道；

②沿崇德十大道向北，行驶约5.8公里，右转进入经六路；

③沿经六路向北，行驶约1.1公里，直行进入德州东区立交匝道；

④直行进入滨德高速公路行驶约89.8公里，靠右进入庆云立交；

⑤沿庆云立交行驶876米，右前转直行进入S246（祥云大道）；

⑥沿 S246 向西北行驶，直行进入庆云城区商城大街；

⑦沿商城大街向北直行，在渤海路路口左转进入渤海路；

⑧沿渤海路向西行驶，在中心街路口右转进入中心街；

⑨沿中心街向北直行 3 公里即到海岛金山寺景区东门。

（3）沧州高铁西站至庆云路线：

①出站向东北方向进入北京路，沿北京路东行驶 4 公里右转进入迎宾南大道；

②靠右沿迎宾南大道朝 G1811 方向南行 5 公里；

③行驶 900 米，朝黄骅港 / 津汕高速方向，靠左进入黄石高速公路；

④从沧州 / 盐山 / 孟村 /S283 出口离开靠右离开黄石高速；

⑤沿 S283 朝盐山方向行驶 30 公里左右到达盐山县城；

⑥在盐山县城东南转入国道 205；

⑦沿国道 205，行驶约 25.1 公里，直行进入庆云大桥（河北山东界桥）；

⑧进入山东境内继续沿国道 205，行驶约 5 公里，到达庆云县北环路道口；

⑨右转向西 800 米，到达海岛金山寺景区。

五、住宿服务

祥云国际酒店

地址：山东省德州市庆云县城北祥云路

电话：0534-3780888

庆云宾馆

地址：山东省德州市庆云县城区中心位置，紧邻县委县政府

大楼

电话：0534-3666777

金山宾馆

地址：山东省德州市庆云县海岛金山寺景区金山南街

14 号

电话：0534-3280558

水立方

地址：山东省德州市庆云县渤海路与中心街丁字口北侧

电话：0534-3769999

永兴大酒店

地址：山东省德州市庆云县城中心街

电话：0534-3326888

六、餐饮服务

齐居士素食馆

地址：山东省德州市海岛金山寺景区金山南街 15 号

电话：18053447811

碧丽缘禅茶苑

地址：山东省德州市海岛金山寺景区仿古南街 14 号

电话：0534-3280558

七、活动体验

（1）金山庙会。

（2）传统文化夏令营活动。

八、购物指南

当地特产主要有尚堂扒鸡、庆云特产大叶香菜、金丝小枣。

九、周边可供游客关联消费的旅游项目

庆云宫：庆云宫位于海岛金山寺景区东南 10 公里处，从海岛金山寺景区向东进入 205 国道，沿 205 国道向东南直行即到。

黄河故道森林公园

一、景区简介

　　黄河故道森林公园面积 12 万亩，东西宽 7 公里，南北长 18 公里，森林覆盖率高达 61.8%。园内沙丘绵亘，树木蓁茂，连绵长达十余里。林木资源丰富，有 55 科 117 属 210 种。梨、杏、桃、枣、椹、苹果、柿子、山楂等经济林木遍布全园，素有"小杂果之乡"的美誉。公园内古树名木群立，又可称之为"北方落叶果木博物馆"。该公园分为颐寿园、杏坞园、游乐园、香雪园景区。先后被评为国家级森林公园、国家级水利风景区、全国休闲农业与乡村旅游示范点、国际生态安全旅游示范基地、中国重要农业文化遗产、入选"黄河文明"国家旅游线路。

黄河母亲

二、公共服务信息

景区地址：山东省德州市夏津生态旅游区

联系电话：0534-3638109

景区网址：www.lvyouxiajin.com

公共邮箱：ly3211266@163.com

景区门票：30元/人（旺季）；20元/人（淡季）。10人以上打8折；1.1米以下儿童免费、1.1~1.4米享有半价优惠；60岁及以上老年人凭身份证或老年优待证免门票；持导游证、军官证、残疾证、记者证免门票。

营业时间：淡季：8：30~17：00；旺季：8：00~18：00。

最佳旅游时间：3月、5月19日~6月20日、9月。

停车服务：景区专设停车位5000个，为游客提供免费停车服务。

三、景区导览

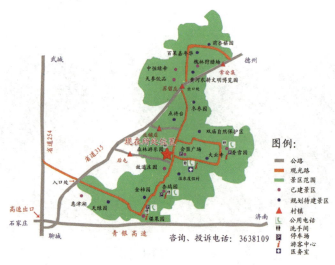

四、交通到达

1. 外部交通

从青银高速夏津出口向北方向行驶 1.5 公里左右即到，或从省道 315 至苏留庄镇（北入口）、夏津水库（南入口）。

2. 内部 / 附近交通

景区内部有景区观光车，各景区间 10~15 分钟就可以到达。观光车、自驾车可以到达周边主要商业和住宿设施。

五、住宿服务

德百温泉度假村

地址：景区内

电话：0534-3601888

六、餐饮服务

德百温泉度假村

地址：景区内

电话：0534-3601888

正宗肉饼奉来酒楼

地址：位于后屯村

电话：13355447967

故道食府

地址：位于后屯村

电话：15953783226

七、活动体验

（1）梨花节，4月8日~4月20日。

（2）椹果生态文化节，5月19日~6月29日。

（3）温泉冲浪节，5月1日~9月30日。

（4）金梨采摘节，9月12日~10月12日。

八、购物指南

当地特产有椹叶茶、椹果酒、椹果干、东方紫酒、香油、麻汁。

九、周边可供游客关联消费的旅游项目

周边景区主要有德百温泉度假村、大云寺、游乐园。

泉城海洋极地世界

一、景区简介

　　泉城海洋极地世界是国际一流、世界规模最大的室内馆，拥有热带雨林、海龟岛、鲨鱼湾、海底隧道、极地馆、4D 影院等 10 多个展区，这里汇集了北极熊、北极狐、白鲸、海豚、海狮、海豹等来自世界各地的近千种海洋生物、珍稀鱼类，是一个集观赏性、娱乐性、趣味性和反映海洋文化、海洋科技为一体的综合性展馆。2012 年被评为国家 AAAA 级旅游景区，先后荣获"休闲山东最具活力的主题乐园"第一名，2014 好客山东最佳主题旅游景区等多项荣誉称号，并被授予"山东省科普教育基地"、"山东省旅游人才培训基地"。

二、公共服务信息

景区地址： 山东省齐河县黄河国际生态城旅游路 8 号

旅游热线： 0531-85506999　0531-85507788

景区网址： Http：//www.baxian.cn

公共邮箱： qchyjdsj@sina.com

景区门票： 本馆实行一票制，整票价格为 160 元 / 人。符合以下条件可购买优惠票 100 元 / 人：

（1）身高 1.2~1.4 米的儿童。

（2）65 周岁以上的老年人持本人的老年证或身份证。

（3）现役军人持本人的军官证或士兵证。

（4）持全票的成人可免费带领一名 1.2 米以下的儿童，多带儿童一名需补票 60 元。

停车服务：景区的自配停车场面积为 9 万平方米，设置 3200 个停车位。7 座以下车辆 5 元／天，7 座以上车辆 10 元／天，15 分钟之内停车免费。五一、十一假期全部停车免费。

三、景区导览

四、交通到达

（1）本馆距济南市区仅有 20 分钟的车程，各位游客可以到济南客运中心（位于天桥区堤口路 75 号，天桥区政府西邻，堤口路大润发东斜对面）乘直达班车抵达。

（2）济南自驾车最佳路线：上顺河高架桥，过济南北收费站，向北京泰安聊城方向西行，至二环北路、二环西路下口出天桥收费站，进二环西路北行，过济南建邦黄河大桥后西行6分钟即到。

（3）鲁中地区最佳自驾车路线：上济青高速西行，至济南零点，沿泰安聊城方向直行，不要拐弯，直到二环北路、二环西路下口下天桥收费站，进二环西路北行，过济南建邦黄河大桥后西行6分钟即到。

（4）鲁西地区最佳自驾车路线：由聊城上济聊高速在齐河高速口下，向南转309国道10分钟即到。

（5）鲁北地区最佳自驾车路线：由德州上京福高速转济青高速，至二环北路、二环西路下口出天桥收费站，进二环西路北行，过济南建邦黄河大桥后西行6分钟即到。

（6）鲁南地区最佳自驾车路线：上京福高速，转济青高速，至二环北路、二环西路下口出天桥收费站，进二环西路北行，过济南建邦黄河大桥后西行6分钟即到。

五、住宿服务

欧乐堡温泉商务酒店

地址：泉城欧乐堡梦幻世界西侧

电话：0531-85507227

欧乐堡温泉主题酒店

地址：泉城欧乐堡梦幻世界东侧

电话：0531-85507227

六、餐饮服务

欧乐堡温泉商务酒店

地址：泉城欧乐堡梦幻世界西侧

电话：0531-85507227

欧乐堡温泉主题酒店

地址：泉城欧乐堡梦幻世界东侧

电话：0531-85507227

德州扒鸡美食城

地址：泉城海洋极地世界东侧

电话：0531-85507227

德克士

地址：欧乐堡西侧

电话：0531-85507227

七、购物指南

景区有大型购物场1处，设置在出口处，在游客游览沿途有30余处销售海洋纪念品、小吃、照相摄像等商点，设计时便与场馆融为一体，与景区的整体氛围协调，不妨碍游客的游览参观，无明显影响景观效果的广告。

八、周边可供游客关联消费的旅游项目

泉城欧乐堡梦幻世界景区。

定慧寺旅游景区

一、景区简介

定慧寺是齐河县历史最久、规模最大、构筑最为壮丽的古代建筑，与长清灵岩寺并称"姊妹寺"。原寺在 1975 年国家修建黄河北展滞洪区时拆除，为弘扬中华民族传统

定慧寺鸟瞰效果图

文化，恢复历史古迹，发展旅游事业，同时满足信教群众开展宗教活动的需求，2008 年省宗教局批准重建定慧寺景区。现定慧寺景区坐落于齐河县黄河国际生态城旅游路东首，建设有大雄宝殿、天王殿、观音像、地藏殿、钟鼓楼、东西寮房、念佛堂、四合院、综合楼、大斋堂和办公楼，以及寺院广场、金水桥、九龙壁、大牌坊、地宫等建筑。

二、公共服务信息

景区地址：山东省齐河县黄河国际生态城旅游路东首

联系电话： 0534-5397766

传真： 0534-5397565

公共邮箱： amtfdhs@163.com

景区门票： 门票免费。

营业时间： 旺季（4月1日~10月31日）：7：30~18：30；淡季（11月1日~3月31日）：8：30~17：30。

停车服务： 停车场位于大牌坊两侧，面积为5000平方米，能停放200余车辆。有专人维持停车秩序，免费。

三、景区导览

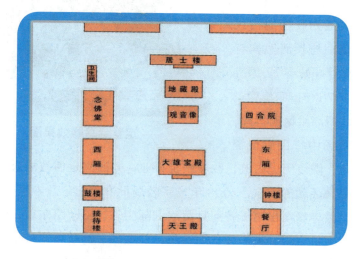

四、交通到达

1. 外部交通

景区紧邻309国道，有K906公交路过景区，距济南市区仅有20分钟的车程。

济南自驾车最佳路线：上顺河高架桥，过济南北收费站，向北京泰安聊城方向西行，至二环北路、二环西路出天桥收费站，进二环西路北行，过济南建邦黄河大桥后顺 309 国道西行 6 分钟即到。

鲁中地区最佳自驾车路线：上济青高速西行，至济南零点，沿泰安聊城方向直行，不要拐弯，直到二环北路、二环西路下口下天桥收费站，进二环西路北行，过济南建邦黄河大桥后西行 6 分钟即到。

鲁西地区最佳自驾车路线：由聊城上济聊高速在齐河南高速口下，向南转旅游路 8 分钟即到。

鲁北地区最佳自驾车路线：由德州上京台高速转济聊高速，在齐河南高速口下，向南转旅游路 8 分钟即到。

鲁南地区最佳自驾车路线：上京台高速，转济青高速，至二环北路、二环西路下口出天桥收费站，进二环西路北行，过济南建邦黄河大桥后西行 6 分钟即到。

2. 内部交通

景区内部的游览路线布置合理，将游客入口和游客出口分开，有效避免了因游客进出产生的拥堵现象，景区内采用环线线路，有景物介绍牌方便游客参观游览，让游客在有限的空间里拥有更多的游览体验。

五、住宿服务

接待楼

地址：位于定慧寺地藏殿北面

电话：0534-5397766

六、餐饮服务

定慧寺斋堂对游客开放，中午 11 时、下午 17 时是进餐时间，每位客人收费 10 元，斋堂能容纳 200 人同时进餐。餐饮是素食斋饭，非常有特色。

七、购物指南

景区有购物场 1 处，设置在天王殿东面，建筑造型与景观环境相协调，内有佛像、佛珠、檀香、书籍等佛教特色物品 100 多种供游客选购。

八、周边可供游客关联消费的旅游项目

定慧寺景区西北一公里有国家ＡＡＡＡ级景区泉城欧乐堡梦幻世界、泉城海洋极地世界。

碧霞湖风景区

一、景区简介

乐陵碧霞湖水库占地5000亩，库容1880万立方米，为城乡居民提供安全饮水和工业用水水源地。风景区建有碧霞湖公园一处，有入口文化广场、

碧霞湖

五龙柱、荷塘、垂钓园、游泳池等景点。2009年，为进一步丰富库区内容，开发建成六园、三区、两带。关于碧霞湖的由来，曾有传说，碧霞元君儿时曾在此地碧池洗衣浣纱、游水嬉戏，这里曾留下她许多的欢声笑语。某年大旱，碧池水干见底，碧霞元君降甘露于此池，池水清澈甘醇，润泽四方。

二、公共服务信息

景区地址： 山东省乐陵市杨安镇水库

联系电话： 0534-2117929

景区网址：www.lllyj.com

公共邮箱：llsswjbgs@126.com

景区门票：景区分淡旺季，淡季（11月～次年3月）门票免费；旺季（4~10月）门票20元/人。1.2米以下儿童免票。

停车服务：景区设有两处停车场，分别位于文化广场和游泳池，共100余车位，免费。

三、景区导览

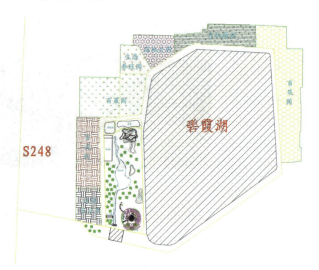

四、交通到达

1.外部交通

（1）自济南出发到商河后沿248省道，向南行驶5公里至杨安镇水库即到。

（2）自德滨高速乐陵出口右拐至248省道，向南行驶5公里至杨安镇水库即到。

2. 内部交通

（1）自长途客运站乘坐 2 路公交车到杨安镇水库下车或乘坐出租车（2 公里内 5 元，每超 1 公里加 1 元），行程约 20 分钟。

（2）距离市区约 12 公里，距镇政府 1 公里，可乘车至市中心或就近住宿。

五、住宿服务

汇都大酒店

地址：山东省乐陵市市政府对面

电话：0534-6291626

六、餐饮服务

金鑫宾馆

地址：山东省乐陵市中心地带

电话：0534-6321247

鼎盛客火锅乐陵分店

电话：18853463188

七、活动体验

每年 5~9 月是景区旅游旺季，每年在此举办赏花踏青游、党员廉政教育、乐陵人游乐陵等活动。

八、购物指南

当地特产有金丝小枣、杨安镇调味品。

九、周边可供游客关联消费的旅游项目

周边景区主要有乐陵碧霞元君故居、杨安镇调味品产业新城、魏王城遗址。

碧霞元君故居

一、景区简介

　　碧霞元君故居位于乐陵花园镇王母殿村，初建于北宋真宗时期，是泰山奶奶生活过的地方，有近千年的历史文化孕育其中，历代帝王将相，文人墨客，竞相谒拜，被誉为民族文化之缩影。相传，清乾隆皇帝三下江南，路经乐陵至此，曾挥笔写下"泰山奶奶之神地"的金牌匾。景区每年正月初一至十五、三月三期间都会举行大型庙会和祭祀活动，现已成为乐陵及周边地区著名的祈福胜地和古文化旅游景区。

二、公共服务信息

景区地址：山东省乐陵市花园镇王母殿村

联系电话：0534-6721339

景区网址：http://blog.sina.com.cn/bixiayuanjunguju

公共邮箱： hyzzfbgs@163.com

景区门票： 门票不分淡旺季，20元/人。1.2米以下儿童免票。

停车服务： 景区设有1处停车场，位于景区前广场，有近200个车位，免费。

三、景区导览

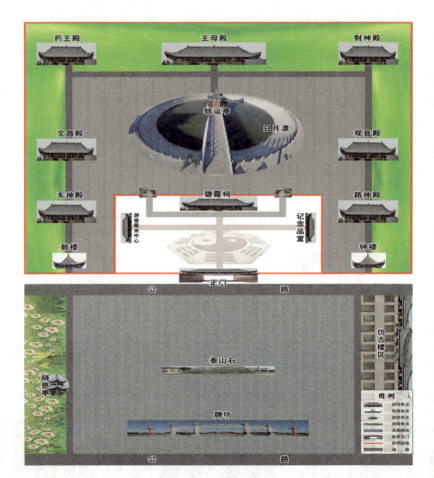

四、交通信息

自驾车：

从德滨高速乐陵出口向北行驶至 248 省道，沿 248 向东行驶 2 公里，地阜胜东路口南转至 247 省道，沿 247（魏王城路）过杨桥向南行驶 5.4 公里即到。

公交车：

（1）自长途客运站乘坐市内 8 路公交车可直达景区，或乘坐出租车（2 公里内 5 元，每超 1 公里加 1 元），行程为 30 分钟。

（2）景区距离市区约 20 公里，可乘 8 路公交车或出租车至市中心。

五、住宿服务

汇都大酒店

地址：山东省乐陵市市政府

电话：0534-6291626

金鑫宾馆

地址：山东省乐陵市中心地带

电话：0534-6321247

六、餐饮服务

思子李村洪运酒店

电话：13455393288

仙泉咖啡

电话：0534-2115566

鼎盛客火锅乐陵分店

电话：18853463188

七、活动体验

景区每年正月初一至十五、三月三期间都会举办庙会，期间组织各类文艺演出和群众民俗表演，邀请曲艺队等助兴演出，还有扭秧歌、划旱船、舞龙狮、民间杂耍等民俗表演，各地村民都纷纷来逛庙会、赶大集，非常热闹。

八、购物指南

当地特产有金丝小枣、刘武官豆腐皮、旅游纪念品。

九、周边可供游客关联消费的旅游项目

周边景区主要有碧霞湖风景区、魏王城旧址、前刘村采摘园（鑫民果蔬合作社）。

宁津县文化艺术中心

一、景区简介

宁津县文化艺术中心集参观接待、会务组织、对外交流、文化服务、文化旅游于一体，内部设置宁津展览馆、党建展览馆、廉政教育基地、诚信宁津展览馆、城市规划展览馆、蟋蟀文博馆、非物质文化遗产展览馆等多个功能区间，特色明显，亮点突出。其中，蟋蟀文博馆是全国乃至全世界唯一一个以蟋蟀为主题的文博馆。现在已成功入选世界吉尼斯纪录。2013 年 1 月获评国家 AAA 级旅游景区。此外，文化艺术中心还荣获市级青年文明号、市级花园式单位、宁津县青少年主题教育基地、德州市爱国主义教育基地等称号。

二、公共服务信息

景区地址：山东省德州市宁津县阳光大街中段南侧

联系电话：0534-5239060

公共邮箱：whyszx@163.com

景区网址：www.sdnjwhys.com

景区门票：景区无门票，适合全年参观游览。

停车服务：景区停车场位于文化艺术中心景区广场，可容纳近500辆车免费停车。

三、景区导览

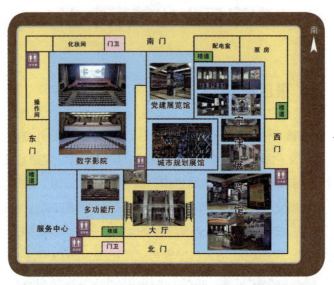

四、交通到达

（1）从德滨高速宁津路口下车，经宁津正阳路、阳光大街中段可到达宁津县文化艺术中心。

（2）从宁津县汽车站乘坐出租车到宁津县文化艺术中心6元；从宁津县文化艺术中心乘车至宁津华府国际酒店约2分钟，至宁津县盐百购物中心约3分钟。

五、住宿及餐饮服务

宁津县华府国际大酒店

地址：山东省德州市宁津县文化艺术中心西约100米

电话：0534-5899999

六、活动体验

位于宁津县文化艺术中心四楼的健身中心配备有各种健身器材、动感单车、有氧固定单车、椭圆机、跑步机，还配有乒乓球、台球，是集娱乐、健身为一体的活动场所。

蟋蟀文博馆举办斗蟋比赛。

七、购物指南

当地特产有保店驴肉、山花剪纸、蟋蟀罐。

古贝春工业旅游园区

一、景区简介

古贝春工业旅游园最主要的景点有古贝春文化长廊、酒仙山、诗酒大道、古贝春酒文化馆、古贝春湖公园、体育场、绿化带、果木园林等，其中古贝春酒文化馆是山东省白酒企业中唯一一家酒文化场馆。2007年，古贝春集团被评为"省级工业旅游示范点"，2008年，古贝春集团被评为"全国工业旅游示范点"，2013年获评"国家AAA级景区"，2014年古贝春集团被评为"2014年度旅游先进企业"。

二、公共服务信息

景区地址：山东省德州市武城古贝春大街西首

旅游热线：0534-6218933　0534-6216546

景区网址：http：//www.gubeichun.com

景区门票：10元/人。符合以下条件可购买优惠票5元/人：

（1）身高在 1.2~1.5 米的儿童；（2）65 周岁以上的老年人持本人的老年证或身份证；（3）现役军人持本人的军官证或士兵证。1.2 米以下的儿童在大人的带领下可免费。

最佳旅游时间： 4 月初 ~10 月底。

停车服务： 景区专设停车场 1 处，位于古贝春酒文化馆前，最大容量为旅游大巴 15 辆，不收取停车费用。

三、交通到达

1.外部交通

青银高速→夏津出口下高速→沿德商路北行→武城汽车站左行→沿古贝春大街西行 2 公里右侧→古贝春集团院内。

2.内部交通

景区内部的游览路线布置合理，将游客入口和游客出口分开，有效避免了因游客进出产生的拥堵现象。景区内采用环线线路，让游客在有限的空间里拥有更多的游览体验。

四、住宿服务

古贝春公司宾馆

地址：山东省德州市新开发区东南部

电话：0534-6218933

五、餐饮服务

大财运酒楼

电话：0534-6216546

六、活动体验

公司每年下半年举办古贝春酒文化节，具体活动包括文艺演出、商务洽谈、品酒体验等。

七、购物指南

景区内各购物场所为游客提供各类工业旅游纪念酒、原浆酒等。

八、周边可供游客关联消费的旅游项目

（1）金水湾生态园。

地址：山东省淄博市武城县武城镇马良庄村

电话：0534-2562862

（2）四女寺风景区。

地址：山东省淄博市武城县四女寺镇四女寺村

电话：0534-6597966

四女寺风景区

一、景区简介

四女寺风景区坐落于中国孝德文化之乡——四女寺镇，是武城县重点文化旅游项目，占地1177亩。景区按照"以史为根、以文为魂、以河为脉、以湖为韵、以树为景、以孝为先"的设计理念，复建四女祠、佛光寺等人文景观，形成以运河文化、礼孝文化和佛教文化为主要特色的综合性主题景区。四女寺风景区于2014年1月正式对外开放，被评为国家AAA级景区和德州市爱国主义教育基地。

二、公共服务信息

景区地址：山东省德州市武城县四女寺镇四女寺村

旅游热线：0534-6597966

公共邮箱：snszzf@163.com

景区门票：免费。

停车服务：景区的自配停车场面积约为 10000 平方米，地面为生态绿化停车面；停车场分为三个大型分区。

三、景区导览

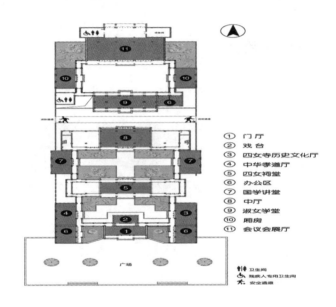

① 门厅
② 戏台
③ 四女寺历史文化厅
④ 中华孝道厅
⑤ 四女祠堂
⑥ 办公区
⑦ 国学讲堂
⑧ 中厅
⑨ 淑女学堂
⑩ 厢房
⑪ 会议会展厅

四、交通到达

1.外部交通

四女寺风景区的主要依托城市为济南、德州、武城，直达机场距景区距离为 100 公里，距济南遥墙国际机场 100 公里，距京沪高速公路出入口只有 6 公里。景区距 105 国道只有 10 分钟路程；距德州市火车站也只有 20 分钟的车程。四女寺风景区公交车每半小时一趟，直达德州火车站。

2. 内部交通

景区内部的游览路线布置合理，将游客入口和游客出口分开，有效避免了因游客进出产生的拥堵现象，景区内采用环线线路，让游客在有限的空间里拥有更多的游览体验。

五、住宿及餐饮服务

景区有四女寺饭店、四女寺四海聚饭店、穆斯林饭庄等特色饭店。

六、活动体验

（1）景区孝德讲堂每周举办孝德文化讲堂活动。
（2）举办重阳节庙会、中华母亲节等各种大型节庆活动。

七、购物指南

景区内各购物场所为游客提供各类旅游纪念品等，经营秩序良好。

八、周边可供游客关联消费的旅游项目

经孝女路连接国家 AA 级风景区——千亩湿地。

槐林生物园

一、景区简介

槐林生物园形成于清末，现在仍处于原生态，没有任何人工雕琢的痕迹。槐林西临孙贺拐，北靠北官庄，经过近百年的沧桑，园内主要树种为刺槐，间有龙柏、松树、杨树，属于落叶阔叶景观林；主要动物有白玉鸟、喜鹊、白头翁、猫头鹰、啄木鸟、百灵鸟、画眉、杜鹃、八哥、黄雀、刺猬、蛇、兔、野鸡等鸟兽达48种，其中白玉鸟作为夏津特种鸟类，只能在夏津生存。郁郁葱葱的槐林漫无边际，宁静中的温馨与浪漫铺天盖地，实现了动与静的完美结合，是旅游和度假的"自然空调区"。

二、公共服务信息

景区地址：山东省德州市夏津县苏留庄镇孙贺拐村

联系电话：0534-3638109

景区网址：www.lvyouxiajin.com

公共邮箱：ly3211266@163.com

景区门票：20元/人。10人以上8折优惠；1.1米以下儿童免费，1.1~1.4米儿童享有半价优惠；60岁及以上老年人凭身份证或老年优待证免门票；持导游证、军官证、残疾证、记者证免门票。

营业时间：淡季：8：30~17：00；旺季：8：00~18：00。

最佳游览时间：4~5月。

停车服务：景区设有 80 个停车位，位于景区门口，免费。

三、交通到达

1. 外部交通

青银高速→夏津 / 武城出口离开→右转进入 S254 →沿 S254 行驶 1.9 公里，右转→行驶 2.2 公里左转进入 S315 →沿 S315 行驶 12.3 公里，过加油站约 250 米，向左转→行驶 1 公里，到达终点。

2. 内部交通

景区配有旅游观光车，方便游客游览。

四、住宿及餐饮服务

德百温泉度假村

地址：生态旅游区内

电话：0534-3601888

正宗肉饼奉来酒楼

地址：位于后屯村

电话：13355447967

故道食府

地址：位于后屯村

电话：15953783226

五、活动体验

槐花节：5 月 1~20 日。

六、购物指南

本地特产有椹叶茶、椹果酒、椹果干、东方紫酒、香油、麻汁。

七、周边可供游客关联消费的旅游项目

周边景点有德百温泉度假村、大云寺、中恒葡萄园。旅游项目：狩猎。

泰 安 市

山东省 A 级旅游景区
自由行手册

泰山景区

一、景区简介

东泰山古称"岱宗"、"岱山"，世称"东岳"，为"五岳之首"、"五岳独尊"，位于山东省中部，总面积426平方公里，主峰玉皇顶海拔高度1545米。泰山以其有容乃大的气魄将历史文化、自然景观、地质地貌完美和谐地融合在一起，被誉为中国历史文化的缩影、中华民族精神的象征。

1982年，泰山被国务院公布为第一批国家重点风景名胜区；1987年，泰山被联合国教科文组织列为首例世界文化与自然双遗产；2006年泰山被联合国教科文组织

泰山十八盘

评为世界地质公园，成为世界文化、自然、地质三重遗产。泰山是首批全国文明风景旅游区、首批国家5A级旅游景区、首批国家级非物质文化遗产、首座中国书法名山、中国最美的十大名山、中国民间文化遗产旅游示范区榜首、中国旅游行业十大影响力品牌、中国青年喜爱的旅游目的地、欧洲人最喜爱的中国十大景区等一系列高含金量品牌；连续两届排名"中华100大人文与生态名山口碑金榜"首位，荣膺"中华国山"特别美誉。

大观峰

二、公共服务信息

景区地址：红门入口位于红门路北首，天外村入口位于龙潭路北首，桃花峪入口位于桃花峪游览路东首。

联系电话：0538-5369666

景区网址：http://www.mount-tai.com.cn/

公共邮箱：tsbgs@163.com

景区门票：

景点	票价	开放时间	说明
泰山门票	旺季：125 元／人 淡季：100 元／人	全天	1. 每年 2 月 1 日至 11 月 30 日执行旺季价格，12 月 1 日至次年 1 月 31 日执行淡季价格； 2. 对学生、60 岁以上老年人凭证享受旺季、淡季价格半价优惠； 3. 对现役军人、革命伤残军人、军队离退休干部、残疾人、儿童（1.2 米以下）、70 岁以上老年人凭有效证件实行免费进山； 4. 对教师、省部级以上劳模、英模、道德模范享受门票优惠，旺季每人 100 元，淡季每人 80 元； 5. 特殊日期（每年农历正月初二、三月三、九月九）对 60 岁以上老年人免费进山。

续表

景点	票价	开放时间	说明
桃花峪彩石溪半山游	50 元 / 人	8：00~17：00	有特殊情况不能按时开放的，请以售票点通知为准
天外村至中天门旅游车	上山：30 元 / 人 下山：30 元 / 人	全天	临时有特殊情况不能通车的，请以售票点通知为准
桃花峪至桃花源旅游车	上山：30 元 / 人 下山：30 元 / 人	旺季：7：30~17：30 淡季：8：30~17：00	临时有特殊情况不能通车的，请以售票点通知为准
中天门索道	单程：100 元 / 人	中天门索道： 4 月 1 日至 10 月 31 日： 7：00~17：30 11 月 1 日至次年 3 月 31 日： 8：00~17：00 桃花源索道： 4 月 1 日至 10 月 31 日： 8：00~17：00 11 月 1 日至次年 3 月 31 日： 9：00~16：00	1. 儿童满 1.2 米需购买成人票； 2. 索道单程运行时间 8~15 分钟； 3. 重大节日将视游客量适当延长营业时间； 4. 遇大风、雷电天气或检修时将暂时停运； 5. 如有团队预约，请提前电话联系各索道站； 6. 咨询电话：中天门：0538-8222606；桃花源：0538-8330763；后石坞：0538-8330765
桃花源索道			
后石坞索道	单行：20 元 / 人	4 月 1 日至 10 月 31 日 8：30~16：00 11 月 1 日至次年 3 月 31 日 冬季防火期，不运营	
岱庙	30 元 / 人	8：00~17：00	有特殊情况不能按时开放的，请以售票点通知为准

停车服务：

（1）桃花峪生态停车场：位于泰山桃花峪游人中心，面积72亩，可同时停放598部轿车、138部大巴车，满足每日6000人进山规模，高峰时段可满足每小时1500人进山规模。轿车每小时5元、每天40元，大巴车每小时7元、每天70元。

（2）天外村停车场：位于泰山天外村进山路，可容纳200部轿车、60部大巴车。轿车每小时5元、每天40元，大巴车每小时7元、每天70元。

（3）红门停车场：位于泰山红门进山路口，可容纳200部轿车、90部大巴车。轿车每小时5元、每天40元，大巴车每小时7元、每天70元。

（4）天烛峰停车场：位于泰山天烛峰进山路口，可容纳100部轿车、30部大巴车，停车免费。

泰山姊妹松

三、景区导览

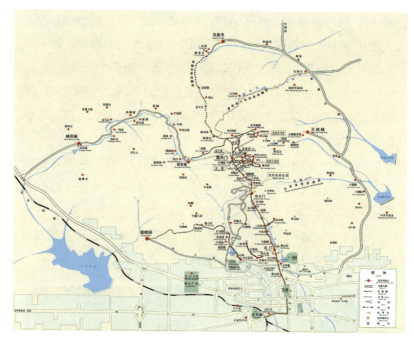

四、交通到达

1.高速到达

（1）泰安东→红门：如果您选择在泰安东出口下高速，经过一段泰莱高速到达小井转盘，直走沿迎暄大街向西行驶到达温泉路口，沿温泉路北行至岱宗大街路口，再沿岱宗大街西行至红门路口，沿红门路北行即可到达红门停车场。您可将您的爱车停放在此，您徒步登山即可。

泰安东→天外村：如果您选择在泰安东出口下高速，经过一段泰莱高速到达小井转盘，直走沿迎暄大街向西行驶到达温泉路口，沿温泉路北行至岱宗大街路口，再沿岱宗大街西行至红门路口，沿红门路北行即可到达红门停车场。到达红门路北端后向西沿环山路直行，即可到达天外村停车场，您可将您的爱车停放在此，乘坐我们的游览大巴上山。

泰安东→桃花峪：如果您选择在泰安东出口下高速，经过一段泰莱高速到达小井转盘，直走沿迎暄大街向西直走，再接至104国道一直西行，您可以看到向北的桃花峪景区指示牌，依指示牌北行即可。

（2）泰安西→天外村：如果您选择在泰安西出口下高速，可沿泰山大街向东直行至迎胜南路，沿迎胜南路北行右转沿迎胜东路东行至龙潭路口，然后北行，沿龙潭路北行至天外村广场。

泰安西→红门：如果您选择在泰安西出口下高速，可沿泰山大街向东直行至迎胜南路，沿迎胜南路北行右转沿迎胜东路东行至龙潭路口，然后北行，沿龙潭路北行至天外村广场，到达天外村广场后，沿环山路东行即可到达红门停车场。

泰安西→桃花峪：如果您选择在泰安西出口下高速，沿泰山大街东行至大河路立交桥，上大河路北行至104国道，然后沿104国道西行即可看到往北的桃花峪的指示牌，按照指示牌行驶即可。

（3）泰安南→红门：如果您选择从泰安南出口下高速，可沿104国道东行至东岳大街继续东行至望山宾馆路口，沿迎胜南路北行至迎胜东路，沿迎胜东路东行至龙潭路口，沿龙潭路北行至天外村广场，然后走环山路，东行至红门停车场。

泰安南→天外村：如果您选择从泰安南出口下高速，可沿104国道东行至东岳大街继续东行至望山宾馆路口，沿迎胜南路北行至迎胜东路，沿迎胜东路东行至龙潭路口，沿龙潭路北行至天外村广场。

　　泰安南→桃花峪：如果您选择从泰安南出口下高速，可沿104 国道东行即可看到路北的桃花峪景区的指示牌，按照指示牌行驶即可。

　　2. 机场到达

　　出济南遥墙机场沿机场高速进京福高速泰安方向，泰安西下高速，以下同上面泰安西导向。

　　3. 内部交通

　　旅游中巴车：天外村→中天门、桃花峪→桃花源，上下山单程价格 30 元 / 人，单程约 30 分钟。

　　索道：中天门→南天门，单程 8~15 分钟；桃花源→北天门，单程 12~25 分钟；价格单程 100 元 / 人。

五、活动体验

1. "泰山冠军"中国泰山登山系列大奖赛

　　泰山冠军登山系列大奖赛脱胎于泰山国际登山节，是针对全民健身市场策划的系列登山活动。经过 6 年的摸索和实践，泰山冠军登山系列大奖赛已经从早期的政府投入向市场化、产业化运作转变。为与国际赛事接轨，重新策划推出了"环泰山超级马拉松赛"，邀请国际知名运动员参赛，泰山冠军登山大奖赛的知名度逐年扩大。为开拓国内登山健身游市场和韩国专业登山市场起到了巨大的推动作用。

　　时间：企业专场根据团队游客需求随时进行；

　　地点：协商确定；

　　收费：按泰山门票价格收费。

2. 中华泰山成人礼仪式

中华泰山成人礼仪式面对的是国内庞大的修学游市场，通过深入挖掘泰山历史文化，利用泰山文化中积极有益的因素，引导青年人树立正确的人生观、价值观，明确成人的社会责任和义务，丰富泰山旅游产品内涵，提升泰山旅游竞争力。相继设计完善了多条成人礼线路和仪式程序，制作了成人礼礼服、宣传片、成人礼之歌、成人礼 logo，并开发推出了泰山玉成人印章、相册、T 恤衫、平安挂件等富有泰山特色的成人礼特色纪念品，联合岱顶的宾馆开发成人礼套餐，联合白马石民俗村举办中华泰山成人礼篝火晚会等，为成人礼的产业化运作奠定了基础。成人礼的运作以与百家高校、百家旅行社合作为突破口，现在每年能吸引来自国内十几个省和港澳台地区的 5000 多人参加，并被共青团中央指定为成人礼仪式加冠基地；目前泰山景区与北京国子监、曲阜共同打造了国内第一条完整的修学游旅游产品，已得到国内多家百强旅行社关注。

时间：根据团队游客需求随时进行；

地点：协商确定；

收费：按泰山门票价格收费。

3. 东岳庙会

泰山东岳庙会以"登泰山 保平安"和"逛东岳庙会 祈平安福贵"为主题，立足于培育和开发国内高速增长的祈福旅游市场。在保留提升传统优势项目的基础上，突出"平安、和谐、纳福"主旋律，相继创新推出了"中韩民俗文化周"、"台湾信众泰山行"等 16 项主题活动。台湾善化东岳殿、屏东东岳殿、宜兰东岳庙等影响力较大的 20 余家台湾寺庙信众连续 5 年在庙会期间来泰山举办朝圣和大型祭祀活动，深化了海峡两岸文化交流合作,为把泰山打造成"海内外第一祈福圣地"注入新元素。

时间:阴历三月十七前后;

地点:岱庙;

收费:30元/人。

4. 祈福旅游

2009年,泰山景区以古老的泰山地方香社培育为突破口,逐渐摸索和完善了景区、香社、旅行社、旅游车队"四位一体"的祈福旅游现场促销模式,畅通营销和泰山祈福旅游通道。2013年,春节期间超过2万人的超大型祈福团到泰山,清明、三月三期间大型团队人数也超过了万人。"迎新春 祈鸿福"祈福道场、"元君庙祈福迎春香会"、"王母池蟠桃会"等精品祈福活动定期举行;"泰山民俗文化传播使者"、"泰山十大香客团"、"泰山十佳香客"等评先活动,推动了泰山民俗文化的传播和祈福游客量的稳定快速增长。祈福旅游促销基本实现半径300公里的"环泰山香客圈"全覆盖,为了对泰山民间香社进行规范管理,2013年,"中华泰山朝香总社"注册成立,将以此为中心进行系统的泰山祈福旅游市场培育和开发工作。

时间:春会扫山(三月初三至三月十五)、夏会驱秽(端午节前后一周)、秋会求果(七月初七前后一周)、冬会祈福(正月初一至正月十五);

地点:泰山;

价格:泰山门票价格。

东 平 湖

一、景区简介

东平湖是国家 AAAA 级景区，是《水浒传》中描述的八百里水泊的唯一遗存水域，也是南水北调东线工程的一个重要枢纽，总面积 627 平方千米，常年水面 209 平方公里，蓄水总量 40 亿立方米。这里青山环绕、绿柳垂岸、碧波荡漾、银鸥翔天，一幅天然优美壮丽的山水画卷，早在唐代即有"小洞庭"之美誉。

二、公共服务信息

景区地址：山东省泰安市东平县西部
营业时间：全天。
景区门票：免费。
最佳旅游时间：5 月初～10 月底。

三、交通到达

济荷高速（东平出口）下→沿贯中大道西行约 10 公里→北行 200 米→西行 1 公里抵达东平湖古镇中心码头。

四、住宿服务

东平水浒度假酒店

地址：山东省泰安市东平县贯中大道西首（水浒影视城东邻）

电话：0538-2857888

五、体验活动

每年 4 月有东平湖油菜花节；每年 7~8 月有东平湖湿地采摘节。

六、周边可供游客关联消费的旅游项目

周边分布着水浒影视城、水浒大寨、世界遗产——戴村坝、100 平方公里国家级湿地公园、东平古城、聚义岛、腊山国家森林公园等众多景区景点，是集文化体验、风情展示、休闲度假、影视拍摄、游客集散于一体的综合性旅游服务区。

水浒影视城

一、景区简介

水浒影视城（ＡＡＡＡ级景区）是86集新版《水浒》拍摄地，以《水浒传》中描述的人物故事为背景，充分展现水浒故里历史风貌和民俗人情，从而为游客活读《水浒传》、体验水浒文化的独特魅力打造平台。水浒影视城已发展成为集文化体验、风情展示、休闲度假、影视拍摄、游客集散于一体的综合性旅游服务区，已发展成为中国水浒文化旅游的新高地和国内最佳影视拍摄地，有"东方好莱坞"的美誉。

二、公共服务信息

景区地址：山东省泰安市东平县贯中大道西首

营业时间：9：00~17：30。

景区门票：60元／人，网络订票48元／人。

最佳旅游时间：全年。

停车服务： 周边停车场分布 3 个免费停车场——影视城正门、北侧、马路对面。

三、交通到达

济荷高速（东平出口）下→沿贯中大道西行约 10 公里抵达东平水浒影视城。

四、住宿服务

东平水浒度假酒店
地址：山东省泰安市东平县贯中大道西首（水浒影视城东邻）
电话：0538-2857888

五、体验活动

春节期间：水浒影视城大庙会、水浒故里闹元宵；3 月：美丽女人节；4 月：油菜花节；5 月：功夫文化节；9 月：中秋园游会；10 月：百艺文化节。

白佛山景区

一、景区简介

白佛山景区位于山东省泰安市东平县东平街道境内，是东平县第二大高山，海拔370多米，面积10平方公里，有2005年被评为国家级文保单位的齐鲁隋代第一佛，是国家AAAA级旅游景区。

因整座山像一尊仰天长笑的弥勒佛，且整座山成黑白色，故称之为"白佛山"。山之阳有齐鲁隋代第一佛——释迦牟尼佛造像、"三教寺"，山西面有大雄宝殿、碧霞元君祠、天仙圣母洞、古戏台，山之巅有玉皇阁、"白云洞"、"黑云洞"等景点。白佛山石窟造像共有大小造像134尊，分为隋窟、唐窟、小唐窟、宋窟和露天造像五个部分。其中隋代开皇七年（587）雕刻的释迦牟尼佛造像，高6.7米，被誉为"齐鲁隋代第一佛"。白佛山是山东省著名的佛教名山。

白佛山原名危山，位于山东省泰安市东平县城西侧，海拔450米，东望东平县城，南望大清河，西望玉皇岭、文相墓山，山上的石刻造像堪国家级文物保护单位。山脉东本"十里长山"之建，千里北山拱卫东平。东北十余处，仿佛玉皇盘踞其上。半岛起黛绕翠，白佛山齐鲁隋代第一佛，从此南望佳州，两地国记鹤隆薰约山口了，模文羽首"碧铁、方"。

二、公共服务信息

景区地址：山东省泰安市东平县东平镇焦村正北边

联系电话：15335380157

公共邮箱：shandongbaifoshan@163.com

景区门票：40 元 / 人（无淡旺季价格）；70 岁以上老人免费。

营业时间：8：00~18：00。

最佳旅游时间：全年适宜。

停车服务：景区专设停车场 4 个，位于景区正门东西两侧和对面，最大容量 1000 辆，计时收费。

三、景区导览

四、交通到达

1. 外部交通

机场：景区距离济南遥墙机场 100 公里。

高速公路：景区离济荷高速公路东平出口 2 公里。

码头：景区距离清河码头 4 公里。

出租车情况：在东平县城乘坐出租车 6 元 / 人。

自驾路线：济菏高速→东平出口下高速→沿贯中大道西行 2 公里到达白佛山景区。从高速下口到景区 5 分钟。

2. 内部交通

白佛山景区游览线路出入口分设，便于游览，利于游客疏散。线路设置形成环线，观赏面积大，有利于游览。景区游步道长 5 公里，设计与环境协调，突出生态特色，具有文化性效果。全程步行约 2 小时。

景区内有酒店和饭店，步行可到达。景区周边 5 公里内有各式商务酒店、精品酒店和特色饭店，步行 20 分钟可达，自驾或乘坐出租车 10 分钟可到达。

五、住宿服务

东平好客快捷酒店

地址：山东省泰安市东平县卜楼小区西门宿昌路路东 49 号（体育馆北侧）

电话：0538-6067456

银座佳驿酒店

地址：山东省泰安市东平县西山路中段（东平汽车站出站口对面）

电话：0538-6066999

东平通瑞商务宾馆

地址：山东省泰安市东平县东原路（东原路与银山路交汇处北 60 米路东）

电话：0538-2556666

东平怡路快捷宾馆

地址：山东省泰安市东平县宿城路北

电话：0538-2897789

泰安翔顺商务宾馆

地址：山东省泰安市东平县东平体育馆向北 518 米路东

电话：0538-6060567

六、餐饮服务

摸错门牛肚王（东平金门店）三星级旅游餐馆

地址：山东省泰安市东平县九鑫花园 A 座

电话：0538-2983666

普尔特色牛排东平店

地址：山东省泰安市东平县 105 国道与银山路交叉口西行 200 米路南

电话：0538-2897866

泰和园生态酒店

地址：山东省泰安市东平县西山路 087 号

电话：0538-2222223

朝夕湘厨

地址：山东省泰安市东平县 105 国道与银山路交叉口西行188 米路南

电话：0538-2890999

惠民酒楼

地址：山东省泰安市东平县 105 国道

电话：0538-2822301

独一处炒鸡店

地址：山东省泰安市东平县银山路

电话：0538-2886677

七、活动体验

1. 白佛山庙会

时间：每年农历二月初二

活动主题：烧香祈福、特色商品展销、民间表演

参与方式：自助游览

收费情况：除门票外不另收费

2. 观音菩萨生日

时间：每年农历六月十九、九月十九

活动主题：烧香祈福、特色商品展销、民间表演

参与方式：自助游览

收费情况：除门票外不另收费

农历六月十九是观音菩萨成道的日子。

农历九月十九是观音菩萨出家的日子。

纪念日当天，人们结伴前往观音殿烧香，顶礼膜拜、进香祈福，纪念观音节日的信徒与广大佛教信众共同举行大型的观音菩萨纪念活动，弘扬佛教的基本理念。

八、购物指南

1. 土特产品类

土特产品深受游客喜爱，主要有麻鸭蛋、松花蛋、东平糟鱼、粥粉、大羊核桃、大羊展家牛肉、彭集肘子、王庄犬肉、沙河站侯家烧鸡、戴庙奚家驴肉、斑鸠店大蒜、酱菜、旧县粉条等。

2. 民俗工艺品类

民俗工艺品引起旅游者的极大兴趣，主要包括捏泥人、莲子彩绘、彩蛋、剪纸、根雕等。

九、周边可供游客关联消费的旅游项目

周边景区主要有泰山、东平湖、泰城（县衙、方特欢乐世界、花样年华、封禅大典）、东平影视城、梁山、郓城、阳谷、东平水浒影视城、汶上宝相寺。

泰山花样年华景区

一、景区简介

泰山花样年华景区是集休闲、观光、体验、娱乐、餐饮、科普于一体的国家 AAAA 级大型文化旅游景区。2008 年被山东省旅游局命名为"省级旅游示范点",成为山东省科普教育基地、北京师范大学、

山东农业大学、泰山学院及山东、江苏、河南、安徽小记者实践基地,成为山东电视台大型连续剧《人来风》拍摄基地,成为《中华旅游沙龙》战略合作伙伴。2010 年被评为"山东省十佳旅游景区",热带风情生态餐厅被评为"山东省十佳餐饮名店";2011 年景区入选"到山东不可不去的 100 个地方"和"泰安新十景"。

二、公共服务信息

景区地址：山东省泰安市泰山区博阳路中段泰山花样年华景区

联系电话：0538-6579999

景区门票：景区门票价格没有淡旺季区别，4个馆全部开放时80元/人，梦幻花都不开放时50元/人。60岁以上老人及学生享受7折优惠，70岁以上老人、1.2米以下儿童、残疾人、现役军官可持有效证件免费入园。

营业时间：8：30~17：00。

最佳旅游时间：春夏秋冬都可以游玩，春天可以踏青赏花，夏天可以戏水纳凉，秋天可以采摘体验，冬天可以体验冰雪南国。

停车服务：景区建设有生态停车场，可容纳500多辆车，免费向游客开放。

三、景区导览

四、交通到达

1.外部交通

泰安汽车站、火车站走灵山大街一直向东，至头过桥洞到泰新路，往东走至博阳路交接左转，向北走至泰山花样年华景区。

2.内部交通

内部一般以步行为主。从游客服务中心至梦幻花都约需20分钟，节假日时有景区游览车，2元/人·次，用时约3分钟。

五、住宿服务

景区到周边商业和住宿设施可乘坐40路、48路公交车出行，所用时间约40分钟。

六、餐饮服务

博阳路两侧餐饮服务商家有金帝豪美食城、红辣椒美食城以及水饺馆、拉面馆、羊汤馆等特色美食。

七、体验活动

泰山花样年华景区航模大赛：每月的倒数第二个星期日举办体验活动，倒数第一个星期日举办比赛活动。

八、购物指南

景区商品中心提供各种冷饮小商品及肥城桃木泰山石等。

九、周边可供游客关联消费的旅游项目

周边有方特欢乐世界、泰山天池、宝泰隆底下大峡谷、泰山温泉城。

泰山温泉城国际文化旅游景区

一、景区简介

　　泰山温泉城按照国家ＡＡＡＡＡ级旅游景区标准精心打造，集温泉养生、休闲度假、商务会议、康体娱乐和生态旅游等多功能于一体，是中国首席山地森林温泉。景区主要建设项目有：山地森林温泉养生区、国际会议接待中心区、温泉度假酒店区、产权式山景温泉别墅区、汽车公寓酒店区、山顶生态体育公园区、石敢当民俗文化风情园区、环湖游艇俱乐部、户外CS拓展训练基地及特色风情商业街中心区、木本粮生态农庄、户外自驾车露天营地、温泉企业会馆及徂徕山红色文化旅游区等。现已建成项目有山地温泉养生区、室内游泳馆、SPA水疗馆、海浪池、通天瀑布池、洞府鱼疗池、七彩儿童池等动感温泉区。

二、公共服务信息

景区地址：山东省泰安市岱岳区徂徕镇泰山温泉城

联系电话：0538-8959888　0538-8959666

景区网址：www.tswqc.com

公共邮箱：1114336305@qq.com

景区门票：198元/人。淡季：5月4日~9月30日，118元/人；旺季10月1日~次年5月3日，138元/人。对学生、60岁以上老人凭证享受旺、淡季价格半价优惠；对现役军人、革命伤残军人、军队离退干部、残疾人、儿童（1.2米以下）、70岁以上老人凭有效证件实行免费进场（需由一名购票监护人或亲属陪同）；对教师、省部级以上劳模、英模、道德模范凭相关证件享受门票优惠，旺季每人98元，淡季每人78元。

营业时间：旺季：10：00~24：00；淡季：10：00~23：00。

最佳旅游时间：四季皆适宜旅游。

停车服务：景区现有温泉区域生态停车场1个、水泥路停车场2个、景区区域综合停车场2个、别墅区域停车场2个，面积约为7000平方米，共有停车位近500个，其中小车位450个，大车位50个。停车场均设有停车线、出入口、醒目的停车标志，停车场管理规范、严明，设有专人进行管理，所有停车场均为免费停车场。

三、交通到达

1.外部交通

（1）泰安市区→龙潭南路→徂徕山快速通道→泰山温泉城。

（2）泰安市区外环→泰良公路→泰山温泉城。

（3）京台高速（G35）→泰安西出口→泰山大街→长城路→中天门大街→徂徕山快速通道→泰山温泉。

（4）104国道（长城路）→中天门大街→徂徕山快速通道→泰山温泉城。

（5）京台高速（G35）→满庄出口（泰安方向）→长城路→中天门大街→徂徕山快速通道→泰山温泉城。

（6）京台高速（G35）→泰安东出口→泰新路→文化路→泰良路→泰山温泉城。

（7）莱博高速→泰莱高速→泰安出口→迎暄大街→小井转盘→温泉路→外环路→泰良路→泰山温泉城。

（8）莱博高速→泰莱高速→泰安出口（徂徕山方向）→华盖路→泰良路→泰山温泉城。

（9）泰安市区206路公交车（6：00~18：00，间隔时间：30分钟）：从泰山汽车站发车→南关→宅子村→赵庄→旧县→桥沟村→泰山温泉城。

2. 内部交通

景区内部主要为步行，时间10分钟之内。

四、住宿服务

泰山温泉城国际会议中心

地址：山东省泰安市岱岳区徂徕镇泰山温泉城

电话：0538-8959888　8959666

五、餐饮服务

泰山温泉城国际会议中心

地址：山东省泰安市岱岳区徂徕镇泰山温泉城

电话：0538-8959888　8959666

六、活动体验

景区目前持续运行各种游客体验性活动，如节庆活动、娱乐体验活动、研修学习活动等。

七、购物指南

本地特产有核桃、蜂蜜、天花菌、松茸等。另外，徂徕山还有散养的土鸡蛋、板栗、特色大枣、杂粮及红薯粉皮和泰山煎饼等。

八、周边可供游客关联消费的旅游项目

周边景区有泰山、三孔、大明湖、趵突泉、千佛山、徂徕山滑雪场、宝泰隆地下大裂谷、方特、太阳部落、天乐城、龙湾、花样年华、刘老根大舞台、封禅大典、水浒影视城等。

昆仑山景区

一、景区简介

昆仑山景区地处山东省泰安市东平县银山镇南堂子村，面积 16 平方公里。2012 年，昆仑山景区成功晋升国家 AAA 级景区；南堂子村2010 年荣获"山东省旅游特色村"、2011 年被山东省委宣传部评为"山东最美乡村"荣誉称号。昆仑山景区依山傍水、气候适宜、环境优美，是发展乡村旅游的绝佳之地。银山镇党委政府充分利用这一优势，走发展乡村旅游的路子，坚持"政府主导、农民自主、市场运作、突出特色"的原则，积极创新发展模式，大力发展乡村旅游，生态观光游，民俗风情游。

二、公共服务信息

景区地址：山东省泰安市东平县银山镇政府驻地南 7.5 公里

联系电话：15153816399

景区网址：www.kunshanjingqu.com

公共邮箱：dpksjq@163.com

景区门票：50元/人，团购6折。

最佳旅游时间：3~12月。

营业时间：8：00~18：00。

停车服务：景区专设停车场3个，位于景区码头附近，最大容量为600辆，免费。

三、景区导览

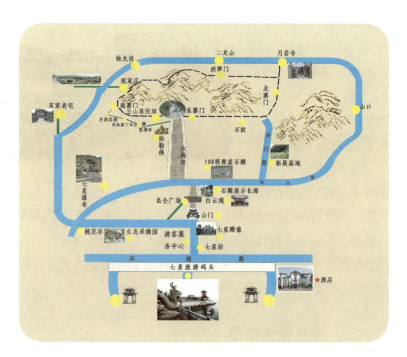

四、交通到达

1. 外部交通

昆仑山景区自驾游路线：

从济南出发：济南→济菏高速→平阴出口→220国道→东阿镇→旧县乡→斑鸠店乡→银山镇→昆仑山景区。

乘车路线：

济南→东平县→银山镇→昆仑山景区。

泰安→东平县→银山镇→昆仑山景区。

东平自驾游路线：

东平→贯中大道→水浒影视城→州城镇→大安山镇→商老庄乡→代庙镇→银山镇→昆仑山景区。

东平→贯中大道→水浒影视城→老湖镇→旧县乡→斑鸠店乡→银山镇→昆仑山景区。

2. 内部交通

可免费乘景区观光车浏览。

五、住宿服务

常规住宿场所：东湖宾馆、东平湖度假山庄。

特色住宿场所：景区内有58家渔家乐归东平水浒七星旅游开发公司统一管理，统一命名为"蓼儿洼"渔家乐。

"蓼儿洼"渔家乐

地址：昆仑山景区附近

电话：13853872958

六、餐饮服务

常规餐饮场所：东湖宾馆、东平湖度假山庄。

本地特色餐饮场所：东湖宾馆、昆仑渔馆、龙祥渔家乐、湖鲜渔馆、东平湖度假山庄、山水渔家乐。

地址：昆仑山景区附近

电话：13853872958

七、活动体验

有专门的农家菜园、生态采摘园。游客可以入园采摘水果，可以上山挖野菜，还可以与当地渔民一块出湖捕鱼，体验当地民俗风情。油蟠桃采摘时间为每年6月1日；参与方式为游客自行采摘。

八、购物指南

当地特产有麻鸭蛋、菱角、鸡头米、油蟠桃、干鱼、干虾、地瓜、松花蛋，等等。

九、周边可供游客关联消费的旅游项目

周边景区主要有腊山国家森林公园、东平湖游船、聚义岛、六工山水浒大寨。

六工山水浒大寨

一、景区简介

六工山水浒大寨位于山东省泰安市东平湖西岸，依东平湖、六工山而建，总投资2亿元，占地面积620亩，包括山寨和水寨，气势雄伟，蔚为壮观，是新版《水浒传》的主要外景基地。建有三关、忠义堂、瓮城、点将台等。水寨周围有万亩天然湿地，山水相连，浑然一体，芦苇丛生，是当年阮氏三雄操练水军、奇袭官兵之处。水浒大寨是游客体验水浒文化、休闲度假的理想目的地。站在水浒大寨的点将台上，眺望昔日里的八百里水泊，颇有指点江山的壮志豪情。

二、公共服务信息

景区地址：山东省泰安市东平县东平湖东岸斑鸠店镇
营业时间：8：00~17：30。
景区门票：50元/人；网络订票40元/人。
最佳旅游时间：全年。

停车服务：景区周边免费停车。

三、交通到达

（1）济菏高速（东平出口）下→沿贯中大道西行约10公里→北行200米→西行1公里抵达东平湖古镇中心码头乘船。

（2）济菏高速（东平出口）下→沿贯中大道西行约10公里北行200米→沿滨湖大道北行约6公里抵达老湖六合楼码头。

（3）济菏高速（东平出口）下→沿贯中大道西行约10公里→北行200米→西行1公里→沿滨湖大道约20公里→西行沿G220国道1.5公里→南行沿湖堤约5公里抵达东平水浒大寨。

四、住宿服务

东平湖度假山庄

地址：山东省泰安市东平县银山镇腊山国家森林公园南邻

电话：0538-2550666

蒙牛乳业泰安有限责任公司

一、景区简介

　　蒙牛乳业泰安有限责任公司是内蒙古蒙牛乳业（集团）股份有限公司在山东投资的唯一一家子公司。景区的建筑和整体布局的设计风格是以开放透明为特色，主色调为蓝、白、绿，寓意蓝天、草原、白云、洁白的牛奶。无论从空中还是陆地，进入视线里的蒙牛景区都会给人一种焕然一新的感觉。2006年，蒙牛泰安工业旅游景区被国家旅游局评为"全国工业旅游示范点"。

二、公共服务信息

景区地址： 山东省泰安市（南）高新技术开发区中天门大街

联系电话： 0538-6928598

景区网址： www.mengniu360.com

公共邮箱：zhaotingting@mengniu.cn

景区门票：免门票、免费参观、免费讲解、每一位前来参观游客赠送蒙牛特色饮品或雪糕。

营业时间：淡季：9：30~16：30；旺季：9：00~16：30。

最佳旅游时间：4月中下旬~10月底。

停车服务：停车场位于蒙牛工业园区液体奶大厅东侧，拥有20个停车位，免费。

三、景区导览

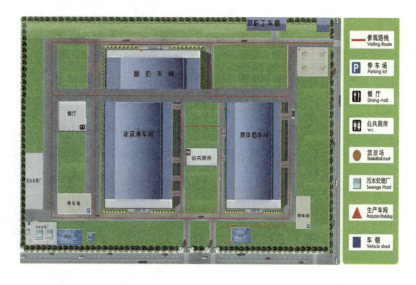

四、交通到达

由济南遥墙机场→济南南绕城高速→京福→京沪高速→104国道（泰安南）→目的地。或乘坐2路公交车30分钟直达蒙牛工业旅游景区。

五、住宿服务

尚客优快捷酒店

地址：山东省泰安市岱岳区龙潭路南段（蒙牛乳业东门）

电话：0538-6393456

爱尚家商务宾馆

地址：山东省泰安市岱岳区高新区龙潭路御景龙城小区东门

（北）

电话：0538-6126000

六、餐饮服务

福嘟嘟米线

地址：山东省泰安市岱岳区高新区龙潭南路蒙牛工业园南门西

电话：14753880680

巨龙酒店

地址：山东省泰安市岱岳区高新区龙潭路御景龙城

电话：0538-5898988

七、活动体验

活动主题：微信互动

活动地点：蒙牛工业园区

活动时间：参观完毕之后

游客参与方式：微信关注"蒙牛乳业"官方微信，每人15

道测试题

活动费用：无（每批活动结束后，会根据游客成绩选出一名成绩最高者，获得由蒙牛提供的牛奶一提）

八、周边可供游客关联消费的旅游项目

天颐湖距离蒙牛5公里，乘坐26路公交车，约15分钟。

太阳部落距离蒙牛6.6公里，乘坐26路公交车，约25分钟。

花样年华距离蒙牛13公里，乘坐K2转K40公交车，约1小时45分钟。

宝泰隆地下大裂谷距离蒙牛13公里，乘坐K2转K13公交车，约1小时45分钟。

稻蒲荷香休闲农庄

一、景区简介

稻蒲荷香休闲农庄位于东平县城西部，贯中大道北侧，济广高速公路和东平汽车总站的西侧，稻屯洼国家湿地公园内。稻蒲荷香休闲农庄占地面积158亩。农庄总体规划为"一带三区"，即水生植物景观带、土地认领区、水产区、管理服务区。主要建设了停车场、办公楼、服务楼、水车广场、温室大棚、花架、采摘园、石板路、供水管道、供电线路、绕园水系、酒窖、道路硬化、看护房、木栈道、石桥、拦水坝、水闸等。

二、公共服务信息

景区地址：山东省泰安市东平县济徐高速公路东平出口西行200米贯中大道路北

联系电话：0538-5358678

景区网址：http：//www.dphxnz.com

景区门票：免费。

营业时间：8：00~17：30。

最佳旅游时间：3~10月。

停车服务：景区停车场拥有车位200个，位于景区入口20

米；最大容量300个；免费。

三、景区导览

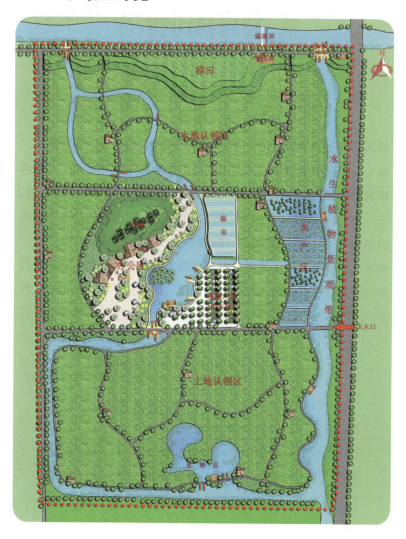

四、交通到达

1. 外部交通

济广（菏）高速东平出口→沿贯中大道向西直行 200 米路北，即为稻蒲荷香休闲农庄。

2. 内部交通

县城各路公交车在东平汽车总站下车，沿贯中大道向西直行 200 米路北，即为稻蒲荷香休闲农庄。

五、住宿服务

农庄周边 5 公里范围内，合法宾馆主要有好客快捷宾馆、东平水浒度假酒店、东平 7 天阳光酒店、东平儒原大酒店、银座佳驿酒店、塘坊旅游度假村等住宿服务。

六、餐饮服务

农庄内部：稻香园，订餐电话：0538-2523777。

农庄周边：建材商务酒店、水浒度假酒店、君悦生态园、塘坊民俗旅游度假村等。

常规餐饮场所：农庄周边餐馆约 10 家，接待能力 2000 人以上。

七、活动体验

游客可在农庄内认领土地，体验种植、采摘的乐趣。

八、购物指南

当地特产有东平贯中故里酒、一品液、东平郡酒、东平咸鸭蛋、东平糟鱼、东平粥粉等。

九、周边可供游客关联消费的旅游项目

周边景区有水浒影视城、白佛山景区、稻屯洼湿地公园及贯中园等。

贯中园景区

一、景区简介

  贯中园景区坐落于东平县城区罗庄社区，是"水上东平游"线路上的一个主要景点，也是一处集藏品展览、资料查询、学术研究、碑林观赏等多功能于一体的文化旅游精品。景区主体建筑贯中堂为明代宫殿式风格，气势宏大，彰显罗贯中在中国文学史上的崇高地位。罗贯中铸铜坐像，高2.7米，重1吨，神态庄重深沉，气宇轩昂，栩栩如生。两侧对联"至圣尼山孔夫子，大贤东原罗贯中"，对罗贯中这位中国文化史的巨人给予了崇高的评价。2013年被评定为国家AAA级景区，曾获市级花园式单位荣誉称号。

二、公共服务信息

  景区地址：山东省泰安市东平县东平街道罗庄社区南邻（县城清河公园西888米）

  景区门票：30元/人，一般旅游团队享8折优惠，团队人数多又能多次来的团队，最高可享4折优惠。

  最佳旅游时间：春、秋、夏三个季节。

  营业时间：春秋夏：8：00~18：00，冬季：8：00~17：30。

　　停车服务：景区在大门入口两侧专设大型停车场2处，可容纳机动车600辆；景区外围临时停车场可容纳机动车500辆。所有停车场均不收费。

三、景区导览

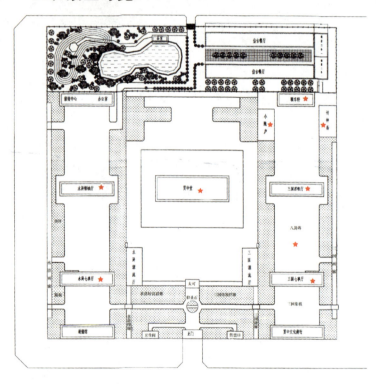

四、交通到达

自驾车：

　　济广（菏）高速东平出口→沿贯中大道向东直行1500米右拐进入宿昌路→沿宿昌路向南直行800米，到达第一个贯中故里牌坊，再向前 600 米到达第二个贯中牌坊，左侧即为贯中园景区。

济宁方向：过流泽大桥遇红绿灯左拐，进入滨河大道，沿滨河大道向西直行 888 米，右侧即为贯中园景区。

公交车：

由县城乘坐 4 路和 5 路公交车可直达景区。

五、住宿服务

东平迎宾馆、百度快捷宾馆、雨辰宾馆。

六、餐饮服务

天然美食园、建材商务酒店。景区相邻宿昌路餐馆约 10 家，接待能力 2000 人以上。

七、活动体验

游客可随剧社表演、演唱，在影视拍摄基地可体验演员表演以及现场制作自己的小微电影。影视拍摄基地工作无节假日，体验演员表演不收费，自己制作小微电影收费。游客可参与豫剧演唱、腰鼓队表演、太极拳表演互动体验，均不收费。每周的一、三、五、周日下午为日常性演出，大的旅游团队可提前预约时间按游客约定演出，不收费。

游客可进行关于罗贯中及其《三国演义》《水浒传》等作品的学术研讨或一般性学习活动。

八、购物指南

贯中文化商行位于贯中园景区出口处。

购物清单：

古旧书籍字画:《四书五经》《水浒连环画》，名人字画等。古玩：古币、汉陶器、明清瓷器、古旧生活器皿等。奇石：泰山奇石、上水石、各种石器（磨、碾、石槽、石刻）等。工艺美术：水浒折扇、三国水浒人物、罗贯中塑像等。旅游纪念品：三国相橡、万里镇纸、水浒叶子牌等。

当地特产：

东平贯中故里酒、一品液、东平郡酒、东平咸鸭蛋、东平糟鱼等。

九、周边可供游客关联消费的旅游项目

周边景区主要有水浒影视城、白佛山景区、稻屯洼湿地公园。

黄石悬崖

一、景区简介

黄石悬崖位于东平湖东畔蚕尾山中段幽谷处，因此段黄石如壁、危岩千层而得名。在南北两侧的峭壁间形成十八罗汉洞、黄土洞、朝阳洞等天然洞穴，内有浮雕造像，刀法流畅，或来或去，或立或卧，大小形态各异，造型生动活泼，栩栩如生。

二、公共服务信息

景区地址： 山东省泰安市东平县老湖镇梁林村

联系电话： 0538-2288888

公共邮箱： zhang68789@163.com

景区门票： 全票40元／人。为配合全省旅游业发展，现推出门票5折优惠活动（20元／人）。

营业时间： 8：00~18：00。

最佳旅游时间： 一年四季，每个季节感受不一样的黄石悬崖风景区。

停车服务：景区设有停车场，有150个停车位，最大容量200个。停车场位置位于景区门口，暂不收取停车费用。

三、景区导览

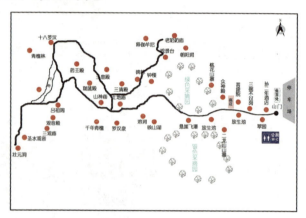

四、交通到达

（1）从济南出发，沿济菏高速到东平高速下，右转至贯中大道到达东平影视城，走环湖路到达老湖镇，往东3公里到达黄石悬崖风景区。

（2）可在东平县城打车到达黄石悬崖景区大约30分钟，车费应在40~50元。也可以乘坐乡镇公交（东平县到老湖镇）梁林村下即可到达。

五、住宿服务

地址：黄石悬崖景区往西（S255）直走到达老湖镇镇政府往

西 200 米路南

电话：0538-2281171

六、餐饮服务

石锅鱼

地址：景区往西（S255 省道）2 公里路北

电话：0538-2281386

七、体验活动

每年初一至初六黄石的悬崖庙会，悬崖禅师众僧为您祈福纳祥。门票 5 折优惠。

八、购物指南

景区内暂无超市，离景区 3 公里的大型旅游购物东平水泊食品有限公司是省级工业旅游示范点，位于东平县老湖镇镇政府驻地南 100 米。

九、周边可供游客关联消费的旅游项目

（1）黄石悬崖景区正下方（东）是梁氏家族的墓区，历史上举世罕见的父子状元便埋葬于此。

（2）黄石悬崖景区（西）行到老湖镇码头，在这里可以坐船一览东平湖美丽的湖景。

济 宁 市

山东省 A 级旅游景区
自由行手册

明故城（三孔）景区

一、景区简介

明故城（三孔）景区被评为中国首批 AAAAA 级旅游景区，孔庙、孔府、孔林被联合国教科文组织列为世界文化遗产，祭孔大典被列入国家首批非物质文化遗产。孔庙、孔府、孔林，并称"三孔"，是一组与孔子直接相关的建筑群，是人们追思孔子、祭祀孔子的场所，也是承载孔子思想、延展儒家文化的载体。

孔庙，是世界上保存最完整、规模最大、历史最悠久的祀孔庙宇，与北京故宫、承德避暑山庄并称为中国三大古建筑群；孔

孔庙鸟瞰图

孔林鸟瞰图

孔府正门

府，本名"衍圣公府"，被誉为"天下第一家"，是孔子嫡长子孙世代居住办公的府邸；孔林，是孔子及其后裔的墓地，是世界上延时最久、面积最大、迄今仍在使用的一处家族墓葬区。

二、公共服务信息

景区地址： 山东省曲阜市明故城

联系电话： 0537-4486500　0537-4424095

景区网址： 曲阜孔子旅游网 http://www.uqufu.com

公共邮箱： qfskjq@126.com

景区门票： "三孔"联票：150元/人

孔庙单票：90元/人

孔府单票：60元/人

孔林单票：40元/人

在游客中心和游客服务中心及每个景点入口处都能购买门票。

营业时间： 8：00~17：30

最佳旅游时间： 4~10月

三、景区导览

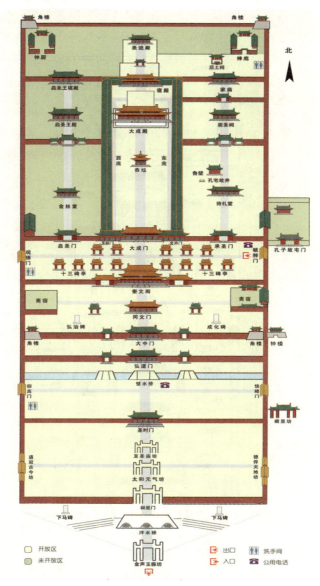

孔庙游览示意图

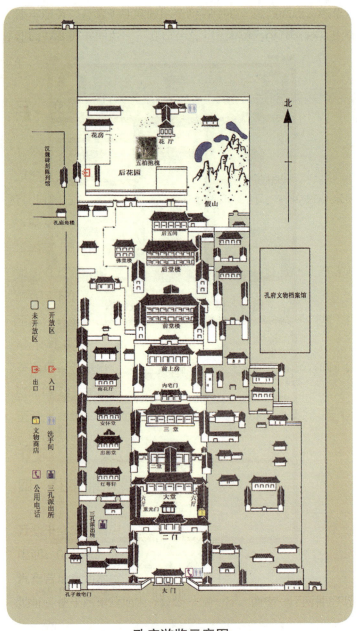

孔府游览示意图

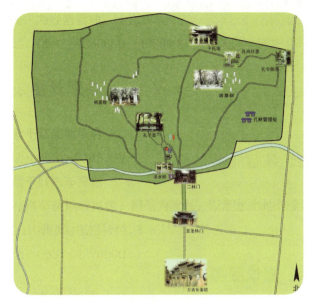

孔林游览示意图

四、交通到达

机场：距济南遥墙国际机场 160 公里，有高速公路相连，路程约 1.5 小时；济宁曲阜机场（在济宁市嘉祥县）有专线公路相通，距离只有 80 公里，路程仅需 1 小时。另外，与江苏省徐州观音机场有高速公路相连，路程需 2 小时。

公路：境内有京福高速公路和 104 国道南北贯通；日兰（日东）高速公路和 327 国道横穿东西。

铁路：

普通铁路：中国经济大动脉京沪（北京—上海）铁路过境曲阜，有兖州站；兖石（兖州—日照）铁路通过曲阜，有曲阜站，向西与陇海线相连，直达中国西部。

高速铁路：我国第一条世界先进水平的高速铁路——京沪高铁，在境内穿过并设车站（曲阜东站）。

高铁站、火车站、汽车站均有公交车通到市里，乘坐1路、2路、3路、5路、9路、K05路、K01路公交路过三孔景区附近，公交站点"孔庙南门、游客中心、鼓楼门"均离孔庙孔府景点很近。

五、住宿服务

曲阜市拥有星级酒店12家；锦江之星、汉庭快捷、如家连锁、莫泰168、七天连锁、格林豪泰等经济型连锁酒店30余家。

六、餐饮服务

孔府菜

孔府糕点

七、活动体验

1. 晨钟开城仪式和暮鼓关城仪式

晨钟开城仪式时间为：8：00

暮鼓关城仪式时间为：17：00（夏令时间），16：30（冬季时间）

在天气条件允许的情况下，每天都会演出（特殊情况除外，不另行公布）。

2. 孔庙祭孔展演

在天气条件允许的情况下，每天11：00点在大成殿前都会举行小规模的祭孔仪式（特殊情况除外，不另行公布）。每年的 9 月 28 日，国际孔子文化期间，会有大型而隆重的祭孔大典举行。

3. 孔府大戏台

天气条件允许，每天上午演出 3 场，下午演出 3 场。

4. 背《论语》免费游三孔

自 2013 年 5 月 1 日起，三孔景区推出了"背《论语》免费游'三孔'"活动，背诵通过者将获得荣誉证书，一个年度内可以凭荣誉证书免费参观三孔景区一次。

八、购物指南

曲阜名优特产丰富，以盛产楷雕、碑帖、尼山砚、孔府家酒、孔府宴、孔府糕点、香稻而著名，其中，楷雕、碑帖、尼山砚被誉为曲阜"三宝"。

九、周边可供游客关联消费的旅游项目

颜庙文物景区、周公庙文物景区、寿丘·少昊陵景区、尼山孔庙景区、孟母林文物景区。

精彩旅游线路推荐：曲阜一日游，曲阜经典、修学两日游，曲阜国学夏令营三日游，孔子故里体悟儒家思想游学活动。

咨询电话：0537-4424095

梁山风景区

一、景区简介

水泊梁山是水浒故事的发祥地，因古典名著《水浒传》而驰名中外，是山东省首批省级风景名胜区、国家 AAAA 级旅游区、省级森林公园、省级地质公园。北宋宣和元年（公元 1119 年）朝廷统治腐朽、民不聊生，宋江广结天下英雄好汉，凭借水泊天险啸聚梁山，演绎了一幕幕感天地、泣鬼神的历史活剧。在这里您可充分体验梁山水浒文化魅力和好汉遗风；观看大型水浒场景演出；聆听具有传统水浒说唱形式的山东快书、莲花落；欣赏"好汉迎宾"气势恢宏的表演；感受大碗喝酒、大块吃肉的水浒豪情。

二、公共服务信息

景区地址：山东省济宁市梁山县越山南路 36 号

联系电话：400-9969-108

景区网址：www.shuipoliangshan.com.cn

公共邮箱：4009969108@b.qq.com

景区门票：60 元 / 人。对 6 周岁（含 6 周岁）至 18 岁（含 18 岁）未成年人、全日制大学本科及以下学历学生凭本人学生证实行门票半价优惠政策。同时，60~69 岁以上凭本人有效证件享受免票待遇；1.2~1.5 米儿童享受 5 折优惠，1.2 米以下儿童免费；现役军人凭有效证件免费。

最佳游览时间：4 月中旬 ~11 月中旬。

营业时间：7：00~19：00。

导游服务：每次 100 元。

停车服务：景区有 4 个停车场：西门停车场：400 辆；一关停车场：400 辆；东门区停车场：1000 辆；北宋街 200 辆。收费：小车：10 元；大客：20 元；军车：免费。

三、交通到达

1.外部交通

（1）京福高速（G3）→日东高速（G1511）→济广高速（G35）梁山口下→ S337 省道梁山县城方向约 10 公里达到景区入口。

（2）高速（济菏段 G35）梁山口下→ S337 省道梁山县城方向约 10 公里到达景区入口。

（3）济南遥墙机场方向沿机场高速（G2011）→京沪绕城高速（G2）→济广高速（G35）梁山口下→ S337 省道梁山县城方向约 10 公里达到景区入口，车程约 2 小时。

（4）济宁曲阜机场沿机场路→ S252 省道嘉祥方向→ S337 省道梁山方向约 37 公里到达景区入口，车程约 1.5 小时。

2.内部/附近交通

（1）景区内部游览可骑马上下山，单程约40分钟。

（2）景区到北宋小吃街约1000米，车行5分钟，步行约20分钟。

（3）景区至百货大楼商业街约2.5公里。沿越山南路下行至水泊南路北行约1.5公里路东，约15分钟。

四、住宿服务

杏花村大酒店

地址：山东省济宁市梁山县水泊中路南首

电话：0537-7316999

水浒文化大酒店

地址：山东省济宁市梁山县越山南路20号

电话：0537-3261111

五、餐饮服务

杏花村江湖老味美食街

地址：山东省济宁市梁山县水泊南路南首

电话：0537-7316849

爱客多大酒店

地址：山东省济宁市梁山县越山北路

电话：0537-7539999

六、活动体验

1.节庆活动

（1）春节（2月19日~3月5日）：

地点：山东省济宁市梁山县水泊梁山风景区

价格：60元／人

（2）踏青赏花游（3月1~31日）：

地点：山东省济宁市梁山县水泊梁山风景区

价格：60元／人（同行家长携带的儿童一律免费）

（3）梁山山寨好汉节（4月1日~5月31日）：

地点：山东省济宁市梁山县水泊梁山风景区

价格：60元／人

（4）端午节（7月1~3日）：

地点：山东省济宁市水泊梁山风景区

价格：60元／人

（5）好汉菊花会（10月1~7日）：

地点：山东省济宁市梁山县水泊梁山风景区

价格：60元／人

（6）水浒文化节（9月19~21日）：

主题：山寨品酒会，山寨美食节

地点：山东省济宁市梁山县水浒文化广场

2.研修学习活动

（1）武术文化修学游（时间：暑假期间）（地点：山东省济宁市梁山县水泊梁山风景区）；

（2）酒文化修学游（时间：暑假期间）（地点：山东省济宁市梁山县水泊梁山风景区）；

（3）水浒文化修学游（时间：暑假期间）（地点：山东省济宁市梁山县水泊梁山风景区）。

七、购物指南

当地特产品种丰富，主要有鲁锦、英雄剑、水浒纪念章、水浒人物画谱、水浒人物屏风、武大郎炊饼、智深狗肉、仁肉包、水泊鸭蛋、义酒、忠义堂酒、水浒宴。

八、周边可供游客消费的旅游项目

（1）水浒酒文化体验馆，3A 级景区，门票 50 元 / 人；景区沿越山南路下行至水泊南路南行 1.5 公里路东。

（2）独山抗日纪念馆，免费开放；景区沿越山南路下行至水泊南路南行 1.5 公里水浒酒文化体验馆东临。

（3）汶上宝相寺景区，4A 级景区，门票 50 元 / 人；景区沿越山南路下行至水泊南路南行转 S337 省道转 S333 省道汶上方向至景区入口。

（4）邹城峄山景区，4A 级景区，门票 60 元 / 人；景区沿越山南路下行至水泊南路南行转 S337 省道济宁西上日东高速（G1511）转京福高速（G3）峄山口下沿临菏路到达景区。

（5）曲阜三孔景区，5A 级景区，门票 150 元 / 人；景区沿越山南路下行至水泊南路南行转 S337 省道济宁西上日东高速（G1511）曲阜口下根据路标指示到达景区。

（6）金乡羊山景区，4A 级景区，门票 40 元 / 人；景区沿越山南路下行至水泊南路南行转 S337 省道济宁西上济广高速（G35）转日兰高速郓城 / 巨野出口下沿 S254 省道行驶后转 S339 转入麟台路后转巨金线到达景区。

微山湖国家湿地公园

一、景区简介

微山湖国家湿地公园是亚洲最大的草甸型湖泊湿地，国家AAAA级旅游景区，中国十大魅力湿地之一。公园总规划面积15万亩，是以微山湖湿地生态系统和历史文化为主要资源，以湿地保护、科普教育、水质净化、生态观光为主要内容的大型公益性生态工程。公园分为湿地保育、恢复重建、宣教展示、合理利用和管理服务等五大功能区。微山湖湿地公园规划设计分八个景区：新薛河自然湿地景区、渔业博览园区、亲水绿岛湿地景区、观鸟绿洲湿地景区、小泥河景区、渔业体验、芦苇荡、天然生态湿地景区等。

二、公共服务信息

景区地址：山东省济宁市微山县微山湖大道南首

联系电话：0537-5669566（5669076）

景区网址：微山湖国家湿地公园.cn、www.微山湖国家湿地公园.cn

微山湖国家湿地公园.net、www.微山湖国家湿地公园.net

微山湖国家湿地公园.com、www.微山湖国家

湿地公园.com

公共邮箱： sdwehsdgy@126.com wshshsdgy@163.com

营业时间： 夏季：8：00~18：00；其他季节：8：00~17：00

景区旺季为4~10月；淡季为11月~次年3月。

最佳旅游时间： 6~10月。

景区门票：

（1）门票：60元／人，淡季30元／人。（2）电瓶车票：20元／人。（3）游览船票：Ａ线（高楼湿地方向）60元／人；Ｃ线（微山岛方向）80元／人。

景区优惠：

（1）半价优惠：在校学生凭学生证和身份证享受半价优惠；60~70岁老人凭老年优待证或身份证享受半价优惠。

（2）免票政策：70岁以上老人凭身份证或老年证；有成人陪伴的1.2米以下的儿童；有陪同人员的一、二级残疾人，凭第二代残疾证；现役军人凭有效证件；记者凭记者证、工作证、采访证"三证"齐全；离休干部凭离休证；符合以上条件者均实行免票。

停车服务： 景区专设停车场2处，分别为：入口处生态停车场，最大承载量为300辆；浮桥东橡胶坝停车场，最大承载量为100辆。收费：大型车辆（20座以上）：20元／辆，中小型车辆：10元／辆。

三、交通到达

1.外部交通

薛城至微山：

（1）枣庄站坐101路10站到薛城长途汽车站。

（2）枣庄西站东100米即为薛城长途汽车站。

（3）薛城至微山班车从5：40~18：30每20分钟一个班次。

济宁至微山：

济宁至微山班车从5：40~17：30每20分钟一个班次（快客38元/人，慢车30元/人）。

自驾车至微山湖国家湿地公园：

（1）G3高速枣庄出口，右转入枣庄市光明大道向西至S348左转，约200米处右转，直行新薛河大桥（入微山县境），至微山湖大道左转，沿微山湖大道向南3公里至微山湖国家湿地公园。

（2）济南方向：沿104国道南行，经泰安、曲阜、邹城、滕州至微山县城，沿微山湖大道向南直行（约5公里）至微山湖国家湿地公园。

（3）徐州方向：沿104国道向北直行至微山县韩庄镇（入微山境），至微山县城（自104国道转入104省道），至微山湖大道左转，向南2公里，至微山湖国家湿地公园。

温馨提示： 微山汽车站问事处：0537-8222492

枣庄火车站问事处：0632-3969222，3969102

徐州观音机场问事处：0516-83068188

2. 内部交通

（1）**线路一乘车：** 生态停车场（步行）→荷韵雕塑（步行）→游客中心（乘电瓶车）→画展长廊→演绎广场→红色码头→步行从浮桥至停车场→乘电瓶车→樱花园、精品芦竹示范区→观鸟长廊、观景木栈道→芦荡飞雪景区→摇橹船景区→双桥码头、鸟林→湖岸广场→湖东大堤→湿地科普馆→渔业展览区→浮桥停车场→乘车返回游客中心，结束愉快旅程（全程约100分钟）。

（2）**线路二乘船A线：** 浮桥码头→红荷景区→爱湖码头→高

楼湿地景区，抵达高楼湿地后停留时间可自行安排→乘船原路返回（全程约120分钟）。

（3）**线路三乘船C线：**浮桥码头→红荷景区→爱湖码头→高楼湿地景区→微山岛岛内码头，抵达微山岛后，上岸玩景点需再付费，停留时间约120分钟→乘船原路返回（全程约200分钟）。

四、住宿及餐饮服务

微山湖荷香居鱼馆

地址：山东省济宁市微山县微湖码头

电话：0537-8438886

微山湖渔家水街水上餐厅

地址：山东省济宁市微山县高楼乡渭河村

电话：13964960955

微山县昭梧饭庄

地址：山东省济宁市微山县奎文东路69号

电话：0537-8221907

南阳古镇景区

一、景区介绍

　　南阳镇，位于微山湖北端的南阳湖中，是微山湖中运河线上最有特色的历史城镇。南阳古镇已有2200年的历史，素有"江北小苏州"之美称，是一个典型的岛镇，四面环水，号称南阳岛，蓝天、碧水、荷花、水鸟、野鸭组成了极佳的境界。南阳古镇南阳湖为北方最大淡水湖微山湖的一部分，拥有湖面15万亩，自然生态旅游资源丰富。南阳古镇通过运河的文化交流以及当地渔业为生的生存习惯，渐渐形成了独具特色的民俗传统。南阳古镇先后获得"好客山东最美乡村"、"山东省旅游强乡镇"、"山东省特色景观旅游名镇"等荣誉称号。

二、公共服务信息

景区地址：山东省济宁市微山县南阳镇

联系电话：0537-8122866　8121001

公共邮箱：wszf2008@126.com

营业时间：9：00~17：00

景区门票：暂免景区门票；钱庄景点10元／人，10人以上打8折，其他优惠参照相关规定执行。

最佳旅游时间： 6~10月。

停车服务： 景区设有渡口停车场（距离济宁市鱼台县城较近），拥有停车位320个，实行收费停车，小车10元/辆，大车20元/辆，暂不限停车时间。

三、交通到达

1. 外部交通

自驾车：

济宁出发：滨湖大道鱼台方向→渡口码头（乘船）→南阳古镇景区。

徐州出发：国道104→西北绕城高速→S253→S348→鱼台县→渡口码头（乘船）→南阳古镇景区。

公交车：

济宁汽车南站→鱼台汽车站→渡口码头（乘船）→南阳古镇景区。

济宁汽车南站→微山县鲁桥镇鲁桥码头（乘船）→南阳古镇景区。

济宁汽车南站→微山县两城镇汽车站→黄山或白沙码头（乘船）→南阳古镇景区。

2. 内部/附近交通

古镇风情体验游：南阳码头→古运河西岸南端延运河西岸→土地庙→皇帝下塌处→堂房→钱庄→迎驾桥→古商业街→清真寺。建议步行，环岛一周约需2个小时。

四、住宿服务

南阳水苑（三星级）
电话：0537-8122866
书院宾馆
电话：13406269755

五、餐饮服务

南阳水苑（三星级）
电话：0537-8122866
民族饭庄
电话：0537-8121538
映月楼
电话：13954710063

六、活动体验

鲤鱼跳龙门表演一般在农历新年前后，地点：运河广场。
6~9月和当地渔民一起下湖捕鱼，观看鱼鹰表演、渔家婚礼；地点：古运河及大湖。

七、购物指南

当地特产有小木船、蒲编、乾隆御饼、湖产杂粮、松花蛋、咸鸭蛋、风干鱼等。

微山岛景区

一、景区简介

微山岛是中国北方最大的内陆岛，是山东省首批省级风景名胜区。抗战时期，著名的铁道游击队的故事发生在这里，一曲《微山湖上静悄悄》使微山岛名扬中外。每年盛夏，微山岛周围水域十万亩野生荷花连片盛开，更是蔚为壮观。

千百年来，微山岛以庙宇群矗、香雾缭绕的古墓区和神奇的现留城，吸引了无数骚人迁客联袂提携聚于岛上，发思古之幽情，抒鸿鹄之赉志。今日，微山岛更以铁道游击队的摇篮和崭新的风姿而闻名遐迩。景区荣获"天人合一家园"、"中华100大生态亲水美景"口碑金榜榜首、"好客山东，最美乡村"、"中国美丽田园"、"重点红色旅游区"等荣誉称号。

二、公共服务信息

景区地址：山东省济宁市微山县微山岛镇
联系电话：0537-8438398
景区网址：www.weishandao.gov.cn
微信公众平台：weishandaojingqu

微博号： 大美微山湖　魅力微山岛

公共邮箱： wsdgwh@163.com

景区门票： 70元/人（岛内四景点）、150元/人（景区六景点）。旺季：4月1日~10月31日；淡季：11月1日~次年的3月31日。

景区优惠价格及条件：

1. 只需购买交通票人群范围：

（1）身高1.2米以下儿童（怀抱儿童除外）只需购买交通票；

（2）年龄70岁及以上老年人持有效证件（身份证/老年证）只需购买交通票；

2. 享受优惠票人群范围：

（1）身高1.2~1.4米的儿童可享受优惠票；

（2）在校学生持学生证可享受优惠票；

（3）中国人民解放军、武警部队、消防部队的现役军人、残疾军人，持有效证件（军官证、士官证、士兵证、军人伤残证）可享受优惠票；

（4）年龄在60~69岁的老年人持有效证件（身份证/老年证）可享受优惠票；

（5）新闻记者持国家新闻总署颁发的有效记者证可享受优惠票；

（6）导游持国家导游证可享受优惠票；

（7）残疾人持国家残联颁发的有效证件可享受优惠票。

最佳旅游时间： 5月1日~10月7日。

停车服务： 景区共有1800个停车位，位于岛外微山湖游客接待中心，最大容量2200辆（包含临时停车位）；收费：7座及以下10元/辆、8~19座20元/辆、20座及以上30元/辆。

三、交通到达

航空：

飞机至徐州观音机场，乘坐机场大巴到徐州汽车站，乘徐州→微山的班车在里张阿站（微山岛）下车，向南1公里到微湖（塘湖）码头。

铁路：

枣庄西站（原薛城站，位于枣庄市薛城区）下车：

（1）在火车站往东汽车站乘汽车至微山汽车站，换乘至微湖（塘湖）码头的汽车。

（2）在薛城汽车站乘薛城至韩庄的汽车在里张阿（旁有一大

型旅游宣传牌）处下车，换乘三轮车至微湖（塘湖）码头。

公路：

济南方面：

（1）沿京福 104 国道南行，经泰安、曲阜、邹城、滕州、微山至里张阿（旁有一大型旅游宣传牌）处——104 国道公路里程碑 728.9，右转下国道，行（约 1 公里）至微湖（塘湖）码头。

（2）沿京福高速公路南行，经泰安、滕州，至微山（薛城）出口高速，往微山方向西行（约 13 公里）左转入京福 104 国道，沿国道南行（约 24 公里）至里张阿（旁有一大型旅游宣传牌）处——104 国道公路里程碑 728.9 处右转下国道，行（约 1 公里）至微湖（塘湖）码头。

徐州方面：

（1）沿京福 104 国道北行，经铜山、微山县韩庄镇至里张阿（旁有一大型旅游宣传牌）处——104 国道公路里程碑 728.9，左转下国道，行（约 1 公里）至微湖（塘湖）码头。

（2）沿京福高速公路北行，在（枣庄）薛城出口处下高速，往微山方向西行（约 13 公里）左转入京福 104 国道，沿国道南行（约 24 公里）至里张阿（旁有一大型旅游宣传牌）处——104 国道公路里程碑 728.9，右转下国道，行（约 1 公里）至微湖（塘湖）码头。

四、住宿服务

三贤山庄大酒店（二星级）

地址：山东省济宁市微山县微山岛镇大官村

电话：0537-8551006

微山岛宾馆

地址：山东省济宁市微山县微山岛镇大官村

电话：15054771017

湖中宾馆

地址：山东省济宁市微山县微山岛镇大官村

电话：15206722877

锦鲤御苑大酒店

地址：山东省济宁市微山县微山岛镇北环湖路

电话：0537-8551146

五、餐饮服务

凤凰台山庄农家乐

地址：山东省济宁市微山县微山岛微子林景区附近

电话：13863796766

一品渔家农家乐

地址：山东省济宁市微山县微山岛镇上庄村环湖路2号

电话：13705370300

美味鲜鱼楼

地址：山东省济宁市微山县微山岛镇大官村

电话：0537-8551248

微山岛丰源酒楼

地址：山东省济宁市微山县微山岛镇小官村

电话：0537-8551288　13854738025

东方大酒店

地址：山东省济宁市微山县微山岛镇杨村

电话：0537-8553999　13562410278

六、活动体验

游客可在岛上体验剪纸的乐趣。

七、购物指南

当地特产有湖娃、湖产品加工、咸鸭蛋、荷叶茶等。

八、周边可供游客关联消费的旅游项目

游客可骑自行车游览，也可乘坐摩托艇等。

羊山古镇国际军事旅游区

一、景区简介

诗仙桥

羊山古镇国际军事旅游度假区，简称羊山景区，地处鲁西南革命老区，为鲁西南战役的主要发生地。金乡县委、县政府充分整合、利用羊山丰富的自然资源、深厚的历史文化和重大的革命历史题材，全力打造集大众观光体验、红色旅游、中高端群体休闲旅游为一体的综合性旅游景区。景区分为六大功能分区，分别是战役模拟区、三十六计主体公园、主题文化纪念区、古镇文化体验区、拓

红色文化纪念区

展运动区以及农业生态休闲区。景区先后获得"全国爱国主义教育基地"、"全国红色旅游经典景区"、"省级地质公园"等荣誉称号。

二、公共服务信息

景区地址：山东省济宁市金乡县羊山镇

联系电话：0537-8917000　8917001

景区网址：http://www.yangshanchina.com/

景区官方微信：ysjqgfwx

公共邮箱：ysjq8917000@163.com

景区门票：旺季和淡季价格统一景区大门票40元/人；在校学生凭学生证和身份证、60~69岁老人凭老年证或身份证享受半价优惠；以下人员可享受免费优惠政策：70岁以上老人凭老年证或身份证；一、二级残疾人凭残联核发的第二代残疾证；1.2米以下的儿童在验票口测量身高后可直接进入景区；现役军人凭有效证件；革命伤残军人凭残疾证；离休干部凭离休证；记者需记者证、工作证、采访证"三证"齐全。

营业时间：8：30~17：30

最佳旅游时间：3~10月以及节假日期间。

停车服务：景区设有6个停车场，分别为景区东大门停车场、景区南大门停车场、景区内电瓶车停车场、景区北门王杰路公共汽车停车场、景区海世界水上乐园停车场、地质公园大门停车场；最大可容纳车位数580个。

三、景区导览

四、交通到达

1. 外部交通

105国道及京沪、京九、陇海、新石铁路傍区而过，且已开通直达北京、上海、广州的航班，交通极为便利。该景区与济宁机场相距15公里，离济南国际机场249公里。济宁京杭大运河客运码头距景区40公里。羊山景区距离济徐高速20公里以内，距客运火车站20公里以内，京沪、京九、陇海、新石铁路傍区而过，不足5个小时可达北京、上海。

2. 内部（附近）交通

景区内出入口及游览线路设置合理，路面均为柏油路，景区内休息设施齐备。景区内部有游客可以骑行的游览自行车，景区游客游览观光电瓶车等方便游客游览设施。

五、住宿服务

浩洋商务宾馆

地址：景区东大门东 40 米路南

电话：13625378900

六、餐饮服务

曹营食府

地址：景区内地质公园博物馆办公楼北侧

七、活动体验

（1）羊山景区真人 CS 野战项目。该项目长年举行，收费标准为 38 元一局，每局游客可以有 20 条生命和 1000 发子弹。

（2）每年夏季开展多期的"成长驿站"军事夏令营活动："成长驿站"夏令营是以军事为主题、针对青少年而特设的参与性项目。收费标准为 880 元 / 期，每期时间为 7 天。

（3）开展两日团队素质拓展活动：团队素质拓展活动的收费标准为 20 元 / 人。

八、购物指南

景区周边及景区游客服务中心处有购物场所，游客可选择购买当地特产。当地特产有金乡烧羊肉、山阳熏鱼、金乡红三刀、胡集白梨瓜、小磨香油、红花斑山药、金乡大蒜、马庙金谷等产品。

九、周边可供游客关联消费的旅游项目

县城内有金济河和魁星湖景区；县城西北方位有金水湖湿地公园；县城东部有金平湖风景区。

太白湖景区

一、景区简介

太白湖景区处于我国北方最大的淡水湖——南四湖的北端，因唐代大诗人李白曾在济宁居住 23 年，为纪念李白，将该湖命名为"太白湖"。近年来，太白湖景区实施 3800 亩老运河水质净化工程，共栽植白莲、红莲和各种珍稀名贵睡莲荷花 150 余种，吸引天鹅、白鹭、鹤 170 余种，形成亲水、亲绿的生态游园格局，成为集观光游览、休闲度假、湿地保护、水质净化等多功能于一体的生态旅游区。

景区先后荣获"全省十佳水体风光旅游单位"、"省级休闲渔业示范点"、"旅游景点细微化服务先进单位"、"国家级全民健身户外活动基地"等荣誉。

二、公共服务信息

景区地址: 山东省济宁市荷花路南首

联系电话: 0537-2292656

公共邮箱: zhongguobeihu@163.com

景区门票: 门票全免

营业时间: 旺季: 5~10月, 8: 30~18: 00; 淡季: 11~4月,

8：30~17：30。

最佳旅游时间：4~10月。

停车服务：景区现有生态停车场2处，总停车位约1000个。游客服务中心停车场设计停车位800个，已开工建设，预计2015年年底投入使用。收费标准为每车每次10元。

三、景区导览

四、交通到达

外部交通：规划建设了30公里的滨湖"U"型交通环线，其中南二环路西接济宁曲阜机场，东连京福高速峄山出口，景区可达性显著提高。

内部交通：15公里景区环湖车行道路全部完成，打造沿湖湿地亲水木栈道18公里，整体形成"进的来、出得去、散得开"的旅游交通格局。

五、活动体验

1. 放鱼节活动

举办时间：每年的 4 月

举办地点：太白湖景区太白湖阁中心广场

活动主题：以"天地人和、亲水爱鱼"为主题，活动为期两天

游客参与方式：活动作为一项全社会共同参与的公益性活动，单位、市民个人及社会团体可以通过认购放流苗种、捐助资金、参加志愿者活动等方式参与放鱼活动

2. 健步走活动

举办时间：每年的 8 月上旬

举办地点：太白湖景区太白湖阁中心广场

活动主题：绿色运动，健康生活，自然体验美景

参加人员：企事业单位及来太白湖景区的所有游客

3. 科普摄影展

举办时间：每年的 10 月

举办地点：太白湖景区太白湖迎宾大道

活动主题：增强了解自然、亲近自然、保护生态环境的意识

游客参与形式：用开放的介绍形式面对大众

4. 捕鱼节活动

举办时间：每年的春节前

举办地点：太白湖景区

活动主题：保护生态，维持太白湖水体平衡

游客参与形式：鱼王拍卖，游客自由、自愿参与

万紫千红生态养生旅游度假区

一、景区简介

　　万紫千红生态养生旅游度假区以"回归自然、生态养生"为理念，以优质的生态环境和自然山水为特色，形成一处"城市体系外的"生态养生旅游度假区。景区群山环绕、地势起伏、植物茂盛，拥有北方地区极为少见的集湖水、缓坡、浅丘、山峦、密林于一体的湖光山色自然景观。区内拥有近200种野生及次生、半次生林木，散落四处的湿地、溪流、泉眼，几十种果木林园，无以数计的飞禽走兽、昆虫鱼类，生生不息的生物圈造就无可比拟的生态环境。景区先后获得国家水利风景区、国家水土保持科技示范园、全国休闲渔业示范基地等荣誉称号。

二、公共服务信息

景区地址：山东省济宁市泗水县泗张镇（日兰高速"泉林/城前"出口右转200米）

联系电话：0537-5091888

景区网址：www.wzqh.com.cn

公共邮箱：sdwanziyuan@163.com

景区门票：50元/人。优惠条件为：

（1）1.2米以下的儿童免票；1.2~1.4米（含1.4米）儿童购票，享受4折优惠；1.4米以上全票。

（2）对持有教师证的教师，享受6折优惠。

（3）60~69岁的老人凭有效证件，享受4折优惠。

（4）如同时符合多种门票优惠条件的，游客只能选择一种优惠条件，不得累计享受。

（5）团队（20人以上）购票，以及委托旅行社、代理商订票，可享受4~9折优惠，具体优惠额度由度假区确定。

园区售票时段分夏季、冬季及节假日三个工作时段，具体售票时间为：

（1）夏季（5月1日~10月31日）售票时间点为：每日8：00~17：00；

（2）冬季（11月1日~次年4月30日）售票时间点为：每日8：30~16：30；

（3）法定节假日及园区重大活动，提前30分钟售票，停售时间不变。

最佳旅游时间：4~10月。

停车服务：万紫千红度假区在游客中心、度假酒店、汽车营地等处均设有大型停车场，共可停靠小型轿车 1000 余辆，均免费停车。

三、交通到达

1. 外部交通

京沪高铁曲阜东站：驾车沿孔子大道→ 104 国道→日兰高速（临沂、日照方向）行驶，至泉林 / 城前出口下，右转 200 米即是。全程大约 40 分钟。

2. 内部（附近）交通

游客在度假区内乘坐电瓶观光车游览，并设有 9 处停靠站点，游客可下车游览，全程约需 40 分钟。

至济宁：驾车出度假区后沿日兰高速（济宁、菏泽方向）行驶，至济宁出口下。

至曲阜：驾车出度假区后沿日兰高速（济宁、菏泽方向）行驶，至曲阜南出口下。

至泗水：驾车出度假区后沿 244 省道（西向）行驶，至 327 国道交界处向西行驶 15 公里。

四、住宿服务

万紫千红度假酒店

电话：0537-3146466

汽车营地童话木屋

地址：位于汽车营地内，分为一室一厅、两室一厅两种房型，由途家网代为经营管理。

电话：0537-4386886　4386996

五、餐饮服务

万紫千红度假酒店

电话：0537-3146399

万紫千红汽车营地

可在汽车营地蒙古包、帐篷内就餐，以泗水当地烤全羊、羊肉串及微山湖鱼为主要特色。

电话：0537-4270000

六、购物指南

万紫千红度假区内有各种泗水当地土特产（如柳絮粉皮、粉丝、大枣、核桃、砭石等）及景区自有有机产品（如韭菜、地瓜、土豆、大葱等各种无公害有机时令蔬菜，西瓜、桃、山楂、板栗等时令水果，以及自产天然纯正蜂蜜、花生油、葡萄酒、天鹅蛋等）出售。在度假酒店商务中心及有机蔬菜基地均可购买。

七、周边可供游客关联消费的旅游项目

周边旅游景区有泗水泉林泉群景区、泗水圣源度假村、泗水马家岭草莓采摘基地、泗水圣地桃源·王家庄民俗村。

孔子六艺城景区

一、景区简介

　　孔子六艺城以中国古代伟大的思想家、教育家、政治家、儒家学派的创始人孔子一生所崇尚和倡导的"礼、乐、射、御、书、数"六艺为主题，借助建筑、园林、美术、雕塑以及高科技手段营造出一个有节奏、有层次、有历史深沉感的立体游览空间，是一座集休闲、体验、娱乐、拓展、美食、购物于一体的大型文化主题游乐城。

　　景区秉承"注重文化品位，传承历史文脉"的经营理念，创意策划出孔子六艺文化体验之旅、孔子故里修学游、孔子民俗文化游、孔子故里过大年等多项精品旅游项目。景区先后被授予山东省旅游消费信得过单位、山东省旅游细微化服务达标企业、十佳旅游企业等荣誉称号。

二、公共服务信息

　　景区地址：山东省曲阜市春秋中路 33 号

联系电话： 0537-4494810　4497648　4494620

景区网站： www.kzlyc.com

景区微信： qf-kzlyc

公共邮箱： kzlyc61@163.com

景区价格： 60 元 / 人

营业时间： 淡季：8：00~17：00；旺季：7：30~17：30。

最佳旅游时间： 景区属人文主题景区，以内部展馆为主，适宜四季游览参观。

停车服务： 目前景区内部设有 4 个停车场，面积约为 6700 平方米，总计停车位 200 余个，均免费面向游客开放。

三、交通到达

机场： 景区到济宁曲阜机场 1 个小时，济南遥墙国际机场 1.5 小时，到徐州观音机场 2 小时。

火车站： 景区到曲阜火车站 15 分钟，曲阜高铁站 20 分钟，兖州火车站 30 分钟。

汽车站： 景区到曲阜汽车站 20 分钟。

高速公路： 京福高速→曲阜出口下→ 327 国道西行→第一个红绿灯左转→沿 104 国道南行约 1 公里即到景区。日菏高速→曲阜出口下→沿 104 国道北行即到景区。

四、餐饮及住宿服务

燕乐宫

曲阜香格里拉大酒店

曲阜春秋大酒店

曲阜铭座杏坛宾馆

五、活动体验

每天10:30、15:00在孔子六艺大剧院举行孔子六艺乐舞和仿古祭孔乐舞，每场约为30分钟。在五一、十一等重要节假日，剧场上演舞剧《杏坛古韵》。

民俗民艺表演（抬花轿、摊煎饼、捏面人、木板年画、腰鼓表演、汉代婚俗表演等）。

曲阜当地非物质文化遗产现场展示（扶兴和毛笔制作、楷木雕刻、纸坊桑皮纸造纸术、鲁锦纺织、拆拼鲁班锁等）。

射厅参与古代射礼学习、射箭竞技比赛、真枪实弹射击（小口径步枪）。

六、购物指南

景区内有商品购物店，可购买到扶兴和毛笔、纸坊桑皮纸、儒家文化典籍、特色小吃、曲阜三宝（楷雕、尼山砚台、碑帖）、孔府煎饼、孔府佳酿等特产。

七、周边可供游客关联消费的旅游项目

周边旅游景点主要有孔庙、孔府、孔林。

尼山孔庙及书院景区

一、景区简介

尼山孔庙位于曲阜市东南约 28 公里处的尼山东麓。尼山，原名尼丘山，因孔子名丘，为避圣讳，故称"尼山"。这里历史悠久，人文资源丰厚，早在新石器时代就有先民在这里渔猎、耕耘劳作时留下的遗迹。附近周边发现有多处新石器时代文化遗址，夫子洞遗址就是其中之一。

现尼山建筑群前为庙宇，后为书院，各自独立成区，为山东省重点文物保护单位、全国重点文物保护单位，并作为"三孔世界遗产扩展项目"列入国家世界遗产预备名单。庙宇为五进院落，三路布局；书院又名"尼山诞育书院"，为民居式四合院建制。庙前为智源溪，跨其溪而建桥。

二、公共服务信息

景区地址：山东省曲阜市东南约 28 公里处的尼山东麓

联系电话：0537-4486500　4424095

景区网址：曲阜孔子旅游网 http://www.uqufu.com

公共邮箱：qfskjq@126.com

景区门票：50元/人。曲阜游客服务中心售票时间：8：00~16：30。在游客中心和游客服务中心及每个景点入口处都能购买门票。

营业时间：8：00~17：30。

最佳旅游时间：4~10月是曲阜修学旅游的旺季。

三、景区导览

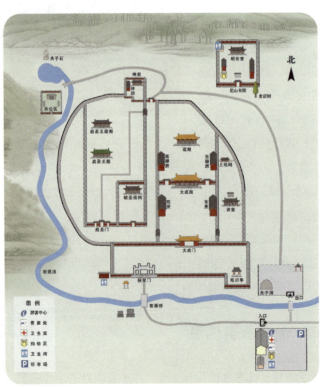

四、交通到达

机场：距济南遥墙国际机场 160 公里，有高速公路相连，路程约 1.5 小时；济宁曲阜机场（在济宁市嘉祥县）有专线公路相通，距离只有 80 公里，路程仅需 1 小时。另外，与江苏省徐州观音机场有高速公路相连，路程需 2 小时。

公路：境内有京福高速公路和 104 国道南北贯通；日兰（日东）高速公路和 327 国道横穿东西。

铁路：

普通铁路：中国经济大动脉京沪（北京—上海）铁路过境曲阜，有兖州站；兖石（兖州—日照）铁路通过曲阜，有曲阜站，向西与陇海线相连，直达中国西部。

高速铁路：我国第一条世界先进水平的高速铁路——京沪高铁，在境内穿过并设车站（曲阜东站）。

高铁站、火车站、汽车站均有公交车通到市里，乘坐 1 路、2 路、3 路、5 路、9 路、K05 路、K01 路公交路过三孔景区附近，公交站点"孔庙南门、游客中心、鼓楼门"均离孔庙孔府景点很近。

五、住宿服务

曲阜市拥有星级酒店 12 家；锦江之星、汉庭快捷、如家连锁、莫泰 168、七天连锁、格林豪泰等经济型连锁酒店 30 余家。

六、餐饮服务

孔府菜、孔府糕点。

七、购物指南

曲阜名优特产丰富，以盛产楷雕、碑帖、尼山砚、孔府家酒、孔府宴、孔府糕点、香稻而著名，其中，楷雕、碑帖、尼山砚被誉为曲阜"三宝"。

八、周边可供游客关联消费的旅游项目

曲阜明故城（三孔）景区、颜庙文物景区、周公庙文物景区、寿丘—少昊陵景区、孟母林文物景区。

石门山绿色休闲风景区

一、景区简介

石门山因山形似蟠龙之状，故有"龙门山"之称。这里风景优美，云蒸霞蔚，又有"云山"、"云亭山"之谓；又因两山对峙如石门，故俗称"石门山"。石门山绿水青山，景色秀丽，以"奇、秀、险、幽"而闻名，是著名的旅游和佛教胜地。石门山的山体呈圆形，由老虎窝山、狐山、黄山及牛山等十余个山头，主要卧虎顶海拔 406.2 米。石门寺建筑群先后荣获济宁市文物保护单位、国家森林公园、山东省文物保护单位等荣誉称号。

二、公共服务信息

景区地址：山东省曲阜市石门山镇远东路

联系电话：0537-4507368

公共邮箱：smszlyb@163.com

景区门票：成人 30 元 / 人，学生 18 元 / 人。70 岁以上老人持有效证件、1.2 米以下儿童、残疾人、国家旅游局颁发的导游证及持国家广电总局、国家新闻出版署颁发的记者证可享受免费；60~69 岁的老人持有效证件、1.2 米以上儿童、现役军人、居士证可享受优惠（学生）票价。

最佳旅游时间：春季、秋季。

停车服务：景区设停车场1处，最大容量为300辆；10座以下（含10座）小型客车轿车每次10元；11~19座中型客车每次15元；19座以上大型客车每次20元；军车免费。

三、景区导览

四、交通到达

1.外部交通

曲阜汽车站乘坐11路公交车，到达终点站即可。

或京台高速曲阜北下高速，往北直行2.5公里到石门圣境牌坊，东行3公里到达风景区。

自驾车可到曲阜转盘路，沿 104 国道北行至石门圣境牌坊，东行 3 公里到达风景区。

2. 内部 / 附近交通

全程步行 1.5~2 小时。景区周边有石门山度假村、星海公馆、山外山庄园等住宿设施。步行 5 分钟即可到达。

五、住宿服务

星海公馆

地址：石门山风景区南临

电话：0537-4507789

五星级农家乐——山外山庄园

地址：石门山风景区东临

电话：0537-3260276

六、餐饮服务

石门山度假村

地址：石门山风景区东临

龙泉饭庄

远东大学对面

山外山庄园

石门山风景区东临

七、周边可供游客关联消费的旅游项目

周庄民俗村、梨园美丽乡村、石门山自驾车露营地。

宝相寺景区

一、景区简介

汶上宝相寺景区是集圣物展示朝拜、宗教修学体验、旅游观光休闲为一体的佛教文化主题景区和著名的佛教文化体验圣地，有"北朝最初名胜，东土第一道场"之美誉。

在葺修寺院内千年古塔——太子灵踪塔时，于塔宫内发现佛祖释迦牟尼真身佛牙、舍利等佛教圣物141件，佛牙舍利被佛教泛尊为佛教的最高圣物。神圣的佛牙、神奇的佛光、神秘的佛塔被誉为宝相寺三宝，景区由礼佛大道、礼佛广场和大宝相寺院三大部分组成。大宝相寺院包括山门、钟鼓楼、天王殿、大雄宝殿、供奉殿、塔宫等景点；而太子灵踪塔佛光是宝相寺一大奇观。

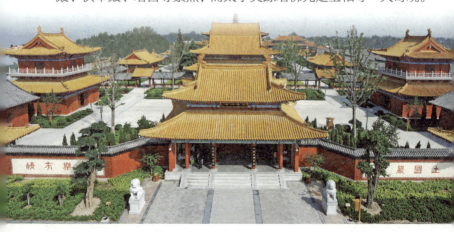

宝相寺

二、公共服务信息

景区地址： 山东省济宁市汶上县城尚书路西段宝相寺景区

联系电话： 0537-7234106

景区网址： www.daxiangsi.com

景区门票： 50元/人。儿童身高1.2米以下免票；70岁以上老人持老年证免票；现役军人、残疾人凭相关有效证件免票。儿童身高1.2~1.4米半票。

营业时间： 8：30~17：30。

最佳旅游时间： 春季、秋季。

停车服务： 景区专设停车场面积100多平方米，均为生态硬化路面。

三、景区导览

四、交通到达

1.外部交通

（1）从日东（日照—菏泽东明）高速济宁北出口下，沿105国道北行25公里即到汶上县城（进入汶上县城后沿圣泽大街行500米即到汶上宝相寺景区。

（2）从京福（北京—福州）高速曲阜出口下，进入济宁327国道，沿327国道西行3000米进入105国道，沿105国道北行35公里即到汶上县城。

（3）沿济菏（济南—菏泽）高速东平入口下，沿105国道南行15公里即到汶上县城。

2.内部/附近交通

天开圣境牌坊→寺前广场→山门→钟楼→鼓楼→天王殿→普贤殿→文殊殿→大雄宝殿→小山门→供奉殿→法物流通处→碑廊→太子灵踪塔→法无流通处→博物馆→四进院→出口。

五、住宿服务

汶上联民大酒店（三星级）

地址：山东省济宁市汶上县中都大街69号

电话：0537-7259999

汶上华鲁大酒店（三星级）

地址：山东省济宁市汶上县泉河路58号

电话：0537-7295599

六、餐饮服务

老房子芦花鸡

地址：宝相寺景区天开胜境牌坊以南 100 米

电话：0537-7229899

七、活动体验

游客体验性活动：太子灵踪文化节、宝相寺春节庙会。

太子灵踪文化节每年农历三月十五前后一周时间，在宝相寺景区举办丰富多彩的文化节活动，包括佛教大型祈福法会、祭塔大典、邀请民间艺人表演等。

宝相寺春节庙会举办时间从腊月二十三一直持续到正月元宵节，活动主要包括邀请书法家协会现场为游客写福送春联、祈福撞钟活动、民间赶集活动等。

八、购物指南

中都菩提道有佛珠手链、炭雕、各种玉石等。

九、周边可供游客关联消费的旅游项目

周边著名景点有莲花湖湿地景区等。

莲花湖湿地景区

一、景区简介

汶上莲花湖湿地景区是国家 AAAA 级旅游景区、省级湿地公园，分植物观赏区、百果采摘区、游乐项目区、民俗文化区和休闲服务区，是集湿地生态、民俗展示、人文景观、休闲娱乐、观光度假为一体的综合性旅游景区。

景区内各类景观景点 30 余处，其中最具特色的中都民俗馆位于莲花湖湿地东北角，主体建筑为明清民间仿古建筑，展馆共分喜庆民俗、文化艺术、生产生活三大展区，是山东面积最大、

展品最多、特色最鲜明的民俗文化专题展馆。长 140 米、高 26 米的莲花山是莲花湖湿地景区的标志性景观，山前设有大型瀑布，内有仿真溶洞。

二、公共服务信息

景区地址：山东省济宁市汶上县城北沿滨湖大道 2 公里处

联系电话：0537-7829996

公共邮箱：ws7829996@126.com

景区门票：入园门票 10 元 / 人；莲花山溶洞门票 20 元 / 人；中都民俗馆门票 20 元 / 人。

（1）现役军人（军休干部）、残疾军人凭有效证件免费入园，莲花山溶洞、中都民俗馆及游乐项目须购买门票。

（2）60 岁以上老年人、残疾人凭有效证件（老年证、身份证、残疾证）免费入园，免费参观中都民俗馆。如需参观莲湖山溶洞须购买门票，亲属陪同。

（3）1.2 米以下儿童免费入园、免费参观中都民俗馆、免费参观莲湖山溶洞并由家长陪同。

（4）持国家新闻出版广电总局签发证件的记者免票入园；莲花山溶洞、中都民俗馆及游乐项目须购买门票。

（5）持汶上县摄影家协会会员证可免费入园，莲花山溶洞、中都民俗馆及游乐项目须购买门票。

（6）持济宁旅游一卡通可免费入园、免费参观中都民俗馆。莲花山溶洞、游乐项目须购买门票。

营业时间：9：00~17：30。

最佳旅游时间：4~11 月。

三、景区导览

四、交通到达

1. 外部交通

G1511 日东高速→［济宁北　汶上］出口下→105 国道北行 20 公里→汶上县城北两公里→汶上莲花湖湿地景区。

G35 济广高速→［东平　汶上］出口下→东行 5 公里至东源路→105 国道南行 20 公里→汶上县城北两公里→汶上莲花湖湿地景区。

汶上莲花湖湿地景区距汶上汽车站 3 公里，车程约 15 分钟。

2. 内部交通

景区内部交通以观光电瓶车为主，时间充足可以选择步行或租赁休闲自行车（1 人、2 人、4 人）均可。

五、住宿服务

速 8 酒店（济宁汶上长途汽车总站店）

地址：山东省济宁市汶上中都大街与环城北路的交汇处附近，地处汶上旅游中心

电话：0537-7192999

山东汶上如家商务宾馆

电话：0537-3106999

汶上宜家 365 快捷商务酒店

电话：0537-3108388

汶上瑞丰大酒店

电话：0537-7200000

格林豪泰

电话：0537-5091111

南池景区

一、景区简介

南池景区是国家AAAA级旅游景区，南池系唐代开元、天宝年间南池遗址，乃古济宁八景之一。新建的南池公园以运河文化、王母阁文化、杜甫文化为主线，对旧时景点结合设计加以体现。建有王母阁、乔羽艺术、爱情博物馆、少陵茶色、玲珑水亭、南池桥、亲水广场、书法石刻广场、晚凉亭、三公祠、碑廊、文人商业街等三十余处景点。南池景区定位为人文与休闲相结合、绿化与水利资源相融合的旅游景区，通过秋水河、任城河与越河古运河相连。

二、公共服务信息

景区地址：山东省济宁市任城区龙行路与王母阁路交汇处

景区门票：免费

联系电话：0537-3625187

最佳旅游时间：一年四季均可游览，最佳游览季节为春、夏、秋季。

停车服务：景区设有 3 个停车场，分别位于景区的北边、西南与东边，可停大巴 10 辆、小车 189 辆。

三、交通到达

自驾车：

从日东高速 16 号出口下，沿东外环直行右转进入任城大道，沿任城大道直行左转进入济安桥路，沿济安桥路直行左转进入龙兴路直行到达景区。从济宁机场乘车沿机场路向东直行至滨湖大道左转进入滨湖大道，沿滨湖大道直行到车站西路右转进入车站西路，沿车站西路直行到任城路左转进入任城路，沿任城路直行到达景区。

公交车：

济宁市区内可乘坐 6 路、8 路、25 路、28 路、31 路、102 路公交车到王母阁站下车即可。

四、住宿服务

济宁京杭假日饭店

地址：山东省济宁市市中区运河城 C 座（秀水城东北角）

电话：0537-3018888

济宁驿邦精品酒店

地址：山东省济宁市市中区建设路 38 号（中区政府斜对面

电话：0537-2226555

济宁豪庭 soho 酒店

地址：山东省济宁市市中区建设路与海关路交汇处

电话：0537-3208899

济宁港湾印象连锁酒店

地址：山东省济宁市龙行路与王母阁路交叉口南 30 米

五、餐饮服务

兰州正宗牛肉拉面（任城路）

地址：山东省济宁市任城区王母阁路

马记第一家牛骨头

地址：山东省济宁市任城区王母阁路 13 号

三和饭店

地址：山东省济宁市任城区中心闸南路附近

电话：0537-2250753

麦客馅饼（南池公园）

地址：山东省济宁市任城区龙行路南池公园

电话：18254728679

伊斯兰全羊馆

地址：山东省济宁市任城区龙行路附近

六、活动体验

南池景区节庆日经常举办一些节庆活动，有汉文化修学游；有乔羽艺术馆，乔羽艺术馆 9：00~12：00、14：00~

17：00 开放，周一闭馆。

七、购物指南

景区西边有南池商业街、马大兴糕点房、济宁百货大楼、济宁玉堂酱园等购物场所。

八、周边可供游客关联消费的旅游项目

周边景区主要有济宁东大寺、博物馆、太白楼景区、人民公园景区、济宁植物园等，还有秀水城商业街、运河城、百货大楼、济宁银座、爱客多超市、华润苏果、九巨龙商品城等消费场所。

济宁顺河清真东大寺

一、景区简介

济宁顺河清真东大寺是国家 AAA 级旅游景区，被列为省级文物保护单位、国家级重点文物保护单位，可与济宁西大寺、南京净觉寺、西安化觉寺、兰州桥门街大寺相媲美，属全国五大古建清真寺之一。

寺院始建于明朝初年，清朝康熙年间大兴营造，乾隆年间钦赐重建，迄今犹存乾隆时期的精神气魄。寺院日月牌坊以及院内的抱鼓石、龙柱、凤柱、琉璃瓦及琉璃装饰，在全国清真寺建筑中，称得上是精品中的精品。中轴线上主要建筑有大门、邦克亭、大殿、望月楼四部分，中轴线两侧是南北讲堂，水房、碑廊等；寺院呈长方形，对称严谨、建筑规整，是标准的龙首式建筑群。

二、公共服务信息

景区地址： 山东省济宁市小闸上河西街 4 号

联系电话： 0537-2215811　　2266315

景区门票： 10 元 / 人。

营业时间： 9：00~17：00。

最佳旅游时间： 3 月上旬 ~10 月下旬。

停车服务： 景区专设停车场，可停放车辆 30 辆。

三、交通到达

自驾车：

（1）从日东高速 16 号出口下，沿东外环右拐到任城大道，沿任城大道左拐到共青团路，沿共青团路直到东大寺。

（2）从曲阜高铁下高铁沿高铁路向西左转到 104 国道，直行右转到崇文大道，直行左转到共青团路，沿共青团路直到东大寺。

公交车：

乘坐 1 路、2 路、8 路、19 路公交车到文化广场下车；乘坐 39 路、21 路公交车到银座购物广场站下车可到。

四、住宿服务

济宁如家快捷酒店（太白楼中路店）

地址：山东省济宁市太白楼中路 83 号（近古槐路）

电话：400-618-8725

济宁秀水宾馆

地址：山东省济宁市大闸口河南街（通信大厦向南50米）

五、餐饮服务

推荐天下第一氽：济宁特色小吃氽肉干饭。

地址：济宁市解放路西首

六、购物指南

油香是穆斯林特有的食品，只有在纪念先人的日子或者是穆斯林的节日，或者是斋月期间才能做油香。

济宁市博物馆·崇觉寺景区

一、景区简介

济宁市博物馆·崇觉寺景区，是国家 AAA 级旅游景区。博物馆主展楼的主体建筑为仿古风格建筑形制，设有四个大型固定展览，二楼展区"济宁千秋"和"馆藏文物精品"，三楼展区"朱复戡书法艺术"，四合院展区"中国运河之都——济宁"。

馆舍东部为崇觉寺，又被称为铁塔寺。声远楼也坐落于寺内，楼内悬挂一口巨型铁钟，撞击铁钟，响彻全城，声远十余里。崇觉寺铁塔作为古城济宁数百年来的标志性建筑，被列为第三批全国重点文物保护单位。济宁汉碑收藏数量占全国总量的60%，素有"中国汉碑半济宁"之誉，市博物馆则是济宁境内汉碑、汉画像石的重点收藏地之一。

二、公共服务信息

景区地址： 山东省济宁市古槐路 38 号

联系电话： 0537-2215811

景区网址： www.jiningmuseum.com

景区门票： 免费开放，全年无淡季，9：00~11：30、13：00~16：30。

停车服务： 景区专设停车场 2 个，在景区南北各一个，可容纳 5 辆大巴车、76 辆小车。

三、交通到达

自驾车：

（1）从日东高速 16 号出口下，沿东外环右拐到任城大道，沿任城大道左拐到古槐路，沿古槐路直到博物馆。

（2）从曲阜高铁下高铁沿高铁路向西左转到 104 国道，直行右转到崇文大道，直行左转到古槐路，沿古槐路直到博物馆。

公交车：

途经市博物馆公交站的有 101 路、16 路、20 路、26 路、28 路、31 路、6 路等 7 条公交线路。济宁市博物馆附近有 30 个公交站，分别是红十字会复明医院（248 米）、附属医院（255 米）、潘家大楼（271 米）、市第一人民医院儿童医院（387 米）、北门小区（439 米）等。

四、住宿服务

济宁豪庭商务酒店

地址：山东省济宁市市中区古槐路 39 号（原房产交易中心）

电话：400-618-8725

济宁汉庭快捷酒店（古槐路店）

地址：山东省济宁市中区古槐路 36 号（博物馆北临，附属医院对面）

电话：400-618-8725

五、餐饮服务

中区招待所

地址：山东省济宁市市中区古槐路博物馆东边

小科自助烤肉·火锅

地址：山东省济宁市市中区古槐路樱花园小区

电话：15715474018

风花雪月小酒家

地址：山东省济宁市市中区古槐路博物馆对面

电话：0537-2039601

山湖味道

地址：山东省济宁市市中区财神阁机关招待所对面

千串百味自助旋转麻辣烫

地址：山东省济宁市市中区财神阁路中区招待所东临 50 米路北

电话：15562274909

六、活动体验

博物馆现在开设了文物研修班。

七、购物指南

附近的购物场所有百货大楼、运河文化礼品行、财神阁烧鸡铺等。

八、周边可供游客关联消费的旅游项目

周边有济宁东大寺、南池景区、太白楼景区、人民公园景区、济宁植物园、秀水城商业街、运河城、百货大楼、济宁银座、爱客多超市、华润苏果、九巨龙商品城等消费场所。

曾庙景区

一、景区简介

曾庙景区为国家 AAA 级旅游景区，是祭祀孔子著名弟子——曾子的专庙，原名"忠孝祠"，后改称"宗圣庙"。曾庙坐北朝南，占地面积 29808 平方米，建筑布局沿中轴线分正、左、右三路，共五进院落，重要建筑 30 余座，殿、庑、厅、堂 80 余楹，保留了鲜明的明代建筑风格。曾庙被公布为第六批全国重点文物保护单位，入选为"曲阜孔庙、孔府、孔林"世界文化遗产扩展项目预备名单。目前，曾庙景区已经成为鲁西南著名的集修学、度假、观光、文化于一体的旅游胜地。

二、公共服务信息

联系电话：0537-6853702

公共邮箱：jxly702@163.com

景区门票：30 元 / 人（不分淡旺季）。

营业时间：8：00~17：30。

停车服务：景区设停车场1处，位于曾庙大门前，最多停车120辆，收费标准为5元/辆。

三、交通到达

航空：济宁机场坐落在嘉祥县，现已开通北京、上海、广州、沈阳、成都、武汉、重庆、昆明、青岛、厦门等地航班。济宁机场→武氏祠旅游专用线（左拐）→进入S252→满硐镇南武山村（右拐）→曾子大道→曾庙。

交通自驾游路线：

（1）济宁→G105→机场路→武氏祠旅游专用线（左拐）→进入S252→满硐镇南武山村（右拐）→曾子大道→曾庙。

（2）嘉祥县→S252→满硐镇南武山村（右拐）→曾子大道→曾庙。

四、活动体验

（1）曾子诞辰祭祀活动：每年9月，在曾庙举行曾子诞辰祭祀活动。

（2）研修学习活动："孝文化"修学游。

嘉祥青山景区

一、景区简介

济宁嘉祥青山景区有"四寺、两庙、四泉",素有"小岱宗"之称,是祈福纳祥、休闲度假的旅游胜地。掩映于青山西麓苍松翠柏中的千年古刹青山寺,是周武王所封诸侯国焦国君王的神庙。法云寺始建于唐代,因有"天下神数法云"之说而得名。寺内佛像均属缅甸玉雕,造型生动,色彩绚丽,是目前我国唯一规模最大、数量最多、构建最完整的玉佛寺庙。青山景区以瑰丽的山林景观、奇特的自然风物、玄秘的佛道学文化著称于鲁西南,是鲁西南著名的旅游胜地。

青山寺奇观榆抱碑

二、公共服务信息

联系电话： 0537-6853702

公共邮箱： jxly702@163.com

景区门票： 20元/人（不分淡旺季）。

营业时间： 8：00~17：30。

停车服务： 景区设停车场2处，1处位于青山寺山脚下，最多停车40辆，5元/辆；1处在法云寺大门前，停车40辆，不收费。

三、交通到达

嘉祥县日东高速出口距嘉祥 3 公里，济宁 22 公里，巨野 28 公里，距青山景区 12.5 公里。东临北京→上海、北京→福州高速公路，日照→菏泽、济南→菏泽高速公路和 327 国道贯穿嘉祥县境内，有嘉金线、嘉核线穿越景区，乘坐嘉祥至金乡县的公交车可直达景区。

四、餐饮服务

德信庄园

地址：山东省嘉祥县纸坊镇青山景区西南 1 公里（S252 省道西侧）

电话：0537-6810678

云泉山庄

地址：山东省嘉祥县纸坊镇，出县城西南行 8000 米即到（嘉金线左侧）

电话：0537-6613333

五、活动体验

（1）庙会祈福活动：青山庙会、四月初一庙会、腊月初八庙会、大年初一庙会、三月十五庙会；

（2）青山庙会的商贸交易和文化娱乐活动。

武氏祠景区

一、景区简介

阙室

济宁嘉祥武氏祠为国家AAA级旅游景区，是我国东汉时期武氏家族墓地上的一组石刻建筑构件，内容广泛、思想深邃、雕刻精湛，涉及政治、经济、文化、生活等各个领域，从不同角度反映了汉代的社会状况、风土人情、典章制度、宗教信仰等，居全国汉画像石之首，是汉代石刻艺术的巅峰之作，被誉为"世界瑰宝"、"中国汉代历史百科全书"，被国务院公布为第一批全国重点文物保护单位。

二、公共服务信息

联系电话： 0537-6853702

公共邮箱： jxly702@163.com

景区门票：50 元 / 人（不分淡旺季）。

营业时间：8：00~17：30。

停车服务：景区设停车场 1 处，位于武氏祠景区大门前，最多停车 68 辆，不收费。

三、交通到达

航空：济宁机场坐落在嘉祥县，现已开通北京、上海、广州、沈阳、成都、武汉、重庆、昆明、青岛、厦门等地航班。距离武氏祠景区 1 公里。

公路：东临京沪、京福高速公路，日菏支线、日东、济菏、济徐高速公路、327 国道和 105 国道贯穿嘉祥境内。省道 252 线连接景区。

交通自驾游路线：（1）济宁→ G105 →机场路→武氏祠旅游专用线→武翟山村；（2）嘉祥→ S252 →纸坊镇→武翟山村

四、餐饮服务

德信庄园

地址：山东省济宁市嘉祥县纸坊镇青山景区西南 1 公里（S252 省道西侧）

电话：0537-6810678

云泉山庄

地址：山东省济宁市嘉祥县纸坊镇，出县城西南行 8000 米即到（嘉金线左侧）

电话：0537-6613333

金水湖旅游区

一、景区简介

金水湖旅游区为国家AAA级旅游景区，坐落在享有"金谷之乡"和"中国蒜都"美誉的金乡县，与儒家文化、运河文化和风景名胜沃土紧紧接壤，地理位置得天独厚。景区以"水生态和谐"为开题，以水域为天然依托，分为生态花境观赏区，湿地观赏区，春花漫堤区，童趣园，婚庆园区，中心景观区，"一主两次"三大入口广场区等九区。体现着大自然的"可敬、可畏、可亲、可近"，也体现着人与自然的和谐相处。

二、公共服务信息

景区地址：山东省济宁市金乡县鱼山街道

联系方式：0537-3268901

景区门票：景区为开放式景区，免费开放；游船等娱乐项目另行收费。

停车服务：景区配备停车场两处，分别位于南门和西门，总停车位约 500 个。

三、交通到达

航空：北距济宁曲阜机场 15 公里。

火车：距济宁火车站 35 公里。

自驾路线：由济宁出发沿 105 国道向南行驶至金乡县滨河路，沿滨河路西行 2000 米即到。

四、住宿及餐饮服务

景区 2000 米范围内有毛家饭店、聚海宾大酒店、格林豪泰快捷酒店等；还有各类农家乐 4 家。

梁山水浒酒文化体验馆

一、景区简介

梁山水浒酒文化体验馆坐落于水泊梁山脚下，按照北宋乡风民俗和市井文化风貌特点设计建设。一期工程建筑面积 6500 平方米，投资 5127 万元，已于 2014 年 5 月竣工并投入运营。游客在这里能听水浒英雄故事、观梁山好汉功夫、赏梁山乡风民俗、尝江湖老味大餐、品水浒故里美酒，领略北宋市井风情，体验博大精深的水浒酒文化、武文化和忠义文化，享受独到的水浒英雄豪情。梁山水浒酒文化体验馆是山东省第一家旅游星级酒店向 AAA 级景区转型升级并连体经营的文化旅游企业，也是全国唯一的集食、住、游、购、娱为一体的水浒文化主题景区。

二、公共服务信息

景区地址：山东省济宁市梁山县水泊南路南首 108 号

联系电话： 400-837-9799　0537-7361333　7362333

公共邮箱： sdlsxhc@126.com

景区网址： www.lsxhc.com

景区门票： 50 元 / 人；不分淡旺季；对 1.2 米以下儿童和持现役军人证、军残证、1~2 级残疾人证、记者证、导游证、驾驶员 A 证、70 周岁老年人证者给予免票优惠；对 1.2~1.4 米少儿和持 3~4 级残疾人证、65 周岁以上老年人证者给予半价优惠。

营业时间： 冬季：8：00~18：30，其他季节：8：00~19：00。

最佳旅游时间： 四季皆宜。

停车服务： 景区设停车场 2 处（景区院内和景区门前各一处），泊位 80 个，免费停放。

三、交通到达

1. 外部交通

景区北距梁山汽车站 1 公里，西至梁山火车站 16 公里。

自驾车：

（1）从华北、东北、山东东部和河南等方向前来，请选择济广高速，从梁山出口下高速，沿梁济公路向梁山（西北方向）行驶 18 公里，到达水浒酒文化体验馆（杏花村大酒店）景区，从下高速至景区约需 20 分钟。

（2）从西北方向前来者，请选择走蒙馆公路，至梁山县城后，沿水浒中路直行至水浒南路南首，到达水浒酒文化体验馆（杏花村大酒店）景区，从县城至景区约需 8 分钟。

（3）从苏北、皖北和鲁南等方向前来，请选择在日东高速济宁西（长沟）出口下高速，沿梁济公路向梁山（西北方向）行驶

40 公里，到达水浒酒文化体验馆（杏花村大酒店）景区，从下高速至景区约需 40 分钟。

航空：在济宁（曲阜）机场下飞机，经嘉祥县城至梁山县城，到达水浒酒文化体验馆（杏花村大酒店）景区，从机场至景区约需 70 分钟。

火车：在京九铁路梁山站下车，乘 2 路公交车至终点站郝山头站，再转乘 1 路公交车到达水浒酒文化体验馆（杏花村大酒店）景区，从火车站至景区约需 30 分钟。

2. 内部交通

景区内部徒步游览。

四、住宿服务

杏花村大酒店

地址：山东省济宁市梁山县水泊中路南首

电话：0537-7316999　7367777

水浒文化大酒店

地址：山东省济宁市梁山县越山南路 20 号

电话：0537-3261111

五、餐饮服务

杏花村江湖老味美食街

地址：山东省济宁市梁山县水泊南路南首

电话：0537-7316849

六、活动体验

（1）元宵节："逛夜市，猜灯谜"——游客进入体验馆夜市寻找写有水浒灯谜的字条，揭下后到售票处写出答案领取奖品；傍晚在体验馆门口赏水浒人物花灯及璀璨烟火。（免费）

（2）妇女节："巾帼英雄上梁山"——组织女性游客参与登山比赛，前三名到达忠义堂者领取奖品。（免费）

（3）清明节："一封写给 TA 的信"——为游客提供一个写出自己心声的机会，无论寄给谁寄到哪个年代，都可以投放到体验馆的时光邮箱内，我们会摘取其中的一部分信件进行回复。（免费）

（4）劳动节："好汉请你来喝酒"——为犒劳平日辛勤工作的游客，宋江头领携各兄弟请游客大碗喝酒、大块吃肉。（免费）

（5）中国旅游日："1 元玩穿越"——门票只要 1 块钱。（1 元）

（6）儿童节："小小少年做好汉"——组织儿童和家长进行水浒主题亲子活动，包括水浒文化知识竞猜、学习水浒好汉功夫、观赏水浒民俗表演以及水浒主题互动游戏。（免费）

（7）端午节："大嫂教你包粽子"——顾大嫂现场教授游客包粽子，让游客尝一尝自己动手的滋味。（免费）

（8）七夕节："私奔到宋朝"——为情侣提供在体验馆内拍摄古装情侣写真的套餐，并赠送情侣纪念品。（情侣写真套餐 521 元）

（9）中秋节："赏花赏月赏三娘"——扈三娘抛绣球招亲，接到绣球的游客与扈三娘一起体验宋朝婚礼。（免费）

（10）国庆节："挑战英雄榜"——游客与武松比试酒量，前

8名游客进入体验馆英雄榜并颁发证书奖品。（免费）

（11）重阳节："投壶大赛"——组织游客进行投壶比赛，赢者领取奖品。（免费）

（12）光棍节："兄弟相逢三碗酒"——为游客提供司仪、服装、道具，化身梁山好汉体验宋朝的结拜之礼。（免费）

（13）冬至："孙二娘仁肉饺子"——孙二娘在体验馆为游客包仁肉饺子。（免费）

（14）元旦："找福"——游客在体验馆内寻找带有福字的红纸，到售票处兑换礼品。（免费）

（15）腊八节："过了腊八就是年"——游客可在体验馆品尝王婆特制的腊八粥。（免费）

（16）春节："体验馆里过大年"——水浒好汉与游客一起聚义过大年。（免费）

（17）寒暑假："水浒民俗修学游"——为假期学生提供修学游活动。（团队门票）

（18）日常体验活动：免费品酒，宋朝服饰，梁山酒令，民俗表演，梅花拳，投壶，九射格，义结金兰，北宋酿酒，北宋婚礼。

七、购物指南

梁山水浒酒文化体验馆（旅游商品购物中心）。

八、周边可供游客关联消费的旅游项目

（1）水浒酒文化体验馆，3A级景区，景区沿越山南路下行

至水泊南路南行 1.5 公里路东。

（2）独山抗日纪念馆，景区沿越山南路下行至水泊南路南行1.5 公里水浒酒文化体验馆东临。

（3）汶上宝相寺景区，4A 级景区，景区沿越山南路下行至水泊南路南行转 S337 省道转 S333 省道汶上方向至景区入口。

泉林泉群风景区

一、景区简介

泉林泉群风景区是古老泗河的发源地，由泉林泉群景区和泗水泉群景区组成，因名泉荟萃、泉多如林而得名，被列为省级风景名胜区、国家 AAA 级旅游景区。据清光绪《泗水县志》记载，泉林有名泉七十二，大泉数十，小泉多如牛毛。《山东通志》称泉林为"山东诸泉之冠"。泗河因景区内的四大名泉汇集而得名，泗河流域是古代东夷文化的摇篮，是伏羲、虞舜的故乡，儒家学说的重要发祥地，先贤仲子故里。景区现存遗址多处，有古卞城遗址、国家级文物保护单位卞桥、千年银杏树、子在川上处、石舫等多处名胜古迹遗址。

二、公共服务信息

景区地址：山东省济宁市泗水县泉林镇驻地

联系电话： 0537-4011101

公共邮箱： ssqljq@163.com

景区门票： 30 元 / 人，无淡旺季之分。60~69 岁老人凭证半票，70 岁以上老人凭证免票；现役军人、残疾军人、残疾人凭证免票；1.4 米以下儿童在家长监护下免费游园；本科以下学生凭学生证半票；同程网、携程网等网上订票 25 元 / 人。其他优惠政策按国家相关规定执行。

营业时间： 夏季：8：00~17：30；冬季：8：30~17：00。

最佳旅游时间： 景区以泉水为主要旅游资源，四季皆宜。

停车服务： 景区停车场位于景区入口处，目前可同时容纳50 辆车辆停放；新建大型标准停车场正在施工中，年底可交付使用。停车费根据车辆大小，收费标准为 5~10 元。

三、景区导览

四、交通到达

327 国道从景区门口穿过，人口密集，交通便捷。泉林泉群风景区位于泗水县境内，327 国道从景区门口穿过，日东高速公路、兖石铁路横贯东西。距离泗水汽车站 19 公里，距离泗水火车站 20 公里，距离嘉祥军民两用机场 200 公里，距日东高速公路泉林出口 18 公里，距离京沪高铁曲阜站 20 公里，县城公交每 20 分钟一班，抵达景区只需 30 分钟。

泉林景区距曲阜市 45 公里；距兖州市 65 公里；距济宁市 90 公里；距济南市 150 公里；距泰安市 90 公里；距新泰市 60 公里。

五、住宿及餐饮服务

聚福德酒店

地址：泉林景区沿 327 国道东行 300 米路北

电话：13854729139

御泉宾馆

地址：泉林景区沿 327 国道西行 200 米路北

电话：13905470505

鑫地酒店

地址：聚福德酒店对面

电话：13953762798

双月酒楼

聚福德酒店西邻

泉林景区鱼馆

泉林景区院内

电话：13793764370

虹鳟渔场鱼馆

泉林景区对面

电话：0537-4011449

安山景区

一、景区简介

　　安山景区集休闲度假、餐饮住宿、登山健身、垂钓、射击、温泉洗浴、商务活动、生态观光融合佛教文化于一体，是鲁南地区著名的生态旅游、休闲度假胜地。景区内有唐代名刹安山寺，寺内有龙津泉、珍珠泉，2500多年的"植物活化石"夫妻银杏树两棵，十八罗汉洞，万亩桃园，百鸟园、百兽园等景点，并建有彩弹射击场、温泉浴等健身娱乐项目。"济宁人民防空应急疏散基地"和"济宁市地震观测站"相继落户于安山景区内。

二、公共信息服务

景区地址： 山东省济宁市泗水县泗张镇

联系电话： 0537-4386888

景区网址： www.sdanshansi.com

公共邮箱： kx516@126.com

景区门票： 安山寺（正月初一到初六）门票10元/人，其他时间不收任何门票。

营业时间： 8：00~17：30。

最佳旅游时间： 春、夏、秋三季。

停车服务：景区内共有大小停车场 7 处，分布在景区内，最大可同时容纳百余辆中、小型车辆停放，不收任何费用。

三、景区导览

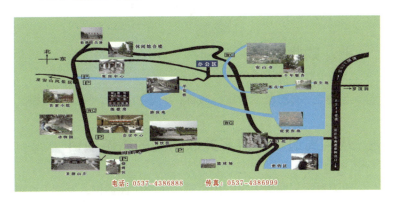

电话：0537-4386888　　传真：0537-4386999

四、交通到达

1. 外部交通

南距日兰高速泉林出口 6 公里，从泉林出口右行至泗张镇十字路口，左行沿 244 省道向北直行 5 公里（安山寺）即到。

2. 内部交通

开车、步行均可（环形路，车辆单行），距泗张镇 5 公里，开车约 10 分钟。

五、住宿及餐饮服务

圣源度假村

地址：山东省济宁市泗水县泗张镇（景区内）

电话：0537-4386500

六、体验活动

登山：全天，没有任何费用。

庙会：正月初一到初六，门票 10 元 / 人。

七、购物指南

当地特产有粉条、粉皮，核桃，大枣，小米，绿豆，杂粮。

八、周边可供游客关联消费的旅游项目

周边景区主要有未来安山小镇、王家庄民俗村、万紫千红度假区。

周　公　庙

一、景区简介

　　周公庙是祭祀我国西周初期伟大的思想家、政治家周公的庙宇，被公布为山东省文物保护单位、列入第七批全国重点文物保护单位。周公庙历经宋、金、元、明、清历代6次增修扩建，形成了现在的规模。庙庭总面积达75亩，四周红墙环绕，内分四进院落，有殿、堂、庑、亭、门、坊57间，历代古碑30余通，庙内有桧、柏、楷、槐等古树名木交织庇荫，蔚然壮观。

二、公共服务信息

　　景区地址： 山东省曲阜市明故城东北1公里处

　　联系电话： 0537-4486500　4424095

　　景区网址： 曲阜孔子旅游网 http：//www.uqufu.com

　　公共邮箱： qfskjq@126.com

　　景区门票： 50元/人。在游客中心和游客服务中心及每个景点入口处都能买上门票，曲阜游客服务中心售票时间为8：00~16：30。

　　营业时间： 8：00~17：30。

　　最佳旅游时间： 4~10月是曲阜修学旅游的旺季。

三、景区导览

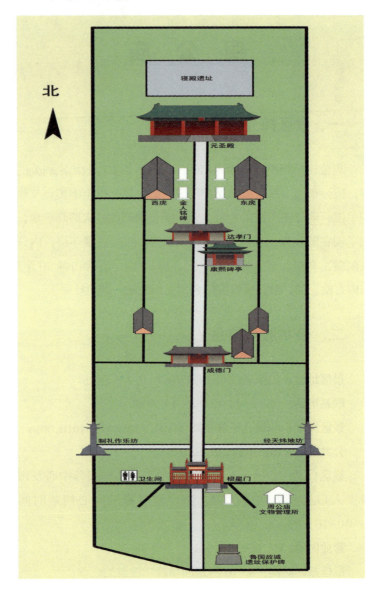

四、交通到达

航空：距济南遥墙国际机场 160 公里，有高速公路相连，路程约 1.5 小时；济宁曲阜机场（在济宁市嘉祥县）有专线公路相通，距离只有 80 公里，路程仅需 1 小时。另外，与江苏省徐州观音机场有高速公路相连，路程需 2 小时。

公路：境内有京福高速公路和 104 国道南北贯通；日兰（日东）高速公路和 327 国道横穿东西。

铁路：

普通铁路：中国经济大动脉京沪（北京—上海）铁路过境曲阜，有兖州站；兖石（兖州—日照）铁路通过曲阜，有曲阜站，向西与陇海线相连，直达中国西部。

高速铁路：我国第一条世界先进水平的高速铁路——京沪高铁，在境内穿过并设车站（曲阜东站）。

高铁站、火车站、汽车站均有公交车通到市里，乘坐 1 路、2 路、3 路、5 路、9 路、K05 路、K01 路公交路过三孔景区附近，公交站点"孔庙南门、游客中心、鼓楼门"均离孔庙孔府景点很近。

五、住宿服务

曲阜市拥有星级酒店 12 家；锦江之星、汉庭快捷、如家连锁、莫泰 168、七天连锁、格林豪泰等经济型连锁酒店 30 余家。

六、餐饮服务

孔府菜

孔府糕点

七、购物指南

曲阜名优特产丰富，以盛产楷雕、碑帖、尼山砚、孔府家酒、孔府宴、孔府糕点、香稻而著名，其中，楷雕、碑帖、尼山砚被誉为曲阜"三宝"。

八、周边可供游客关联消费的旅游项目

周边景区有曲阜明故城（三孔）景区、颜庙文物景区、寿丘少昊陵景区、尼山孔庙及书院景区、孟母林文物景区等。

九仙山景区

一、景区简介

　　九仙山景区，相传是古代九个仙女趁王母娘娘大宴群仙醉后偷偷下凡，迷恋人间美景化为九个仙峰常立人间而得名。景区由凤凰山、凤凰城、华山、龙山、黑虎山等33座山头的万亩山林植被和山前两万亩国家级观光农业示范园组成。景区内凤凰城海拔548.1米，是济宁市的最高点。位于九仙山主景区，以红门宫为代表的寺庙群始建于明代，"儒、释、道"文化汇集此地，素有"小泰山"之称。景区先后被评为国家级农业旅游示范点、省级风景名胜区、山东省旅游强乡镇、国家级生态镇等荣誉称号。

二、公共服务信息

景区地址：山东省曲阜市城北沿104国道10公里路西

联系电话：0537-4571999　4581088

景区微信公众平台：qfjxsly

公共邮箱：wclykfb@126.com

景区门票：成人票 30 元 / 人，学生票 10 元 / 人。

营业时间：8：30~16：30。

最佳旅游时间：3~10 月。

停车服务：红门宫景区设有大型停车场，可同时容纳 1000 余辆车，收费标准为 10 元。

三、景区导览

四、交通到达

1. 外部交通

自驾车：

（1）曲阜城区沿 104 国道向北行至 10 公里处，国道西侧为景区迎宾区；

（2）走京福高速公路，从曲阜北出口下，向南 2 公里为景区入口。

公交车：

从曲阜汽车站乘 19 路公交车 40 分钟至九仙山站下车。

2. 内部 / 附近交通

（1）吴村镇迎宾区→高楼村→东岭村→簸箕掌村→仙石景观大道→红门宫景区，驾车约 15 分钟；

（2）红门宫景区→会泉峪民俗村，驾车约 5 分钟；

（3）红门宫景区→红山子村→九仙山天池景区→葫芦套民俗村，驾车约 10 分钟。

五、住宿服务

圣山度假中心

地址：山东省曲阜市吴村镇龙尾庄村

电话：15253785866

九仙山景区内各农家小院

六、餐饮服务

瑞景苑农家乐

地址：山东省曲阜市吴村镇丛庄村

电话：0537-4584908

玉龙庄园水上餐厅

地址：山东省曲阜市吴村镇峪西枣园

电话：0537-4584908

枣园农家乐

地址：山东省曲阜市吴村镇峪西村

电话：0537-4583288

七、活动体验

九仙山"三月三"庙会

举办时间：每年农历三月初三至初七

活动地点：九仙山红门宫景区

收费情况：10元／人

八、购物指南

当地特产有山核桃、贡枣、山楂等。

九、周边可供游客关联消费的旅游项目

周边著名景点有三孔景区、石门山风景区。

寿丘少昊陵

一、景区简介

位于曲阜城东北 3 公里处的寿丘，是中华民族"人文始祖"轩辕黄帝的诞生地。宋代修建的景灵宫、寿丘和景灵宫太极观规模宏大，盛极一时。1985 年景灵宫遗址被公布为济宁市文物保护单位。寿丘后面，有一个高大的土山，世称"云阳山"，是黄帝之子少昊的长眠之地——少昊陵。寿丘少昊陵景区被列入第七批全国重点文物保护单位。

二、公共服务信息

景区地址： 山东省曲阜市城东北3公里处的旧县村东北处

联系电话： 0537-4486500　4424095

景区网址： 曲阜孔子旅游网 http：//www.uqufu.com

公共邮箱： qfskjq@126.com

景区门票： 50元/人。在游客中心和游客服务中心及每个景点入口处都能购买门票。

营业时间： 8：00~17：30；曲阜游客服务中心售票时间为8：00~16：30。

最佳旅游时间： 4~10月是曲阜修学旅游的旺季。

三、交通到达

航空： 距济南遥墙国际机场160公里，有高速公路相连，路程约1.5小时；济宁曲阜机场（在济宁市嘉祥县）有专线公路相通，距离只有80公里，路程仅需1小时。另外，与江苏省徐州观音机场有高速公路相连，路程需2小时。

公路： 境内有京福高速公路和104国道南北贯通；日兰（日东）高速公路和327国道横穿东西。

铁路：

普通铁路：中国经济大动脉京沪（北京—上海）铁路过境曲阜，有兖州站；兖石（兖州—日照）铁路通过曲阜，有曲阜站，向西与陇海线相连，直达中国西部。

高速铁路：我国第一条世界先进水平的高速铁路——京沪高

铁，在境内穿过并设车站（曲阜东站）。

高铁站、火车站、汽车站均有公交车通到市里，乘坐1路、2路、3路、5路、9路、K05路、K01路公交路过三孔景区附近，公交站点"孔庙南门、游客中心、鼓楼门"均离孔庙孔府景点很近。

四、住宿服务

曲阜市拥有星级酒店12家；锦江之星、汉庭快捷、如家连锁、莫泰168、七天连锁、格林豪泰等经济型连锁酒店30余家。

五、餐饮服务

孔府菜

孔府糕点

六、购物指南

曲阜名优特产丰富，以盛产楷雕、碑帖、尼山砚、孔府家酒、孔府宴、孔府糕点、香稻而著名，其中，楷雕、碑帖、尼山砚被誉为曲阜"三宝"。

七、周边可供游客关联消费的旅游项目

周边著名景点主要有曲阜明故城（三孔）景区、颜庙文物景区、周公庙文物景区、尼山孔庙及书院景区、孟母林文物景区。

颜庙景区

一、景区简介

颜庙又名"复圣庙"，是祭祀孔子的弟子颜回的庙宇。"在陋巷，人不堪其忧，回也不改其乐"，因此，后人将颜回的故居处称之为"陋巷"。颜庙的现存规模为南北五进院落，全庙共有元、明、清建筑殿、堂、亭、库、门、坊等24座，159间。景区被公布为山东省文物保护单位、全国重点文物保护单位、作为"三孔世界遗产扩展项目"被列入国家世界遗产预备名单。景区标志物有陋巷坊、复圣庙坊、博文门、归仁门、陋巷亭、复圣殿等。颜庙，是祭祀复圣颜回的庙宇。

二、公共服务信息

景区地址：山东省曲阜市明故城

联系电话：0537-4486500　4424095

景区网址：曲阜孔子旅游网 http：//www.uqufu.com

公共邮箱：qfskjq@126.com

景区门票：50 元 / 人。在游客中心和游客服务中心及每个景点入口处都能买上门票。

营业时间：8：00~17：30。

最佳旅游时间：4~10 月。

三、景区导览

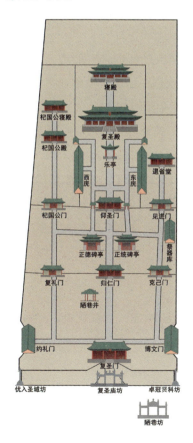

四、交通到达

航空：距济南遥墙国际机场 160 公里，有高速公路相连，路程约 1.5 小时；济宁曲阜机场（在济宁市嘉祥县）有专线公路相通，距离只有 80 公里，路程仅需 1 小时。另外，与江苏省徐州观音机场有高速公路相连，路程需 2 小时。

公路：境内有京福高速公路和 104 国道南北贯通；日兰（日东）高速公路和 327 国道横穿东西。

铁路：

普通铁路：中国经济大动脉京沪（北京—上海）铁路过境曲阜，有兖州站；兖石（兖州—日照）铁路通过曲阜，有曲阜站，向西与陇海线相连，直达中国西部。

高速铁路：我国第一条世界先进水平的高速铁路——京沪高铁，在境内穿过并设车站（曲阜东站）。

高铁站、火车站、汽车站均有公交车通到市里，乘坐 1 路、2 路、3 路、5 路、9 路、K05 路、K01 路公交路过三孔景区附近，公交站点"孔庙南门、游客中心、鼓楼门"均离孔庙孔府景点很近。

五、住宿服务

曲阜市拥有星级酒店 12 家；锦江之星、汉庭快捷、如家连锁、莫泰 168、七天连锁、格林豪泰等经济型连锁酒店 30 余家。

六、餐饮服务

孔府菜

孔府糕点

七、购物指南

曲阜名优特产丰富，以盛产楷雕、碑帖、尼山砚、孔府家酒、孔府宴、孔府糕点、香稻而著名，其中，楷雕、碑帖、尼山砚被誉为曲阜"三宝"。

八、周边可供游客关联消费的旅游项目

周边著名景区主要有曲阜明故城（三孔）景区、周公庙文物景区、寿丘—少昊陵景区、尼山孔庙及书院景区、孟母林文物景区。

兖州博物馆

一、景区简介

　　兖州博物馆是一座融陈列展览、文化娱乐、休闲观赏、环境优雅为一体的现代化综合博物馆。博物馆主展楼整体建筑气势宏伟，古朴典雅，与兴隆塔前后呼应，浑然一体。展区一层设东、西两个展厅，为大型图版展，展示了兖州的历史沿革、人文古迹和重要历史事件等。二层设五个展厅：文物精品厅、文明曙光厅、天下第一剑厅、李蒂艺根厅和名家书画厅。博物馆获得国家三级博物馆、山东省科普教育基地、济宁市法治宣传教育示范基地、济宁市爱国主义教育基地、第七批全国重点文物保护单位等称号。

二、公共服务信息

景区地址：山东省济宁市兖州区文化东路 53 号

联系电话： 0537-3412967

景区网址： http：//www.yanzhoumuseum.com

公共邮箱： yzbwg2967@163.com

营业时间： 8：30~11：30，14：00~17：00，周一闭馆。

停车服务： 免费停车场位于博物馆门口和路边，总车位数达到 60 个。

三、景区导览

博物馆西门→右转再左转至大厅→门厅两侧为历史图片展和老照片展→大厅中间楼梯上二楼有四个展厅，分别为文物精品厅、天下第一剑厅、文明曙光厅、书画厅，按顺序参观完毕出大厅→原路返回欣赏千年古塔兴隆塔→参观完毕。

四、交通到达

自驾车：

济宁—兖州区博物馆自驾车路线：济宁起点→沿红星中路行驶 1.9 公里进入红星东路→行驶 2.4 公里左转→行驶 13 公里进入 G327→行驶 8.8 公里直行→行驶 230 米→进入南环城路→行驶 1.1 公里左转→进入中御桥南路→行驶 1.4 公里→过右侧广场商厦约 300 米→进入中御桥北路→行驶 400 米→右转进入文化东路→沿文化东路行驶 570 米到达终点。

济南—兖州区博物馆自驾车路线：从起点向正东方向出发，沿经二路行驶 100 米，右转进入纬二路→沿纬二路行驶 1.0 公里，过右侧的宝丰金融广场，右转进入经七路→沿经七路行驶

2.4公里，过右侧的泰山国际大厦约250米后，右前方转弯进入经十路→沿经十路行驶6.9公里，朝京台高速/泰安/聊城/德州方向，稍向右转进入大友汽车桥→沿大友汽车桥行驶1.6公里，在济南西立交右前方转弯进入济广高速公路→沿济广高速公路行驶8.3公里，朝济南南/莱芜/G2001方向，稍向右转进入京台高速公路→沿京台高速公路行驶123.2公里，朝日照/济宁/曲阜南/G1511方向，稍向右转进入曲阜枢纽立交→沿曲阜枢纽立交行驶600米，过曲阜枢纽立交约390米后直行进入日兰高速公路→沿日兰高速公路行驶21.6公里，在兖州南高架桥从兖州/宁阳出口离开稍向右转进入兖州互通立交→沿兖州互通立交行驶860米，过兖州互通立交约970米后直行进入G327→沿G327行驶890米，右前方转弯进入S255→沿S255行驶900米，左转进入龙桥南路→沿龙桥南路行驶910米，过右侧的刘岗村约160米后，直行→继续沿龙桥南路行驶580米，直行进入南环城路→沿南环城路行驶1.1公里，左转进入中御桥南路→沿中御桥南路行驶1.4公里，过右侧的广场商厦约300米后，直行进入中御桥北路→沿中御桥北路行驶400米，右转进入文化东路→行驶570米到达终点。

公交车：

火车站乘坐16路公交车→小商品批发市场→市委宿舍→博物馆下车即可。

五、住宿服务

皇城宾馆

地址：山东省济宁市兖州区文化东路138号

电话：0537-3412937

粮食宾馆

地址：山东省济宁市兖州市建设东路 65 号

电话：0537-3406000

富都宾馆

地址：山东省济宁市建设东路 38 号（人民乐园对面）

六、餐饮服务

微山湖鱼屯、老滋味、粥爱粥

地址：博物馆南门对面

七、购物指南

在一楼大厅设有商品部，主要商品有玉器、纪念品、字画等。

八、周边可供游客关联消费的旅游项目

周边景区主要有兴隆文化园、青莲阁、金口坝、少陵台、泗河、天主教堂。

兖州高新技术农业示范园

一、景区简介

兖州国际农科奇观景区是国家级生态旅游示范区，是一个全新概念的科普交流基地，是"旅游促进科技，科技保护生态、生态推动旅游"的"奇观"。以"吃绿色餐、观自然景、赏民俗情、享田园乐"为特色的农科奇观生态园，将主题定位于"绿色、和谐、欢乐"，借助"2006 中国乡村旅游年"的东风，把握机遇，打造了奇观中的"奇观"。兖州国际农科奇观，有世界菜博园、世界名花园、雅趣苑、珍奇瓜果大世界、南国风光等为代表的奇苑仙葩之境，有百药园、百草园、百粮园、蔬菜森林、蔬菜树等为代表的蔚然大观之所。

二、公共服务信息

景区地址：山东省济宁市农业高新技术示范园兖州农业高新区内

联系电话：0537-3657079

公共邮箱：yznkqg@163.com

营业时间：8：30~18：00

最佳旅游时间：夏季

三、交通到达

1. 外部交通

日东高速→兖州出口下→行驶约1公里至327国道→西行500米即可到达景区，下高速后大约需要10分钟车程。

2. 内部交通

景区入口→世界名花园→观光温室→北区景点。

四、住宿服务

山东圣德国际酒店

地址：山东省兖州市兖颜公路北侧327国道西侧（近建设西路）

兖州银座佳悦酒店

地址：山东省兖州市九州中路九州方圆B座（青州路与九州西路交叉口）

五、餐饮服务

兖州富源春酒店
地址：山东省济宁市兖州区农高园对面
电话：0537-2877888

六、周边可供游客关联消费的旅游项目

周边景区主要有兖州市博物馆、兴隆塔。

枣 庄 市

山东省 A 级旅游景区
自由行手册

台儿庄古城景区

一、景区简介

台儿庄古城集"运河文化"和"大战文化"为一城，融"齐鲁豪情"和"江南韵致"为一城，拥有百庙、百馆、百业、百艺和四百个特色休闲大院，荣膺"齐鲁文

古城全景

化新地标"榜首、中国旅游创新奖等称号，成为全国首个海峡两岸交流基地、首个国家文化遗产公园、首个国家非物质文化遗产

船形街——大运河非物质文化遗产博览园

水陆通衢——大陆首家海峡两岸交流基地

博览园、国家级文化产业试验园区、国家版权贸易基地。2012年11月被评为国家ＡＡＡＡＡ级旅游景区，2013年被美国有线电视新闻网（CNN）评为"中国最美水乡"之一，2014年获评"首批创造未来文化遗产"。最大特色及卖点：中国首座第二次世界大战纪念城市，被世人誉为"中华民族扬威不屈之地"；拥有京杭运河唯一一处古驳岸、古码头等水工遗存完整的6华里古运河，被世界旅游组织称为"活着的古运河"。

二、公共服务信息

景区地址：山东省枣庄市台儿庄区大衙门街西首

联系电话：0632-6679038

投诉电话：0632-6679095

景区网址：http://www.tezgc.com/

停车服务：台儿庄古城已建成停车场多处：台儿庄大桥停车

场、台儿庄古城南门停车场、台儿庄古城东门停车场。其中台儿庄大桥停车场（古城停车场）为台儿庄古城景区旅游车辆专用停车场，位于运河新大桥北段桥下两侧，总面积90000平方米，停车位1200个。台儿庄古城东门停车场占地面积约4850平方米，停车位120个。

收费标准：

（1）小车（9座及9座以下客车），每次每车10元/天。

（2）10座以上20座以下客车，每次每车15元/天。

（3）21座以上客车，每次每车20元/天。

备注：

（1）国家法定节假日，服务收费标准上浮50%。

（2）过夜车辆，服务收费标准上浮20%（法定节假日除外），夜间时间为：晚19：00至次日早7：00。

（3）以天计收费用，24小时为1天，不足24小时按1天计。超过24小时的，以此类推。

三、交通到达

1.外部交通

枣庄站：高铁站旅游专线：第一条是经光明大道，进入枣庄东外环和枣台公路，直达古城线路，65.4公里，行程60分钟；第二条是经光明大道，进入枣庄西外环、206国道，途经万亩榴园，再达古城的线路，68公里，行程65分钟。高铁站公交专线：乘坐枣庄快速公交B10线（2013年5月1日正式开通）直达台儿庄古城。

公交车：乘坐枣庄快速公交T1线至枣庄客运换乘中心，转乘枣庄快速公交B2线（行程50分钟左右）。

枣庄西站：乘坐枣庄快速公交B1线至枣庄客运换乘中心，转乘枣庄快速公交B2线（行程50分钟左右）到达台儿庄古城。

自驾车：京福高速公路北上（或南下），至枣庄（临沂汤庄）出口下，前往枣庄汽车站，然后顺206国道途经万亩榴园，再达古城。

还有一条更快捷的道路：京福高速公路北上（或南下），在（韩庄/台儿庄）出口下，向东直行，走旅游专线，直达台儿庄古城。路很畅通，专线，约25公里。

2.内部交通

（1）舟游中华古水城—泛舟寻梦（悠游水画廊、船妹子歌悠扬）。

内河游船：8：00~21：00

行驶路线：参将署游般码头→复兴广场码头→王公桥码头

（2）游客服务中心（大桥停车场）→西门画舫码头。

（领略古运美景和中国最美水乡风光）。

运营时间：8：00~21：00，每20分钟一班或满座即发

行驶路线：游客服务中心（大桥停车场）→西门码头

（注：返程时游客可在纪念馆码头下船）

（3）观光车之旅。

运营时间：8：00~21：00，每20分钟一班或满座即发

行驶路线：游客服务中心（大桥停车场）→贺敬之文学馆→大战纪念馆→古城西门

（注：返程时游客可在纪念馆下车）

四、住宿服务

住宿岛

地址：古城景区内

电话：0632-6801111

民国风情

地址：古城景区内

电话：0632-6722588

台城客栈

地址：古城景区内

电话：0632-6857801

1938 军营客栈

地址：古城景区内

电话：0632-6687222

枕河客栈

地址：古城景区内

电话：0632-8025111

情侣客栈

地址：古城景区内

电话：0632-6687222

汾酒

地址：古城景区内

电话：0632-6857800

五、餐饮服务

兰祺国际会议中心

电话：0632-6729888

台城万府酒店

电话：0632-6858555

马可波罗驿馆

电话：0632-6859999

文汇酒楼

电话：0632-6852999

驿和园

电话：0632-6858666

三恪堂

电话：0632-6857888

万福园羊肉汤馆

电话：0632-6857778

乾河食府

电话：0632-6859111

亦家茶餐厅

电话：0632-6858111

双利会馆

电话：0632-6859222

酒巷深处

电话：18678266345

名羊天下

电话：13156028268

杨家水饺

电话：13863226303

东河驿

电话：0632-5135888

正昇园

电话：0632-6726888

台庄公馆

电话：0632-5139999

辣豆腐

电话：15588272286

回味从前农家菜馆

电话：13181291553

闽食佳

电话：0632-6663330

推荐：

兰祺国际会议中心

地址：山东省枣庄市台儿庄古城大衙门街西首

电话：0632-6729888

运河石头大饼

地址：山东省枣庄市台儿庄运河古城内（海峡两岸交流基地牌坊北10米）

六、活动体验

	节目名称	演出地点	演出时间	备注
1	乾隆巡游台儿庄	五行码头—天后宫—大衙门街	演出时间以景区当日现场告示为准	特殊天气停演节庆期间根据活动方案调整
2	南狮表演	天后宫广场		周二停演
3	山东快书民族器乐表演等	谢裕大茶行		常态演出
4	杂技表演	天齐庙门前		周一至周四
		天后宫广场		周五至周日
5	柳琴戏	船形街小戏台		常态演出
6	鲁南皮影戏	台应驿东	演出时间以景区当日现场告示为准	常态演出
7	魔术	兰祺码头		周三停演
8	琴书	台湾街		周二停演
9	老电影《血战台儿庄》	驿站广场		特殊天气停演
10	鲁南大鼓	台湾街西首		周四停演
11	篝火晚会	复兴广场	周五、周六	特殊天气停演
12	万家小姐抛绣球	市楼	周六、周日	特殊天气停演

七、购物指南

景区内分布有各类特色购物商店，特色推荐：台儿庄古城纪念币、明信片、系列纪念品（纪念衫、大战酒、地雷储蓄罐等）、山东面塑、张家狗肉、脆皮鸡、蚕丝被现场制作、杨宁特产超市、乾唐轩瓷杯等。

八、周边可供游客关联消费的旅游项目

周边景区有峄城冠世榴园风景区；天下第一崮——抱犊崮；华夏最长的地震大裂谷——熊耳山双龙大裂谷，地震裂谷奇观被地址专家誉为地震遗产奇迹中的"奇迹"；我国最大最美的国家级湖泊类湿地——微山湖湿地。

冠世榴园景区

一、景区简介

被联合国粮农组织官员誉为"世界少有、中国第一"的峄城石榴园,有榴树 800 余万株,48 个品种,距今已有 2000 多年的历史,被誉为"天下第一榴园"、"冠世榴园"。

冠世榴园素有"生态游明珠"的美誉,先后被列为世界吉尼斯之最、国家 AAAA 级旅游区、首批全国农业旅游示范点、省级风景名胜区、省级自然保护区、山东省文明景区、山东省服务名牌;并先后荣获"好客山东旅游景区金榜品牌"、"好客山东十

冠世榴园大门

佳工农业旅游示范点"、"2010 中国旅游品牌总评榜山东分榜最受欢迎自驾游景区"、2010 品牌山东"最具竞争力景区"、"山东省自驾游示范点"、"全省十大森林生态景观"和"山东省十佳森林旅游胜地"等荣誉称号。

二、公共服务信息

景区地址：山东省枣庄市峄城区榴园路西首（206 国道西侧）

联系电话：0632-5760789

景区网址：www.sdgsly.com

公共邮箱：fxgslyuan@163.com

景区门票：60 元 / 人·次。未成年人身高在 1.2~1.4 米的享受半价优惠；1.2 米以下的免费。老年人年龄在 65 周岁以上的免费；60~64 周岁的享受半价优惠。凡持有学生证、残疾证人员，可凭有效证件享受半价优惠；老复员军人、烈属、牺牲军人家属、病故军人家属和退休老干部，持有效证件可优先购票，并享受半价优惠；凡持有现役军人、伤残军人、记者及作家协会、摄影家协会、书画家协会会员等有效证件，经核定后可凭证免票。

最佳旅游时间：4~10 月。

停车服务：景区现有上下两个停车场，上停车场面积约 800 平方米，共有小车位 34 个，下停车场面积约 4000 平方米，共有小车位 93 个，大车位 10 个。上下停车场均配备有专人管理。小车 3 元 / 辆，大车 5 元 / 辆。

三、景区导览

四、交通到达

（1）距徐州观音机场距离约100公里，车程时间约90分钟；

（2）距枣庄汽车站距离约15公里，车程时间约20分钟；

（3）距枣庄火车站距离约35公里，车程时间约45分钟；

（4）距枣庄市中心距离约15公里，车程时间约20分钟。

自驾车：

（1）京福高速滕州南出口→枣木高速→枣庄西外环→至冠世榴园风景区；

（2）京福高速枣庄出口→光明大道→枣庄西外环→至冠世榴园风景区；

（3）京福高速峄城出口→峄城方向→206国道→至冠世榴园风景区。

五、住宿服务

景区周边5公里范围以内有一家4星级酒店峄州大酒店和一家3星级宾馆福兴宾馆。

六、餐饮服务

常规餐饮场所：距离景区500米范围内有特色农家宴20余家。

本地特色餐饮场所：本地各种特色小吃：枣庄三宝（辣子鸡、羊肉汤、菜煎饼）、石榴汁、石榴酒等石榴系列产品。

七、活动体验

活动名称	举办时间	地点	活动主题	游客参与方式
春季青檀寺庙会	每年的清明节	景区	古庙会	逛庙会
榴花节	待定	景区	赏榴花	赏榴花
石榴采摘节	待定	景区	石榴采摘	采摘石榴
秋季青檀寺庙会	阴历九月十九	景区	庙会	逛庙会
腊八施粥	阴历腊月初八	景区	对外施腊八粥	免费品尝腊八粥

八、购物指南

当地特产有石榴、石榴茶、石榴汁、石榴酒等石榴系列产品，大枣、核桃、杂粮等农副产品，石榴木、檀木制品、工艺品，等等。

九、周边可供游客关联消费的旅游项目

周边著名景区主要有台儿庄古城、熊耳山、抱犊崮等；周边重要旅游服务设施主要有 BRT 快速公交。

台儿庄大战纪念馆

一、景区简介

台儿庄大战纪念馆坐落在山东省枣庄市风景如画的古运河畔，被中共中央办公厅、国务院办公厅规划在 30 条红色旅游精品线路之中和 100 个红色旅游经典景区之中，为国家首批重点扶持的 12 个红色旅游项目之一。

台儿庄大战纪念馆是全国百家爱国主义教育示范基地、全国中小学爱国主义教育基地、中国侨联爱国主义教育基地、国家首批国防教育示范基地、国家 AAAA 级旅游景区（2008 年获评）、山东省精神文明单位。

二、公共服务信息

景区地址：山东省枣庄市台儿庄区沿河南路六号

联系电话：0632-6612711

景区门票：免费。

停车服务：停车场位置在纪念馆门前，可停放 50 辆车，免费。

三、交通到达

走京福高速、京沪高速均在台儿庄出口下。高铁在枣庄西站下车，乘坐快速公交 BRT-B10 直接到达。

四、住宿及餐饮服务

清御园君廷酒店

地址：山东省济宁市台儿庄 BRT 公交总站北面

电话：0632-6723008

台儿庄大酒店

地址：山东省济宁市台儿庄区兴中路 110 号

电话：0632-6628266

五、购物指南

当地特产主要有辣子鸡、大战纪念酒、张家狗肉、咸鸭蛋等。

六、周边可供游客关联消费的旅游项目

周边景区有台儿庄古城、李宗仁史料馆、台儿庄运河湿地公园等景点集聚，并且交通便利，游客可以乘坐 1 路公交车前往。

微山湖湿地红荷风景区

一、景区简介

　　山东滕州微山湖湿地红荷旅游风景区，以她钟灵毓秀、原始风情和保存最佳的湿地资源而闻名，被誉为中国最美的湿地。景区内，北有凤凰山、玉虚宫、百寿石坊、莲花山古墓群；东有郁郎亭、古龙泉、焦化女墓；南有乾隆问诊处、咸丰帝师故居、严子凌垂钓处、老一辈革命家渡湖处；西有千年不息的古运河。

　　景区先后被评为国家 AAAA 级景区、国家湿地公园、国家级水利风景区、国家生态文明教育基地、全国环境教育示范基地、全国湿地红荷标准化示范区、全国摄影家协会拍摄基地、全国垂钓协会比赛基地、全国中老年旅游休闲养生基地，先后获得了山东省服务名牌、山东省第七届消费者满意单位、山东省十佳

湿地全景

红荷湾

水利风景区、2008 年山东省最具竞争力景区、枣庄市青年文明号等荣誉。

二、公共服务信息

景区地址：山东省滕州市滨湖镇境内

联系电话：0632-2617388　0632-55583666（传真）

景区网址：http：//www.wshsdhh.com

公共邮箱：weishanhushidi@163.com

景区价格：旺季（5~10月）门票 70 元 / 位，船票 70 元 / 位；淡季（11月~次年4月）门票 60 元 / 位，船票 60 元 / 位；电瓶车单程 7 元 / 位，电瓶车往返 12 元 / 位；微山湖湿地博物馆 15 元（参观票）；微山湖湿地博物馆 40 元（通票）。1.2~1.5 米儿童、60~64 岁老年人（持身份证或老年证）、学生（中小学、本科以下学历，持学生证）享受门票半价优惠；1.2~1.5 米儿童享受船票半价优惠；1.2 米以下儿童（需有监护人陪同）、65 岁（含）以上老年人、现役军人、记者证、残疾证等（需持有效证件）免门票。

营业时间：旺季：8：30~17：30；淡季：8：30~17：00。

最佳旅游时间：6~10月。

停车服务：景区停车场位于滕州微山湖湿地红荷风景区体验区，面积约 200 亩，最大容量 1000 辆。小型车（9座以下不含9座）：4 小时（含）以内 5 元，每增加 1 小时加收 1 元，12 小时以内最高收取 10 元。中型车（9~19座）：4 小时（含）以内 10 元，每增加 1 小时加收 2 元，12 小时以内最高收取 20 元。

三、交通到达

1.外部交通

机场线路

◎济南机场：济南机场到济南长途客运中心乘坐大巴直达滕州；或到济南火车站乘坐火车班次直达滕州。或到京沪高铁济南西站，乘坐高铁班次直达滕州东站。

◎济宁机场：济宁机场到济宁汽车总站（南站）每15分钟一班直达滕州。

◎徐州机场：徐州机场到徐州长途客运站，流水线发车直达滕州。

高铁线路

◎北京南至滕州东：全程约600公里，需2小时30分钟；共11个车次：G157、G21、G141、G145、G125、G201、G149、G111、G411、G121、G117。

◎上海虹桥至滕州东：全程约680公里，需3小时；共13个车次：G20、G234/G235、G152、G140、G212、G142、G130、G1252/G1253、G456/G457、G298、G1214/G1211、G1236/G1233、G114。

◎青岛至滕州东：全程约427.5公里，需3小时30分；共3个车次：G228/G225、G278/G275、G244/G241。

自驾车线路

◎北京：全程约600公里；北京→天津：京津高速（G3）→天津→济南→京台高速（G3）→滕州山亭出口。

◎济南：全程约200公里；济南→京台高速（G3）→东

平→肥城→滕州山亭出口。

◎青岛：全程约427.5公里；青岛→海湾大桥→沈海高速（G204）→日兰高速（G1511）→京台高速（G3）→滕州山亭出口。

◎徐州：全程约150公里；徐州→京台高速（G3）→滕州山亭出口。

◎临沂：全程约160公里；临沂→京沪高速（G2）→枣庄连接线高速（G206）→京台高速（G3）→滕州山亭出口。

◎郑州：全程约400公里；郑州→连霍高速（G107/G30）→日兰高速（G1511）→济广高速（G35）→京台高速（G3）→滕州山亭出口。

2. 内部/附近交通

◎滕州市区自驾线路：京福高速（G3）滕州山亭出口→红荷大道→湖东大堤→滕州微山湖红荷湿地风景区（途经姜屯镇、大坞镇、滨湖镇）。

滕州市区公交旅游专线：

◎乘坐K209路公交专线（每15分钟一班，票价3元）；滕州长途汽车站→微山湖湿地红荷风景区（约40分钟）；

◎乘坐K207路公交专线（每15分钟一班，票价3元）；滕州汽车西站（紧邻滕州火车站）→微山湖湿地红荷风景区（约50分钟）。

四、住宿服务

鲁班草堂

地址：山东省滕州市微山湖湿地红荷风景区湖东大堤

电话：0632-2610699

逸荷雅舍

地址：山东省滕州市微山湖古镇藕花苑 4 栋红荷大道边，离微山湖湿地仅 3 公里

电话：0632-8024555

五、餐饮服务

鲁班草堂

地址：山东省滕州市微山湖湿地红荷风景区湖东大堤

电话：0632-2610699

微山湖土菜馆

地址：山东省滕州市滨湖镇微山湖古镇红荷大道路北 8A-1

电话：13181445788

芳林嫂餐馆

一店地址：国家 AAAA 级微山湖红荷湿地风景区内盘龙岛小李庄村

电话：18763244066　13656323477

二店地址：山东省滕州市微山湖古镇（滕王府右侧）

电话：0632-8025699　18863267699　18863280699

六、活动体验

中国（滕州）微山湖湿地红荷节

举办时间：每年 8 月上旬

地点：滕州微山湖湿地红荷风景区

七、购物指南

当地特产有煎饼、微山湖咸鸭蛋、松花蛋、荷叶茶、菱角、莲子、芡实（鸡头米）、藕粉。

八、周边可供游客关联消费的旅游项目

周边景区主要有滕州盈泰温泉度假村、滕州莲青山风景区、滕州墨子纪念馆、滕州鲁班纪念馆、滕州鲁寨羊肉汤（当地名吃）。

盈泰生态温泉度假村

一、景区简介

滕州盈泰温泉度假村坐落于鲁班和墨子故里——山东省滕州市平行南路（原盈泰生态家园）。始建于2004年10月，2008年被评为"国家ＡＡＡＡ级旅游景区"，拥有"全国农业旅游示范点"、"山东省重点服务业企业"等荣誉称号。

盈泰景

盈泰温泉

盈泰温泉中心集温泉养生、观景休闲、健身疗养、自助餐饮多种功能于一体，开创了国内生态温泉的先河。温泉中心分室内温泉和室外温泉。室内温泉分上下两层：一层为洗浴区与戏水区；二层设有免费自助餐厅、宽屏影院、豪华休息室、棋牌室、按摩室、图书室、咖啡厅、健身房等。

二、公共服务信息

景区地址：山东省滕州市区南3公里104国道路西

联系电话：0632-5996196

景区网址：www.sdytwq.com

公共邮箱：ytstjy@163.com

景区门票：

温泉门市价格：成人128元/位，儿童（1.1~1.4m）38元/位。

散客执行价：

法定节假日：成人99元/位；儿童（1.1~1.4m）38元/位；

平日：成人79元/位；儿童（1.1~1.4m）38元/位。

温泉网络价格：

平日：成人68元/位（法定节假日不执行）；

团队价格：

法定节假日：成人70元/位；儿童（1.1~1.4m）38元/位；

平日：成人55元/位；儿童（1.1~1.4m）30元/位。

各地区直通车价格以协议价格为准。

门票优惠政策：可通过携程、去哪儿等合作网站来预订可享受优惠政策。旅行社凭电子行程单及合作协议享受优惠政策。

停车服务：景区院内100个停车位，免费开放。

三、景区导览

四、交通到达

自驾车：

（1）滕州北出口下高速→左转到龙泉大道向南直行至大转盘→王开医院向西到腾飞路→直行到 104 国道，向南直行约 500 米即是。

（2）滕州南出口下高速，沿笃西路向西直行右转至益康大道→向北直行左转至腾飞路→向西直行左转至 104 国道→向南直行约 500 米即是。

公交车：

滕州市区公交 20 路、22 路、1 路、7 路车盈泰生态温泉度假村站下。

五、住宿服务

盈泰宾馆

地址：山东省滕州市南 3 公里一零四国道路西

电话：0632-5996696

六、餐饮服务

盈泰餐饮中心

七、活动体验

盈泰温泉文化节

举办时间：每年 12 月

八、周边可供游客关联消费的旅游项目

周边景区主要有龙园古镇、滕州微山湖湿地红荷风景区、莲青山风景区等。

台儿庄运河湿地公园景区

一、景区简介

台儿庄运河湿地景区是中国第一家以运河湿地为主题的湿地景区。景区内国内外各类观赏莲 400 余种，籽莲 10 余种，食用莲藕 50 余种，水生蔬菜及千姿百态的水生花卉 30 余种，形成了以荷花岛为龙头、1600 米云水曲径两翼展开，6 华里的游船线路连接的生态垂钓园、自由采摘园、农事体验园、百荷观赏园、湿地动植物园 "一线连五园" 的旅游观光格局。

景区先后被授予 "海峡两岸航空运动交流基地"、"上海摄影家协会创作基地"、"篷客中国休闲度假示范营地"、"枣

庄市摄影家协会创作基地"、"枣庄市风筝协会风筝放飞基地"、"2012~2014年度枣庄市价格管理工作先进集体"等荣誉。

二、公共服务信息

景区地址：山东省枣庄市台儿庄区古城停车场西200米

联系电话：0632-6716777

公共邮箱：yunheshidi@163.com

景区门票：旺季景区门票60元，船票60元；淡季景区门票40元，船票60元。（1）65岁以上老年人、摄影协会成员、记者、军人、残疾人、1.2米以下儿童门票免费；（2）学生（需持学生证）、老年人、摄影协会成员、记者、军人、残疾人船票半价；（3）1.2米以下儿童在家长陪护下船票免费。

营业时间：旺季，8：00~18：00；淡季，8：30~17：00。

最佳旅游时间：5月底~11月初。

停车服务：景区在主景区入口前设有自配停车场两处，面积1200平方米，最多可容纳大巴车40辆，私家车80辆，目前景区停车场免费对游客开放。

三、景区导览

景区内设有指示路牌，核心景点有葫芦岛、云水曲径赏荷栈道、莲花台、婆婆岛、七星岛等，景区主要是以观赏荷花、睡莲、千屈菜，蔷薇等水陆生花卉为主的休闲观光基地。

四、交通到达

1. 外部交通

（1）临沂机场距景区96公里，徐州观音机场距景区80公里，游客可以乘坐公共汽车到达台儿庄长途汽车站然后换成1路公交车在湿地公园站下车或者乘坐火车到达枣庄火车站乘坐B1到达客运换乘中心后换成B2到达古城停车场，然后可以乘坐景区观光车前往主景区，也可乘坐1路公交在运河湿地公园站下车。

（2）依托城市有高速公路进、出口，岚曹高速公路距景区50公里。

2. 内部/附近交通

景区内部主要交通工具是画舫游船，有8个码头可以随意上下，游船航行时间大约30分钟。

从景区可以乘坐1路公交车到周边主要商业和住宿设施。

五、住宿服务

清御园君廷酒店

地址：山东省济宁市台儿庄BRT公交总站北面

电话：0632-6723008

台儿庄大酒店

地址：山东省济宁市台儿庄区兴中路 110 号

电话：0632-6628266

六、餐饮服务

沿景区观光小路有运河鱼馆、湿地垂钓园、老槐树百荷园 3 家餐馆，主要提供本地各种特色小吃，包括各种炖鸡、炒鸡、鱼宴等。

七、活动体验

景区旅游节事活动丰富多彩。主要有每年 3 月至 4 月举办的运河湿地风筝节；7 月举办的全国垂钓大赛；6 月至 11 月的运河湿地摄影比赛等。

八、购物指南

景区主要出售运河湿地公园的特产，如新鲜莲子、鲜榨莲藕汁等。枣庄台儿庄当地的特产主要有辣子鸡、大战纪念酒、张家狗肉、咸鸭蛋等。

九、周边可供游客关联消费的旅游项目

景区距离台儿庄古城、台儿庄大战纪念馆、李宗仁史料馆等景点很近，并且交通便利，游客可以乘坐 1 路公交车前往。

仙坛山旅游区

一、景区简介

仙坛山温泉小镇位于枣庄仙坛山风景区内，以峄县八景之首"仙坛晓翠"为背景，1959年被山东省林业厅命名为"山东省森林公园"。景区由室内温泉康疗区、露天温泉养生区、特色酒店餐饮区、会议会展演艺区、温泉别墅贵宾区、时尚休闲运动区六个部分组成，是江北地区特有的峡谷温泉。

景区先后荣获"山东省服务标准化示范单位"、"山东省自驾游示范点"、上海广播电视台"指定休闲养生基地"、华东地区"游客最喜欢的十大旅游温泉"和"华东最美温泉"、中国"2012十

大首选旅游度假酒店"、"中国温泉旅游（行业）公众满意度最佳典范企业"等荣誉称号。特色与卖点：温泉养生，疗养度假。

二、公共服务信息

景区地址：山东省枣庄市中区枣台路仙坛山风景区内

联系电话：0632-3117002　3117777

景区网址：www.wenquanxiaozhen.com

公共邮箱：wenquanxiaozhen@126.com

景区门票：景区免门票，其中的温泉、餐饮、住宿、拓展、骑马、真人 CS 单计费。

营业时间：景区无旺季和淡季价格区分，24 小时营业。

停车服务：景区专设大小停车场 10 余个，分别位于景区入口、餐饮、住宿、别墅等区域，最大可容量 2000 余辆大小车辆，停车场均免费提供。

三、交通到达

1. 外部交通

京福高速、京沪高速均标明距离设置"仙坛山旅游区"交通标志；京沪高铁枣庄站出口、104 国道、206 省道与至景区道路交叉口均设置了专用外部交通标志；在枣庄市市中区，峄城区外环路与枣台路连接处，设置一般外部交通标志距枣庄市中心城区城仅 6 公里，目前免费开通开往市区的公交车。枣庄开往台儿庄的 BRT 第一站停靠站设在枣台路旅游区新规划的主入口。

100 公里内，南有徐州观音机场，东有临沂机场，西有济宁机场；北距济南国际机场 200 多公里；东距青岛国际机场 300 多公里。

2. 内部 / 附近交通

景区内辟有游览专线和参观通道，并配备免费豪华大巴可由光明广场直达景区，具有良好的可进入性和输出性。内部自配大型生态停车场 10 处，面积达一万平方米以上，满足游客停车需要。内部交通设置合理，主要游步道均采用生态设计，线路设置形成环形，观赏面积大，并配有环保电力游览车有利于游客游览参观。

四、住宿服务

景区内配有豪华标间 100 个、单间 20 余个、商务别墅 29 栋、VIP 别墅 6 栋；价格由 178~5688 元 / 间不等。

五、餐饮服务

景区的餐饮分为仙坛山酒庄、宴会中心、中西自助餐三个部分。

六、活动体验

温泉体验：含餐 138/ 位，不含餐 118 元 / 位；骑马：20 元 / 圈；真人 CS：20 元一局。

七、购物指南

景区配有购物超市，提供各种特产及生活必需品等。

八、周边可供游客关联消费的旅游项目

景区距台儿庄古城、万亩石榴园、熊儿山—抱犊崮等景点均在 40 分钟自驾范围内。

抱犊崮国家森林公园

一、景区简介

抱犊崮国家森林公园的森林覆盖率为97%，有各种天然植物 165 科 627 种，野生鸟兽类动物 138 种，属国家级保护的有 14 种，是山东省罕见的带有亚热带常绿阔叶树种的天然杂

抱犊崮全景

木林汇集区。抱犊崮负离子含量高达 7.2 万个／立方厘米，属于超"天然氧吧"。

景区先后被评为国家地质公园、全国农业旅游示范点、国家水利风景区、省级风景名胜区、省级风景名胜区先进单位、省级自然保护区、山东省十佳森林公园、省级科普教育基地、山东省生态教育示范基地、山东省创建文明风景旅游区工作先进单位、山东省服务标准化示范单位、省三星科普教育基地、山东省旅游服务名牌等。

抱犊崮桃源瀑布

二、公共服务信息

景区地址：山东省枣庄市山亭区北庄镇

联系电话：0632-8990190

景区网址：www.bdgxes.com

公共邮箱：zzbdg@126.com

景区门票：通票价格为100元/人，现执行60元/人；旺季（最适宜旅游）时间为3月15日至11月30日，营业时间为8：10~16：40；淡季时间为12月1日至次年3月14日，营业时间为8：50~16：00；对持有普通残疾证的人群、60~69岁之间的老人实行30元/人，对军残证、70岁以上的老人实行免票。

停车服务：景区专设停车场2处，最大容量500辆车；收费情况：小轿车（含面包车）5元/车、中巴车10元/车、大巴车15元/车。

三、景区导览

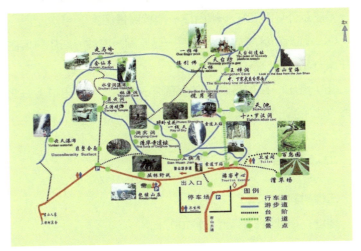

四、交通到达

　　抱犊崮国家森林公园位于山东省枣庄市山亭区北庄镇境内，地理区位优越，距枣庄市驻地 16 公里，曲阜 70 余公里，交通体系良好，可进入性较强。所属枣庄市东邻京沪高速公路，西靠京福高速公路和京沪高铁，南傍枣临铁路和京杭大运河，6 条省道穿境而过，距临沂机场 60 公里、徐州机场 80 公里；地处鲁南经济带，北接济南都市圈，东连半岛城市群，位于黄淮海和环渤海两大经济圈交汇地，具有承东启西、通达南北的经济区位条件。

　　自驾车：

　　（1）济南（京台高速）→滕州南下→枣木高速→枣庄北外环→枣费公路→峨山口→抱犊崮景区。

　　（2）徐州（206 国道）→枣庄东外环→孟庄→峨山口→抱犊

崮景区。

（3）徐州（京台高速）→枣庄高新区→光明大道→枣庄市中区→枣庄东外环→孟庄→峄山口→抱犊崮景区。

（4）临沂市区解放北路向西→马厂湖→南坡→新庄→侯庄→石井镇→北庄镇→抱犊崮景区。

（5）济宁→日东高速→京台高速→滕州（山亭出口）→北留公路→北庄镇→抱犊崮景区。

五、住宿服务

三棵树宾舍
地址：抱犊崮景区西门外 100 米
抱犊山庄
地址：景区内

六、餐饮服务

君山人家
地址：景区西门外 50 米
三棵树宾舍
地址：景区西门外 100 米
抱犊山庄
地址：景区内

七、体验活动

抱犊崮主要节庆活动有每年立春日的农民趣味运动会、3 月份的抱犊崮风筝节、3月12日"关爱森林、你我行动"抱犊崮植树节、农历三月十五的抱犊崮春季庙会、3月至6月"春之声·风铃季"、5月至7月红色旅游文化节、农历五月初五抱犊崮端午粽子文化节、7~8月抱犊崮泼水节、农历七月七抱犊崮大型相亲大会活动、农历九月初九重阳家庭登山节、每年10月下旬的红叶节等活动。

八、购物指南

当地特产主要有抱犊山茶、优质板栗、柿子、核桃、花椒等。

九、周边可供游客关联消费的旅游项目

抱犊崮景区东门外1500米：八路军抱犊崮抗日纪念园（AAA级旅游景区、红色旅游景区）

抱犊崮景区西北处7公里：熊耳山国家地质公园（AAAA级旅游景区）。

汉诺庄园景区

一、景区简介

汉诺庄园为山东汉诺集团有限公司全资控股子公司，公司注重旅游基础设施建设，相继建设了欧洲酿酒葡萄示范基地、汉诺酒堡、汉诺商务大酒店、欧式音乐喷泉、地下酒窖、商旅别墅宾馆、上山连廊、专家别墅、全民健身公园、汉诺红酒温泉等服务配套设施。汉诺欧情风格的建筑特色已成为引领山亭区城市建设的一张靓丽"名片"，有山亭"城市客厅"之美誉。

公司先后获得"枣庄市服务业龙头企业"、"山东省欧洲优质葡萄繁育示范基地"、"山东省工业旅游示范点"、"全省十大最适合拍影视剧的地方"、"山东省十大重点引智项目"等荣誉称号，已成为鲁南地区"功能设施齐全的高端旅游目的地"。

汉诺庄园全景

室外温泉

二、公共服务信息

景区地址： 山东省枣庄市山亭区新城汉诺路 6 号

联系电话： 0632-8867657

景区网址： www.zgsdhnjt.com

公共邮箱： 610420667@qq.com

适宜人群： 老少皆宜。

适宜季节： 春、夏、秋、冬。

营业时间： 8：00~23：00。

景区门票： 无首道门票。

停车服务： 景区设专门停车场，一次可停放 150 辆车，免费。

三、交通到达

1.外部交通

（1）距徐州观音机场距离约 80 公里，车程时间约 60 分钟；

（2）距山亭汽车站距离约 2.5 公里，车程时间约 15 分钟；

（3）距滕州高铁火车站距离约20公里，车程时间约25分钟。

自驾车：

枣庄→景汉诺庄园：和谐路→左转→民生路→左转→行驶390→右转→浦东路→S245→行驶31.9公里→世纪大道南路→行驶420米→右转进入环岛→薛河西路→薛河东路路→邾国南路→S244→邾国北路→府前东路→富安大道→汉诺路→左转→终点。

外地自驾车、团队： 由京福高速公路滕州北出口下，沿北留公路至汉诺路6号即到。

2.内部/附近交通

枣庄→山亭，需要1小时到达山亭，票价4元，不找零；滕州→山亭，需要1小时到达山亭，票价3元，不找零；城头→山亭，需45分钟到达山亭，票价4元，不找零；1路公交车1元，需20分钟，不找零。所有以上交通工具全部到达汉诺庄园。

出租车情况（起步价、燃油价、公里数）：起步价4元、燃油费1元，2公里，超过2公里，每公里1.8元。

四、住宿服务

商旅别墅宾馆
地址：景区内

五、餐饮服务

汉诺阳光国际大酒店
地址：景区内

电话：0632-8869111

六、购物指南

当地特产有紫花生、香薯干、小米、黑粮、薄皮核桃等。

七、周边可供游客关联消费的旅游项目

抱犊崮国家森林公园　　　联系电话：0632-8915199

熊耳山国家地质公园　　　联系电话：0632-8811358

翼云石头部落　　　　　　联系电话：0632-8809088

城头月亮湾湿地公园　　　联系电话：0632-8788009

熊耳山国家地质公园

一、景区简介

泼水节

熊耳山国家地质公园是以熊耳山为依托,集裂谷、溶洞群、龙抓崖崩塌地质灾害遗址等自然景观为一体的国家 AAAA 级景区,是泰沂山脉南部崮形群体中的突出典型,因主峰远看像一只大熊耳,故称之为熊耳山。

摩天峡谷

"山东仅有，全国罕见"的双龙大裂谷和典型的崩塌开裂地震遗址——龙抓崖是公园的主要地质奇观，具有极大的地质科研和旅游观光价值。

熊耳山景区目前已成为国家科普教育基地、旅游观光胜地、休闲健身佳地，先后获得全国农业旅游示范点、国家级崩塌开裂地震遗址、山东省旅游服务品牌、2013好客山东最佳主题旅游景区等。

二、公共服务信息

景区地址：山东省枣庄市山亭区北庄镇毛宅村

联系电话：0632-8912939

公共邮箱：xesgwh-5859@163.com

景区网址：www.xiongershan.com

景区门票：旺季：60元/人；淡季：40元/人。1.2米以下儿童、70岁以上老人，持导游证、记者证、军官证、现役士兵证、军残证的游客免费；1.2~1.4米儿童、65~70岁老人，持学生证、社会残疾证的游客享受半价（30元/人）的优惠。

营业时间：旺季：8：30~16：40；淡季：9：00~16：20。（注：黄金周营业时间：7：30~17：30）

最佳旅游时间：3~10月

停车服务：景区专设停车场4个，全部位于熊耳山山脚下，最多可容纳560辆车；收费标准：大客车15元/辆，中巴10元/辆，小轿车5元/辆。

三、景区导览

四、交通到达

1.外部交通

济南（京台高速）→滕州南下→枣木高速→枣庄北外环→枣费公路→峨山口→抱犊崮→熊耳山。

徐州（206国道）→枣庄东外环→孟庄→峨山口→直达抱犊崮→熊耳山。

徐州（京台高速）→枣庄高新区→光明大道→枣庄市区→枣庄东外环→孟庄→抱犊崮→熊耳山。

临沂市区解放路向西→马广湖→南坡→新庄→候庄→石井镇→北庄镇→抱犊崮→熊耳山。

2.内部（附近）交通

枣庄三角花园向东150米处有直达熊耳山大裂谷的班车，用时40分钟。

景区到北庄镇商业街驾车10分钟，至枣庄市中心驾车40

分钟，到山亭区商业区以及宾馆驾车 40 分钟左右。

五、住宿服务

抱犊崮商务宾馆

地址：山东省枣庄市山亭区北庄镇交警中队西 88 米（距离景区 3 公里）

电话：0632-8990123

六、餐饮服务

熊耳山山庄酒楼

电话：0632-8912289

双龙野味餐馆

果园餐馆

野味庄园

电话：0632-8912268

抱犊崮商务宾馆

地址：山东省枣庄市山亭区北庄镇交警中队西 88 米（距离景区 3 公里）

电话：0632-8990123

七、体验活动

（1）熊耳山年会。1 月 30 日，以好客山东贺年会，首届熊耳山年会，游熊耳山购年货活动为主题。门票 20 元。

（2）情人节。2月14日，以"浪漫情人节，熊耳山不见不散"为主题在熊耳山情人石举行。

（3）植树节。3月12日，以"我为枣庄添绿，熊耳山公益林"为主题。学生免票，陪同家长半价。

（4）樱桃采摘节。4月，以"体验采摘，珍惜劳动果实"为主题。

（5）休闲踏青旅游节。4月4日，以"弘扬非遗文化、展示民俗风情、铸造裂谷品牌、建设'幸福山亭'"为主题。

（6）啤酒节篝火晚会。7月27日，以"实现伟大中国梦，建设幸福新山亭"为主题。

（7）民俗运动会。5月1日，全民运动日。

游客可通过网上报名参加各种活动，只收取门票，门票半价优惠。

八、购物指南

当地特产主要有山花椒、山地瓜、山核桃、红枣、花生、地瓜干、韭菜花、咸菜、辣椒豆等，另有季节性水果如樱桃、山桃、油桃、山杏、山枣、桑葚、葡萄等。另有小杂粮、熊耳山瓜拉边茶、熊耳山风光 VCD 等。还有木制各色动物、刀具等等各色小商品。

九、周边可供游客关联消费的旅游项目

景区的南面有家家种葡萄，户户绿满院的洪门葡萄村，集采摘观光游览于一体，并有风景优美的龙床水库可以休闲娱乐。

景区东面有抱犊崮国家森林公园，含氧量高达99%，是一个养生福地。还有八路军抱犊崮抗日纪念园，是一个爱国主义教育基地。

景区西面有汉诺庄园，游客在这里可以品特色红酒，吃特色菜，泡温泉等。

月亮湾旅游区

一、景区简介

月亮湾湿地是鲁南地区重要的自然河流湿地资源，被省市专家评为枣庄市范围内生态保护最好、景点最集中、文化气息最浓、最典型的自然湿地，目前已经成为国家级水利风景区、山东省自驾游示范景区、山东省休闲农业与乡村旅游示范点、山东省生态农业科普教育基地。

景区规划湿地生态保育、生态展示、综合服务和合理利用四大区域 15 个建设内容，成为融合生态保护、旅游开发、现代观光农业等的一项综合系统工程。特色与卖点：自然湿地景观、百花盛开的植被景观和众多小景点。

二、公共服务信息

景区地址： 山东省枣庄市山亭区城头镇

联系电话： 0632-8788009

景区网址： www.yueliangwansd.com

公共邮箱： yueliangwansd@163.com

景区门票： 通票价格为 60 元 / 人。

营业时间： 旺季（最适宜旅游）为 3 月 15 日至 11 月 30 日，营业时间为 8：10~16：40；淡季为 12 月 1 日至次年 3 月 14 日，营业时间为 8：50~16：00。

停车服务： 景区专设停车场 3 处，最大容量 500 辆车；收费情况：小轿车（含面包车）5 元 / 车、中巴车 10 元 / 车、大巴车 15 元 / 车。

三、交通到达

月亮湾旅游区位于素有"中国豆制品第一镇"、"中国豆谷"之称的山亭区城头镇。地理交通条件优越便利，南距京杭大运河 80 公里，西距滕州市 10 公里，紧靠京沪电气化铁路、104 国道和京福高速，东靠京沪高速公路，距日照港 200 公里，即将规划建设的枣新高速公路计划在山亭设立服务区，目前筹资 2 亿多元的枣临铁路也将在山亭区设立支线，这都为发展旅游业提供了千载难逢的好机会。景区距临沂飞机场 100 公里，距徐州观音机场 130 公里，景区西临 104 国道、京福高速和京沪铁路，京福高速滕北出口距景区 10 公里，南靠 206 国道，景区距滕州火车站13公里。外地游客可通过地方二级公路的店（子）韩（庄）线、滕（州）水（泉）路进入景区。进入景区支线公路，路面硬化，桥涵完整，护坡良好。主要交通支、干线设有专用外部交通标识。

自驾车：

（1）济南（京台高速）→滕州北下→北留路→桑村镇→城头镇→月亮湾旅游区。

（2）徐州（206国道）→滕州南下→木石镇→桑村镇→城头镇→月亮湾旅游区。

（3）徐州（京台高速）→枣庄高新区→长白山路→陶庄镇→木石镇→桑村镇→城头镇→月亮湾旅游区。

（4）临沂市区解放北路向西→马厂湖→南坡→新庄→侯庄→石井镇→山亭区→桑村镇→城头镇→月亮湾旅游区。

（5）济宁→日东高速→京台高速→滕州（山亭出口）→北留公路→桑村镇→城头镇→月亮湾旅游区。

四、住宿服务

月亮湾旅游区景区内有"月亮湾度假酒店"、景区东门外1.3公里处有"迎宾客栈"、"温馨客栈"等。

五、餐饮服务

月亮湾旅游区景区内有"月亮湾度假酒店"、东门外50米有"董涛石锅鱼"、东门向北有150米"桥头羊肉汤"、东门向南有"润增羊肉汤"、景区南门外100米有"长巷羊肉汤"。

六、体验活动

景区的体验活动主要有每年春季的农民趣味运动会、3~5月的月亮湾风筝节、3月12日的"关爱森林、你我行动"植树节、5~7月的"风车季"、5~7月的红色旅游文化节。

七、购物指南

当地特产有城头豆制品、城头羊肉汤等。

龟山风景区

一、景区简介

龟山

龟山，因山体形状酷似伏卧龟而得名，拥有蛇山、草帽山等大小山峰20多座，形态各异，成双成对，极为奇特；龟山风景区境内泉水众多，拥有九顶莲花山泉群、西伽河泉群、龟山泉

龟山风景区

群、马山泉群、老牛口泉群、泉头泉泉群、口子泉泉群等七大泉群，常年性泉眼近 100 个，是名副其实的"千泉古镇"。

龟山风景区内动植物资源丰富，木本植物有 140 多种，野生动物有 70 多种，森林覆盖率为 68.5%，负离子含量达 1 万个／立方米，有"天然氧吧"之称，是名副其实的森林公园。景区先后被评为"省级地质公园"、"山东省农业旅游示范点"、"全国农业旅游示范点"、"国家 AAA 级旅游景区（2009 年）"、"山东省森林公园"。

二、公共服务信息

景区地址： 山东省枣庄市市中区孟庄镇周村水库西侧

联系电话： 0632-3588111

景区网址： www：//zzgsfjq.com

公共邮箱： 417423299@qq.com

景区价格： 旺季：50 元／人，淡季 30 元／人。65 岁以上老年人持老年优待证免门票，学生持学生证 20 元／人，现役及伤残军人免门票，省级以上新闻媒体人员持相关证件免门票。

营业时间： 4 月 1 日至 10 月 31 日为旺季，其余为淡季；营业时间：8：00~17：00。

最佳旅游时间： 4 月 4 日~5 月 31 日。

停车服务： 景区设有停车场 3 处，分别为景区大门口，有车位 70 个；白子庙停车场，有车位 100 个；水库西南侧停车场，有车位 60 个。所有停车场均免费停车。

三、交通到达

京福高速→滕州南出口下→枣木高速→枣庄北外环出口下→北外环东行 5 公里，向东北方向走→枣新线→峨山口右行→苗庄村口左行→龟山旅游景区；全程大约需要 30 分钟。

四、住宿服务

润龙山庄
电话：13589649078
龟山酒馆
电话：13863291089

五、餐饮服务

聚龙山庄
地址：龟山脚下苗庄村加油站南邻
电话：13863273855
香村好食光
地址：龟山脚下苗庄村加油站以南 800 米
电话：13210472688

六、周边可供游客关联消费的旅游项目

周边景区主要有甘泉寺、抱犊崮国家森林公园。

祥和庄园景区

一、景区简介

祥和庄园景区集牧草种植、高效奶牛养殖、乳制品加工销售、有机蔬菜种植、沼气发电、苗木花卉种植、观鲤园、垂钓园、自由采摘、观光游览为一体的生态乡村旅游型景区。

祥和生态园大门

枣庄市祥和庄园于2010年荣获省级农业产业化重点龙头企业称号，被农业部评为"标准化养殖示范场"；山东旅游局、省畜牧兽医局授予"畜牧旅游示范区"。"祥和庄园"商标被核准为山东省著名商标。祥和庄园2014年12月被国家评为AAA级旅游景区。特色与卖点：农业观光休闲的好去处，还可参观奶制品生态，体验生态采摘等农事活动。

二、公共服务信息

景区地址：山东省枣庄市台儿庄区马兰屯镇西部境内

景区网址：www.xianghedairy.com

联系电话： 0632-4072978

公共邮箱： zzxhry@163.com

景区门票：50元/人，执行对老年人、残疾人、青少年等群体的国家优惠政策。

最佳旅游时间： 4~10月。

三、景区导览

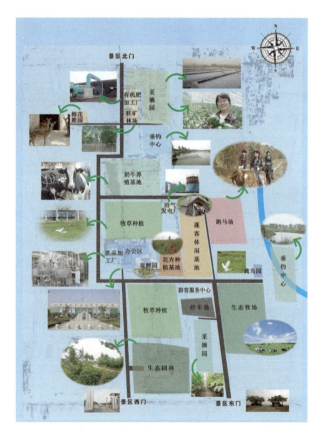

四、交通到达

祥和庄园位于台儿庄区马兰屯镇驻地西侧，西临山东省206国道6公里处，京台高速、高铁16公里在台儿庄出口下。南临京杭大运河3公里，徐州观音机场50公里。东临京沪高速在兰陵镇出口下，距祥和生态园20公里，气候宜人，四季分明，交通便利。

五、住宿及餐饮服务

清御园君廷酒店
地址：山东省枣庄市台儿庄BRT公交总站北面
电话：0632-6723008
台儿庄大酒店
地址：山东省枣庄市台儿庄区兴中路110号
电话：0632-6628266

六、购物指南

当地特产主要有辣子鸡、大战纪念酒、张家狗肉、咸鸭蛋等；另外还有祥和庄园生态的祥和系列乳制品。

七、周边可供游客关联消费的旅游项目

周边景区有台儿庄运河湿地公园等。

东方怡源·仙人洞旅游区

一、景区简介

东方怡源全景

东方怡源·仙人洞旅游区依山而建，流水潺潺，楼台亭阁如明珠洒落，小桥长廊似玉带环绕，具有古典韵味的建筑风格在鲁南地区独树一帜。景区集旅游、休闲、娱乐、住宿、餐饮、商务功能为一体的综合性豪华旅游度假场所，主要由温泉接待中心区、餐饮区、商务会馆园区、温泉乐园区、客房区及 VIP 豪华别苑区六大主体及辅助配套公用工程组成。

景区被评为"中国最佳休闲胜地"、"山东省自驾游示范点"等荣誉称号。特色与卖点：温泉疗养、休闲度假，自然风光秀丽，风景宜人。

二、公共服务信息

景区地址：山东省枣庄市峄城区吴林办事处

联系电话：温泉　0632-3033788

客房　0632-3033777

餐饮　0632-3033778

景区网址： www.dongfangyiyaun.cn.com

公共邮箱： zzdfyydjc@163.com

景区门票： 门市价为 108 元 / 人，138 元 / 人（含餐）。本地居民持本地身份证可享受 68 元 / 人，98 元 / 人（含餐）的优惠。

营业时间： 9：30~21：30（全年）。

停车服务： 景区停车场占地面积 10000 余平方米，能同时容纳 500 余辆汽车停放，凡是进景区游玩、入住及就餐的车辆均可享受免费停车服务。

三、景区导览

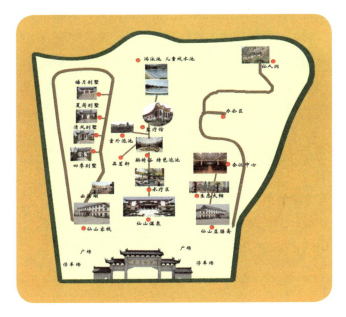

四、交通到达

东方怡源·仙人洞旅游区西傍 206 国道、京福高速、津浦铁路、京沪高铁；南依枣临高速；枣台公路、郯薛公路穿境而过；距江北水城——台儿庄仅 20 分钟车程；距徐州观音机场不足 80 公里；地理位置优越，交通十分便利，并开通了枣庄 21 路公交车，游客从市区可直达度假村。

五、住宿服务

东方怡源酒店（四星级酒店）

地址：山东省枣庄市峄城区吴林办事处仙人洞景区

电话：0632-3033777

六、餐饮服务

仙山益膳斋

地址：山东省枣庄市峄城区吴林办事处仙人洞景区

电话：0632-3033778

七、周边可供游客关联消费的旅游项目

周边景区主要有冠世榴园、抱犊崮、熊耳山、石头部落、台儿庄古城等。

铁道游击队纪念园

一、景区简介

铁道游击队纪念园以临山为依托，整个纪念园由纪念广场、甬道、纪念碑、碑廊、八大亭、"三雄墓"（刘金山、王志胜、赵明伟）、铁道游击队影视城、铁道游击队史料馆、鲁南民俗博物馆、抗日战争史料馆、中陈郝古瓷窑展览馆、鲁南奇石馆、临山阁等20多个景点组成，形成以"战争文化"品牌为特点的红色旅游精品景点。

铁道游击队纪念园是薛城区文化旅游产业的重要载体和基地，同时，也是全国100个红色旅游经典景区之一，被国家命名为第三批红色旅游景点、爱国主义教育示范基地。景区最大

铁道游击队纪念碑

鲁南民俗博物馆

的特色及卖点：铁道游击队影视城，"铁道游击队影视城传奇"演艺剧场演艺活动。

二、公共服务信息

景区地址： 山东省枣庄市薛城区泰山中路

联系电话： 0632-4485386

公共邮箱： tdyjd4485386@163.com

景区门票： 60 元 / 人次；半价门票 30 元 / 人次。优惠价：30 元 / 人次，优惠半价票：15/ 人次。年卡：30 元 / 张［本地（枣庄）市民凭本人身份证可办理年卡 1 张］。

凭本人以下有效证件购买门票可免票：

（1）65 周岁（含）以上老人凭本人老年证；

（2）1.2 米以下儿童；

（3）现役军人凭本人军官证、士兵证；

（4）军残凭本人军残证；

（5）记者凭本人记者证。

半票优惠条件：

（1）60周岁（含）以上老人凭本人老年证；

（2）1.2~1.4米的儿童；

（3）学生凭本人在校学生证；

（4）残疾人凭本人残疾证。

营业时间：淡季：8：30~17：00（元月1日~元月30日）；旺季：8：00~17：30（11月1日~12月30日，2月1日~4月30日），8：00~18：00（5月1日~10月30日）。

最佳旅游时间：节假日、周末、旺季。

停车服务：景区设有专门停车场，位于景区门口，约5000平方米，可同时停放100辆车，且暂不收费。

三、景区导览

四、交通到达

1. 外部交通

（1）从徐州机场乘坐直达枣庄市的中巴在薛城高铁站下车，后换乘公交101线路至临山公园站，或自驾车沿长江路往西3公里、往北沿泰山路2公里。

（2）从枣庄西站下火车乘坐1元公交101线路、2元BRTB1或B2在临山公园站下车。

（3）自驾游的游客请从枣庄市薛城高速公路口沿光明路往西1公里、往南沿泰山路2公里。

（4）从枣庄市薛城高铁站乘坐公交101线路至临山公园站、或自驾车沿长江路往西3公里、往北沿泰山路2公里。

2. 内部（附近）交通

（1）内部交通：铁道游击队纪念园内乘坐电瓶车游全程约半小时，步行约3小时；铁道游击队影视城内乘坐电瓶车全程5分钟，步行40分钟。电瓶车价格为10元/人。

（2）附近交通：在临山公园乘坐BRTB1、B2向西约1分钟至二十九中站到达奚仲商务酒店，约两分钟到达枣庄西站皇冠大酒店；在临山公园乘坐BRTB1、B2向北约两分钟到达四里石站万家快捷酒店；在临山公园乘坐环城公交101向东到达约5分钟区政府站锦泉大酒店，约六分钟到达薛国大酒店约10分钟到达鸿源大酒店；在临山公园乘坐公交101线向南约1分钟到达矿务局接待中心。

五、活动体验

（1）"铁道游击队传奇"演艺剧场

时间：周末　节假日

地点：铁道游击队影视城内

游客参与方式：观赏

（2）铁道游击队真人 CS 野战基地

时间：8：00~18：00

地点：铁道游击队影视城内

游客参与方式：亲身体验

（3）抛绣球抬花轿

时间：周末　节假日

地点：铁道游击队影视城内

游客参与方式：游客参与

（4）魔幻艺术馆

时间：常态

地点：铁道游击队影视城内

游客参与方式：游客参与

六、购物指南

旅游商品购物店（景区自营）以当地旅游纪念品、土特产为主，主要有洛房泥塑、张范剪纸、巧姐柳编、火车头、奚仲保平安挂件、薛国家纺等。

七、周边可供游客关联消费的旅游项目

周边景区主要有奚公山旅游风景区、蟠龙河湿地、峄城石榴园、活力湾水上公园、绿之源采摘、日月山绿道和杨树林绿道、杨峪风景区、赛车场地。

奚公山风景区

一、景区简介

奚仲景区

薛城是造车鼻祖奚仲故里。奚仲，夏"车正"，被世人称为"车圣"、"车祖"、"车神"，"奚仲造车"成为中华文明发展的重要标志之一。依托这一品牌资源优势，薛城区重点规划了奚公山风景区。景区规划建设奚公山文化风景区、蟠龙河湿地水上公园区和东部养生、养老健康农庄三大区域。项目建成后，将成为国内唯一一个以车祖祭拜为特色的文化旅游景区，形成京沪线及苏鲁豫皖周边省市的

奚仲纪念馆

标志性景观。特色与卖点：中国车祖奚仲故里，每年举办有奚仲文化活动节和汽车拉力赛等活动。

二、公共服务信息

景区地址：山东省枣庄市薛城区陶庄镇

联系电话：0632-4016077

最佳旅游时间：4~10 月。

景区门票：目前免费。

停车服务：景区停车场位于车祖广场，车位约 130 个，停车免费。

三、景区导览

四、交通到达

奚公山风景区位于位于京沪高铁、京沪铁路、京福高速公路的东侧，外围交通道路设施完善，枣庄公交 2 路车直通景区，奚公山风景区公路交通发达、便捷，境内有 104 国道、206 国道、枣薛公路、店韩公路、郯薛公路、山官公路等省国道相通，距京福高速 5 公里。

景区自驾线路指南：京台高速 626 出口→薛城方向→光明路→泰山北路→奚公山风景区。

枣临高速枣庄新城出口→店韩璐→山官路→奚公山风景区。

五、餐饮服务

十字河农家乐

电话：13506322185

刘三嫂地锅鸡

电话：0632-4977146

六、活动体验

奚公山庙会，每年农历 9 月 12 日；拜车祖保平安活动，每年农历 2 月 2 日；骑游活动，每年 5 月 1 日。

七、周边可供游客关联消费的旅游项目

铁道游击队纪念园，位于薛城市区，枣庄市薛城区泰山中路，联系电话：0632-4485386。

活力湾·欢乐世界，位于泰山北路，蟠龙河畔，联系电话：13994044016。

大宗村旅游区

一、景区简介

滕州大宗旅游文化发展有限公司是大宗集团下属企业，现已开发的景点有宗泽园、玉皇庙、和谐家园、文化广场、人工河、植物园、宋代影视城等。其中，宗泽园是江北第一家村级公园，是按国家 AAAA 级标准建设的重点旅游项目，是为纪念宋代抗金名将宗泽而修建的集休闲、娱乐、餐饮、会展为一体的大型综合园林。

大宗村先后被各级授予"全国小康建设明星村"、"全国先进基层党组织"、"山东省十大名村"、"省级生态文明村"、"山东省景观特色村"、"全省农业旅游示范点"等荣誉，并荣登枣庄市经济强村之首，享有"鲁南明珠"之称。特色与卖点：和

宗泽园全景

谐社会新农村的典范，大宗村历史悠久，文化内涵深厚，村内环境优美，人民生活富裕，乡村旅游活动丰富。

二、公共服务信息

景区地址： 山东省滕州市张汪镇大宗村

联系电话： 0632-2819899

景区网址： www.dazonggroup.com

公共邮箱： yinhongli1986@163.com

景区门票： 旺季：20元／人；淡季10元／人。残疾人、儿童、老年人免费。

最佳旅游时间： 春季、秋季

停车服务： 景区整体为开放式景区，宗泽园门口、路边等皆可停车，车位众多，停车免费。

三、景区导览

景区游览线路：大宗村→玉皇庙→宗泽园→和谐家园→文化广场→孝心讲堂→敬老院→农业观光园→玉带河。

四、交通到达

景区距徐州观音机场距离约154公里，车程时间约80分钟；距滕州火车站距离约50公里，车程时间约30分钟；距滕州市中心距离约50公里，车程时间约30分钟。

市内公交：滕州西站—田陈矿，到大宗村宗泽园景区门口下车。

五、住宿服务

大宗商务宾馆

六、餐饮服务

大宗食府
地址：宗泽园侧旁

七、活动体验

全民健身运动节——每年正月初二到初六，在大宗村举行全民健身比赛；

春季放生节——每年3月份，在大宗村玉皇庙举行；

夏季戏水节——每年8月，在大宗村宗泽园举行；

秋季采摘节——每年10月，在大宗村农业观光园举行；

冬季赏灯节——每年正月十三到正月二十二。

八、购物指南

当地特产主要有张汪板鸭、大宗村自产的酱香型白酒御大地。

九、周边可供游客关联消费的旅游项目

周边景区主要有盈态生态温泉度假村、微山湖湿地红荷风景区、刘村梨园风景区等。

滕州国防科技教育基地

一、景区简介

滕州国防科技教育基地是山东省重点烈士纪念物保护单位，建有鲁南人民抗日武装起义纪念碑及鲁南人民抗日武装起义纪念馆、著名烈士纪念碑亭、英烈园、国防科技教育城及大型兵器陈列广场等纪念设施，是一所集褒扬、教育、旅游为一体的大型花园式烈士陵园。

滕州国防科技教育基地于 2014 年 9 月 30 日被国务院公布为首批"国家级抗战纪念设施"，现为山东省国防教育基地、山东武警总队"先进军事文化实践基地"、省反腐倡廉教育基地、

国防科技教育基地

鲁南人民抗日武装起义纪念馆

省科普教育基地，枣庄市爱国主义教育基地、群众观教育基地。特色与卖点：鲁南地区爱国主义教育、群众观教育、革命传统教育、国防知识教育等为一体的综合性红色教育基地。

二、公共服务信息

景区地址：山东省滕州市大坞镇仁山

联系电话：0632-2985838

景区门票及讲解收费规定：

（1）国防科技教育基地免费对社会公众开放。

（2）凭身份证、驾驶证、军官证、士兵证等本人有效证件参观纪念馆。

①展馆开放时间为每周二至周日9：00~16：00，16：00后停止入馆。每周一全天闭馆整修（国家法定节假日除外）。

②游客须在纪念馆领票处凭有效证件按顺序排队领取免费

参观券（9：00开始发放免费参观券，16：00停止发放），须经检票入口处检票后方可入馆参观。

③20人以上的团体参观须提前24小时预约（预约电话：0632-2985838）。为保证参观效果，参观团体需要讲解时，每批人数不超过20人，超过20人时进行分批讲解。

④集体参观的学生至少在20人以上（含20人），参观时须出示学校加盖公章的证明信，否则不予接待。

⑤由于我馆的接待能力有限，为确保游客参观质量，每日免费参观人数控制在300人以内。国家法定节假日及重大活动期间另行安排。

⑥老年人（凭老年证）、残疾人、现役军人凭本人有效证件可优先参观。

⑦老年、儿童及行动不便者请在监护人陪同下入馆参观。

（3）景区内服务性项目按照中宣部、财政部等部门《关于全国博物馆、纪念馆免费开放的通知》的精神及物价部门核准的收费标准执行。收费项目主要包括：讲解服务、大型场景LED播放、纪念品销售及通过市场运作举办的其他活动等服务，游客可根据自身需求选择消费。

（4）鲁南人民抗日武装起义纪念馆LED多媒体场景及讲解员讲解不属于免费项目，游客如有需要需另行收费，LED播放每次收费100元；讲解员讲解每次收费60元。

停车服务： 滕州国防科技教育基地根据实际情况，在景区入口设6000平方米免费停车场，驶入停车场时车速不得超过5公里/小时，不得逆行，禁止在停车场内修车、试车、练车。泊入停车场的车辆，应服从车场管理人员的调度指挥。

三、交通到达

1.外部交通

（1）自驾游：滕州市→红荷路→大坞镇→345省道→池头集（国防科技教育基地）。全程约35公里，约需30分钟。

（2）公交车：滕州西站—三山，约需50分钟。

2.内部交通

参观路线：悼念广场→鲁南人民抗日武装起义纪念馆→鲁南人民抗日武装起义纪念碑→英烈园→大型兵器陈列广场。

3.周边旅游景区及路线

国防科技教育基地→洪山口风景区，约1公里。

国防科技教育基地→微山湖湿地景区，约15公里，行车20分钟。

四、餐饮及住宿服务

景区周边宾馆、饭店已发展至10家，能同时接待500人住宿，800人就餐，餐厅主推地方特色，如野味、野菜、湖鱼、湖虾、红烧兔头、烤全羊，别具风味。并设有湖畔野炊、湖边垂钓等活动。

滕州汉画像石馆

一、景区简介

汉画馆全景

滕州汉画像石馆是鲁南地区著名的文物景区，主体工程采用仿汉代建筑风格，气势恢宏，古意悠然。汉画像石是汉代墓室，祠堂、石阙上雕刻画像的建筑构石，内容涉及了汉代的天文、地理、神话传说、现实生活、民族关系、政治经济发展及社会意识形态、哲学与美学等诸多领域，被称为汉代社会的缩影、东方艺术的瑰宝。

滕州汉画像石馆的建筑设计理念是"以人为本，以文物为本"，在文物的陈列上突出表现了汉画像石敦厚质朴、深沉雄大的风格，2008年1月被评为"AAA国家级旅游景区"；荣获"龙泉塔"枣庄市十佳名胜古迹的荣誉。特色与卖点：汉画像石、龙泉塔。

二、公共服务信息

景区地址：山东省滕州市府前东路1号

联系电话：0632-5615263

景区网址：www.tzhhxsg.com

公共邮箱：tzhhxsg@163.com

景区门票：全年免费开放

营业时间：上午：9：00~12：00　下午13：30~17：00

最佳旅游时间：春、夏、秋、冬

停车服务：景区专设停车场，最大容量为200辆，免费。

三、交通到达

自驾车：

沿京台高速公路→滕州北（出口）→沿龙泉路→府前东路→龙泉广场下车，步行2分钟即到。

公交车：

市内乘坐9路、6路、30路到龙泉广场站下车，步行2分钟即到。

四、餐饮及住宿服务

景区位于市区内，餐饮和住宿极为便利，主要有鲁南美食城（养士楼、上岛咖啡、东来顺、一品滕城）、恒源羊汤馆。

五、周边可供游客关联消费的旅游项目

周边景区主要有墨子纪念馆、王学仲艺术馆、鲁班纪念馆、墨砚馆等。

莲青山风景区

一、景区简介

莲青山

莲青山生态旅游风景区坐落在滕州东北部，群峰突兀，奇峰隽秀，山高沟深，林密景优，许多珍禽异兽在林中繁衍生息，被称为动植物的王国。莲青山，相传在战国时期，大将耶律元达和文静公主私奔到这里缔结良缘，演绎出千年的爱情故事，被称为天下第一情山；莲青山情人谷漂流被誉为山东省及周边地区漂流巅峰之作，集瀑布、深潭、奇石、丛林、珍稀植物于一体，自然景色之美令人为之惊叹。

莲青山风景区被评为国家级森林公园，国家级 AAA 风景区（2008 年获评），省级地质公园，2011 年最美中国（山东）最佳休闲度假景区，山东省十大风光摄影基地。特色与卖点：优美的自然风光、历史遗存和开发项目（情人谷漂流、冬季滑雪）。

二、公共服务信息

景区地址：山东省滕州市东郭镇境内

联系电话：0632-2502111

景区门票：40元/人。1.3米以下儿童实行免票；现役军人、军残、70岁以上老年人、记者凭证免费游览；60岁以上老人、学生凭证实行半价优惠。另外，通过同程、携程、去哪儿等合作网站来预订可享受优惠政策。旅行社凭电子行程单及合作协议享受优惠政策。

停车服务：停车场位于景区门口区域，共计100个车位，免费停车。

三、交通到达

自驾车：

（1）滕州北出口下高速→左转到龙泉大道向南直行至大转盘→王开医院向西到腾飞路→直行到104国道，向南直行约500米即是。

（2）滕州南出口下高速，沿笃西路向西直行右转至益康大道→向北直行左转至腾飞路→向西直行左转至104国道→向南直行约500米即是。

公交车：

滕州市区公交20路、22路、1路、7路车盈泰生态温泉度假村站下。

四、餐饮服务

龙凤庄园度假中心
电话：18706321010

五、活动体验

莲青山滑雪节
时间：每年 12 月
地址：莲青山滑雪场

六、周边可供游客关联消费的旅游项目

周边景区主要有滕州微山湖湿地红荷风景区、盈泰生态温泉度假村、墨子纪念馆、汉画像石馆等。

刘村梨园风景区

一、景区简介

刘村梨园风景区始建于明洪武三年（1370年），园内主要有刘村酥梨、花皮楸、晚三吉、鸭梨、黄金梨、丰水梨等10余个品种。刘村梨园近万亩，号称"万亩梨

梨树象意大门

园"，被评为国家级墨子森林公园、国家级AAA级景区、山东省精品采摘园、省级乡村旅游示范点。

景区获得的荣誉有山东省精品采摘园、省级乡村旅游示范点，"刘村酥梨"被认定为有机食品、"刘村酥梨"获得国家地理标志认证、"刘村酥梨"为十一届全运会指定产品。核心吸引物和景点：观梨亭、梨树象意大门、梨花仙子、梨王台、仙人桥、梨园古井、游艇码头、梨花诗廊、简册影壁等20余处。最大特色及卖点：春赏梨花，秋摘黄梨。

二、公共服务信息

景区地址：山东省滕州市柴胡店镇刘村梨园风景区

联系电话：13916206661　0632-2208966

景区网址：www.tzly.com

营业时间：8：30~18：30

景区门票：20元/人；酥梨采摘节门票：60元/人。组团50人以上8折优惠。

最佳旅游时间：4~10月

停车服务：景区专设停车场位于梨园风景区西侧和北侧；最大容量为800辆；免费停车。

三、景区导览

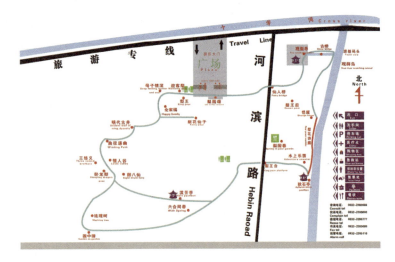

四、交通到达

1.外部交通

自驾车：

京福高速滕州南下→南沙河→官桥→史庄大桥东转→梨园景区；周边有徐州、临沂、济南、济宁机场。自驾游济南至刘村梨园景区 2.5 小时。

公交车：

游客可以乘坐滕州→薛城、滕州→陶庄、滕州→黄连山公交车在刘村梨园站下车即可。

旅游专线车： 滕州长途汽车 7：00 南沙河→官桥 17：00 刘村梨园

2.内部（附近）交通

景区内部徒步游览观赏所需时间为 1 小时。

刘村梨园景区到镇驻地主要商业区购物和住宿有公交车，用时 10 分钟。

五、住宿服务

如游客需住宿由景区向南至薛城 8 公里、向北至滕州 22 公里。

六、餐饮服务

农家乐掘秀园（梨园小镇）

地址：景区内

七、活动体验

刘村梨园风景区给游客提供垂钓、农活、采摘、划船、爬山、戏曲等服务项目；活动体验时间为 4~10 月，参与游客每人 10 元。

八、周边可供游客关联消费的旅游项目

刘村梨园景区东南 30 公里有峄城万亩石榴园，西北 40 公里有微山湖湿地公园。刘村梨园景区临近的薛城、滕州有星级饭店及星级旅馆。

龙阳旅游区

一、景区简介

滕州市龙阳旅游区以被列为滕州市自然风景区的龙山、龙湖、龙河为主体。龙山自东北向西南连绵起伏，山体蜿蜒若游龙将波光潋滟的龙湖抱

龙阳胜境山门

于怀中，形成罕见的龙山龙水、双龙戏珠的风水地貌景观。龙湖紧倚山脚，岸线曲折、处处藏幽，湖面碧波荡漾、舟楫不绝，山光与水色相呼应，波声与鸟鸣相唱和。龙河左出龙湖，后傍龙山，一水清灵，两岸丰美，麦熟飘香，蔬成花绽，田园之趣令人往返，民俗之乐留人常驻。

二、公共服务信息

景区地址：山东省滕州市龙阳镇卧龙村

联系电话：0632-2057101

景区网址：http://www.longyz.gov.cn/

公共邮箱：liuluoguo8126812@163.com

营业时间：全天

景区门票：免费

最佳旅游时间：4~10月

停车服务：景区有1个可停放200辆汽车的免费停车场。

三、景区导览

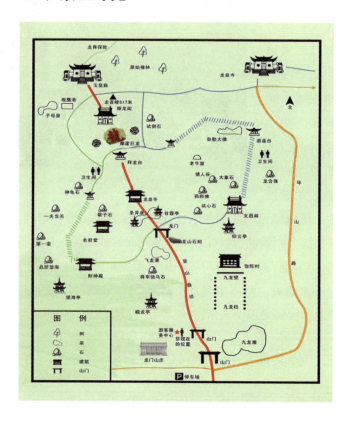

四、交通到达

自驾车：

京福高速公路→滕州北出口下→滕州市北辛路→善国路向北直行→龙阳镇→龙山旅游专线→龙阳旅游区

公交车：

滕州市内在善国中路坐 K208 公交车直达龙阳旅游区

五、住宿服务

万家连锁商务酒店

地址：山东省滕州市北辛中路长途汽车站东临

电话：0632-5239888

如家快捷酒店

地址：山东省滕州市善国北路和北辛路交叉口西南角

电话：0632-5650777

锦江之星

地址：山东省滕州市善国北路 1008 号新博伟电器旁

电话：0632-55729990

蓝湾花园酒店

地址：山东省滕州市北辛路 88 号市政服务中心对面

电话：0632-5151333

六、餐饮服务

打不改狗肉馆

地址：山东省滕州市龙阳镇中心街龙阳卫生院对面

电话：0632-2033449

刘三全羊馆

地址：山东省滕州市龙阳镇中心街龙阳卫生院东临

电话：0632-2031559

龙门山庄

地址：山东省滕州市龙阳镇龙阳旅游区西 200 米

电话：18263263353

金蟾庄园

地址：山东省滕州市龙阳镇龙山旅游专线路西高岭村南 800 米

电话：13376371399

七、购物指南

当地特产主要有黄壤地瓜、绿萝卜、土豆、油桃、樱桃、狗肉、羊肉。

八、周边可供游客关联消费的旅游项目

周边景区主要有微山湖湿地红荷旅游区、莲青山风景区、刘村梨园景区、盈泰生态温泉度假村、龙泉寺塔、滕国故城、墨子纪念馆、鲁班纪念馆、汉画像石馆、王学仲艺术馆、滕州博物馆、葫芦套影视基地、鲁南抗日起义纪念馆、国防科技教育基地等。

龙园古镇

一、景区简介

　　滕州龙园古镇旅游风景区，由山东鲁华环境艺术工程有限公司投资、建设和经营，主要建设民俗风情街、文艺娱乐区、文化休闲区等功能区，重点发展农家乐、国学文化等多种业态。景区以北方四合院为基本建筑形式，仿明清民居官邸等样式，结合南方园林特色，融汇中华古建文化精髓，精心规划设计、建设龙园古镇乡村游景区，是集民俗文化、婚礼婚庆、休闲养生、度假旅游、农林展示于一体的鲁南文化大观园，致力打造山东省属地"龙"文化寻根地和全国鲁南文化示范项目。

龙园全景

龙园古镇 2014 年 12 月已成功被命名为国家 AAA 级旅游景区、山东省"休闲农业精品园区",并荣获省级文化创意产业园区称号。

二、公共服务信息

景区地址:山东省滕州市洪绪镇龙源古镇
联系电话:0632-5510077
景区网址:www.longyuanguzhen.com
公共邮箱:luhuahuanyi@163.com
景区门票:

收费项目	计费单位	收费标准	收费依据	备 注	凭本人以下有效证件购买门票可免票或半票
景区门票(淡季)	元/人次	50	单位自主定价	日场时间:700~1700(2015-2至2016-2-28) 购买半价票游客需出示本人有效证件	一、免票优惠条件: 1、70周岁(含70周岁)以上老人(凭本人身份证或老年证) 2、6周岁(含6周岁)以下儿童(凭本人身份证) 身高1.2米(含1.2米)以下的儿童 3、一级(残疾人(凭新版《中华人民共和国残疾人证》) 4、一级(残疾人军人(凭新版《中华人民共和国残疾军人证》) 5、八月一日建军节当日,现役军人凭有效证件免费入园 6、在本地或外地服兵役的滕州籍军人(凭入伍证及现役军官证) 7、持国家新闻出版总署颁发的国家级(IC卡)的新闻从业人员 8、省级以上记者(凭国家新闻出版总署颁发的新闻记者证) 9、享受国家特殊津贴人员、省部级以上(含省级)劳模等荣誉称号者免费入园 10、旅游系统会员持有效证件的人员 二、半票优惠条件: 1、60周岁-69周岁老人(凭本人身份证或老年证) 2、身高1.2-1.4米(含1.4米)的儿童 3、6周岁-18周岁(含18周岁)未成年人(凭本人身份证) 4、24周岁(含24周岁)以下的全日制本科院校下学的在校学生(凭本人学生证) 5、三至四级残疾人(凭新版《中华人民共和国残疾人证》) 6、七至十级残疾人军人(凭新版《中华人民共和国残疾军人证》)
景区门票半价票(淡季)		25			
景区门票(旺季)	元/人次	80		日场时间:700~1800(2014-3至2015-2-28) 购买半价票游客需出示本人有效证件	
景区门票半价票(旺季)		40			
网络预订票	元/人次	60		网络预订60元/人次(游客需出示有效验证信息)	
特惠日门票	元/人次	10		仅限本地居民凭本人身份证特惠当日当期购买	
年卡	元/张	68		本地居民凭本人身份证30元可现场办理年卡一张 年卡过期以旧换新业务:本地20元/张,外地30元/张	
讲解费	元/场次	60		游客可凭有效证件到游客服务中心租用电子导览器(20元/台次)	
黄包车	元/人次	10		各站点详细价格及线路行程见黄包车售票点	
观光车	元/人次	10		各站点详细价格及线路行程见观光车售票点	
停车场	元/辆	10/20		大车20元/辆,小车10元/辆	

滕州市价格监督检查处核制
价格举报电话:12358
滕州市龙园古镇文化产业发展有限公司
咨询投诉热线:0632-5510077

停车服务:景区设有 3 个停车场,最大容量 500 辆。

三、交通到达

1. 外部交通

（1）景区距徐诈观音机场 105 公里，距临沂机场 180 公里，距嘉祥机场 110 公里。济宁市距嘉祥机场 35 公里。（2）景区距京福高速公路出口 10 公里。（3）景区距滕州火车站 8 公里。（4）景区西 20 公里处滕州港有去鱼台县城的客用航运码头。

2. 内部（附近）交通

景区内主要道路是黑化路面，且是单行道，在景区内形成一个很大的闭合圈。道路两旁进行绿化，露出土地部分石子覆盖。其他游步道采取生态一步道或仿生态步道。

景区内包括游览线路（主线路形成一个大闭合圈，让游客沿途就能欣赏景区全景）、游步道（除主车道外，其余采用石头，全部设置生态特色游步道）、特色游步道（根据各景点特色采用石头，合理设置各种游步道）生态或仿生态游步道。

四、餐饮服务

迎宾楼

墨子纪念馆

一、景区简介

坐落于滕州荆水河滨、龙泉塔畔的墨子纪念馆，是集学术研讨、图书资料收藏、科技教育、参观游览于一体的综合性庭院式建筑群体。纪念馆设有五大展厅，即序厅、综合厅、科技厅、军事厅、圣迹堂。

景区荣获全国科普教育基地、山东省科普教育基地、山东省星级科普教育基地、全国科学普及教育基地、山东省社会科学普及教育基地、山东十佳影视外景基地等荣誉。特色与卖点：滕州墨子纪念馆是弘扬优秀民族传统文化、研究墨子思想的高雅学术殿堂，是青少年科技、德育、爱国主义教育基地，

墨子研究中心全景

墨子像

是滕州对外开放的文明窗口，也是联系中外专家学者的桥梁，被中外专家誉为"墨研基地，古滕圣府"。

二、公共服务信息

景区地址： 山东省滕州市塔寺路 78 号

联系电话： 0632-5266712

传真： 0632-5515017

公共邮箱： tzmzyj@163.com

景区网址： www.chinamozi.net

营业时间： 8：30~12：00　13：00~17：00。

景区门票： 免费。

三、景区导览

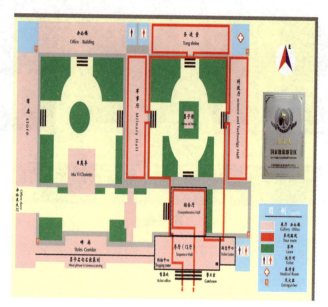

四、交通到达

自驾车：

（1）滕州北出口下高速→左转到龙泉大道向南直行至大转盘→王开医院向西到腾飞路→直行到104国道，向南直行约500米即是。

（2）滕州南出口下高速，沿笃西路向西直行右转至益康大道→向北直行左转至腾飞路→向西直行左转至104国道→向南直行约500米即是。

（3）沿京台高速公路→滕州北（出口）→沿龙泉路→府前东路→龙泉广场下车，步行2分钟即到。

公交车：

滕州市内乘坐 9 路、6 路、30 路到龙泉广场站下车，步行 2 分钟即到。

五、住宿服务

景区位于滕州市区内，周边餐饮住宿非常便利，有上岛酒店等。

六、餐饮服务

养士楼、秦妈火锅、汉丽轩烤肉等。

七、购物指南

景区周边购物场所主要有银座超市、乐天玛特超市、步行街等。

八、周边可供游客关联消费的旅游项目

周边景区主要有王学仲艺术馆、鲁班纪念馆、墨砚馆、汉画像石馆。

八路军抱犊崮抗日纪念园

一、景区简介

八路军抱犊崮抗日纪念园是红色旅游经典景点，也是爱国主义教育基地和党的群众路线教育实践活动基地。该园建有八路军抱犊崮抗日纪念馆、鲁南军区司令部、鲁南军区、鲁南区党委、115师政治部、鲁南行署、抗日夜校、鲁南时报社、军粮作坊、枪械所、八路军被服厂、抱犊剧社等。以军粮作坊为例，院门口有石碾，院内有石磨及支前队伍用的马车、挑子等，屋内放置矮桌板凳，游客可以亲身体验推磨、碾米、烙煎饼、煎鸡蛋等农事活动，深受广大游客的喜爱。

纪念园被省政府命名为第五批"山东省国防教育基地"，被山东行政学院确定为"教学科研基地"。特色与卖点：红色旅游经典景区，还原、再现了八路军在抱犊崮地区的革命历史活动。

二、公共服务信息

景区地址：山东省枣庄市山亭区北庄镇侯宅村驻地

联系电话：0632-8990066

公共邮箱：bdgkrjny@163.com

景区门票：20元／人。1.2米儿童以下、70岁以上老人（凭身份证）免票；国家离休干部凭证全免；国家新闻广电总局颁发的正规记者证全免（记者证、工作证、身份证）；60岁以上老人及军人、残疾人、学生凭有效证件半价。

营业时间：旺季（最佳旅游时间）为3月15日~11月30日，8：10~16：40；淡季为12月1日至次年3月14日，8：50~16：00。

停车服务：景区专设停车场位于景区南面，最大容量为10辆大巴，40辆轿车。按照大巴15元／辆、轿车5元／辆的标准收费。

三、景区导览

四、交通到达

八路军抱犊崮抗日纪念园位于山东省枣庄市山亭区北庄镇境内，地理区位优越，距枣庄市驻地16公里，曲阜70余公里。东与临沂市苍山县、平邑县接壤，南与枣庄市市中区、薛城区为邻，西与滕州市毗连，北与济宁市邹城市相接，对苏北和鲁南地区辐射力较强；交通体系良好，可进入性较强，所属枣庄市东邻京沪高速公路，西靠京福高速公路和京沪高铁，南傍枣临铁路和京杭大运河，6条省道穿境而过，距临沂机场60公里、徐州机场80公里；地处鲁南经济带，北接济南都市圈，东连半岛城市群，位于黄淮海和环渤海两大经济圈交汇地，具有承东启西、通达南北的经济区位条件。

自驾车：

（1）济南（京台高速）→滕州南下→枣木高速→枣庄北外环→枣费公路→峨山口→纪念园。

（2）徐州（206国道）→枣庄东外环→孟庄→峨山口→纪念园。

（3）徐州（京台高速）→枣庄高新区→光明大道→枣庄市中区→枣庄东外环→孟庄→峨山口→纪念园。

（4）临沂市区解放北路向西→马厂湖→南坡→新庄→侯庄→石井镇→北庄镇→纪念园。

（5）济宁→日东高速→京台高速→滕州（山亭出口）→北留公路→北庄镇→纪念园。

五、餐饮及住宿服务

三棵树宾舍
地址：抱犊崮景区西门外 100 米
抱犊山庄
地址：景区内

六、活动体验

景区不定期地邀请各类艺术团举行文艺演出，在节假日客流集中时提供免费体验打铁等互动项目。

七、购物指南

当地特产主要有抱犊山茶、优质板栗、柿子、核桃、花椒、奇石花卉等。

八、周边可供游客关联消费的旅游项目

纪念园距枣庄市抱犊崮国家森林公园 1.5 公里，距枣庄市熊耳山地质公园 6 公里；距山亭区北庄镇旅游服务中心 5 公里。

翼云石头部落

一、景区简介

翼云石头部落是国内罕见的、鲁南规模最大、保存最完整的古村落石板房建筑群，景区背靠鲁南第一高峰翼云山，东接有高山下明珠之称的翼云湖。景区主要以翼云山、石板房古村落为背景，面向周边地区以及辐射状态建设旅游区，围绕山乡民俗文化同时融入小邾国文化，展现原生态地域风情。

景区被授予"省级十佳特色旅游村"、"逍遥游——好客山东最美乡村"、入选第一批中国传统村落名录、"山东省乡村旅

游示范点"、"旅游合作共建基地"等荣誉。景区核心景点：大戏台、民俗馆、滑草场、漂流、百年炮楼、水街等。

二、公共服务信息

景区地址： 山东省枣庄市山亭区山城街道兴隆庄村

联系电话： 0632-8809898

景区门票： 80元／人次；半票价：40元／人次；景区团体门票价格20元／人次［需10人以上（含10人）］。

免票条件：（1）70周岁（含70周岁）以上老人（凭本人身份证和老年证）；（2）身高1.2米（含1.2米）以下的儿童；（3）离休干部（凭离休证）；（4）国内现役军人（凭军官证和士兵证）、离休军人（凭军人离休证）、残疾军人（凭残疾军人证）；（5）全国助残日对残疾人免票；（6）对媒体记者进行旅游采访（凭国家新闻广电总局签发的记者证）、旅游业务考察的旅行社经理（经旅游部门确认）、导游员（凭国家旅游局分颁发的导游证）、市级以上劳动模范、优秀专家、拔尖人才（凭国务院、省、市人民政府颁发的有效证件）、旅游执法和价格执法人员（凭执法证）。

半票优惠条件：（1）国内60周岁至69周岁的老年人（凭本人身份证或老年证）；（2）残疾人（凭残疾证）。

最佳旅游时间： 本地区属于北温带季风气候，最佳旅游时间为3月~10月底。

停车服务： 景区专设停车场3个，位于景区正门西南角、翼云大道右侧，最大容量500个车位。收费标准：小型车5元、中型车10元、大型车15元。

三、景区导览

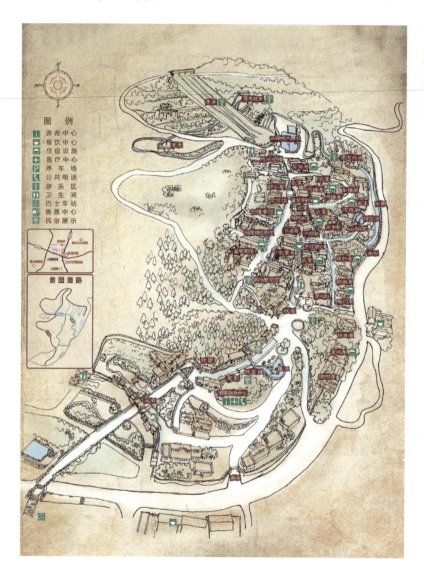

四、交通到达

自驾车：

济南、徐州方向：京台高速（G3）至滕州北高速出口→243省道（北留路）→山亭世纪大道→北京路→翼云大道→翼云石头部落

临沂方向：临沂→枣临枣速→峄城出口→枣庄东外环→枣木高速→西集高速出口→245省道（店韩路）山亭方向→山亭世纪大道→北京路→翼云大道→翼云石头部落

公交车：

乘坐高铁至滕州高铁站下车→山滕公交→山亭长途车站→2路公交→翼云石头部落站牌。

五、住宿服务

景区距城区3公里，各种档次宾馆若干家。景区内有翼云驿栈（0632-8809888）、榆树小院、长城小院等宾馆及农家小院。

六、餐饮服务

景区餐馆饭店有翼云人家（18766669728）、最美石板房（鲜鱼宴）、石板房饭庄（山亭羊肉汤）、农家乐小院等。

七、活动体验

（1）五一、十一有旅游活动策划，目标为都市人群。（2）夏季的学生夏令营活动策划，目标为全家休闲度假。

八、购物指南

当地特产有火樱桃、核桃、羊肉等。

九、周边可供游客关联消费的旅游项目

周边景区主要有抱犊崮景区（距景区40公里）；大裂谷景区（距景区30公里）；台儿庄古城（距景区50公里）。

莱芜市

山东省 A 级旅游景区
自由行手册

房干生态景区

一、房干景区简介

房干生态景区是国家 AAAA 级旅游景区，位于莱芜市西北部雪野旅游区。北靠济南、东临淄博、西与泰山接壤、济莱青高速穿越而过，交通便捷。景区海拔近千米，属泰山山脉，其景观山峻川媚，有着极丰富的旅游资源，是国家首批"全国农业旅游示范点"、"国家 AAAA 级旅游区"和"山东省十大新景点"，被国际环保专家誉为"绿色天堂"、"山区明珠"，有"中华生态第一村"之美称。

房干主要景观有九龙大峡谷、金泰山、梦幻情人谷、石云山、生态农业观光园等十大自然景观，近百个景点集泰山之雄、华山之险、黄山之奇、峨眉之秀、九寨沟之美于一体。

二、公共服务信息

景区地址：山东省莱芜市雪野镇房干村南

联系电话：0634-6386366

景区网址：http://www.fanggan.com.cn

公共邮箱：yingming77@126.com

景区门票：九龙大峡谷 70 元；梦幻情人谷 50 元；以上两大

景区通票 100 元。淡季：九龙大峡谷 70 元；梦幻情人谷 50 元；以上两大景区通票 80 元。

最佳旅游时间：4~11 月。

停车服务：九龙大峡谷有 3 处停车场，可停放 900 车辆；金泰山景区有 2 处停车场，可停放 400 车辆；情人谷有 3 处停车场，可停放 300 车辆；石云山有 1 处停车场，可停放 300 车辆；所有停车场只收一次停车费，小车 10 元。

三、景区导览

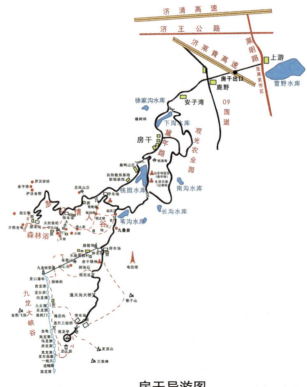

房干导游图

梦 幻 情 人 谷 导 游 图

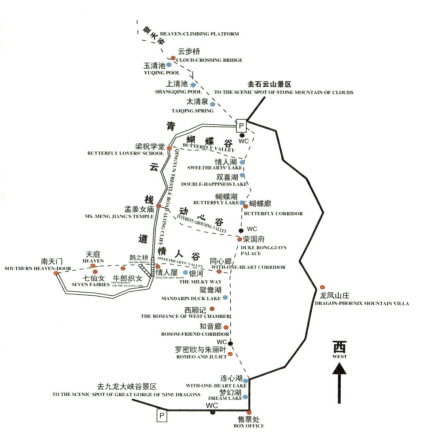

四、交通到达

1.外部交通

济南经经十路东（港沟）入济莱青（京沪）高速至雪野、房干出口西行 8 公里即到。车程约 60 分钟。

2.内部交通

车辆可直接从景区售票处开到景区停车场，约 4 公里；重要节点：景区售票处→桃园湖→检票处→九叠泉→金泰山→九龙大峡谷停车场；景区内部还设有滑道和索道，方便游客。

五、住宿服务

鹿鸣山庄大酒店

电话：0634-6386009

农家乐

电话：0634-6386068

六、餐饮服务

鹿鸣山庄大酒店

电话：0634-6386021

金泰山大酒店

电话：0634-6386199　13963456345

一笑酒楼

电话：13563481676

桃园湖大酒店

电话：0634-6386268

七、活动体验

（1）每年7月26日至8月10日举办房干生态旅游节；

（2）每年农历6月24日举办庙会。

八、购物指南

当地特产主要有松菇、生姜等。

九、周边可供游客关联消费的旅游项目

周边景区主要有齐长城、雪野航空城、雪野金沙滩、雪野农博园。

莱芜战役纪念馆

一、景区简介

莱芜战役纪念馆为国家 AAAA 级旅游景区，主体建筑由烈士纪念塔、展览馆、全景画馆和缅怀堂四部分组成；正面镶嵌着毛主席题写的"革命烈士纪念塔"七个镏金大字，为全国 100 个重点纪念塔之一。

展览馆设有序厅、战前厅、战役厅、支前厅、英烈厅五部分。纪念馆先后被命名为"全国重点革命烈士纪念建筑物保护单位"、"全国爱国主义教育示范基地"、"全国青少年教育基地"、"全国百家红色旅游经典景区"、"国家国防教育示范基地"、"中国人民解放军国防大学现地教学基地"、"全国民政系统行风建设示范单位"，"全国民政系统先进集体"、"山东省省级文明单位"、"山东省服务名牌"。

二、公共服务信息

景区地址： 山东省莱芜市莱城区汶阳大街 43 号
联系电话： 0634-8805690

景区网址：http：//zhanyi.laiwu.com

公共邮箱：lwzyjngbgs@163.com

景区门票：持身份证等有效证件免费参观

闭馆时间：（非节假日）每周周一闭馆检修

营业时间：每周周二到周五。5月1日~9月30日：8：30~12：00，13：30~17：30；免费讲解时间：9：10、10：10；14：10、15：10、16：10；全景画放音时间：9：00、10：00、11：00；15：00、16：00、17：00。

10月1日~翌年4月30日：8：30~12：00，13：00~17：00；免费讲解时间：9：10、10：10，13：40、14：40、15：40；全景画放音时间：9：00、10：00、11：00，14：30、15：30、16：30。

最佳旅游时间：每年3~11月。

停车服务：景区正南门、东门处均设有停车场地，同时景区正南方向英雄路为景区自有道路，两侧均可停放车辆；面积约1100平方米；免费停车。

三、交通到达

游客自济莱芜高速莱芜高新区出口下高速后，沿凤凰路向南行驶至鲁中大街，右拐沿鲁中大街向西行驶至英雄路，右拐沿英雄路向北即至。

"山东小海南"——雪野农博园

一、景区简介

山东雪野农博园 2011 年被评为"国家 AAAA 级旅游景区""省级农业旅游示范点""省级科普教育基地",是集生态农业观光、休闲度假、康乐美食、商务会议、素质拓展于一体的旅游观光度假园区。

雪野农博园科技种植区五个科技展示大棚面积分别种植热带植物、热带水果、生姜、蔬菜、花卉等共 1200 种植物。2011 年落户雪野农博园的手艺农村展馆是山东农村文化产业调研成果展。全年室内平均温度 18 摄氏度,即使在寒冷的冬季,也能够领略到南国万种风情,是名副其实的"山东小海南"。

二、公共服务信息

景区地址： 山东省莱芜市雪野旅游区西下游村南，莱芜雪野湖西北岸

联系电话： 0634-6578555　0634-6578777
　　　　　　0634-6578867

公共邮箱： lwxynby@163.com

景区门票： 80 元 / 人；2015 年全年门票优惠价 60 元 / 人，1.2~1.4 米儿童及 60 岁以上老人门票 50 元；1.2 米以下儿童及持导游证的游客免费。

停车服务： 景区设有免费停车场两处，可容纳小型车 100 余辆，大巴车 40 辆。

三、景区导览

四、交通到达

景区距莱芜市区 30 公里、济南市区 46 公里，济莱青高速公路雪野出口处右转即是；市内乘坐 K204 到雪野农博园站下车，西行 100 米即是。

五、住宿及餐饮服务

雪野山庄

六、周边可供游客关联消费的旅游项目

周连景区主要有古老齐长城，"中华生态第一村"房干村，九龙大峡谷，雪野湖等。

吕祖泉景区

一、景区简介

  吕祖泉景区是国家 AAA 级旅游景区，位于山东省莱芜市雪野旅游区，素有"莱芜北大门，济南东花园"之称，传说吕洞宾曾在此修炼成仙。景区分为五大景区，乡村风情区、金蟾景区、仙缘景区、逍遥景区和生态休闲景区，被评为"全国旅游示范点"、"中国十佳休闲景区"、"中国诚信休闲旅游企业"、"省级服务达标企业"。

  景区每年 5 月中旬到 6 月底是野生桑葚成熟的季节，也是免费采摘日；每年 5 月 27 日组织桑葚节，这一天游客在采摘桑葚的同时还可以观赏到来自民间的文艺演出。

二、公共服务信息

景区地址：山东省莱芜市雪野旅游区内

联系电话：0634-6571666

传真：0634-6572588

景区门票：58元/人；现役军人凭士兵证或军官证、残疾军人凭残疾军人证、七十岁以上老人持有效证件，免门票；60~70岁的老人凭有效证件，享受半价优惠；身高1.2米以下的儿童、残疾人凭残疾证免门票。

三、交通到达

自驾车：

（1）莱芜市区→莱明路→经张家洼、口镇→雪野水库→吕祖泉旅游区。

（2）济南经十路→济王路→明水路口→莱明路→吕祖泉旅游区。

（3）泰安→泰莱高速→杨庄路口下高速→接枣徐路→经杨庄、寨里、大王庄镇→经鹿野→吕祖泉旅游区。

（4）淄博王村→济王路→章丘路口向南→莱明路→吕祖泉旅游区。

香山（王石门）旅游区

一、景区简介

  山东香山生态旅游区为国家 AAA 级旅游景区，拥有玉皇极顶、香山行宫、蝴蝶泉、一线天、十八盘、香山红叶、香山黄叶、唐朝板栗园、槐香园、万亩林海草原、岩石地质公园等景点，更有以天上人家景点九天大峡谷为代表的九大水系等景点。

  山东香山生态旅游区是以"十大香"（松香、槐香、果香、花香、茶香、药香、谷香、姜香、竹香、油香）为主的，集观光、游憩、休闲、度假、康体、疗养、会议、拓展、朝拜、文化为一体的香文化主题生态旅游度假区。

二、公共服务信息

景区门票：80 元 / 人

营业时间：8：00~18：00

最佳旅游时间：5 月 1 日 ~10 月 1 日

齐鲁峡谷群

九天大峡谷

停车服务： 景区有专设免费停车场 4 处，可容纳车辆 1000 余辆。

三、交通到达

山东香山生态旅游度假区位于山东省莱芜市西北部的大王庄境内，景区面积 53 平方公里，距莱城 30 公里，西邻泰安市，北接济南市章丘市。交通便利，东有省道 244 线（枣徐路），西有省道 243 线（仲临路）南北穿越，王槐路横贯东西，与京沪、京福、济青、泰莱、莱博、莱新等高速公路相连；磁莱、辛泰两条铁路在莱城交汇，分别与京沪、胶济铁路相接；距青岛港 300 公里，距济南飞机场仅 50 公里。

莲花山风景区

一、景区简介

莲花山风景区是国家AAA级旅游区，全国农业旅游示范点，是一处集自然风光与宗教瞻仰为主题的旅游景区。"莱芜山水大观园、齐鲁第一观世音"，莲花山是名副其实的原生态和佛教文化旅游的圣地。莲花山系泰山山脉，是远古"泰山运动"的产物，主山体由于地壳断层升沉，形成了山峻谷深的地貌，有"36山头、72峡谷"之说。景区先后被评为"国家地质公园"、"国家森林公园"、"全国农业旅游示范点"、"中国自驾旅游品牌百强景区"、"山东最具特色影视拍摄地"等荣誉。

二、公共服务信息

景区地址： 山东省莱芜市高庄街道办刘家林村南莲花山风景区

联系电话： 0634-6080766

公共邮箱： lwlianhuashan@126.com

景区门票：50元/人。60~69岁老人凭证30元；1.4米以下儿童免费；在校大、中学生凭学生证30元；现役军人凭证免费；残疾人凭证免费；70岁以上老年人凭证免费；山东省旅游年票凭证；佛教居士凭证免费。

营业时间：8：00~18：00

最佳旅游时间：春季踏青、夏季游水、秋季看山、冬季冰瀑。

停车服务：景区专设停车场，共500个车位；收费标准：5元/车。

三、景区导览

四、交通到达

1.外部交通

自莱城区市中心至景区 15 公里，有旅游专线直达景区门口，每 40 分钟一班，票价单程 3 元。高速公路四通八达，从泰安、淄博、新泰方向车辆在莱芜南路口下高速，沿莱芜向南的"莱莲旅游大道"（鄂牛路）30 分钟左右直达莲花山风景区。

2.区内交通

（1）景区已建成 20 公里长的进山和环山公路，汽车可沿白云湖蜿蜒至海拔 900 米山顶。景区内部有旅游观光车，15 分钟一班，单人单程票价 10 元，可沿途观看美丽的自然风光和青山大川。

（2）建成 20 公里的环山步行道、千米九曲莲花径、千米帝王御道，使素有"十里山水画廊"之称的莲梗峡、宫山、观音峰、莲花尖成为百余景点游览观光的步游道网络体系。

（3）建成山门停车场为主的 4 个停车场，总面积 2 万平方米，可同时容纳 500 余辆车辆。

五、餐饮服务

莲花山庄
电话：13563484449

六、住宿服务

景区内设有莲花山宾馆，另公司在市中心建有全国连锁格林豪泰商务快捷酒店。

七、活动体验

莲花山每年有三次节庆活动，农历二月十九是"春季旅游节"、六月十九是"传统庙会"、九月十九是"秋季采摘节"。主要开辟了 6 个各有特色的游览区，修筑了东路看绿、西路看水、中路看险的三条游览路线，共有 100 余个自然和人文景点。

八、购物指南

当地特产主要有核桃、野味蘑菇、栗子、槐花蜜、柴鸡蛋、柴鸡、山楂、苹果、花生、地瓜、花椒、山东大煎饼（品种有小米、玉米、杂粮、黑面、白面、大枣、蔬菜）。

山下乡村农历初四、十四、二十四、初九、十九、二十九有乡村集市，销售各种野菜、绿色蔬菜等。

九、周边可供游客关联消费的旅游项目

周区景区主要有莱芜云台山景区、笔架山风景区。离景区40 公里左右，有房干生态旅游区、农博园、雪野湖旅游区、孔雀山旅游区、王石门风景区、航空运动基地等景点供游客游玩。

龙山景区

一、景区简介

山东龙山景区为国家 AAA 级旅游景区，北靠齐长城，西临雪野湖，东临长勺之战古战场，南望凤凰城。

龙山景区先后荣获全省、全国农业旅游示范点、山东省消费者满意单位、全国休闲农业与乡村旅游四星级园区、山东省十大生态景区、山东省科普教育基地等荣誉称号。目前已经建成的景区包括：大型仿古建筑群、游乐园、

书画院、桂花园、茶园、民俗园、敬老院、动物园等人文景观，主要景点包括：禅林道场、潭龙戏珠、信鸽翩翩、如意宝葫、梅园孝悌、翠林墨宝、虎啸狮吼、十里桂花、一谷槐香、五月瑞雪、山林奇石、桃源盛景、秋野红枫、梵呗清音、佛缘福祉等，具有休闲特色的旅游项目有：休闲采摘、攀岩增寿、槐谷迷踪、山涧探险、农家乐等。

二、公共服务信息

景区地址： 山东省莱芜市莱城区茶业口镇南嵬石村

联系电话： 0634-6696636　6969222

景区门票： 38元/人（通票）

公共邮箱： 13666343077@163.com

营业时间： 8：00~17：30。

最佳旅游时间： 每年5月1日~10月1日。

停车服务： 景区设有停车场4处，可停放200辆左右。

三、景区导览

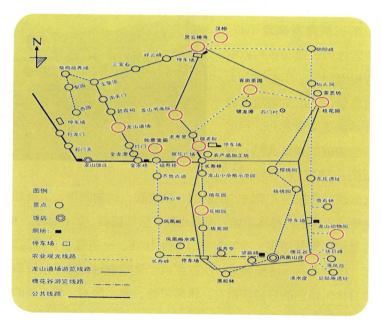

四、交通到达

龙山风景区位于莱城区茶业口镇，济南半小时经济圈内。距离莱芜市区 30 公里有省道莱明路、〇九公路和仲临路，紧邻济青高速南线进入济南半小时经济圈，雪野出口东行 6 公里至茶业口镇南嵬石，交通条件便利。

五、住宿服务

景区有多处农家乐，同时可入住雪野周边宾馆。
电话：0634-6696636

六、餐饮服务

景区设有饭店两处及农家乐多处。

七、活动体验

每年的农历二月二、九月九举行为期一周的民俗文化节，进行民俗展示、体验等，采摘体验、旅游宿营、亲子体验等。

八、购物指南

当地特产主要有粉皮、粉条、小米、花生、杂粮、煎饼、花椒、鸡蛋、红茶、绿茶等。

聊　城　市

山东省 A 级旅游景区

自由行手册

东昌湖旅游区

一、景区简介

聊城东昌湖风景名胜区是国家 AAAA 级旅游区、山东省重点服务业园区、山东省生态渔业示范园、山东省十佳水体旅游风景区，也是"江北水城·运河古都——生态聊城"城市品牌的核心区域。

东昌湖又名胭脂湖，与杭州西湖、南京玄武湖并称"全国三支市内名湖"，有"南有西湖，北有东昌"之称，是中国江北地区罕见的大型城内湖泊，为聊城增加了灵气，是聊城的最亮点；体现了聊城"水、古、文"的特色，营造出聊城"城中有水、水中有城、城水一体、交相辉映"的独特城市风貌。景区景点众多，有水城明珠大剧场、水车园、葫芦岛、名人岛、江北水寨等。

二、公共服务信息

景区地址：山东省聊城市湖滨路 2 号

联系电话：0635-8426331

景区网址：http://www.jbscjt.com

公共邮箱：jbscjt.com

　　景区门票：开放式景区，免费。

　　停车服务：景区现建有各类停车场 24 处，总面积 17000 平方米，主要分布于明珠剧场、贸易学校南、西关桥北、水城集团南、明珠剧场南北、海关、南关桥南等，能满足目前接待需求。归景区管理的停车场，除贸易学校南及沙滩浴场停车场收费外，其余全部免费。

三、景区导览

四、交通到达

　　东昌湖旅游区距济南机场 95 公里，距济聊馆高速公路三个进出口 0.5~3 公里（济聊馆高速公路与京福高速、京沪高速相通），距客运火车站仅 0.5 公里。

东昌湖旅游区依托聊城市东昌府区，区内有火车站、汽车总站、汽车南站、汽车东站、汽车西站。市区有 5 条一级公路和 12 条公交线路直达景区。

自驾车： 聊城高速东出口至东昌湖旅游区共 10.7 公里，约 19 分钟。聊城高速东出口→光岳路→大转盘→东昌路→湖滨路。

天沐江北水城温泉度假村

一、景区简介

天沐·山东江北水城温泉度假区是天沐集团建造的第三家以温泉为特色的五星级度假酒店,素有"江北水城生态园林温泉"之美誉,旨在建成以"浴园林温泉、吸清新空气、住亲水客房、吃绿色美食"为主旨,集温泉养生、商务会议、休闲娱乐、特色美食于一体的旅游度假胜地。

天沐·山东江北水城温泉度假区工程分三期进行开发,一期工程以温泉养生、水上乐园为主,包括餐饮、客房、温泉、会议、娱乐、健身、疗养等项目;二期工程以高档别墅、SPA 理疗、餐饮美食、温泉会所为主打项目;三期工程开发建设度假房地产。

二、公共服务信息

景区地址:山东省聊城市冠县马颊河林场

联系电话:0635-5688888(总机) 0635-5689999(预订)
　　　　　　0635-5689666(传真)

景区网址:www.tianmu.net(集团) www.sdlctianmu.com

景区官方微信:tianmu0635-5689999

官方微博：http：//weibo.com/

公共邮箱：865650800@qq.com

景区门票：168 元 / 位；协议价：138 元 / 位；1.2 米以下儿童免费，1.2~1.5 米儿童按半价 80 元 / 位收取费用，超过 1.5 米按成人价收取。

营业时间：9：00~24：00

最佳旅游时间：9 月 ~ 第二年 5 月

停车服务：景区共设有 500 多个免费停车位。

三、景区导览

四、交通到达

济南方向：（1）出市区上京福高速，然后再上济聊馆高速，在聊城西出口下（第七出口）左转上 329 省道，往西直走 12 公里后到达天沐温泉。（2）出市区上京福高速（济馆高速段），约 90 公里后直接过聊城，在冠县东（莘县、临清）出口下，左转

1000米后，右转上329省道，往东直走4.5公里后到达天沐温泉。

　　淄博方向：出市区上济青高速，往济南方向走，然后再上济馆高速，往聊城方向走，在冠县出口下高速，左转上329省道，往东直走15公里后到达天沐温泉。

　　邯郸方向：（1）出市区上高速往馆陶方向，前行110公里后，到冠县东（莘县、临清）出口下，左转1000米后右转，上329省道直走4.5公里后到达天沐温泉。（2）出石家庄市区上308国道，经栾城、赵县、宁晋、新河后到达南宫，改上106国道向南行，过威县到达馆陶后向东行，上329省道行13公里后过冠县，直走17公里后到达天沐温泉。（路程近，仅国道）

　　濮阳方向：从106国道过河南清丰、南乐、河北大名境内国道，共约80公里，到达馆陶，上济馆高速，往聊城方向走，在莘县、临清（冠县东）出口下高速，左转1000米后，右转上329省道，往东直走4.5公里后到达天沐温泉。

　　德州方向：出市区上105国道，行70公里后过高唐县直走，行37公里后到茌平，右转上329省道，走329省道23公里后过聊城，18公里后到达天沐温泉。

　　济宁、兖州方向：出市区（或走一段普通公路后）上105国道，过汶上、平阴后左转往东阿方向，过东阿后直走到达茌平与329省道交界后左转，走329省道23公里后过聊城，18公里后到达天沐温泉。

　　泰安、肥城市方向：出市区（或走一段普通公路后）上105国道，到平阴后左转往东阿方向，过东阿后直走到茌平，左转上329省道，走329省道23公里后过聊城，18公里后到达天沐温泉。

　　禹城市方向：出市区上308国道，往西边前行到高唐县，也即到308国道与105国道交接点后上105国道往南走，行37公里后到茌平与 329 省道交界后右转，走 329 省道 23 公里后过聊城，18 公里后到达天沐温泉。

菏泽市方向：出市区上 220 国道，往东北方向即郓城方向前行，过郓城、梁山两县后，继续前行 60 公里后左转上 105 国道往东阿方向，过东阿后直走到茌平与 329 省道交界后左转，走 329 省道 23 公里后过聊城，18 公里后到达天沐温泉。

河北衡水市方向：出市区上 106 国道，往南方向前行，过冀州、南宫、威县后到馆陶，上 329 省道东行 13 公里后过冠县，直走 17 公里后到达天沐温泉。

石家庄、邢台市方向：出石家庄市区上石邯段高速，经过邢台市后到达邯郸，继续往馆陶方向前行 110 公里后，到冠县东出口下，左转 1000 米后右转，上 329 省道直走 4.5 公里后到达天沐温泉。

日照方向：日照至蒙阴，走东明高速到泰安下高速至肥城，走 105 国道，至平阴后左转，往东阿方向，过东阿后，经聊城市区到火车站方向，往西，走 329 省道，18 公里后直达天沐温泉度假村。

曲阜方向：上京福高速，经泰安至济南，由济南至京福高速（济聊馆段）在聊城西出口下，左转，途经道口铺收费站，前行约 10 公里，到达天沐温泉度假村。

上海方向：走京沪高速，往山东方向，上京福高速，至济南，走京福高速济聊馆段，在聊城西高速口下，左转，途经道口铺收费站后，前行约 10 公里，到达天沐温泉度假村。

①济南→聊城开发区→一直往南→东昌路口右转→往西到昌润路→左转第一个红绿灯右转→聊堂路往西→道口铺、堂邑→到天沐

②济南→聊城东、博平口下（往南）→转盘处右转→东昌路

（往西）→火车站左转→聊堂路口右转经道口铺、堂邑到天沐

③济南→聊城西、莘县口下→（左转）经堂邑到天沐

④济南→临清、莘县口下（冠县东）→左转→第一个路口右转大约 6 公里到天沐

五、住宿服务

度假区一期拥有 230 多套五星级特色客房，高贵雅致，其中高档商务标间 178 间、豪华大床房 12 间、豪华套间 12 间，室内温泉至尊房 9 间。客房内全部采用世界先进的"温泉地热采暖式设计"。

六、餐饮服务

度假区能同时容纳 380 人用餐的一楼绿色餐饮大厅，以鲁西传统风味为基调，以野味、森林野菜、笨鸡等绿色食品为原料，以瓦罐煨菜、药膳砂锅为主打，以燕、鲍、翅、参等天然营养滋补原料为特色。二楼拥有 22 个各具特色的豪华包厢，以淮扬、鲁菜等风味菜见长，为宾客提供了品味山间美味的绝佳场所。

度假区会议中心拥有可同时容纳 400 人的大会议室 1 个，中小型会议室 5 个，是企业单位举办各类会议、音乐晚会和文艺演出的绝佳场所。

七、周边可供游客关联消费的旅游项目

周边景区主要有东昌湖、孔繁森纪念馆、光岳楼及范筑先纪念馆、海源阁、水城明珠广场、傅斯年纪念馆、宋代铁塔、山峡会馆、凤凰苑及梦幻乐园、姜提乐园。

东阿阿胶城（原聊城市中国阿胶博物馆·东阿阿胶养生文化苑景区）

一、景区简介

东阿阿胶城·东阿药王山景区是山东省重点文化产业项目、东阿县"十二五"重点民生规划项目、"山东省旅游摄影基地"以及"到山东不得不去的100个旅游景点"之一。

景区一期工程为东阿阿胶养生文化苑，以清末民初的老济南与老东阿为背景，以恢复再现的济南东街、济南南街、东阿大街等街道为主脉络，整体建筑风格体现民国风情。二期工程以养生旅游为主题，引进阿胶养生、休闲餐饮、特色购物等项目，并建成贡胶馆。药王山主要供奉药师佛、八大药王以及送子观音、财神、文昌神龙王等诸神30余尊，寄托着老百姓祈求安康的美好愿望。

药王山

二、公共服务信息

景区地址：山东省聊城市东阿县西郊洛神湖公园内

联系电话：18866532699

景区网址：bwg.dongeejiao.com

公共邮箱：lvyouyangsheng@sina.com

景区门票：单票30元/张，通票50元/张；优惠价格：8人以上团体参观通票享受8折优惠，其他优惠执行国家规定政策。

营业时间：8：00~12：00　13：30~18：00

停车服务：东阿阿胶城西门、东门及药王山广场共设3个免费停车场，可容纳百余辆车。

三、景区导览

四、交通到达

1.外部交通

自驾车：

（1）济南出发：

北路——出济南往京福黄河大桥方向：济聊高速（直行46公里）→出东阿、茌平出口左转（行驶19公里）→东阿县城（第一个红绿灯右转直行1.6公里）→第二个红绿灯左转368米处。

南路——出济南往济菏高速方向：济菏高速（行驶78公里）→平阴出口下高速（直行第二个红绿灯左转）→黄河大桥方向（直走11.8公里）→东阿县城方向（直行第三个红绿灯左转368米处）。

（2）聊城出发：聊城→S329→行驶23公里→右转进入人民街→行驶1.8公里→东大门。

2.内部/附近交通

东阿阿胶城·东阿药王山景区内部步行参观即可，全程所需时间为40分钟左右。到周边商铺和住宿可在景区西门乘坐公交车，10分钟即可到达。

五、住宿及餐饮服务

阿胶文化主题酒店

地址：山东省聊城市东阿县阿胶街78号

电话：0635-3261586

六、活动体验

国家法定节假日举办节庆活动，开展中医义诊活动，游客可在进入景区后，免费自愿参加。

七、购物指南

景区设有药王山购物中心店及贡胶馆销售中心店，店铺内有多种特色产品出售，包括葫芦工艺品、旅游纪念品、当地特色阿胶产品等。

八、周边可供游客关联消费的旅游项目

周边主要是洛神湖公园，并设有多种休闲娱乐健身设施，游客可免费游玩。

冠州梨园风景区

一、景区简介

冠州梨园风景区是以梨文化为主题的生态田园型乡村民俗旅游风景区，是国家 AAA 级景区、全国休闲农业与乡村旅游示范点、省级农业旅游示范点、山东省最具成长力景区、山东省诚信旅游示范单位；入选"到山东不可不去的 100 个地方"，所产鸭梨入选"到山东不可不买的 100 种旅游商品"。

景区以"梨树王"为中心，设计了观雪台、落英湖、空中栈道、梨园人家等 60 多处景点，空间上打造"一廷、一宫、一池、一坊、十园"等 15 个休闲景观单元和一个综合服务区。同时，

梨树王

还恢复重建了寒露寺，新建了梨文化博览馆，倾力打造"春观光，夏赏绿，秋尝果，冬品树"的旅游产业链。

二、公共服务信息

景区地址：山东省聊城市冠县兰沃乡韩路村

联系电话：0635-5660566

景区门票：40元/人（4~5月举办梨园文化观光周）；50元/人（每年8~10月举办采摘游园活动）；70岁以上老年证、现役军人、新闻记者免门票。

三、景区导览

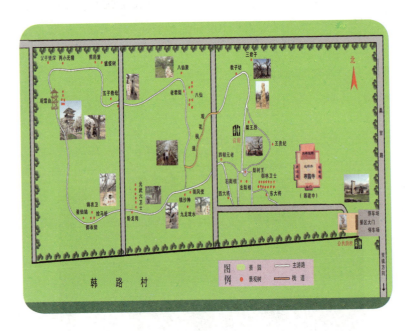

四、交通到达

公交车：

客车（聊城—冠州梨园专线、冠县—冠州梨园专线）。

自驾车：

济聊高速→冠县东出口下→转 329 省道→贾镇北行 10 公里，即可到达景区。

五、活动体验

景区常年举办旅游节庆活动："赏万顷梨花，浴天沐温泉"风情体验、"梨园春意浓，镜头看冠县"、"梨树认养"、"百位新人婚纱摄影"、"百对老人游园"、非物质文化遗产展演、中华古梨园骑游、农民文化艺术节等 50 多个丰富多彩的节庆活动。

梨园文化观光周和梨园采摘游园活动，尤其是在 2014 年第九届梨园文化观光周期间，推出了"功勋企业日"、"民营企业日"、"外商投资日"、"金融日"、"服务企业日"、"农业产业日"、"双拥共建日"的"七个主题日"和首届农民文化艺术节等精彩活动。

六、周边可供游客关联消费的旅游项目

周边景区主要有：江北水城天沐温泉度假区、武训纪念馆、中共鲁西地委旧址、清泉河生态风景区、山东清逸生态示范园。度假、住宿点有江北水城天沐温泉度假区、冠州梨园大酒店、冠县清泉大酒店。

鱼山曹植墓景区

一、景区简介

曹植墓神道

鱼山，又名吾山，因其形状像一只静卧的甲鱼而得名，是聊城市唯一的山脉，因安葬着建安才子曹植而名扬四海。曹植墓始建于公元233年，坐落于鱼山西麓，依山营穴，封土为冢。曹植墓在1992年被评为"山东省重点文物保护单位"，1996年被评为"国家级重点文物保护单位"。

景区内的主要景观有：曹植墓、隋碑亭、子建祠、羊茂台、洗砚池、梵音洞、穿阳洞、龙山文化遗址、仙人足迹、碑林等。

曹植铜雕像

二、公共服务信息

景区地址： 山东省聊城市东阿县鱼山镇鱼山村

联系电话： 0635-3558172

公共邮箱： yushancaozhimu@163.com

景区门票： 20 元 / 人。持现役军人证、残疾军人、证残疾证、导游证、老年证（65 周岁以上）免费；30 人以上 50 人以下团体购票享受八折优惠；50 人以上团体购票享受六折优惠。

营业时间： 淡季 8：30~17：00；旺季 8：30~17：30

最佳旅游时间： 春季，秋季

停车服务： 景区专设停车场拥有 100 个停车位，供游客免费停用。

三、交通到达

1. 外部交通

自驾车： 从茌平高速到东阿县城沿铜鱼路向南 18 公里即到；从平阴高速到东阿县城或在黄河大桥收费站沿黄河大堤到鱼山。

公交车： 在东阿汽车站乘坐东阿—鱼山公交车即到。

2. 内部交通

景区进出口设置合理，且建有仿古游道，景区内以步行为主。

四、餐饮服务

鱼山饭庄

五、活动体验

景区在"五一"、"十一"等节庆期间，举办舞蹈比赛、乡村戏曲等丰富多样的文艺活动。

六、购物指南

当地特产有东阿阿胶产品系列，泰山石，五彩金香、金檀香等各种香，曹子建墓碑碑帖。

七、周边可供游客关联消费的旅游项目

周边景区主要有黄河森林公园、艾山万亩牡丹园、净觉寺、邓庙。

菏 泽 市

山东省 A 级旅游景区
自由行手册

孙膑旅游城

一、景区简介

孙膑旅游城位于鄄城县箕山镇境内。该景区占地面积999亩，总建筑面积14.7万平方米。该景区由孙膑纪念区、佛教文化区、园林游览区三个区域组成，孙膑纪念区在孙膑古墓的基础上修建了兵圣门、九宫八卦阵、孙膑墓、羊左墓等；佛教文化区是在古亿城寺遗址上兴建的，形成"一山、一池、六大殿"的格局，为江北第一大佛教寺院；园林游览区栽植各种树木30万余株，涉及600多个品种，建设了牡丹园、芍药园、百花园和绿色农业观光园。园内还建有春秋义士羊左合葬墓、采摘园、水上乐园。

2010 年 11 月被国家旅游局评为国家 AAAA 级旅游景区、山东省国防教育基地、山东最具特色影视拍摄基地、市级风景名胜区和菏泽市魅力景点等荣誉称号。

二、公共服务信息

景区地址： 山东省菏泽市鄄城县吉山镇孙花园

联系电话： 0530-2805302

公共邮箱： jclyj.ok@163.com

景区网站： www.sdjcly.com

景区门票： 60 元／人；现执行门票价格 40 元／张。（1）儿童：身高低于 1.2 米（不含 1.2 米）的儿童免票，身高 1.2~1.4 米（不含 1.4 米）的儿童享受半价票，身高 1.4 米以上（含 1.4 米）的儿童全价票。（2）学生及军人：学生持本人学生证可享受半价；现役军人凭士兵证或军官证可享受免费入园。（3）残疾人：持一至四级残疾证者免收门票，其他等级的残疾人门票可享受半价免票。（4）老年人：年龄在 60 周岁以下的游客购全价票；年龄在 60 周岁（含 60 周岁）至 69 周岁的老人凭身份证或持敬老优待证享受半价票；年龄在 70 周岁以上（含 70 周岁）的老人凭身份证或持敬老优待证免费入园。

最佳旅游时间： 10：00~16：00

停车服务： 孙膑旅游城有 3 处停车场，城内佛教区前停车场 3000 平方米，城内服务区停车场 5000 平方米，旅游城大门口处有大型停车场 2000 平方米；可同时容纳 300 辆车免费使用。

三、景区导览

四、交通到达

1. 外部交通

（1）菏泽市内游客：市区→菏泽至鄄城临商路复线→鄄城至郓城S338省道右转，行驶至旅游路左转，直行即可到达景区。

（2）菏泽市外游客：

线路1：济广高速→郓城出口下，沿郓城至鄄城公路（S338省道）直行至旅游路右转，沿旅游路直达景区。

线路2：日东高速→菏泽出口下，至鄄城临商路复线→鄄吉路右转→旅游路左转→景区。

2. 内部交通

沿旅游路右转至鄄吉路直行15公里，至临商路左转，直行3公里至人民路右转，直行3公里至县城中心。

五、住宿服务

吉利大酒店

电话：0530-2913239

六、餐饮服务

民俗园酒店

电话：15053071333

七、活动体验

景区全年内有孙氏祭祖大典、佛教区水陆大法会、大型贺年会、"5·19"中国旅游日等节庆活动。

八、购物指南

县城内有精一坊鲁锦、孙膑礼品商行、桃源记、大福源超市等旅游购物场所，内售有鲁锦、桃木剑、孙膑竹简、绿豆丸子等土特产品。

九、周边可供游客关联消费的旅游项目

（1）水浒好汉城，位于郓城县，距离景区10公里，沿旅游路直行至S338省道，左转2公里即到，是国家AAAA级景区。

（2）曹州牡丹园，位于菏泽市牡丹区，距离景区60公里，是国家AAAA级景区。

牡 丹 园

一、景区简介

　　菏泽古称曹州，景区于 1982 年正式命名为"曹州牡丹园"，是目前国内乃至世界牡丹品种最多、栽植面积最大、相关科研设施最齐备的牡丹主题公园。2008 年曹州牡丹园被山东省旅游局评定为 AAA 级旅游风景区。2012 年 8 月 14 日曹州牡丹园被国家旅游局评定为 AAAA 级旅游风景区。

　　全园包括五大田牡丹观赏区：主题牡丹观赏区、曹州牡丹古谱区、桑篱园古谱花田区、牡丹芍药科研展示区、获奖牡丹花田和湖山景观区、野趣水景区、世界国花园景区等十二大景区。其中南部的国花馆是国内唯一的牡丹主题博物馆，北部的四季牡丹厅为国内唯一可四季观赏牡丹的温室。

二、公共服务信息

　　联系电话：0530-5640188

　　传真：0530-5642088

　　公共邮箱：mdyglch@126.com

　　景区门票：75 元 / 人；半价（学生）37 元 / 人；团体票 60 元 / 人（只对旅行社，且 10 人以上含 10 人）。注：淡季：10 元 / 人。

　　营业时间：4 月 1 日至 5 月 26 日，7：00~18：00。

停车服务：景区设有4个大型停车场：东门南侧停车场、西门南侧停车场、东北门停车场、南门长城路北临时停车场；最大容量为800个车位；收费标准：小型车10元，中大型车20元。

三、景区导览

四、交通到达

公交车：

（1）火车总站：乘坐50路公交车从火车站上，曹州牡丹园下；

（2）汽车总站：乘坐3路公交车从汽车站北门上，曹州牡丹园下；

（3）乘坐6路公交车从汽车总站上，曹州牡丹园（林展馆）下；

（4）汽车西站：乘坐3路公交车从西客站（鞋城）上，曹州牡丹园下；

（5）乘坐37路公交车从汽车西站上，曹州牡丹园下。

自驾车：

日东高速→菏泽/郓城（9号）出口处下高速→沿220国道

西行 20 米左转→沿人民路南行 100 米→曹州牡丹园东大门（东北门）。

五、住宿服务

和平大酒店（4 星级）

花都大酒店（3 星级）

地址：山东省菏泽市中华路 466 号（中华路与华英路交叉口东侧）

电话：0530-5331188

牡丹大酒店（3 星级）

地址：山东省菏泽市牡丹区中华路 501 路（中华路与华英路交汇处）

电话：0530-5292109

六、餐饮服务

府东风味名吃城

地址：山东省菏泽市府东街

电话：0530-5317662

小城印象

地址：山东省菏泽市人民路中央公馆西门北 188 米

电话：0530-2076999

七、活动体验

景区每年 4~5 月举办菏泽国际牡丹文化旅游节，4 月 16 日开幕式。

八、购物指南

当地特产主要有牡丹籽油、牡丹糕、王光烧牛肉、铁棍山药、鲁锦、面塑、木瓜等。

九、周边可供游客关联消费的旅游项目

牡丹园：古今园、百花园、中国牡丹园、冠宇牡丹产业园、饶舜牡丹产业园、盛华牡丹产业园。

景区：孙膑旅游城，水浒好汉城，冀鲁豫边区革命纪念馆。

公园：天香公园。

乡村旅游点：牡丹区马岭岗镇穆李村。

水浒好汉城

一、景区简介

　　水浒好汉城，国家ＡＡＡＡ级旅游景区，是以水浒文化为主题的一个综合性人文景区，包括水浒文化博物馆、宋江武馆、九天玄女庙、郓城酒楼、及时雨茶楼、孙二娘客栈、古筝坊、大刀馆、忠义庙、乌龙院、寅宾馆、明清戏楼等十几个景点，北方传统四合院和浙派、徽派的古代建筑荟萃，雕梁画栋，令人赏心悦目；狗娃的精彩表演

和重二百多斤的状元大刀绝技，使人倍感震撼；而深藏在每一栋房屋里的水浒英雄的传奇故事，则令人浮想联翩，流连忘返。

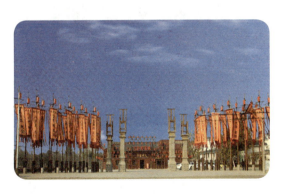

二、公共服务信息

景区地址：山东省菏泽市郓城县西门街南段水浒好汉城

景区电话：0530-6896888

传真：0530-6899991

景区网址：www.haohancheng.com

微信平台：ycshhhc

客服QQ：164449671

公共邮箱：www.haohancheng@126.com

景区门票：50元／人；1.2~1.5米儿童、学生、60~69周岁老年人凭身高或证件享受半价25元；现役军人、残疾人、军官证、儿童（1.2米以下）、70周岁以上的老人、导游员、记者凭证免费。

营业时间：冬季：8：30~17：00；夏季：7：30~18：00

停车服务：景区停车场位于游客中心东、西、南侧，停车场最大容量为500辆；免费停车。

三、景区导览

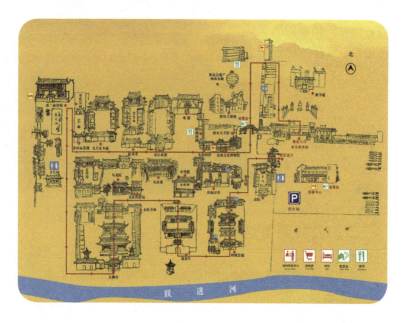

四、交通到达

1. 外部交通

G35（济广高速）190 出口（G35 与 S338 路口张营）下高速沿 S338 郓城方向行驶 17 公里，进入金河路；沿金河路向西行驶 2.7 公里左转行驶 790 米到达水浒好汉城。用时约为 25 分钟。

G1511（日兰高速）212 出口（巨野郓城出口随官屯）下高速沿随官屯互通立交行驶 710 米右转进入 S254，沿 S254 郓城方向北行 15.3 公里左转进入 G220，沿 G220 向西行驶 1.6 公里右转进入西门街，沿西门街向北行驶 1.3 公里到达水浒好汉城。用时约为 20 分钟。

2. 内部交通

沿西门街北行 700 米右转至金河路向东行驶 1.5 公里即可到达郓城县城商业区。

五、住宿服务

孙二娘客栈
地址：景区内
电话：0530-6896888

圣达大酒店
地址：山东省菏泽市郓城县水浒路与东门街交汇处
电话：400-7558888

七星华誉大酒店
地址：山东省菏泽市郓城县东门街与郓州大道交汇处
电话：0530-6236666

水浒大厦

地址：山东省菏泽市临城路与西门街交叉口

电话：0530-6827777

六、餐饮服务

宋江大酒店

地址：山东省菏泽市郓城县西门街南段宋江武校

电话：0530-6932888

东方明珠大酒店

地址：山东省菏泽市郓城县金河路东段与金利街交汇处

电话：0530-6975555

水浒故里大酒店

地址：山东省菏泽市郓城县水浒路西段路南

电话：0530-6303333

另外还有特色餐饮美食：何家壮馍、祝家肉合、吕家包子、皮家烧鸡、吴家驴肉、戴家火烧、赵家羊肉汤、金河鱼庄。

七、活动体验

全年常规体验式活动：好汉城元旦大联欢活动、春到好汉城活动、水浒好汉城大型贺年灯会活动、古城踏春活动、古城庆五一活动、九天玄女庙祈福庙会活动、端午粽香情活动、七夕相亲大会活动、狂欢啤酒节活动、十一游古城活动、入冬民俗展示展演活动、民俗年货展销会活动。

每天常规体验式活动：古装情景剧《智取生辰纲》、古装情景剧《李逵坐衙》、重刀表演——《王者归来，大刀传奇》、狗娃艺术表演、非遗项目展演（山东坠子、落子、渔鼓、快书）、3D画展、闯迷宫、走城墙、密室寻宝等。

八、购物指南

景区内有水浒特色工艺品商店、水浒纪念品店、朱贵杂货铺、水浒布坊、古筝坊、水浒酒坊、水浒特色儿童玩具店、郓城特产专营店等，景区附近有宋江购物超市、水浒好汉纪念品店、世纪龙购物超市、华联润发购物超市、郓城百货大楼、大福源超市等。

九、周边可供游客关联的旅游项目

（1）沿G220南行59公里到达国家AAAA级旅游景区——曹州牡丹园；（2）沿S338西行25公里至红船镇，北转10公里，到达国家AAAA级旅游景区——鄄城孙膑旅游城；（3）沿G220东北方向行驶30公里到达国家AAAA级旅游景区——水泊梁山。

浮龙湖生态旅游景区

一、景区简介

单县浮龙湖旅游度假区总规划面积 58.6 平方公里，其中水域面积 21 平方公里。2013 年 10 月经省政府批准设立省级旅游度假区，是目前菏泽市唯一一家省级旅游度假区。度假区采取"休闲、观光、商务、度假"四轮驱动的模式，着力打造中原地区生态旅游高地和鲁苏豫皖交界区域水上乐园。每年春夏之交举办的"古泽之首 养生天堂"浮龙湖文化旅游节系列活动异彩纷呈。度假区先后被命名为国家级水利风景区、国家 AAA 级旅游景区、国家级湿地公园、省级环境教育基地、全省乡村旅游重点单位、全省重点文化产业园区、省级旅游诚信示范单位、省级旅游度假区、省级休闲渔业基地、省级自驾游示范基地。

二、公共服务信息

景区地址： 山东省菏泽市单县西南部浮龙湖旅游度假区

联系电话： 0530-4611766

景区网址： www.sxflh.net

景区门票： 门票免费；游船票25元/位，团体游船票八折。

营业时间： 8：00~18：30

最佳旅游时间： 春季、秋季

停车服务：

名称	位置	最大容量	收费情况
游客服务中心停车场	浮龙湖北岸游客服务中心	200	免费
东服务区停车场	浮龙湖东入口处	260	免费
洞藏酒基地停车场	浮龙湖南岸四君子洞藏酒基地	150	免费
老君庙停车场	浮龙湖南岸老君庙	80	免费

三、景区导览

四、交通到达

自驾车：

（1）菏泽方向：菏泽→沿定砀公路→单县县城→沿105国道→莱河镇→姬庄→左转沿姬浮路→浮岗镇→浮龙湖旅游度假区。

（2）商丘方向：商丘→沿105国道→青固集→郭村镇→姬庄→右转沿姬浮路→浮岗镇→浮龙湖旅游度假区。

（3）砀山方向：砀山→沿定砀公路→单县县城→左转单虞公路→黄岗镇南→右转浮龙湖旅游度假区。

（4）虞城方向：虞城→沿单虞公路→山东界→黄岗镇南→左转浮龙湖旅游度假区。

（5）济宁方向：济宁→沿105国道→单县县城→沿单虞公路→黄岗镇南→右转浮龙湖旅游度假区。

五、住宿服务

湖西水上会务中心

地址：浮龙湖内湖西水上会务中心

电话：0530-4475888

孟杨庄农家乐

地址：山东省菏泽市单县浮岗镇孟杨庄村

电话：13583030808

六、餐饮服务

湖西水上会务中心

地址：浮龙湖内湖西水上会务中心

电话：0530-4475666

生态岛茶楼

地址：浮龙湖生态岛

电话：15314783999

孟杨庄农家乐

地址：山东省菏泽市单县浮岗镇孟杨庄村

电话：13583030808

湖中鲜生态鱼庄

地址：浮龙湖码头

电话：15865891558

明星鲜鱼馆

地址：浮龙湖北岸

电话：0530-4470909

乡里乡亲饭店

地址：山东省菏泽市单县浮岗镇北

电话：15553083939

渡口王庄饭店

地址：山东省菏泽市单县黄岗镇渡口王庄村

电话：0530-4380573

南湖美食城

地址：浮龙湖南岸

电话：15865116479

七、活动体验

每年的5~10月为一年一度的"浮龙湖文化旅游节",包括老子文化节、花鸟展、少儿围棋赛、龙舟赛、环湖自行车赛、热气球邀请赛、垂钓比赛等十余项活动。

八、购物指南

当地特产有百寿坊羊肉汤、浮龙湖鹅蛋、浮龙湖咸鸭蛋、黄岗馓子、浮龙湖无公害野生鱼。

九、周边可供游客关联消费的旅游项目

周边景区主要有单县牌坊古城、朱家大院、千山公园、四君子洞藏酒基地、百年基督教堂、休闲垂钓、卡丁车、浮龙湖生态采摘园、孟杨庄农家乐。

金山旅游景区

一、景区简介

　　素有天下之中第一山美誉的金山是一座颇负盛名的历史文化名山，属泰山余脉，相传与泰山、峄山并称为姊妹三山，在齐鲁"山水圣人"黄金旅游线路上，景区整体规划 10 平方公里。金山历史悠久，麒麟洞、龙虎洞、金牛洞、玉兔洞等多处天然溶洞与圣母泉、神水泉等多处泉水遥相辉映。金山旅游区已被评为"国家 3A 级景区"、"省级地质公园"、"市级风景名胜区"，年接待游客 50 万人次。

二、公共服务信息

景区地址：山东省菏泽市巨野县核桃园镇金山

联系电话：13953008612

景区网址：www.sdjyjs.net

公共邮箱：jinshanlvyou.2008@163.com

景区门票：全年 45/ 元，无淡旺季

营业时间：8：00~18：00

停车服务：景区专设停车场 1 个，停车数量 100 辆，每车收费 5 元。

三、交通到达

G1511（日兰高速）212 出口（巨野郓城出口随官屯）下高速沿随官屯互通立交行驶 710 米右转进入 S254，沿随官屯互通立交行驶 1.3 公里，在随官屯互通立交左转进入 S254，沿 S254 行驶 5.4 公里，直行进入金山路，沿金山路行驶 3.2 公里，直行进入 G327，沿 G327 行驶 2.3 公里，左转进入金港路，沿金港路行驶 5.9 公里，过右侧的绳庄村，直行进入巨金线，沿巨金线行驶 14.1 公里进入金山专道，直行即可到达金山旅游区。

四、住宿服务

东方宾馆

地址：山东省菏泽市巨野县青年路东

电话：0530-6896888

麟州宾馆

地址：山东省菏泽市巨野县人民路东

电话：400-7558888

五、餐饮服务

金源山庄

地址：山东省菏泽市巨野县金山景区内

电话：0530-8272111

金梦缘度假村

地址：山东省菏泽市巨野县东环路与南环路的交界处

电话：0530-8272111

另外还有特色餐饮美食：巨野羊肉汤、谢集罐子汤、承德烧鸡、付家白吉馍、薛扶集包子。

六、活动体验

全年常规体验式活动有金山春节庙会、金山三月庙会。

七、购物指南

景区内有巨野麒麟特色工艺品商店，金山石雕纪念品店，农民书画工艺品，承德烧鸡，黑大蒜等巨野特色小吃，麦草画纪念品店等。

八、周边可供游客关联消费的旅游项目

（1）沿G220西行65公里到达国家AAAA级旅游景区——曹州牡丹园；（2）沿夏陶路行20.4公里至羊山海上水世界，到达国家AAA级旅游景区——羊水海上水世界。

冀鲁豫边区革命纪念馆

一、景区简介

　　冀鲁豫边区是中国重要的革命根据地之一，为全国最大的平原抗日根据地。1997 年 7 月，河北、山东、河南三省省委、省政府联署报经中共中央和国务院批准，在山东省菏泽市中心赵王河畔建立冀鲁豫边区革命纪念馆。馆区占地面积 198 亩，主体建筑面积 11700 余平方米。江泽民亲笔为纪念馆题写了馆名，朱镕基为纪念馆批拨了专项资金。纪念馆自开馆以来被评为全国爱国主义教育示范基地、全国青少年教育基地、国家国防教育基地、国家 AAA 级旅游景区、全国科普教育基地、山东省党员教育基地、山东省关心下一代教育基地、山东省德育教育先进单位等。

二、公共服务信息

景区地址：山东省菏泽市丹阳路 1111 号

联系电话：0530-5167905　15562015103

最佳旅游时间：春天、夏天、秋天

营业时间：旺季 8：30~18：00；淡季 8：30~17：30

三、景区导览

四、交通信息

1.外部交通

飞机：市区距济宁嘉祥机场仅 75 公里，距济南机场 220 公里，距郑州机场 230 公里。

铁路：京九铁路与新亚欧大陆桥（日照→菏泽→西安→阿拉

山口→荷兰鹿特丹）在这里十字交汇。

公交：从火车东站可以乘坐2、7、10、16路公交车直达。

自驾：菏泽公路四通八达，全市通车里程4500公里，日东、济广、菏徐、德商等六条高速公路在城郊呈"米"字型分布，105、106、220、327四条国道通贯全境，18条干线和127条县乡级公路纵横交错。

2.纪念馆内部交通

参观路线：序厅→《星星之火》展厅→《浴血抗日》展厅→《平原逐鹿》→《革命儿女》→《郓城攻坚战》全景画馆，全程参观用时1小时左右。

五、住宿服务

和平大酒店（4星级）

花都大酒店（3星级）

地址：山东省菏泽市中华路466号（中华路与华英路交叉口东侧）

电话：0530-5331188

牡丹大酒店（3星级）

地址：山东省菏泽市牡丹区中华路501路（中华路与华英路交汇处）

电话：0530-5292109

六、餐饮服务

府东风味名吃城

地址：山东省菏泽市府东街

电话：0530-5317662

小城印象

地址：山东省菏泽市人民路中央公馆西门北 188 米

电话：0530-2076999

七、活动体验

景区常年举办红色教育活动，免门票。

八、购物指南

当地特产有牡丹籽油、牡丹糕、王光烧牛肉、铁棍山药、鲁锦、面塑、木瓜等。

九、周边可供游客关联消费的旅游项目

牡丹园：古今园、百花园、中国牡丹园、冠宇牡丹产业园、饶舜牡丹产业园、盛华牡丹产业园。

景区：孙膑旅游城，水浒好汉城，东山禅寺，沙土庙等。

公园：天香公园。

乡村旅游点：牡丹区马岭岗镇穆李村。

仿山旅游景区

一、景区简介

仿山旅游区位于定陶县城北 6 公里处，为国家 AA 级景区。景区内配有寺庙、各种类型的豪华客房、特色餐厅、会议中心、休闲中心、冬季滑雪场、大型室内温泉、游泳池、室外沙滩浴场、造浪池、水上乐园、高尔夫及各项娱乐设施，是集餐饮、娱乐、客房、会议、温泉于一体的理想休闲会所。其获得"市级风景名胜区"、"市公安局重点保护企业"、"菏泽风景名胜"等荣誉称号。

二、公共服务信息

景区地址： 山东省菏泽市定陶县仿山镇仿山风景区

联系电话： 0530-2760188

景区网址： www.sdjinxiu.com

景区门票： 20 元 / 人。儿童身高 1.2 米以下免票；65 岁以上老人持老年证、军人持军官证、残疾人持残疾证免票。儿童身高 1.2~1.5 米、学生持学生证购景区优惠票（上述优惠政策，需到景区自行购买）。

最佳旅游时间： 春夏季节

停车服务： 景区专设停车场 4 个，分别位于正门西侧、酒店、滑雪、温泉；最大可同时容纳 300 辆小型轿车和 100 辆自行车；免费停车。

三、景区导览

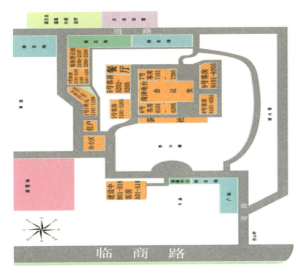

四、交通到达

自驾车：

沿日兰高速公路行驶66.8公里，从菏泽市区/定陶出口离开稍向右转进入菏泽南立交；沿菏泽南立交行驶360米，过菏泽南立交约510米后直行进入临商路；沿临商路行驶4.7公里，左前方转弯；行驶1.3公里，左转；行驶70米，到达仿山风景区。

公交车：

（1）乘坐106从菏泽汽车站到定陶的公交车在仿山庄园下车东走1公里即到；

（2）乘坐从菏泽汽车站菏泽到曹县的公交车在仿山庄园下车东走1公里即到。

五、住宿服务

仿山客房

地址：景区内

电话：0530-2760222

六、餐饮服务

仿山度假酒店

地址：景区内

电话：0530-2201666

七、周边可供游客关联消费的旅游项目

景区内配有寺庙、各种类型的豪华客房、特色餐厅、会议中心、休闲中心、冬季滑雪场、大型室内温泉、游泳池、室外沙滩浴场、造浪池、水上乐园、高尔夫及各项娱乐设施。

景区周边有牡丹源温泉小镇温泉养生、温泉木屋；艺达经贸培训中心可提供餐饮、住宿，承接各种会议、宴会等；中华商圣文化园振宇·奥特莱斯项目为世界品牌名品折扣店。

东山禅寺

一、景区简介

东山禅寺景区主要建筑有山门、坐西朝东的歇山重檐式仿古建筑大雄宝殿、呈南北对称的厢房、讲堂、斋堂、接待室等服务设施。大雄宝殿内供奉佛祖释迦牟尼端坐佛像，高 6.4 米，樟木雕制，纯金箔贴渡而成，佛像神态端重、肃立，是众佛徒活动的地方。

东山禅寺景区拥国家 AAA 级旅游景区、"到山东不可不去的 100 个地方"等殊荣，为鄄城增添了一处世人修身养性优美景点，是鄄城与海外联系的纽带，对外开放的窗口。

二、公共服务信息

景区地址：山东省菏泽市鄄城县古泉办事处孙膑路北段

联系电话：0530-2420757

公共邮箱：jclyj.ok@163.com

景区网站：www.sdjcly.com

景区门票：免费对外开放

最佳旅游时间：10：00~16：00

停车服务：东山禅寺景区有 2 处停车场，北停车场 2000 平方米，南停车场 1000 平方米，免费停车。

三、景区导览

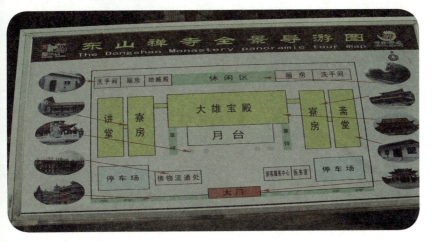

四、交通到达

1.外部交通

（1）菏泽市内游客：市区→菏泽至鄄城临商路复线→人民路左转→孙膑路右转→直行即可到达景区。

（2）菏泽市外游客：

线路一：济广高速→郓城出口下，沿郓城至鄄城公路（S338省道）直行至临商路复线右转→直行至人民路左转→孙膑路右转→直达景区。

线路二：日东高速→菏泽出口下，至鄄城临商路复线→人民路左转→孙膑路右转→景区。

2.内部交通

沿孙膑路直行1公里可到盛世逸城大酒店、鲁丰特色餐饮、人民广场、万隆超市等。

五、住宿服务

盛世逸城大酒店

地址：山东省菏泽市孙膑路与人民路交叉口路南（交警大队北侧）

电话：0530-6281555

六、餐饮服务

鲁丰饺子城

地址：山东省菏泽市孙膑路与人民路交叉口北侧

鸿泰美食

地址：山东省菏泽市人民路中段，人民广场对面

七、活动体验

景区全年有水陆法会等佛教节庆活动。

八、购物指南

县城内有精一坊鲁锦、孙膑礼品商行、桃源记、大福源超市等旅游购物场所，内有鲁锦、桃木剑、孙膑竹简、绿豆丸子等土特产品。

九、周边可供游客关联消费的旅游项目

（1）孙膑旅游城，位于郓城县箕山镇，距离景区20公里。（2）水浒好汉城，国家AAAA级景区，位于郓城县，距离景区35公里。（3）曹州牡丹园，国家AAAA级景区，位于菏泽市牡丹区，距离景区40公里。

沙土庙景区

一、景区简介

沙土庙亦名观音寺，是一处集宗教祭祀、旅游观光、休闲娱乐的新景点。该景区位于闫什镇闫什口村，占地42余亩，建有各式殿阁百余间，雕塑千余尊，雄伟壮观，雕梁画栋，金碧辉煌。神佛雕塑神态逼真，造型各异。庙内供奉上至伏羲、神农、黄帝、尧、舜、禹、汤，下至中国历代明君良臣，集儒、佛、道三教为一庙。沙土庙文化旅游区属国家AAA级旅游景区，始建于唐初，至今已千余载，数百年来一直为冀、鲁、豫、皖四省宗教活动中心，民间多年相传，"南京北京都走到，不如看看沙土庙"之说。每年农历正月十六日、三月三日、十月六日为沙土庙传统庙会，庙会会期长达6天，届时将有戏剧、杂技、民乐等民间传统文艺活动为庙会助兴。

二、公共服务信息

景区地址： 山东省菏泽市鄄城县闫什镇闫什村

联系电话： 13583065200

公共邮箱： jclyj.ok@163.com

景区网站： www.hzstm.com

景区门票： 暂不收门票

最佳旅游时间： 10：00~16：00

停车服务： 沙土庙景区停车场5000平方米。停车场内部及周边栽种了绿化草坪块，极大地方便了自驾车的游客游览。景区实现全天值班，有专人看管车辆，并有明显的标志牌，提醒游客注意锁好车门、车窗，以及有关的注意事项。免费。

三、交通到达

1. 外部交通

（1）菏泽市内游客：市区→菏泽至鄄城临商路复线→鄄巨路右转，行驶至闫什镇右转→景区。

（2）菏泽市外游客：济广高速→郓城出口下，沿郓城至鄄城公路（S338省道）直行至旅游路左转，沿旅游路直行→鄄巨路→景区。

2. 内部交通

沿鄄巨路直行10公里，至临商路右转，直行5公里至人民路左转，直行3公里至县城中心。

四、住宿及餐饮服务

鸿一方农家乐
地址：景区东侧 500 米
电话：13791488566

五、活动体验

景区全年内有正月十六、三月初三、十月初六传统庙会，规模大，会期 6 天，届时有戏剧、杂技、民乐等民间传统文艺活动为庙会助兴。

六、购物指南

县城内有精一坊鲁锦、孙膑礼品商行、桃源记、大福源超市等旅游购物场所，内有鲁锦、桃木剑、孙膑竹简、绿豆丸子等土特产品。

七、周边可供游客关联消费的旅游项目

（1）孙膑旅游城，位于鄄城县箕山镇，距离景区 15 公里，沿旅游路直行即可到达。（2）水浒好汉城，国家 AAAA 级景区，位于郓城县，距离景区 25 公里，沿旅游路直行至 S338 省道，左转 2 公里即到。（3）曹州牡丹园，国家 AAAA 级景区，位于菏泽市牡丹区，距离景区 45 公里。

牌坊古城景区

一、景区简介

单县古称单父，因舜师单卷所居而得名。单县是闻名遐迩的千年古县，历史悠久，单县的名胜古迹，其中尤以牌坊为最，单县也因此荣享"牌坊县"的美誉。牌坊也叫做牌楼，是一种门洞式纪念性建筑物。旧时用以宣扬封建礼教，标榜功德。著名的百狮坊是因坊体夹柱上精雕一百个石狮而得名，于乾隆四十三年，也就是 1778 年，为赠文林郎张浦之妻朱氏建，因此也叫做张家牌坊。百寿坊是因坊心环雕一百个变形篆体"寿"字而得名，这些寿字的寓义是万寿无疆，深含着祝福后人长寿之意。

2011 年 8 月单县县委政府利用朱家楼院的主体建筑改建为单县民俗文化馆，馆内主要展示了朱家大地主当年的历史文化和名人事迹，以及中原和单县地方的民俗文化，朱家楼院至此又焕发了风采，吸引着众多纷至沓来的游客。此楼院为省级文物保护单位，被批准为国家 AAA 旅游景点。

二、公共服务信息

景区地址： 山东省单县老城区牌坊街、牌坊广场、三元广场

联系电话： 13953076189

公共邮箱： sdsxsb@126.com

景区门票： 核定价格 30 元 / 人，实际售票 10 元 / 人。旅游社团票八折，60 岁以上凭身份证、老年证免费参观，1.2 米以下儿童免费参观，军人、残疾人、记者凭证免费参观，中小学生及大学生凭学生证半价参观。

营业时间： 5 月 1 日至 10 月 1 日：8：00~11：30，15：00~18：00；10 月 1 日至第二年 5 月 1 日：8：30~11：30，14：30~17：30。

最佳旅游时间： 全年。

停车服务： 景区专设停车场 2 个，都在景区内，共可容纳500 余辆车免费停放。

三、交通到达

（1）菏泽→定砀公路→单县 105 国道→湖西路→胜利街→牌坊古城景区

（2）济宁→ 105 国道到单县→湖西路→胜利街→牌坊古城景区

（3）商丘 105 国道到单县→舜师路→湖西路→胜利街→牌坊古城景区

（4）虞城→单虞公路→定砀公路→湖西路→胜利街→牌坊古城景区

（5）砀山→定砀公路→湖西路→胜利街→牌坊古城景区

（6）丰县→单丰公路→胜利街→牌坊古城景区

四、住宿服务

单县湖西宾馆

地址：山东省菏泽市单县牌坊街北端

电话：0530-4638500

五、餐饮服务

品尚豆捞

电话：0530-4492222　13583029000

三盛合酒店

电话：0530-7186677　13793028188

六、活动体验

（1）景区内每年正月十五举办唢呐表演赛；

（2）五一节举办菏泽牡丹花卉旅游节相关文艺演出；

（3）8月中旬举办消夏晚会及民间戏曲展演；

（4）国庆节期间举办"庆国庆单县文艺展演周"；

（5）元旦期间举办单县书画名家展销会；

（6）在景区内的朱家楼院内每周二、周四、周日京剧票友演唱会，每周三、周五豫剧戏迷演唱会，游客可以免费观看和现场表演。

七、购物指南

当地特产主要有单县固体羊肉汤、单县馓子、四君子酒、吊炉烧饼、火烧。

八、周边可供游客关联消费的旅游项目

周边著名景点主要有一里三台：琴台、天台、晒仙台，二贤祠、湖西公园、千山公园等。

致读者

说　明

　　本书中有169家旅游景区参与了省旅游委发起的8折门票优惠活动，这些A级旅游景区共同承诺，凡持有本书的游客，在进入上述景区时，凭本书可以一次性享受一人次按照当季景区门票价格打8折的价格优惠（本书在每个承诺提供价格优惠景区册页的右（左）上角有一个好客山东的徽标，游客购票时请出示本书，景区工作人员将凭徽标为您提供价格优惠，并将在该徽标上做出标注，每册书只能使用一次），我们要求所有景区在保证优质服务的同时，确保游客能享受到这一全省统一的门票价格优惠，进一步提升广大游客在山东旅游景区消费体验的幸福指数和满意度。

编委会

2017年1月

提供价格优惠Ａ级旅游景区名单

景区名称	景区等级	景区所在地市
艾山风景区	ＡＡＡ	青岛市
青岛邮电博物馆	ＡＡＡ	青岛市
高氏庄园	ＡＡＡ	青岛市
蓬莱三仙山风景区	ＡＡＡＡＡ	烟台市
蓬莱八仙过海景区	ＡＡＡＡＡ	烟台市
南山旅游景区	ＡＡＡＡＡ	烟台市
君顶酒庄	ＡＡＡＡ	烟台市
张裕酒文化博物馆	ＡＡＡＡ	烟台市
张裕国际葡萄酒城	ＡＡＡＡ	烟台市
长岛旅游景区	ＡＡＡＡ	烟台市
罗山黄金文化旅游度假区	ＡＡＡＡ	烟台市
塔山旅游风景区	ＡＡＡＡ	烟台市
磁山温泉小镇	ＡＡＡＡ	烟台市
招虎山国家森林公园	ＡＡＡＡ	烟台市
莱州大基山景区	ＡＡＡＡ	烟台市
烽台胜境景区	ＡＡＡ	烟台市
国宾酒庄	ＡＡＡ	烟台市
马家沟	ＡＡＡ	烟台市
天籁大峡谷旅游风景区	ＡＡＡ	烟台市
地雷战旅游区	ＡＡＡ	烟台市
莱阳梨乡风情旅游区	ＡＡＡ	烟台市
大乳山滨海旅游度假区	ＡＡＡＡ	威海市
威海汤泊温泉度假区	ＡＡＡＡ	威海市

景区名称	景区等级	景区所在地市
威海天沐温泉度假区	AAAA	威海市
华夏城景区	AAAA	威海市
"侨乡号"游轮	AAAA	威海市
威海·多福山国际养生旅游度假区	AAA	威海市
福如东海文化园	AAA	威海市
金牛谷生态农业观光园	AAA	威海市
毛泽东像章博物馆	AAA	威海市
圣经山风景名胜区	AAA	威海市
西港小石岛景区	AAA	威海市
乳山小汤温泉度假村	AAA	威海市
石佛山休闲观光景区	AAA	威海市
槎山风景名胜区	AAA	威海市
圣水观风景区	AAA	威海市
天鹅湖生态旅游度假区	AAA	威海市
沂蒙山旅游区沂山景区	AAAAA	潍坊市
杨家埠	AAAA	潍坊市
金宝乐园	AAAA	潍坊市
金泉寺	AAAA	潍坊市
云门山	AAAA	潍坊市
仰天山	AAAA	潍坊市
泰和山景区	AAAA	潍坊市
林海生态博览园	AAAA	潍坊市
三元朱村	AAAA	潍坊市
大源生态游乐园	AAAA	潍坊市

景区名称	景区等级	景区所在地市
齐鲁酒地景区	AAAA	潍坊市
昌邑绿博园	AAAA	潍坊市
浮烟山休闲旅游度假区	AAA	潍坊市
富华游乐园景区	AAA	潍坊市
潍河水上乐园	AAA	潍坊市
弥河文化旅游度假区	AAA	潍坊市
青州花好月圆景区	AAA	潍坊市
刘墉板栗园	AAA	潍坊市
马耳山景区	AAA	潍坊市
青云湖休闲度假乐园	AAA	潍坊市
五龙山景区	AAA	潍坊市
博陆山风景区	AAA	潍坊市
潍水风情湿地公园	AAA	潍坊市
高密市文体公园	AAA	潍坊市
揽翠湖温泉度假村	AAA	潍坊市
老龙湾风景区	AAA	潍坊市
山东山旺国家地质公园	AAA	潍坊市
五莲山旅游风景区	AAAA	日照市
浮来山景区	AAAA	日照市
刘家湾赶海园景区	AAAA	日照市
浮来青旅游度假区	AAAA	日照市
竹洞天风景区	AAA	日照市
大青山景区	AAA	日照市
祥路碧海生态茶园	AAA	日照市
凤凰山百果谷生态旅游区	AAA	日照市

景区名称	景区等级	景区所在地市
沂源牛郎织女景区	AAAA	淄博市
沂源鲁山溶洞群风景区	AAAA	淄博市
周村古商城景区	AAAA	淄博市
618 战备电台旧址风景区	AAA	淄博市
马踏湖风景区	AAA	淄博市
齐国故城遗址博物馆	AAA	淄博市
千乘湖生态文化园景区	AAA	淄博市
玉黛湖生态乡村庄园	AAA	淄博市
峨庄瀑布群景区	AAA	淄博市
龟蒙景区	AAAAA	临沂市
云蒙景区	AAAAA	临沂市
兰陵国家农业公园旅游景区	AAAA	临沂市
临沂市科技馆景区	AAAA	临沂市
中华银杏生态旅游区	AAAA	临沂市
山东省政府和八路军 115 师司令部旧址景区	AAAA	临沂市
天宇自然博物馆	AAAA	临沂市
红石寨景区	AAAA	临沂市
孟良崮旅游区	AAAA	临沂市
沂蒙红色影视基地旅游景区	AAAA	临沂市
智圣汤泉旅游度假村	AAAA	临沂市
山东地下大峡谷旅游景区	AAAA	临沂市
东方瑞海国际温泉度假村	AAAA	临沂市
天谷旅游区（原沂水天然地下画廊景区）	AAAA	临沂市

景区名称	景区等级	景区所在地市
天上王城景区	AAAA	临沂市
雪山彩虹谷景区	AAAA	临沂市
沂水地下萤光湖旅游区	AAAA	临沂市
盛能游乐园	AAA	临沂市
天佛风景区	AAA	临沂市
苍马山旅游区	AAA	临沂市
东夷道教文化圣地 ——冠山风景旅游区	AAA	临沂市
九间棚生态农业旅游区	AAA	临沂市
孟良崮国家森林公园	AAA	临沂市
颐尚温泉度假村	AAA	临沂市
滨河现代农业创意园	AAA	临沂市
红旗山庄园	AAA	临沂市
龙雾茶博园	AAA	临沂市
雪山风情小镇	AAA	临沂市
沂蒙山根据地景区	AAA	临沂市
沂蒙山酒文化园	AAA	临沂市
东皋公园	AAA	临沂市
云水禅旅游景区	AAA	临沂市
杜受田故居	AAAA	滨州市
鹤伴山国家森林公园	AAAA	滨州市
沾化冬枣生态旅游景区	AAAA	滨州市
秦皇河湿地旅游景区	AAAA	滨州市
孙子兵法城景区	AAA	滨州市
魏氏庄园景区	AAA	滨州市

景区名称	景区等级	景区所在地市
醴泉寺风景区	AAA	滨州市
三河湖风景区	AAA	滨州市
兴国寺景区	AAA	滨州市
绿洲黄河温泉旅游度假村	AAA	滨州市
文化古城旅游景区	AAA	滨州市
红色刘集旅游景区	AAAA	东营市
孙子文化旅游区	AAAA	东营市
揽翠湖旅游度假区	AAAA	东营市
万象游乐园	AAA	东营市
华林庄园	AAA	东营市
东营市历史博物馆	AAA	东营市
黄河入海口生态农业观光园	AAA	东营市
百脉泉景区	AAAA	济南市
朱家峪景区	AAAA	济南市
圣母山风景区	AAA	济南市
安莉芳旅游景区	AAA	济南市
锦屏山旅游度假区	AAA	济南市
七星台风景区	AAA	济南市
千年枣林游览区	AAAA	德州市
黄河故道森林公园	AAAA	德州市
泉城海洋极地世界	AAAA	德州市
定慧寺旅游景区	AAA	德州市
宁津县文化艺术中心	AAA	德州市
槐林生物园	AAA	德州市
冠世榴园景区	AAAA	枣庄市

景区名称	景区等级	景区所在地市
台儿庄运河湿地公园景区	AAAA	枣庄市
仙坛山旅游区	AAAA	枣庄市
熊耳山国家地质公园	AAAA	枣庄市
龟山风景区	AAA	枣庄市
祥和庄园景区	AAA	枣庄市
东方怡源·仙人洞旅游区	AAA	枣庄市
铁道游击队纪念园	AAA	枣庄市
大宗村旅游区	AAA	枣庄市
刘村梨园风景区	AAA	枣庄市
龙园古镇	AAA	枣庄市
房干生态景区	AAAA	莱芜市
莱芜战役纪念馆	AAAA	莱芜市
"山东小海南" ——雪野农博园	AAAA	莱芜市
吕祖泉景区	AAA	莱芜市
香山（王石门）旅游区	AAA	莱芜市
莲花山风景区	AAA	莱芜市
龙山景区	AAA	莱芜市
孙膑旅游城	AAAA	菏泽市
水浒好汉城	AAAA	菏泽市
浮龙湖生态旅游景区	AAAA	菏泽市
冀鲁豫边区革命纪念馆	AAA	菏泽市
仿山旅游景区	AAA	菏泽市
东山禅寺	AAA	菏泽市
沙土庙景区	AAA	菏泽市
牌坊古城景区	AAA	菏泽市